Tradición y cambio

Acerca de la portada

La portada de esta tercera edición fue inspirada por el diseño de los cartones del juego de lotería, uno de los entretenimientos lúdicos más tradicionales de la cultura mexicana. Mediante la reinterpretación de este diseño y la diversidad temática de las fotos hemos intentado plasmar los dos fenómenos que son punto de partida para el estudio de este libro: la tradición y el cambio en Latinoamérica.

TERCERA EDICIÓN

Tradición y cambio

Lecturas sobre la cultura latinoamericana contemporánea

Denis Lynn Daly Heyck
Loyola University Chicago

María Victoria González Pagani
University of California, Santa Cruz

Boston   Burr Ridge, IL   Dubuque, IA   Madison, WI   New York   San Francisco   St. Louis
Bangkok   Bogotá   Caracas   Kuala Lumpur   Lisbon   London   Madrid   Mexico City
Milan   Montreal   New Delhi   Santiago   Seoul   Singapore   Sydney   Taipei   Toronto

Higher Education

DEDICATORIA

A la memoria de mis padres, a mi esposo y a mis hijos
DLDH

A mis padres
MVGP

TRADICIÓN Y CAMBIO
LECTURAS SOBRE LA CULTURA LATINOAMERICANA CONTEMPORÁNEA

Published by McGraw-Hill, a business unit of The McGraw-Hill Companies, Inc., 1221 Avenue of the Americas, New York, NY 10020. Copyright © 2005, 1997, 1988 by The McGraw-Hill Companies, Inc. All rights reserved. No part of this publication may be reproduced or distributed in any form or by any means, or stored in a database or retrieval system, without the prior written consent of The McGraw-Hill Companies, Inc., including, but not limited to, any network or other electronic storage or transmission, or broadcast for distance learning. Some ancillaries, including electronic and print components, may not be available to customers outside the United States.

67890 QFR/QFR 1 5 4 3 2

ISBN-13: 978-0-07-249643-7
ISBN-10: 0-07-249643-6

Vice president and editor-in-chief: *Emily Barrosse*
Publisher: *William R. Glass*
Sponsoring editor: *William R. Glass*
Development editor: *Max Ehrsam*
Executive marketing manager: *Nick Agnew*
Project manager: *David Sutton*
Production supervisor: *Tandra Jorgensen*

Art director: *Jeanne M. Schreiber*
Design manager: *Violeta Díaz*
Cover designer: *Violeta Díaz*
Interior designer: *Linda M. Robertson*
Art manager: *Robin Mouat*
Photo research coordinator: *Alexandra Ambrose*
Photo research: *Christine Pullo*

The text was set in 11/12.5 Adobe Garamond by The GTS Companies/York, PA Campus and printed on acid-free 45# New Era Matte by Quad/Graphics, Fairfield.

Cover images: (from left to right), Top row: © *Jeremy Horner/Getty Images/Stone*, © *Digital Vision*, © *Brand X Pictures*. Middle row: © *Susana Gonzalez/Getty Images*, © *Ricardo Beliel/Brazil Photos*, © *Royalty-Free/CORBIS*. Bottom row: © *Royalty-Free/CORBIS*, © *Digital Vision*, © *PhotoDisc/Getty Images*

Because this page cannot legibly accommodate all the copyright notices, page 403 constitutes an extension of the copyright page.

Library of Congress Cataloging-in-Publication Data

Tradición y cambio: lecturas sobre la cultura latinoamericana contemporánea / Denis Lynn Daly Heyck, María Victoria González Pagani [compiladoras].—3. ed.
    p. cm.
"This is an EBI book"—T.p. verso.
Includes bibliographical references and index.
ISBN 0-07-249643-6 (alk. paper)
1. Spanish language—Readers—Latin America—Civilization. 2. Latin America—Civilization. I. Heyck, Denis Lynn Daly. II. Pagani, María Victoria González.

PC4127.L34T73 2004
468.6'421—dc22

2004042647

www.mhhe.com

Tabla de materias

*= lectura difícil

SEIS *La educación* *197*

SIETE $\mathcal{L}$*a religión*   *269*

Prefacio

El propósito de *Tradición y cambio* es ayudar a que los estudiantes desarrollen una amplia comprensión y percepción de la cultura latinoamericana contemporánea a través de lecturas estimulantes. El libro tiene como tema principal la tensión que existe actualmente entre las fuerzas de la tradición y las del cambio en aspectos culturales clave, cuya dinámica interna se explora aquí mediante una estructura temática dialéctica.

Este libro es el resultado de muchos años de docencia, durante los cuales se ha tomado una conciencia cada vez más aguda de la necesidad de presentar las cuestiones culturales de tal manera que los estudiantes puedan identificarse con ellas. De modo que aquí se pone énfasis en cuestiones vitales de actualidad, tales como el papel de la mujer, la familia, la religión, la migración rural/urbana, la concientización política en la educación, la creciente importancia de ciertos sectores de la sociedad civil y las consideraciones ambientales y éticas en los cambios económicos que se han acelerado últimamente por causa de la globalización y las políticas neoliberales que la sostienen. Finalmente, *Tradición y cambio* se ocupa de cuestiones de identidad —individual, cultural, nacional y continental— e indaga sobre el significado fluctuante de dicho concepto en una época de globalización económica y cultural.

Tales consideraciones ocupan el espíritu del universitario que está en proceso de formular sus propios conceptos y valores de identidad, tanto individuales como culturales, y que sabe que heredará un mundo de interconexiones y responsabilidades globales sin precedentes. Por ello, *Tradición y cambio* incorpora áreas geográficas antes ignoradas, como Brasil, Centroamérica y el Caribe, y perspectivas previamente desatendidas, como las de la mujer, el pobre, el indígena, el que aboga por la justicia social y ambiental y el crítico disconforme con su cultura. El texto se desarrolla desde una perspectiva multidisciplinaria y un concepto inclusivo de la cultura, el cual abarca los hábitos, instituciones y productos sociales e intelectuales de un pueblo, así como también sus valores, presuposiciones y experiencias subyacentes. Así *Tradición y cambio* intenta sugerirle al estudiante lo esencial de la riqueza multiforme y del drama humano de la realidad cultural latinoamericana.

El aparato pedagógico del texto facilita la comprensión y discusión de las lecturas a través de una gran variedad de ejercicios. Algunos de ellos son: (1) las Guías de prelectura, que presentan las lecturas más difíciles; (2) las secciones Para verificar su comprensión, que, cuando son necesarias, sirven para reforzar la comprensión; (3) Interpretación de la lectura, que invitan a un análisis y reflexión más amplios sobre las ideas y perspectivas expresadas en las lecturas; (4) las secciones ¿Está Ud. de acuerdo?, que estimulan la discusión sobre las ideas más controvertibles de algunas de las secciones y (5) las Comparaciones, que relacionan personajes y temas de diversas lecturas y capítulos y que destacan la naturaleza integral del texto. Las respuestas de las Guías de prelectura y de Para verificar su comprensión están en la Clave al final del libro, de modo que los estudiantes pueden hacer estos ejercicios en casa sin repasarlos en clase.

En esta tercera edición hemos añadido catorce lecturas nuevas, incluyendo poemas, ensayos, cuentos y entrevistas, las cuales representan los cambios más actuales y dinámicos en la vida contemporánea de Latinoamérica. Hemos agudizado nuestro enfoque en la dimensión humana del impacto económico y cultural del neoliberalismo y de la globalización, destacando sus repercusiones, sobre todo en cuestiones de clase social, educación, medio ambiente e identidad cultural. También en esta edición hemos señalado con mayor nitidez las contribuciones sociales y culturales de las organizaciones de la sociedad civil. Hemos ampliado, además, tres de las lecturas que gozan de mayor interés entre los lectores de Tradición y cambio: las entrevistas con Miriam Lazo Laguna (Capítulo dos), Sonya Rendón (Capítulo seis) y Alípio Casali (Capítulo seis). Con respecto al aparato pedagógico, hemos añadido al final de cada capítulo actividades en la red y un resumen breve, y hemos actualizado la introducción general al volumen, las introducciones a cada capítulo, y las biografías y bibliografías correspondientes.

La Introducción (Capítulo uno) presenta una reseña histórica que traza el desarrollo de la tradición cultural en América Latina, creando así un contexto imprescindible para la comprensión de la continua coexistencia del pasado y el presente, tan conflictiva y productiva a la vez. Además, las introducciones a cada capítulo y autor ubican a éstos dentro del marco cultural elaborado en el primer capítulo. Las secciones Lecturas recomendadas, que aparecen al final de cada capítulo, se han actualizado para reflejar el pensamiento más reciente sobre los temas aquí tratados. Estas lecturas, como las distintas sugerencias para trabajos de investigación, son de gran utilidad.

Tradición y cambio está destinado especialmente a los estudiantes del tercer año de español, pero es posible que, con la omisión de las lecturas más avanzadas, muchos estudiantes a fines del segundo año puedan beneficiarse con este texto.

Queremos agradecer a los siguientes profesores por sus comentarios, tan útiles para el mejoramiento de esta edición. El uso de sus nombres en este contexto no implica necesariamente su aprobación del texto.

Clementina R. Adams
Clemson University

Paul A. Bases
Martin Luther College

Josebe Bilbao-Henry
The George Washington University

Karen E. Breiner-Sanders
Georgetown University

C. Maurice Cherry
Furman University

Dora Luz Cobían
University of California, Riverside

Reyes Coll
University of Minnesota

Pamela Finnegan
University of Tulsa

Leslie J. Ford
Graceland College

Ronda Hall
Oklahoma Baptist University

Norma Helsper
State University of New York at Cortland

Nancy Lester
Central Washington University

John L. Marambio
University of San Diego

Ileana Renfrew
Northern Michigan University

Luis F. Restrepo
University of Arkansas

Kathleen Rupright
Saint Michael's College (Colchester, VT)

María Sandoval
Stanford University

Virginia Shen
Louisiana State University at Shreveport

Arnoldo Vela
USAF Academy

Daniel Villa
University of Alaska, Fairbanks

Estamos también endeudados con los estudiantes de la clase de Cultura Latinoamericana de Loyola University Chicago por sus críticas positivas y sugerencias útiles en la selección de lecturas y material pedagógico para la tercera edición.

Quisiéramos expresar nuestra sincera gratitud a todas las personas que han contribuido a la creación de este libro: a Frank Safford y Hugo Achugar por su lectura incisiva del bosquejo inicial; a Ted Copland por su ayuda; a Mette Shayne y a todos los eficientes bibliotecarios de Northwestern University y del antiguo Mundelein College, especialmente a Frances Loretta Berger, BVM; a Mary Murphy, BVM; a Kateri O'Shea; a Margaret French; a Loyola University Office of Research Services por su muy apreciado apoyo; a Thalia Dorwick de la casa editorial McGraw-Hill por su visión y perspicacia al reconocer, por tercera vez, los méritos del proyecto; a William Glass por su admirable comprensión al dirigir la tercera edición; a Max Ehrsam, el extremadamente amigable, concienzudo y apreciable editor del manuscrito, quien combinó el profesionalismo con el calor humano; y a Laura Chastain, por sus aportaciones lingüísticas. Pero el agradecimiento más profundo se reserva para Bill Heyck, quien escuchó, preguntó, criticó, apoyó y dio aliento en tal medida que *Tradición y cambio* no se habría realizado nunca, mucho menos en una tercera edición, si no hubiera sido por él.

DLDH
MVGP

CAPÍTULO **UNO**

Introducción

La majestuosa cordillera de
los Andes en el flanco del
Pacífico, en Sudamérica.

Geografía y clima

América Latina, gran parte del llamado Tercer Mundo, presenta una variedad enorme y fascinante de gente, culturas y niveles de desarrollo económico y social. Su vasto territorio, casi ocho millones de millas cuadradas, cubre todo el hemisferio occidental al sur de los EE. UU. Brasil por sí solo es más grande que los EE. UU., con excepción de Alaska y Hawai. Los 507,9 millones de habitantes de América Latina viven en condiciones que varían desatinadamente:[1] desde las comunidades indígenas aisladas hasta las espectaculares conglomeraciones urbanas; desde los pintorescos pueblos coloniales de las provincias hasta las masivas villas miseria[2] de la ciudad; y desde las casas construidas sobre pilotes[3] en la selva hasta los edificios modernos de apartamentos de São Paulo. Culturalmente, algunos grupos forman parte de las civilizaciones precolombinas[4] apenas alteradas; otros participan de una elegante vida cosmopolita, mientras que la gran mayoría ocupa todos los niveles intermedios. La tradición y el cambio son los polos de la vida latinoamericana, cuyas atracciones incompatibles dotan[5] al ambiente de una tensión eléctrica y lo hacen configurarse en modelos intrincados, dinámicos y particularmente variados.

Para comenzar, América Latina ofrece una diversidad amplia en cuanto a geografía y clima. Casi toda el área está en la zona tórrida[6] o semitórrida. En las selvas tropicales de Centroamérica y del Amazonas en Sudamérica, considerada esta última la más grande del mundo, hace mucho calor y llueve todos los días. En los desiertos áridos y resecos, como el Atacama en el norte de Chile y el *sertão* (o sertón) en el noreste de Brasil, hay muy poca vegetación y la gente sufre el calor y las sequías[7] periódicas. Más hospitalarias son las sabanas[8] en partes de Venezuela y Colombia, el sur de Brasil, Uruguay y las famosas pampas de Argentina. Las sabanas, el hogar del llanero[9] venezolano y del gaucho[10] argentino, son extensas (las de Argentina, por ejemplo, son aproximadamente del tamaño del estado de Texas) e ideales para el pastoreo.

Gran parte del terreno de América Latina es montañoso. La cordillera[11] de los Andes se extiende por todo el flanco[12] pacífico de Sudamérica y abarca Chile, Argentina, Perú, Bolivia, Ecuador y Venezuela. Su pico más elevado es el Aconcagua, en el límite entre Argentina y Chile, que con una elevación de casi 23.000 pies de altura, es el más alto de toda América. La cordillera continúa hacia el norte, atraviesa Centroamérica y México con el nombre de Sierra Madre, para luego formar parte de la cordillera de las montañas Rocosas en el oeste de los EE. UU.

Los sistemas fluviales[13] más importantes de América Latina se encuentran en Sudamérica. Incluyen el Amazonas, que tiene una longitud de 3.900 millas, y cuya cuenca[14] comprende Colombia, Venezuela, Bolivia, Ecuador, Perú y Brasil; y el Orinoco, que desagua las montañas de Venezuela y que mide 1.600 millas de longitud. Por lo general, los ríos de América Latina son poco

[1] sin razón
[2] villas… barrios pobres
[3] pilares de madera que se hincan en el agua
[4] anterior al descubrimiento de América por Cristóbal Colón
[5] dan
[6] comprendida entre los dos trópicos
[7] tiempo seco de larga duración
[8] llanuras (*plains*) sin árboles
[9] habitante de las llanuras
[10] jinete dedicado a la ganadería o a la vida errante en las pampas de Argentina, Uruguay y Brasil
[11] serie de montañas
[12] parte lateral
[13] de ríos
[14] *watershed*

MAR CARIBE
Maracaibo
Barranquilla
Cartagena
Caracas
Orinoco
Río Orinoco
TRINIDAD y TOBAGO
SUDAMÉRICA
VENEZUELA
Georgetown
Paramaribo
SURINAM
Cayena
GUAYANA FRANCESA
Río Cauca
Medellín
Río Magdalena
Cali
Bagotá
COLOMBIA
GUYANA
LLANOS
Quito
El Chimborazo
Guayaquil
ECUADOR
Belém
Manaus
Río Amazonas
SELVÁS
Fortaleza
PERÚ
Río Marañón
Machu Picchu
Callao
Lima
Cuzco
CORDILLERA DE LOS ANDES
PLANALTO DO MATO GROSSO
Río São Francisco
Recife
Arequipa
Lago Titicaca
BOLIVIA
La Paz
Sucre
Brasiia
Salvador (Bahía)
PLANALTO
BRASILEIRO
BRASIL
GRAN CHACO
PARAGUAY
Belo Horizonte
Río Grande
Río de Janeiro
São Paulo
Río Paraná
Asunción
Desierto de Atacama
Tucumán
CHILE
Río Paraguay
URUGUAY
Río Uruguay
Pôrto Alegre
Córdoba
Aconcagua
Valparaíso
Santiago
Posario
Mendoza
PAMPAS
Río de la Plata
Montevideo
ARGENTINA
Buenos Aires
Concepción
Río Colorado
Río Negro
PATAGONIA
OCÉANO PACÍFICO
Río Gallegos
Islas Malvinas
Estrecho de Magallanes
Tierra del Fuego
Cabo de Hornos

MÉXICO, CENTROAMÉRICA Y LAS ANTILLAS

OCÉANO ATLÁNTICO

Tijuana
Río Yaqui
Ciudad Juárez
REPÚBLICA DOMINICANA
HAITÍ
GUADALUPE
Río Bravo
Port-
au-Prince
MARTINICA
Golfo de California
Río Conchos
SIERRA MADRE ORIENTAL
CUBA
San Juan
*Baja
California*
Monterrey
Meseta mexicana
La Habana
PUERTO RICO
MÉXICO
Península de Yucatán
La Paz
Tampico
Mérida
Santo Domingo
SIERRA MADRE OCCIDENTAL
*Golfo de
Campeche*
Santiago
ANTILLAS MAYORES
Guadalajara
Veracruz
Kingston
ANTILLAS MENORES
Río Grande de Santiago
JAMAICA
México D.F.
Oaxaca
TRINIDAD
Río Balsas
y TOBAGO
Acapulco
CURAÇAO
SIERRA MADRE DEL SUR

OCÉANO PACÍFICO

CENTROAMÉRICA
BELICE
Belice
Golfo de Honduras
Río Ulúa
Río Patuca
GUATEMALA
HONDURAS
Río Coco
Antigua
Tegucigalpa
Golfo de Tehuantepec
NICARAGUA
Río Motagua
Guatemala
Río Grande
EL SALVADOR
Lago de Managua
MAR CARIBE
San Salvador
Managua
Río San Juan
Colón
Panamá
Lago de Nicaragua
Zona del Canal
Golfo de Darién
COSTA RICA
San Jose
PANAMÁ
Golfo de Panamá

navegables, por lo que no han contribuido significativamente a la unificación nacional ni al desarrollo económico del subcontinente.

[15]inalcanzable, remoto
[16]costas, orillas del mar
[17]llanuras

Debido a las barreras naturales de la comunicación y el transporte, y a lo inasequible[15] de los lugares separados por montañas, selvas y desiertos, el aislamiento geográfico ha sido uno de los factores constantes y formativos en la historia latinoamericana. Otro resultado de las condiciones geográficas es un gran desequilibrio en la distribución demográfica. La población se concentra en los litorales,[16] principalmente en las ciudades comerciales, en ciertos pueblos de los Andes, en las planicies[17] de México y Bolivia (como en el bello lago Titicaca, que a pesar de sus 12.500 pies de altura está densamente poblado) y en algunas de las islas del Caribe (como Puerto Rico, cuyas cien millas cuadradas se cuentan entre las más densamente pobladas del mundo). Actualmente, el 75% de la población de América Latina es urbana; 22 millones de sus habitantes viven en la ciudad de México* y sus alrededores, una de las áreas metropolitanas más grandes del mundo.[a] En contraste, los vastos territorios interiores de Centroamérica y Sudamérica están relativamente despoblados.

$\mathscr{L}$as civilizaciones indígenas

La población actual de América Latina se compone de una variedad enorme de gente. Es heterogénea en extremo, e incluye tanto a españoles y descendientes de mayas como a libaneses y suecos. Pero los primeros y más numerosos fueron los indígenas, quienes, hace unos 15.000 años, migraron de Asia por el estrecho de Bering. Pasaron por Alaska, Canadá, los EE. UU. y México hasta la Tierra del Fuego, el punto más meridional[18] del continente. A través de un prolongado período, cada grupo migratorio se adaptó social y económicamente a las condiciones del medio ambiente.

[18]al sur
[19]antes de Jesucristo

Para cuando llegaron los europeos, ya había una multiplicidad de civilizaciones indígenas —sedentarias, seminómadas y nómadas. El primer grupo incluye a los más conocidos: mayas, aztecas e incas. *Los mayas,* los más antiguos, datan del siglo V (a. de J.C.)[19] y se conocen por la arquitectura de sus templos únicos; su habilidad para la escultura, la pintura y las matemáticas; su impresionante escritura jeroglífica y la invención de un calendario. Se organizaban en ciudades-estados socialmente estratificados, cultivaban el maíz y vivían, por lo general,

---

*El término «ciudad de México» se refiere al territorio que abarca el Distrito Federal y las múltiples áreas que lo rodean. No es un nombre propio y, por ende, no se escribe con mayúscula.

[a]*Statistical Abstract of Latin America* 1994, vol. 31, pte. 1. ed. James Wilkie, (Los Angeles: UCLA Latin American Center Publications, 1995), pág. 141. Véase también *SALA,* 2001, pág. 96, y Spanish Newswire Services (U.S.), Inc., 8 de junio de 2001.

pacíficamente. Habitaban el extremo sur de México, la península de Yucatán, toda la extensión de Guatemala, parte de Honduras y El Salvador. Uno de los enigmas más intrigantes de la historia es el colapso súbito de los mayas, mismo que comienza en 972 (d. de J.C.).[20] Durante siglos, la causa de este derrumbe ha estado envuelta en un velo de misterio que, posiblemente, pronto se revelará, ya que se han logrado descifrar las magníficas estelas[21] que dejaron los mayas. La civilización maya fue dominada completamente por los toltecas, quienes, a partir del año 1200 de nuestra era, invadieron desde el norte. Hoy día, los descendientes de los mayas todavía pueblan las mismas zonas que sus antepasados.

Los aztecas, dueños del valle central de México desde 1325 hasta su conquista por Hernán Cortés y sus soldados españoles (1519–1521), ofrecen un contraste con los mayas por su condición de guerreros. Luchaban constantemente, agrandando su imperio con las conquistas sucesivas de tribus vecinas, como los tlaxcaltecas, quienes más tarde se unieron a los españoles para librarse del yugo[22] azteca. Situada estratégicamente en una isla en el lago de Texcoco, la capital azteca de Tenochtitlán (hoy día la ciudad de México) se conectaba a tierra firme mediante una serie de puentes, los cuales facilitaban la defensa de la ciudad de 250.000 habitantes. Mucho se ha escrito sobre las bellezas y la ingeniosa organización de la ciudad de Tenochtitlán, sobre su enorme mercado, el asombroso zoológico del rey Moctezuma II, la grandeza de sus templos y las ceremonias político-religiosas que incluían el sacrificio humano para honrar a sus dioses y para asegurar la continuación del mundo. La sociedad

[20]después de Jesucristo
[21]piedras grandes esculpidas
[22]dominio despótico

La imponente Pirámide de El Adivino, monumento de la civilización maya, en Uxmal, Yucatán.

La famosa «ciudad perdida» de los incas, Machu Picchu, Perú.

[23]sistema
[24]habilidad
[25]fama
[26]rico, influyente

azteca estaba fuertemente estratificada, conforme a su misión militar. En ella, el jefe militar y religioso, y la nobleza, gozaban de gran poder. Al otro extremo, los esclavos formaban la base de la pirámide social.

Más diferente aún era *el imperio incaico,* cuyo extenso territorio se esparcía aproximadamente 3.000 millas sobre la cordillera de los Andes y se concentraba en la ciudad de Cuzco, Perú. La civilización incaica se consolidó alrededor del año 1400 (d. de J.C.) y duró hasta que fue conquistada por Francisco Pizarro y otro grupo de aventureros españoles en 1532. Los incas gobernaban su imperio a través de una burocracia muy bien organizada, encabezada por el Inca, o emperador, que comandaba una red[23] imponente de comunicaciones. Esto se hizo posible gracias a la destreza[24] de los incas en la ingeniería, ejemplificada por su complejo sistema de irrigación, puentes y caminos. También se conocía a los incas por sus productos textiles bellos y coloridos que todavía hoy les traen renombre.[25] Es interesante notar que actualmente hay varios equipos de antropólogos que están tratando de reconstruir la organización administrativa de los antiguos incas, lo que nos puede enseñar mucho sobre la comunicación eficiente entre grandes grupos sociales.

Aunque había muchas diferencias entre los mayas, aztecas e incas, todos: (1) eran sedentarios; (2) tenían civilizaciones establecidas, complejas y rigurosamente controladas por el grupo pudiente;[26] (3) eran politeístas; (4) tenían un sistema de propiedad comunal (el *ayllu* de los incas y el *calpulli* de los aztecas); y (5) se concentraban en ciudades. Estos factores les facilitaron la conquista a los españoles, quienes también venían de una cultura urbana, establecida y estratificada. Los conquistadores impusieron su religión monoteísta, el catolicismo, sobre las creencias múltiples de los indígenas. Así comenzó un largo e incompleto proceso de asimilación (ver Capítulos tres, siete).

Los grupos indígenas menos sedentarios fueron más difíciles de dominar y despertaron menos interés entre los europeos. Éstos, como los tupí-guaraníes de Brasil y Paraguay, los caribes de las Antillas Menores y los chichimecas del norte de México, se dedicaban a la caza, la pesca, la agricultura y la guerra. Su grupo social principal era la familia extensa, la cual, para los tupí-guaraníes, comprendía entre treinta y sesenta personas que vivían en una misma casa y que viajaban de un lugar a otro según sus necesidades.

Cabe recordar varios datos importantes sobre las civilizaciones indígenas en comparación con las europeas: (1) los diferentes grupos indígenas vivían muy aislados los unos de los otros y no conocían el mundo exterior; (2) sus sociedades ilustran una variedad de adaptaciones ingeniosas dictadas por el medio ambiente; (3) no conocían el hierro ni el acero, a pesar de la grandeza de sus monumentos, puesto que vivían en la edad de piedra; y (4) la vida precolombina era estable y ofrecía gran resistencia al cambio abrupto. Por eso, después de la violencia y brutalidad del contacto inicial con los europeos, muchos aspectos de la vida indígena permanecieron. Varios grupos, sobre todo los aztecas y los incas, retuvieron debajo de la superficie europeizada mucho de su antigua organización social y económica, su idioma, sus costumbres familiares y religiosas, su producción artística y su modo precolombino de cultivo. Aunque en la actualidad podemos identificar tribus muy poco afectadas por la vida moderna, la mayor parte de la población indígena ya no existe en su forma original, sino que ha sido aculturada lenta y desigualmente a través de los siglos (ver Capítulo tres).

La época colonial

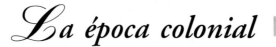

Cambios bruscos

El primer efecto de la presencia europea —y el más duradero— fue demográfico: la reducción drástica de la población indígena en todas partes, especialmente en los grandes centros de México y Perú. Muchos de los aztecas e incas murieron luchando contra los invasores. Otros, debido al aislamiento relativo del mundo indígena precolombino, perdieron la vida por no tener resistencia a las plagas y enfermedades, como el sarampión,[27] la influenza, la viruela[28] y la sífilis, que trajeron los europeos.

Además de esto, debemos tener presente el efecto devastador en la población indígena del trabajo en las minas de plata. La economía colonial de los siglos XVI y XVII dependía de la explotación de este metal. Las minas más ricas se descubrieron en 1545 en Potosí, en lo que ahora es Bolivia, y en 1547 en Zacatecas, México. Los españoles forzaban a los indios a explotar las vetas,[29] pero éstos morían pronto por las condiciones inhumanas en

[27] *measles*
[28] *smallpox*
[29] *yacimientos de minerales*

que trabajaban. Para darnos una idea de cómo fueron diezmados[30] los indios, en 1519 la población de México Central se estima en 25 millones; en 1605 llegaba a sólo *un millón* de habitantes: un verdadero holocausto.[b] Es fácil imaginar la desmoralización colectiva que se apoderó[31] de los indios: desmoralización evocada vívidamente en su poesía y narraciones de tradición oral.

Por medio de *la mita,* o sea, la rotación obligatoria de la labor indígena, y de *la encomienda* —una concesión de tierra que daba al hacendado el derecho a la labor de los indígenas que en ella vivían— los europeos conseguían la mano de obra que tanto necesitaban para sostener el nuevo sistema económico. Este sistema colonial mercantilista[32] se apoyaba primero en el indio y, cuando éste se agotaba, en el esclavo africano que era más resistente a las exigencias del trabajo de explotación minera.

La importación de esclavos africanos había comenzado temprano, a mediados del siglo XVI, y se extendió a los siguientes siglos porque también se necesitaba la mano de obra negra en las plantaciones de azúcar y algodón. Para 1870 había 1,5 millones de esclavos en América Latina y 3,7 millones en Brasil.[c] Los negros se concentraban principalmente en el norte y el litoral de Brasil y Perú, y en el Caribe, incluso en las costas de Venezuela, Colombia, Centroamérica y México. Es interesante notar aquí que los españoles preferían a los negros que a los indios, no sólo para el trabajo en las minas y en las fincas,[33] sino también para toda clase de alfarería,[34] artesanía[35] y platería.[d]

En Brasil no había civilizaciones indígenas establecidas, sino selvas, pampas e indios de un nivel de desarrollo marcadamente inferior al de los mayas, aztecas e incas. Pero poco a poco los portugueses penetraron, en su mayor parte en el noreste, donde establecieron sus *engenhos,* o ingenios de azúcar (los más famosos son los del estado nordestino de Pernambuco). Durante los siglos XVI y XVII, *os senhores de engenho,* o patrones[36] de hacienda, gozaban de un estilo de vida casi legendario. Gobernaban vastos terrenos, centenares de gente —familia, empleados, artesanos, sacerdotes locales, esclavos— y una empresa lucrativa, todo dentro de un sistema clásicamente patriarcal (ver Capítulos dos, cinco). La economía de Brasil, como la de la América Española, era extractiva y colonial, pero, a diferencia de ésta, partía de una base agrícola y no minera, porque Brasil era «la plantación del rey».[e]

[30]matados masivamente
[31]se... se adueñó
[32]que se centra en el comercio, la exportación y la posesión de metales preciosos
[33]propiedades inmuebles, haciendas
[34]arte de fabricar vasijas de barro
[35]trabajo ejecutado con las manos
[36]amos, señores, dueños

---

[b]Thomas E. Skidmore y Peter H. Smith, *Modern Latin America* (New York: Oxford Univ. Press, 1984), p. 22.
[c]Ibid.
[d]James Lockhart y Stuart B. Schwartz, *Early Latin America: A History of Colonial Spanish America and Brazil* (Cambridge y New York: Cambridge Univ. Press, 1984), p. 99. Simon Collier, Thomas E. Skidmore, Harold Blakemore, eds. *The Cambridge Encyclopedia of Latin America* (New York: Cambridge Univ. Press, 2ª ed., 1992), pp. 191, 198.
[e]Skidmore y Smith, p. 27.

Cortando caña de azúcar en la República Dominicana.

La religión

Los religiosos, como los jesuitas, franciscanos y dominicanos, aportaron[37] una contribución valiosa con sus tentativas de proteger a los indios contra los atropellos[38] de sus amos españoles y portugueses. El fraile de la orden religiosa dominicana en México, Bartolomé de Las Casas (1474–1566), y el jesuita Antônio Vieira (1608–1697) en Brasil, estuvieron entre los defensores más elocuentes y apasionados de los indios. Los religiosos en las colonias tomaban la responsabilidad de instruir a los indios, especialmente en el catecismo y el idioma nacional, pero también en la música, el arte y la escritura. Se dedicaban además al estudio del pasado indígena y a la preservación de su memoria colectiva a través de la transcripción de los libros de profecías del *Chilam Balam,* provenientes de Yucatán, y del *Popol Vuh,* el poema épico sagrado de los mayas.

La iglesia católica era además la institución responsable de la educación en las colonias. La doctrina educativa se basaba en la escolástica medieval, que proponía la revelación divina de los libros sagrados mediante la interpretación de las autoridades eclesiásticas. El libre juego de ideas, la curiosidad intelectual y el deseo individual de investigar el mundo por cuenta propia[39] eran considerados peligrosos para el orden establecido, por lo que permanecían circunscritos y censurados por el Santo Oficio, o sea la Inquisición. El sistema educacional reflejaba la desigualdad social entre las razas y los sexos: los hombres blancos y europeos representaban a la «gente decente» o «de razón», como se les llamaba por su pureza de sangre (ver Capítulos tres, seis). *Los mestizos,* o sea los de sangre mezclada, fueron admitidos gradualmente en las instituciones educativas,

[37]proporcionaron
[38]agravios, abusos
[39]por… por sí mismo

pero la mujer, el indio, el negro y el mulato apenas recibían instrucción alguna. La educación católica y aristocrática servía principalmente para suplir los puestos en el gobierno y en la Iglesia,[f] y para mantener el statu quo. La estrechez de la educación y de la vida colonial se ilustra claramente en la vida de la famosa intelectual mexicana Sor Juana Inés de la Cruz (1651–1695). Esta mujer de gran genio fue criticada severa y repetidamente por sus superiores religiosos con motivo de sus investigaciones artísticas y científicas, tan atrevidas[40] para una mujer y una religiosa en un ambiente represivo. La Iglesia se empeñaba por[41] mantener la ortodoxia religiosa e intelectual de la época.

El control que ejercía la Iglesia en los ámbitos[42] intelectual y religioso se reflejaba también en los ámbitos político y económico. La Iglesia, como institución, era uno de los mayores terratenientes[43] del período colonial, y la jerarquía religiosa formaba parte del establecimiento privilegiado (ver Capítulo siete). Por muchos años, el Estado y la Iglesia mantuvieron una colaboración mutuamente conveniente. Sin embargo, gradualmente, los reyes de España y Portugal comenzaron a reconocer que el creciente poder político y económico de las órdenes religiosas, especialmente la de los jesuitas, representaba una amenaza potencial al control de sus colonias. Por consiguiente, se expulsó a los jesuitas de Brasil en 1759 y de Hispanoamérica en 1767, con la intención de deshacerse de una competencia molesta por el monopolio del poder.

La sociedad

Para fines del siglo XVII el cuadro general de América Latina era el siguiente: (1) una sociedad dividida en dos grupos, europeos e indígenas; (2) una población africana creciente, que en ciertas áreas era predominante en términos numéricos; (3) una economía colonial que exportaba sus materias primas a la madre patria; (4) una élite muy pequeña y una sociedad de distinciones sociales estrictas (ver Capítulo dos); (5) una coexistencia incómoda e incongruente entre la ortodoxia católica y las creencias paganas de los africanos e indígenas (ver Capítulo siete); y (6) una concentración notable de gente en las grandes ciudades, como la ciudad de México y Lima, y en las costas que daban hacia Europa (ver Capítulo cuatro).

En este mundo superficialmente estático, insertemos dos factores dinámicos e interrelacionados: la rivalidad entre *los criollos* (los hijos de españoles, nacidos en América) y *los peninsulares* (aquéllos nacidos en España) y el proceso de mestizaje.[44] Durante el siglo XVIII, el número de criollos crecía rápidamente, mientras que el de los peninsulares disminuía, a pesar de la inmigración continua que llegaba desde España. Los peninsulares querían mantener el control político y económico mientras que los criollos, muchos de ellos de familias que

[40]irrespetuosas
[41]se… insistía con constancia en
[42]círculos
[43]dueños de grandes extensiones agrícolas

[44]cruzamiento de razas diferentes

---

[f]De aquí en adelante se usará el término *Iglesia* para referirse a la católica.

habían hecho fortunas con la minería, la ganadería,[45] las empresas urbanas y la milicia, resentían cada vez más su exclusión de los centros más codiciados[46] del poder administrativo. La presión ejercida por los criollos se verá más claramente en el siguiente siglo, durante las guerras de independencia.

La composición étnica y racial de la sociedad también estaba cambiando. Aunque todavía predominaba la división español-india, ésta disminuía poco a poco ante el incremento de mestizos y mulatos, algo que habría de acelerarse claramente con el tiempo, hasta que en la actualidad podemos decir que la mayor parte de la población de América Latina es mestiza (ver Capítulo tres). El mestizaje de blancos, indios y negros, los tres grupos iniciales, produciría un grupo enorme que para fines del siglo XVIII reclamaría un rol más importante en la vida colonial, ya sea en la milicia, el comercio o la educación.

También las reformas de los reyes Borbones en España, a fines del siglo XVIII, fueron importantes por las repercusiones que habrían de tener. Su intención era la centralización eficiente del sistema imperial a través de una serie de reorganizaciones administrativas y económicas. Una de las más importantes para América Latina fue la proclamación dentro del imperio español del libre comercio. Aunque éste había operado ilegalmente desde hacía tiempo, su legalización estimuló notablemente el comercio en ambos lados del Atlántico. La economía colonial estaba expandiéndose y pronto querría buscar oficialmente otros mercados no españoles para sus productos.

[45]crianza de reses
[46]deseados vehementemente

El Brasil colonial

Entretanto, en Brasil, la industria azucarera nordestina comenzó a declinar hacia fines del siglo con la competencia feroz de los franceses e ingleses en el Caribe. Poco a poco, los brasileños sustituyeron la producción del azúcar por la del café, lo cual no dio resultados sino hasta bien entrado el siglo XIX, y esto solamente en el sur, no en el noreste del país. El descubrimiento de oro en el estado de Minas Gerais fue, en Brasil, el suceso principal del siglo XVIII. Atraídos por la oportunidad de hacerse ricos de la noche a la mañana, miles de costeños[47] —patrones, esclavos, morenos, mulatos— migraron al interior, el cual, antes del *boom,* estaba poblado solamente por indios hostiles. Para 1775, sin embargo, el 20% de la población nacional se había concentrado en Minas Gerais; la mitad de esta cifra estaba compuesta de esclavos, muchos traídos directamente desde África.[g] En este período la ley y el orden eran casi inexistentes.

Las reformas que hizo el rey de España, Carlos III, en Hispanoamérica, fueron precedidas en Brasil (1750–1777) por las del Marqués de Pombal. Como el rey Borbón, Pombal quería reformar el sistema imperial como reacción protectora a su incapacidad para defender sus intereses ultramarinos. Tanto

[47]habitantes de la costa

---

[g]Lockhart y Schwartz, p. 372.

Portugal como España dependían enormemente de Inglaterra, especialmente Portugal, que era un estado casi cliente de ella. Portugal no podía aspirar a suplantar a Inglaterra, sino a tener solamente una participación más amplia en el comercio colonial. Dentro de Brasil, Pombal favoreció una política de mestizaje entre indios y portugueses para agrandar las poblaciones fronterizas y acelerar el proceso de aculturación de los indios.

A pesar de su afán[48] reformista, Pombal continuó la política de sus antecesores en cuanto a la educación, y nunca se estableció imprenta o universidad alguna en el Brasil colonial: tan fuerte era el miedo a la creación de una élite local intelectualmente autónoma. Esto difiere marcadamente de lo que sucedió en Hispanoamérica, en donde los españoles establecieron imprentas y universidades desde el siglo XVI. Sin embargo, Pombal colaboró con la oligarquía[49] brasileña de varias maneras, incluso en la elaboración de muchas de las reformas.

La rivalidad que había en la América Española entre criollo y peninsular no era tan fuerte en Brasil, principalmente porque los criollos brasileños no gozaban[50] de tanto prestigio ni eran tan numerosos como su contraparte hispanoamericana. También Brasil y Portugal mantenían un contacto más constante y armonioso que el existente entre España y la América Española, con el resultado de que la corona portuguesa no sentía tan fuertemente como la española la necesidad de imponerse y controlarlo todo. Parte de la razón radica[51] además en la extensión del mestizaje. Por el factor adicional de los negros, vemos que en Brasil hay, por lo general, más gradaciones de color y raza que en las otras colonias. Aunque muchos miembros de la élite se preocupaban por la proliferación «inmoral» (por sus uniones ilícitas) de pardos (o morenos) la composición de la población seguía cambiando notablemente. Para fines del siglo XVIII la población blanca en todo el país comprendía sólo el 29,4%; la mulata y la negra el 65,9%; y la indígena, el 4,6%.[h] A pesar de esto, los de ascendencia europea y tez blanca continuaban controlando la jerarquía social y económica (ver Capítulo tres).

[48]gran deseo, fervor
[49]clase dirigente constituida por una minoría poderosa
[50]disfrutaban
[51]se encuentra

El siglo XIX: independencia y crisis

Las luchas por la independencia en América Latina durante las dos primeras décadas del siglo XIX estuvieron muy influidas por los factores demográficos, étnicos, sociales y económicos del período colonial. Recibieron también la influencia de acontecimientos políticos tanto externos como internos. Primero,

[h]Lockhart y Schwartz, p. 401.

España continuaba en el declive[52] económico y político que había comenzado en el siglo XVIII y no podía proteger sus territorios americanos contra las incursiones de los intereses ingleses, franceses y holandeses. Luego, en 1807, la península ibérica sufrió la invasión napoleónica, la cual provocó rebeliones en España y la declaración del gobierno del rey Fernando VII en el exilio. En Hispanoamérica estos acontecimientos produjeron reacciones variadas.

En lugares como Lima había un fuerte sentimiento de lealtad a la corona y se habían establecido lazos[53] profundos con la autoridad española. Así, los cabildos, o sea los gobiernos locales, proclamaron su fidelidad al gobierno español legítimo. No fue sino hasta 1824 que Perú logró su independencia. En lugares como Buenos Aires, donde la influencia española siempre había sido débil y tardía, el cabildo abierto de 1810 renunció determinadamente al gobierno español y a sus representantes locales. Entre estos dos extremos se desplegaba una gama[54] de reacciones intermedias, hasta que con el deterioro progresivo de la situación española, pudo proliferar la idea de independizarse de España, una idea cuya simiente se había plantado mucho antes. En México, en 1810, un sacerdote humilde, Miguel Hidalgo (1753–1811), lanzó la rebelión con el «Grito de Dolores», y encabezó un ejército informe[55] de indios y mestizos. Más al sur, el gran libertador Simón Bolívar (1783–1830) luchó para liberar Venezuela, Colombia, Bolivia y Ecuador; y el héroe José de San Martín (1778–1850) llevó Argentina, Chile y Perú a la independencia.

En Brasil la situación fue muy diferente y mucho menos violenta, porque la corte portuguesa llegó a Río de Janeiro en 1808, huyendo de la ocupación napoleónica de Lisboa. El mismo portugués Dom Pedro I lanzó en 1822 el «Grito de Ypiranga», separando así a Brasil de la casa real de los Braganza. Brasil obtuvo su independencia con algunas escaramuzas[56] comparativamente ligeras y con el apoyo y el liderazgo de la familia real: un hecho único.

Con la posible excepción del movimiento mexicano de emancipación en su fase inicial, que fue mayormente indígena, las guerras por la independencia fueron predominantemente movimientos con dirigentes criollos y mestizos que querían la autonomía política y económica, y no un cambio de estructuras. El conflicto hispanoamericano tuvo lugar esencialmente en el ámbito español y no indígena del subcontinente; es decir, representaba los intereses criollos e ignoraba por completo los de los indígenas. Por eso, aunque hubo batallas sangrientas y gran destrucción en algunos lugares —como en la larga lucha venezolana, en la cual murieron muchos llaneros—, el efecto total en la organización social de Hispanoamérica no fue tan apreciable, y se concentró en la esfera española. Para fines de la década de los veinte, toda América Latina continental había logrado su independencia política. Sin embargo, algunas islas del Caribe, como Puerto Rico y Cuba, no obtendrían la independencia sino hasta mucho más tarde, en 1898.

En términos generales, hay una continuidad entre el período anterior y posterior a la independencia en cuanto a la organización social, urbana y económica. En efecto, el historiador James Lockhart declara que «solamente hay

[52]decadencia, decaimiento
[53]vínculos, unión
[54]se... se manifestaba una variedad
[55]de forma vaga e indeterminada
[56]peleas de poca importancia

dos períodos en la historia del Hemisferio Occidental, preconquista y posconquista, con todo el tiempo desde la llegada de los europeos como una sola constante ininterrumpida en la mayoría de los aspectos».[i] La ruptura más significativa fue la política. Ahora América Latina tendría que aprender a gobernarse por cuenta propia, ya fuera como monarquía, como en el caso único de Brasil hasta 1889, o como estado republicano en las demás naciones jóvenes.

Las dos décadas entre 1830 y 1850 fueron las más difíciles para los nuevos estados. El período se caracterizó por el tumulto político mientras los gobiernos trataban de organizarse tras las batallas independistas, que fueron especialmente costosas en Venezuela, México y también en Uruguay, donde los patriotas pelearon bajo el liderazgo del intrépido José Artigas. Los gobiernos recién nacidos tuvieron que pedir préstamos para pagarles a las fuerzas armadas y costear[57] su equipo. Como resultado, estos países comenzaron su vida autónoma con grandes deudas contraídas con las potencias europeas, especialmente con Inglaterra. Así inicio un problema que plaga hasta ahora a los gobiernos hispanoamericanos. Al mismo tiempo, dada la ausencia de una tradición de partidos políticos, había mucha rivalidad por el poder entre los individuos. Las disputas políticas eran frecuentemente decididas por la fuerza. Era la época de los caudillos; o sea, militares o ex militares que tomaban el poder por la fuerza y que dependían de la lealtad personal de su ejército privado para mantenerse en el poder. Los dos ejemplos más destacados del siglo XIX son el brutal dictador argentino Juan Manuel de Rosas, quien tiranizó la Argentina entre 1829 y 1852, y Antonio López de Santa Anna, exponente mexicano del personalismo anárquico, quien entre 1821 y 1855 dejó casi en bancarrota a la joven república. Estos casos ilustrativos nos enseñan cuán fragmentados y políticamente débiles eran los gobiernos latinoamericanos de ese período.

Como ya se indicó, los cambios sociales no fueron tan grandes como los políticos. El cambio más notable consistió en que los numerosos mestizos llegaron a tener más oportunidades para ascender en la escala social, especialmente a través de una carrera militar. Sin embargo, las oligarquías terratenientes y mineras continuaron ejerciendo un control exclusivo, en tanto que la vida para el campesino, en la mayoría de los aspectos, permaneció predominantemente precolombina en su estructura.

Económicamente, América Latina quedó como productora de materias primas para el exterior. Se incrementó en gran manera la exportación a Europa de productos como nitratos y guano[58] de Perú; tabaco de Colombia; cuero, carne y lana de Argentina; azúcar de Cuba; café de Brasil; y cacao de Venezuela. Pagaban así la importación de textiles y bienes manufacturados, un sistema que desalentó[59] la creación de industrias ligeras en América Latina. Durante la segunda mitad del siglo, América Latina se incorporó cada vez más a la economía internacional. Atraía la inmigración europea para aumentar la

[57]cubrir los gastos que ocasiona
[58]excremento de aves marinas usado como fertilizante
[59]quitó el ánimo de

[i]Lockhart y Schwartz, p. 426.

mano de obra para el desarrollo agrícola. Especialmente en Uruguay, el sur de Brasil y Argentina, la inmigración europea tuvo un impacto poderoso y duradero. Fue también la época de la construcción de ferrocarriles y frigoríficos[60] para transportar los productos de las haciendas y las minas a los puertos comerciales, para su exportación a los mercados foráneos.[61] Las inversiones[62] británicas y estadounidenses aumentaron en la medida en que estos países aceleraban sus propios procesos de industrialización, para lo cual necesitaban los productos de América Latina. Dentro de América Latina la creencia en el libre comercio era casi total. Aunque se evitaba el establecimiento de una industria local, los gobiernos nacionales dependían de los impuestos sobre los productos extranjeros para obtener ingresos. Además, los terratenientes de gustos refinados y europeizados preferían la calidad superior de la mercancía europea a la del producto de cualquier tentativa nacional de manufactura. Había una «europeización» de la élite porque se creía que sólo a través del mimetismo[63] de lo europeo se podría formar parte del mundo «civilizado». Se ve un ejemplo dramático de este síndrome en la entrega de la economía nacional a los intereses extranjeros durante el gobierno de Porfirio Díaz, caudillo máximo de México (1876–1911). Díaz y sus consejeros, los llamados «científicos», se beneficiaron en gran manera de sus negocios, principalmente con los ingleses. Al mismo tiempo, la gran mayoría de la población vivía en condiciones extremas de hambre y pobreza.

[60]cámaras enfriadas artificialmente para conservar productos alimenticios
[61]extranjeros
[62]empleo de dinero con fines de lucro
[63]imitación

El siglo XX: autoritarismo y revolución

En el siglo XX se vieron dos tendencias en América Latina: una hacia regímenes autoritarios y otra hacia revoluciones populares. Para comenzar, entre 1908 y 1935, el caudillo Juan Vicente Gómez aterrorizó a Venezuela con su gobierno arbitrario, salvaje y corrupto. Tal vez más infame todavía fue el reino inhumano de la dinastía de los Somoza, que desde 1937 hasta la revolución sandinista de 1979 sangró al pueblo nicaragüense.

Otros ejemplos de autoritarismo fueron los gobiernos populistas del gaucho Getúlio Vargas en Brasil (1930–1945, 1951–1954) y del carismático Juan Domingo Perón en Argentina (1946–1955 y 1973–1974). Estos hombres basaron su política en el nacionalismo extremo, frecuentemente demagógico y emocional, a través del cual obtenían la lealtad firme de las masas obreras, por ejemplo, la de los «descamisados» de Perón. El populismo consistió en una alianza incómoda entre los obreros y el ejército, hecha posible por el proceso rápido de industrialización y urbanización, y por la ineficacia,[64] casi la inexistencia, de partidos políticos organizados y representativos. Cuando la alianza

[64]falta de poder y fuerza para obrar

se deshizo, se inició el ciclo vicioso y familiar de la intervención militar —o su amenaza—, seguida por protestas populares, seguidas nuevamente por una intervención militar (ver Capítulo ocho).

[65]rebelión
[66]gobierno de Porfirio Díaz

Durante las décadas de los sesenta y setenta, y hasta mediados de los ochenta, la dictadura militar fue especialmente prolongada y severa en países como Argentina, Uruguay, Brasil y Chile, los cuales sufrieron una cruenta represión y terror militar. Para 1985, Argentina, Uruguay y Brasil habían inaugurado gobiernos civiles y relativamente democráticos, mientras que Chile no pudo recuperar su tradición de gobernantes civiles sino hasta la elección de Patricio Alwyn en 1990.

El siglo XX presenció no sólo una sucesión de gobiernos autoritarios en América Latina, sino varias revoluciones populares y espontáneas. La primera revolución auténtica del siglo XX en este hemisferio fue la revolución mexicana (1910–1917). Ésta representa el alzamiento[65] del sufrido pueblo mestizo e indígena contra el porfiriato,[66] régimen corrupto e ilegítimo, dominado por los criollos y por intereses foráneos, y apoyado por líderes militares y eclesiásticos. A través de sus numerosos héroes, desde Francisco I. Madero hasta Lázaro Cárdenas, el ejemplo mexicano ha mostrado la importancia de la participación del pueblo en el proceso político y en la vida económica y, con la notoria expropiación de la industria petrolera por el presidente Cárdenas en 1938, del control nacional de los recursos naturales del país.

En las últimas décadas el sistema mexicano se ha mostrado cada vez menos sensible a la crítica política interna. Esta insensibilidad se vio nítidamente en la respuesta inadecuada del gobierno de Carlos Salinas de Gortari (1988–1994) y del partido oficial, el Partido Revolucionario Institucional (PRI), al alarmante deterioro económico del país y, sobre todo, a la condición de los pobres. El sucesor de Salinas, Ernesto Zedillo (1995–2000) heredó graves problemas sociales, políticos y económicos, los cuales están simbolizados por la rebelión de los indígenas que estalló en enero de 1994 en Chiapas, el estado más pobre de México. A pesar de la crisis política actual, la revolución mexicana de 1910 en su etapa heroica o inicial todavía sirve como ejemplo histórico de una revolución auténticamente nacionalista y popular. Para muchos mexicanos, la elección de Vicente Fox en el año 2000 y la derrota del dinosáurico PRI ofrecen la esperanza de un sistema político más democrático.

Están también los ejemplos de las revoluciones cubana (1959) y nicaragüense (1979). Ambas lograron, aunque en escala diferente, la expulsión de élites represivas y la creación de una amplia base popular. En ambos casos esto ocurrió a costa de un nuevo tipo de autoritarismo y de la fuerte desaprobación del gobierno estadounidense. Esta última se concretó en el bloqueo económico de la isla de Cuba y luego en el apoyo militar a los «contras» en la guerra (1981–1990) que sangró la tierra de Sandino. Las elecciones de 1990 le quitaron el poder a Daniel Ortega (1979–1984, 1984–1990) y colocaron a Violeta Chamorro (1990–1996) en la presidencia. Desafortunadamente, el cambio de gobierno no mejoró el nivel de vida del pueblo, como tampoco lo logró el sucesor de Chamorro, Arnoldo Alemán (1996–2002). El presidente actual Enrique Bolaños (2002–2006), gobierna un país que compite con Haití por el puesto del más pobre del hemisferio.

[67] determinaciones arbitrarias

En Cuba, entretanto, los restos de los considerables logros iniciales de la revolución en términos de la educación, salud y vivienda, se han desmoronado aún más con el colapso mundial del comunismo, sobre todo en la antigua Unión Soviética (1991), de la cual dependía el régimen de Fidel Castro. Todavía sigue vigente el bloqueo económico establecido por los EE. UU. como respuesta a los abusos de los derechos humanos del gobierno castrista. A pesar de eso, se ha observado recientemente por parte de varios congresistas estadounidenses un interés creciente en levantar el bloqueo y promover la democracia en la isla mediante una política de participación y no de aislamiento.

La revolución en El Salvador (1977–1992) es un caso aparte porque pronto degeneró en una guerra civil devastadora la cual se complicó por el hecho de que los EE. UU. apoyaban un gobierno que no tenía la capacidad de vencer a los revolucionarios, ni de controlar a los derechistas en el ejército y la política nacionales. El Salvador se cuenta ahora oficialmente entre las democracias del hemisferio, pero su situación económica y política sigue siendo precaria.

La dependencia de América Latina del extranjero, ya sea de Europa, los EE. UU. o la antigua Unión Soviética, es una de las constantes en la historia y en la actualidad económica y política del subcontinente (ver Capítulo ocho). Las economías latinoamericanas se encuentran vulnerables ante las fluctuaciones y caprichos[67] de los precios internacionales y la demanda en el mercado mundial de sus bienes, los cuales, a pesar de varias tentativas de diversificación, todavía, en muchos casos, consisten en productos primarios, como las bananas en Honduras o Costa Rica.

Lamentablemente, esta constante histórica sigue en vigencia hoy en día. Por ejemplo, aunque el neoliberalismo económico de los ochenta, noventa y comienzos de este siglo aboga por aumentar y variar la producción, reducir el papel del estado, ampliar el del sector privado y promover el libre comercio y el movimiento internacional del capital, como en el caso particular del Tratado de Libre Comercio de 1994 (TLC), las economías latinoamericanas siguen siendo fundamentalmente extractivas, o sea de exportación. Aunque la producción haya aumentado en los noventa, se deterioraron alarmantemente no sólo la situación económica de los pobres y las clases medias, sino las relaciones entre las clases sociales. La teoría de la modernización presupone una relación positiva inherente entre el aumento de la producción y la equidad social, pero la historia latinoamericana desmiente esta premisa, ya que la distribución de los ingresos es ahora más desigual que en los setenta, una década de plena dictadura militar y dependencia económica.[j]

---

[j] Mark Everingham, «Latin America and the International Development Community: Revisiting or Redefining the Relationship?» *North South Issues,* vol. 4, no. 2 (1995), pp. 1–6.

El término *neoliberal* se refiere a un conjunto de reformas de *ajuste estructural* basadas en el mercado e impuestas por instituciones financieras internacionales como el FMI (Fondo Monetario Internacional), el BM (Banco Mundial) y el BID (Banco Interamericano de Desarrollo). Su propósito es lograr la estabilización económica, reducir la inflación y promover el crecimiento económico. Los rasgos principales de los paquetes neoliberales requieren: 1) cortes drásticos en los gastos públicos, incluyendo gastos para empleados públicos y servicios como infraestructura, bomberos y policía, y gastos para salud y servicios educacionales; 2) la privatización de la economía mediante una reducción masiva del papel del estado en la economía; y 3) la liberalización, o sea, la reducción de impuestos sobre productos importados, y la eliminación de cualquier restricción sobre el movimiento de capitales. La idea es que el mercado, operando libremente y sin la carga de regulaciones, asignará recursos más eficientemente que el estado, y que esto, a final de cuentas, beneficiará a todos, incluso a los pobres. Desgraciadamente, éste no ha sido el caso, ya que los paquetes neoliberales han sido impuestos por instituciones con el consentimiento, muchas veces reacio, de las élites locales y sin la participación popular en el proceso de toma de decisiones. Las clases populares, medias, incluyendo los profesionales, han sido golpeadas fuertemente por las políticas neoliberales, las cuales han: 1) aumentado el desempleo, 2) promovido la agroexportación mecanizada, 3) negado crédito a la mediana y pequeña empresa, 4) colocado recursos vitales de salud y educación fuera del alcance de gran parte de la población y 5) eliminado fondos para mejoras a la infraestructura lamentablemente deteriorada e insuficiente. Aunque éste no era su propósito, las políticas neoliberales han aumentado la brecha entre ricos y pobres en el continente. Estas políticas constituyen la vía principal de acceso de la globalización a las ciudades grandes y las comunidades rurales pequeñas de América Latina, y son una causa importante, entre otras, de la grave y dolorosa crisis económica que atraviesan actualmente países anteriormente tan desemejantes como Argentina y Bolivia.

El término *globalización* se refiere comúnmente al proceso mundial de integración económica, que lleva consigo la integración transnacional de mercados, productos y redes comunicativas con sistemas sociales, políticos y ambientales a un grado jamás experimentado o imaginado. En su nivel más abstracto, la globalización connota un vasto y constante movimiento de capitales, bienes y trabajos a través de fronteras, usualmente siguiendo decisiones que toman corporaciones multinacionales e instituciones financieras. Este sistema fue puesto en marcha por la revolución informática de fines del siglo XX, la cual superó distancias antes infranqueables y puso prácticamente a todos los pueblos del globo en contacto cada vez más cercano con un *otro* antes lejano y desconocido. Las nuevas posibilidades han cambiado nuestro mundo tan rápida y fundamentalmente que solamente ahora estamos comenzando a percibir sus efectos dañinos. La integración económica facilitada por la revolución en las comunicaciones ofrece posibilidades que nos entusiasman enormemente, como nuevos mercados, nuevos descubrimientos, bienes de consumo más acequibles y servicios de salud y educación más amplios, pero también trae consigo consecuencias peligrosas que amenazan la diversidad cultural, la soberanía nacional, la libertad de elección, y que intensifican injusticias sociales y económicas existentes. La globalización también incluye una nueva conciencia de nuestra interdependencia y coloca sobre los hombros de todos los seres humanos una responsabilidad compartida (aunque no buscada) por el futuro del mundo.

Aunque los factores económicos —ya sea el mercantilismo, el estatismo o el neoliberalismo— son de importancia primordial en la evolución de América Latina, no son por sí solos determinantes. Tenemos que reconocer al mismo tiempo que las fuerzas de la transformación histórica se entrecruzan, y que son múltiples y variadas. Incluyen, por ejemplo, factores culturales muy diversos como el papel social del artista y del intelectual o la influencia del personalismo en la conducción de los negocios (ver Capítulo cinco). Incluyen factores demográficos como la explosión de la población y el correspondiente flujo[68] de gente a los grandes centros urbanos (ver Capítulo cuatro).

La rica historia latinoamericana tan variada en sí, pero tan unida como un edredón de retacitos,[69] necesita una multiplicidad de enfoques. Por una parte vemos una dependencia económica, política y cultural exacerbada por los intereses foráneos y las élites locales. Por otra, existen las tentativas hacia la creación de una cultura y un modo de ser nacionales y autónomos (ver Capítulo ocho). También podemos encarar[70] la dinámica latinoamericana a través de las diferentes épocas culturales que coexisten actualmente. Estas épocas se ven yuxtapuestas[71] arquitectónicamente en la ultramoderna ciudad de Brasília, capital de Brasil desde 1960, donde casi a la sombra de los rascacielos futuristas se encuentran las chozas[72] primitivas de los indios, como recuerdo de un pasado que parece remoto, pero que no lo es. Podemos yuxtaponer también a los indios lacandones de Guatemala, quienes viven hoy en día como vivían sus antepasados mayas trescientos años antes de Cristo, con la pequeña élite blanca de la capital, la cual mantiene un estilo de vida que recuerda al español colonial. Estos dos grupos parecen vivir olvidados el uno del otro, aunque habitan en un territorio del tamaño del estado de Pensilvania.

Estos contrastes son en parte rurales/urbanos, porque la gente citadina y la campesina viven en diferentes períodos históricos. Son en parte el resultado del dominio incompleto de los europeos sobre los indios. Son en parte el resultado de la geografía indómita.[73] Son también el producto de la explosión demográfica que ha complicado toda cuestión cultural, especialmente las relacionadas con la ciudad (ver Capítulo cuatro); con la mujer y la familia (ver Capítulo cinco); con la educación (ver Capítulo seis); y con la religión (ver Capítulo siete). Pero, así como el paisaje de América Latina es tan impactante y asombroso también lo son todos los contrastes culturales resaltantes[74] que forman parte de la dinámica maravillosa y cautivante de la cultura latinoamericana, tradición y cambio, cuya aventura emprendemos[75] ahora.

[68]movimiento
[69]edredón... cobertor relleno de plumas y hecho de pequeños pedazos de tela
[70]poner frente a frente
[71]colocadas una junto a otra
[72]cabañas cubiertas de ramas y paja
[73]que no se puede sujetar, dominar
[74]que se distinguen
[75]comenzamos, tomamos el camino

Para verificar su comprensión*

A. Llene los espacios en blanco con la(s) palabra(s) más apropiada(s) al pie de la página. Verifique sus respuestas con la clave al final del libro.

ÉPOCA

	Precolombina (hasta 1519)	Colonial (1519–1810)	de la Independencia (siglo XIX)	Actual (siglos XX–XXI)
Gente clave	1. *Moctezuma*	1. *Sor Juana* 2. *Las Casas*	1. *Bolívar* 2. *San Martín* 3. *Hidalgo*	1. _____ 2. _____ 3. _____
Cultura	1. *politeísmo* 2. *Calendario* 3. *Irrigación*	1. _____ 2. _____	1. *Inmigración europea* 2. _____	1. _____
Economía	1. *Cultivo de Maíz*	1. _____ 2. _____ 3. _____	1. *Exportación*	1. _____ 2. _____
Política	1. *Estado teocrático* 2. *élite guerrera*	1. _____	1. *Caudillos* 2. *Guerras de Ind.*	1. _____ 2. _____ 3. _____

Las Casas
minas de plata
caudillos
irrigación
Castro
dictadura militar
inmigración europea
élite guerrera
cultivo del maíz

mercantilismo
revolución
 nicaragüense
Vargas
mimetismo
Moctezuma
Bolívar
mestizaje
economía dependiente
Hidalgo

politeísmo
San Martín
Sor Juana
exportación de
 materias primas
estado teocrático
esclavos africanos
Perón
guerras de
 independencia

calendario
explosión demográfica
revolución mexicana
declinación de las
 culturas indígenas
criollos vs. peninsulares
valores fluctuantes

*La clave que está al final del libro contiene las respuestas para las secciones **Para verificar su comprensión** y **Guía de prelectura.**

B. Escoja la mejor descripción para cada «ismo».

1. _C_ mercantilismo
2. _B_ escolasticismo
3. _G_ neoliberalismo
4. _A_ populismo
5. _E_ autoritarismo
6. _D_ nacionalismo
7. _F_ caudillismo

a. el nacionalismo demagógico extremo dirigido a las masas obreras

b. la doctrina educativa medieval de la Iglesia que mantenía la ortodoxia intelectual en las colonias

c. el sistema económico colonial basado en la exportación de materias primas a la madre patria

d. la creencia, a veces militante, en el valor, la posibilidad y el destino particular de la propia nación

e. el gobierno de regímenes militares rígidos y antidemocráticos

f. la toma del poder por la fuerza y la dependencia de la lealtad de un ejército privado

g. la reducción drástica del papel del estado y la promoción de la libre competencia en el mercado

---

Comparaciones

La siguiente es una lista parcial de características que por lo general han diferenciado el desarrollo cultural de América Latina del de los EE. UU. Escoja un factor de cada grupo y explique su rol en la historia de las dos culturas.

AMÉRICA LATINA

1. el catolicismo _Falta de Diversidad religiosa_
2. un sistema social rígido _Diferencia entre los ricos/porbres_
3. una economía dependiente _aumento de impoAt/expoAtaciones_
4. la presencia de civilizaciones indígenas avanzadas _Desarrollo de muchas culturas_
5. el mestizaje a gran escala _mas Diversidad_

EE. UU.

1. el protestantismo *Mas religiones (para pensar)*
2. un sistema social fluido *Mas oportunidades*
3. una economía independiente *aumento en la economia*
4. la comparativa ausencia de civilizaciones indígenas avanzadas *Donacion de poder*
5. relativamente poco mestizaje *por los europeos*

No respeto para las minoridades

Actividades en la red

1. Con un compañero / una compañera de clase, realice una investigación sobre una cultura precolombina, como los mayas, aztecas o incas. Incluya los siguientes subtemas: geografía; capital; organización social, política y económica; creencias religiosas; logros culturales y razones de su declive.

2. Investigue la vida y obra de dos de los siguientes personajes históricos.
   a. Padre Bartolomé de Las Casas
   b. Sor Juana Inés de la Cruz
   c. Simón Bolívar *el hombre que liberó mucha americalatina*
   d. Fidel Castro *Caracas - Santa Marta TB*

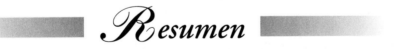

3. Establezca una comparación entre los productos principales de exportación e importación de un país latinoamericano (como México, Brasil o Argentina) y los EE. UU. Explique su comparación ante el resto de la clase.

4. Busque en la red imágenes de pinturas de uno de los grandes maestros muralistas —Diego Rivera, David Alfaro Siqueiros o José Clemente Orozco— y explique cómo estas obras expresan los temas del indigenismo y el nacionalismo mexicanos.

Resumen

La introducción destaca varios puntos importantes que debemos tener presentes para entender el trasfondo histórico de América Latina y apreciar mejor los temas y lecturas de los capítulos siguientes.

• América Latina presenta una enorme diversidad humana y natural y, por ello, hay que tener cuidado al hacer generalizaciones.

- A pesar de su inmensa variedad, los países latinoamericanos comparten una rica tradición cultural.
- Las grandes civilizaciones prehispánicas —los aztecas, mayas e incas— alcanzaron un nivel de desarrollo cultural asombroso.
- En la época colonial, se valoraban la ortodoxia política y religiosa.
- Las guerras de independencia lograron la autonomía política, pero no la económica o cultural.
- El siglo XX se caracterizó por regímenes autoritarios y revoluciones populares.
- En la actualidad, la política neoliberal representa un intento sumamente controvertido de estabilizar las economías de América Latina y de encajarlas más ampliamente en la economía global.
- La dependencia política, económica y cultural por una parte, y la lucha por la autonomía por otra, representan los dos polos de la tradición y el cambio entre los cuales oscila hoy América Latina.

Lecturas recomendadas

Adams, Richard E. "Río Azul, Lost City of the Mayas." *National Geographic* 169 (April 1986): 420–451.

Anderson, Sarah, and John Cavanah, with Thea Lee. *Field Guide to the Global Economy.* New York: The New Press, 2000.

Bethel, Leslie, ed. *Cambridge History of Latin America: Colonial Latin America.* Vols. 1, 2. New York: Cambridge University Press, 1985.

———. *Cambridge History of Latin America: From Independence to 1870.* Vol. 3 (1985).

Brading, D. A. *The First America, the Spanish Monarchy and Creole Patriots, 1492–1867.* Cambridge and New York: Cambridge Univ. Press, 1991.

Brünner, José Joaquín. *Globalización cultural y posmodernidad.* Santiago de Chile: Fondo de Cultura Económica, 1998.

Cardoso, Fernando Henrique, and Faletto Enzo. *Dependency and Development in Latin America.* Trans. Marjorie Mattingly Urquidi. Berkeley and Los Angeles: Univ. of California Press, 1979.

Castañeda, Jorge. *Utopia Unarmed: the Latin American Left after the Cold War.* New York: Vintage Press, 1993.

Cavanagh, John. *Alternatives to Economic Globalization.* Berrett-Koehler, 2002.

Chang-Rodríguez, Eugenio. *Latinoamérica: su civilización y su cultura.* Rowley, Mass.: Newbury House, 1983.

Collier, David, ed. *The New Authoritarianism in Latin America.* Princeton: Princeton Univ. Press, 1979.

Collier, Simon, Thomas E. Skidmore, and Harold Blakemore, eds. *The Cambridge Encyclopedia of Latin America*. 2d ed. New York: Cambridge Univ. Press, 1992.

Cortés, Hernán. *Cartas y documentos*. México: Porrúa, 1963.

Cultura y política en América Latina. México, D.F. and Tokyo: Siglo Veintiuno, Editorial de las Naciones Unidas, 1990.

de Las Casas, Bartolomé. *Historia de las Indias*. 3 vols. México: Fondo de Cultura Económica, 1951.

Díaz del Castillo, Bernal. *Historia verdadera de la conquista de la Nueva España*. 3 vols. México: Fondo de Cultura Económica, 1951.

Dingle, James. *Geography, Culture, History, Politics of Latin America*. Denver: Univ. of Denver Press, 1991.

Economic Commission for Latin America and the Caribbean, *Social Panorama*. 1994.

Everingham, Mark. "Latin America and the International Development Community: Revisiting or Redefining the Relationship?" *North South Issues* 4, 2 (1995): 1–6.

Fuentes, Carlos. *El espejo enterrado*. México: Fondo de Cultura Económica, 1992.

Golden, Renny. *The Hour of the Poor, the Hour of Women: Salvadoran Women Speak*. New York: Crossroad, 1991.

Guillermoprieto, Alma. *The Heart That Bleeds, Latin America Now*. New York: Vintage, 1995.

Hammond, Norman. "Unearthing the Oldest Known Maya." *National Geographic* 162 (July–Dec. 1982):126–140.

Heyck, Denis. *Life Stories of the Nicaraguan Revolution*. New York: Routledge, 1990.

———. *Surviving Globalization in Three Latin American Communities*. Peterborough, Ontario: Broadview Press, 2002.

Jones, Oakah L. *Guatemala in the Spanish Colonial Period*. Norman: Univ. of Oklahoma Press, 1994.

Katz, Friedrich. *The Ancient American Civilizations*. New York: Praeger, 1972.

Kaufman, Leslie, and David González, "Labor Progress Clashes with Global Reality." *The New York Times*, 24 April 2001.

Kilian, Michael. "Secret Stairway Leads to Clues." *Chicago Tribune*, 19 September 2002.

La Feber, Walter. *Inevitable Revolutions, The United States and Central America*. New York: W. W. Norton & Co., 1984.

Latin America Today. Tokyo and New York: United Nations Press, 1993.

León-Portilla, Miguel. *The Broken Spears: The Aztec Account of the Conquest of Mexico*. Trans. Lysander Kemp. Boston: Beacon Press, 1961.

Libro de los libros de Chilam Balam. México: Fondo de Cultura Económica, 1948.

Lockhart, James, and Stuart B. Schwartz. *Early Latin America: A History of Colonial Spanish America and Brazil*. Cambridge: Cambridge Univ. Press, 1984.

López-Vigil, José Ignacio. *Rebel Radio, The Story of El Salvador's Radio Venceremos*. Williamtic, Conn.: Curbstone Press, 1995.

Mander, Jerry, and Edward Goldsmith, eds. *The Case Against the Global Economy and for a Turn Toward the Local.* San Francisco: Sierra Club Books, 1996.

Mato, Daniel, Ximena Agudo e Illia García, coord. *América Latina en tiempos de globalización II: cultura y transformaciones sociales.* Caracas, UNESCO, 2000.

Metcalf, Alida. *Family and Frontier in Colonial Brazil, Santana de Paraíba, 1580–1822.* Berkeley and Los Angeles: Univ. of California Press, 1992.

Mullen, William, "The Tiwanakans." *Chicago Tribune, Sunday Magazine,* 23 November 1986, pp. 10–32.

Schroeder, Susan. *Chimalpahin and the Kingdom of Chalco.* Tucson: Univ. of Arizona Press, 1991.

Skidmore, Thomas E., and Peter H. Smith. *Modern Latin America.* New York: Oxford Univ. Press, 1984.

Spalding, Rose. *Capitalists and Revolutionaries in Nicaragua, Opposition and Accommodation, 1979–1993.* Chapel Hill: Univ. of North Carolina Press, 1994.

Statistical Abstract of Latin America, 1994. Vol. 31, Part 1, ed. James Wilkie. Los Angeles: UCLA Latin American Center Publications, 1995.

Statistical Abstract of Latin America, SALA, 2001.

Statistical Abstract of the United States, 1985. 105th ed., Washington, D.C.: U.S. Dept. of Commerce, 1984.

Statistical Abstract of the United States, 1995. Washington, D.C.: U.S. Dept. of Commerce, 1995.

Stockton, William. "Ancient Astronomy Points to New Views of Mayan Life." *New York Times,* 25 March 1986, pp. 15–16.

Thompson, Ginger. "Free-Market Upheaval Grinds Mexico's Middle Class." *The New York Times,* 4 September 2002.

Todorov, Tzvetan. *The Conquest of America.* Trans. Richard Howard. New York: Harper & Row, 1984.

Vanden, Harry E., and Gary Prevost. *Politics of Latin America: The Power Game.* Oxford Univ. Press, 2001.

Walker, Thomas W., ed. *Nicaragua without Illusions.* Wilmington, Del.: Scholarly Resources, 1997.

Weiner, Tim. "Low Prices Threaten Coffee Farmers' Livelihood, Report Says." *The New York Times,* 19 September 2002.

Wilford, John Nobel. "Maya Carvings Tell of a War of 2 Superpowers." *The New York Times,* 19 September 2002.

Womack, Jr., John. *Rebellion in Chiapas: An Historical Reader.* New York: The New Press, 1999.

Yoon, Carol Kaesuk. "Aid for Farmers Helps Butterflies, Too." *The New York Times,* 9 July 2002.

CAPÍTULO **DOS**

$\mathscr{L}$*as clases sociales*

Las diferencias entre las clases sociales se ven claramente en esta foto tomada en Buenos Aires.

 Introducción

La herencia ibérica

En cuanto a las clases sociales en América Latina cabe mencionar dos características sobresalientes: los contrastes culturales y la tensión actual entre tradición y cambio. La tradición, en cuanto a la estructura social, es producto de muchas influencias, sobre todo de la herencia ibérica, predominantemente medieval, jerárquica[1] y patriarcal. Los valores y cualidades de esta tradición se encuentran hoy en conflicto con los del cambio, que tienden a ser meritocráticos,[2] democráticos e igualitarios.

La visión del mundo peninsular en el siglo XV era medieval porque valoraba la inmutabilidad[3] material, social y espiritual, y consideraba el orden existente como señal de la voluntad y el designio[4] de Dios. Esta actitud cerrada al cambio aprobaba la desigualdad social porque no se conocían los conceptos modernos democráticos, como la movilidad vertical y la oportunidad individual. La visión medieval se transfirió al Nuevo Mundo con los primeros conquistadores, y formó la base del sistema de clases que emergió posteriormente.

Esa escala de valores tradicionalistas produjo en el Nuevo Mundo un sistema rígido compuesto de tres grupos, a saber:

1. una élite tradicional que constaba de un número muy reducido de familias terratenientes. Estas familias controlaban no solamente la tierra, sino también la vida política y económica de sus países, formando así una fuerte oligarquía. Desde la época colonial hasta el presente, esta aristocracia, que podía en el caso de algunas familias remontar su linaje[5] hasta los conquistadores mismos, se consideraba la depositaria y la expresión más alta de los valores peninsulares y criollos;

2. una masa empobrecida y rural que cultivaba la tierra de los hacendados y que subsistía en la miseria más abyecta. Durante el tiempo de la colonia, este grupo numeroso incluía a la mayoría de los indígenas, negros y mestizos, muchos de los cuales trabajaban como esclavos. En nuestra época, aunque ya no existe la esclavitud, todavía persiste la pobreza miserable de los campesinos;

3. los que no cabían en los primeros dos grupos —como los educadores, soldados, tenderos,[6] artesanos y miembros del clero—, pero que no constituían lo que hoy llamaríamos una clase media. Este grupo ha crecido enormemente y es, actualmente, el eje[7] del cambio en las clases sociales.

[1]que sigue un orden, categorías o grados diferentes
[2]que tienen en cuenta habilidad y calificación
[3]inalterabilidad
[4]intención
[5]ascendencia
[6]comerciantes
[7]centro

Reunión de la clase alta colombiana que nos hace pensar en el ambiente en que se crió Victoria Ocampo.

La estructura medieval de clases estáticas se ha perpetuado en las colonias a través de varias instituciones. La más fuerte de ellas es *el latifundio,* un sistema agrario feudal basado económicamente en un monocultivo extenso —azúcar, café o algodón, por ejemplo— y, socialmente, en la estratificación de clases. Sumamente poderoso en América Latina desde hace 500 años, el latifundio es una de sus instituciones más antiguas. El latifundismo reserva para los capacitados, primero los europeos blancos y después sus descendientes criollos, la pertenencia de la tierra, fuente principal de poder y riqueza. El latifundista, heredero del histórico desdén[8] hacia el trabajo manual, no se ocupa él mismo del cultivo de su tierra, sino que se lo encarga a sus empleados. El cultivo del latifundio requiere esfuerzos constantes por parte de los indígenas, negros o mestizos, quienes en muchas ocasiones dejan la vida en los campos debido a las condiciones infrahumanas[9] de trabajo. La desigualdad social y económica inherente a este sistema se ha exacerbado recientemente con el aumento excesivo de la población pobre y la declinación continua de la eficiencia productiva del latifundio, que no puede dar de comer a las multitudes necesitadas. En otras partes del mundo moderno, en las cuales se enfatizan la eficiencia y la pequeña propiedad individual como valores sociales, el latifundio ya ha desaparecido o está en vías[10] de extinción. Sin embargo, en América Latina, con pocas excepciones, sigue intacto, lo cual es un testimonio del profundo arraigo[11] del legado[12] medieval peninsular.

Otro aspecto de la tradición es la insistencia en la organización jerárquica de la sociedad. El concepto de la igualdad de derechos, de oportunidades y de individuos no existía en la visión del mundo de los conquistadores ni en la de sus sucesores. Por el contrario, la organización social se basaba en desigualdades

[8]desprecio, indiferencia
[9]más propias de animales que de seres humanos
[10]en… en camino
[11]establecimiento fijo
[12]herencia

supuestamente naturales que no se cuestionaban. Cada cual tenía y sabía su lugar, del cual no podía cambiarse. La posición social se heredaba de padre a hijo a través de generaciones, en un sistema que estimaba un orden social estático. Se puede ver cómo la actitud jerárquica y la institución del latifundio se reforzaban mutuamente para perpetuar la rigidez de clases.

En la época colonial, había una fuerte conciencia de *pureza de sangre,* o sea de «casticismo», sobre todo entre los españoles, lo que fortalecía la estratificación estricta de clases. En Brasil, el prejuicio racial, aunque presente, no era tan fuerte como en las colonias españolas: había más aceptación de la mezcla racial. La gran experiencia marítima y los siglos de ocupación musulmana[13] (resistida mucho más por los españoles que por los portugueses), habían puesto a los portugueses en contacto íntimo y prolongado con gente de otras razas. De modo que, en comparación con las posesiones españolas, Brasil presentaba un menor estigma social asociado con el mestizaje y una insistencia más débil en «lo castizo[14]». De todas maneras, ambos, los españoles puros y los portugueses menos puros, generalmente se creían intrínsecamente superiores a los mestizos y mulatos. El prejuicio racial sostenía la organización jerárquica del sistema colonial y se expresaba en todo ámbito, desde la esclavitud, a la que se sometía a los indígenas y negros en las minas o en los latifundios, hasta su exclusión de todo bien cultural, como la instrucción, que existía solamente para la «gente decente», o sea, los hombres blancos.

Aunque su expresión sea muy sutil hoy en día, en América Latina, como en otras partes del globo, persiste la conciencia del color de la piel. Actualmente las consideraciones de color se complican con las étnicas, que no incluyen solamente diferencias de color sino también de lengua, religión y herencia nacional (ver Capítulo tres). Es verdad que, hasta cierto punto, en América Latina, a diferencia de los EE. UU., uno puede «pasar por blanco» por hablar el idioma nacional en vez de uno indígena o africano, vestirse como «ladino»[15] y participar en el mercado nacional. No obstante, en cuanto al tema de este capítulo, podemos decir que, *por lo general,* mientras más blanca la piel y más finas las facciones, más alta es la posición social.

La herencia ibérica era también patriarcal, ya que el patrón del latifundio funcionaba como un «padre» para con sus «hijos» —los esclavos— y, más tarde, los peones y campesinos que dependían de él en todo sentido. En la Europa feudal, el señor se sentía responsable, en teoría por lo menos, del bienestar de su gente, en un sistema de obligaciones mutuas. El concepto de *noblesse oblige* establecía la interdependencia de dueño y siervo, pero esta noción colectiva no echó raíces en las colonias de América Latina, y el patrón o latifundista podía tratar a sus peones como le diera la gana. A veces era bondadoso y cariñoso con sus subordinados, otras, cruel y violento, conforme a su personalidad y a la escasez[16] o abundancia de mano de obra.

Dentro del núcleo familiar tradicional, el patriarca exigía obediencia absoluta de su esposa e hijos. La situación de la mujer era tal que no podía expresar

[13]árabe
[14]puro, no mezclado
[15]europeo, blanco o amo
[16]falta

opinión alguna, ni salir de casa (aunque fuera para ir a misa) sin que su esposo se lo permitiera. Además, tenía que callarse ante los amoríos, concubinas e hijos extramaritales de su esposo y, por su parte, mantener una castidad irreprochable. En muchos aspectos, la relación entre sexo y clase social merece atención aparte, ya que la mujer, en cualquier sistema patriarcal —ibérico o indígena— ha sido oprimida en todas las clases sociales debido al machismo,[17] que es una característica central del patriarcado (ver Capítulo ocho). En todo caso, tal era la doble pauta[18] que reinaba en la familia patriarcal, y que reforzaba los otros rasgos medievales del legado ibérico.

De modo que, por lo general, tenemos un cuadro tradicional de una pequeña aristocracia europeizada; una masa inmensa de gentes marginadas por su raza y color; un grupo mínimo de sectores intermedios y, a través de todas las clases, la situación inferior de la mujer. Pero hoy en día, somos testigos de una fuerte oposición al sistema vigente[19] por parte de varias fuerzas de cambio que presionan cada vez más la estructura tradicional.

[17]poder del hombre
[18]norma, modelo
[19]en vigor, en observancia

Las fuerzas del cambio

La más importante de estas fuerzas es el crecimiento acelerado de los sectores medios y urbanos. Claro está que éstos no surgieron de la nada; hace más de un siglo que existen sectores medios incipientes,[20] e incluso en la época colonial había pequeños comerciantes, artesanos y burócratas que cumplían funciones usualmente asociadas con una clase media. Pero es sólo recientemente que los grupos medios han comenzado a formular lo que podemos caracterizar como una conciencia de clase, aunque todavía haya algunos observadores que disputen esta evidencia. Es reciente también el impacto de estos sectores en el sistema social, como también lo es la oportunidad de una movilidad vertical apreciable. Estos dos fenómenos se deben a una cantidad numerosa y compleja de factores, entre ellos, la urbanización y la expansión de oportunidades económicas y educacionales, ambos frutos del proceso general de «modernización» (ver Capítulo cuatro). Aunque ahora podemos hablar de clases medias, todavía es un término vago porque incluye tanto al taxista como al médico, a la empleada de comercio y a la profesora. Cabe señalar que varios profesionales, entre ellos algunos médicos y abogados, tienen más en común económica y socialmente con la clase alta que con la media. Por otra parte, para muchos obreros y empleadas de comercio, el pertenecer a la clase media es todavía más una esperanza que una realidad.

En casi todas las clases medias la participación femenina está creciendo significativamente, especialmente en los negocios, los servicios sociales y la educación. Aunque los puestos[21] ocupados por las mujeres en estos campos no sean los más remunerativos[22] o prestigiosos, el hecho de que la mujer pueda ser secretaria, trabajadora social, mujer de negocios o abogada es un fenómeno

[20]que empiezan
[21]empleos
[22]que producen recompensa o provecho

reciente que sacude[23] la vieja estructura. El hecho es que las necesidades y oportunidades económicas han permitido que la mujer comience a hacer incursiones en el sistema tradicional, una ilustración interesante de la tesis de que los
cambios en los valores sociales siguen a los cambios económicos. A pesar de
todo lo expuesto,[24] no se ha generalizado el hecho de que una mujer que aspire
a la clase media siga trabajando después de casarse o de tener una familia (ver
Capítulo cinco).

En el proceso de cambio en las clases sociales es preciso notar la gran
importancia de la educación como salvoconducto[25] para la oportunidad de
movilidad (ver Capítulo seis). La relación entre educación y clase social es
directa y fuerte. Por ejemplo, el acceso a la educación es en gran parte responsable de los enormes avances sociales y económicos que han logrado las
mujeres. Aunque las instituciones educacionales son todavía desiguales, inade-
cuadas e insuficientes, hay en la actualidad muchas más instituciones que en
el pasado reciente, y existe un acceso más amplio a ellas. En las últimas cinco
décadas, se ha producido una verdadera proliferación de centros educativos en
América Latina, sobre todo de escuelas técnicas que ofrecen preparación para
el trabajo. Además de la educación humanista y la técnica, existe el entrenamiento ofrecido por ciertas instituciones, como el ejército. Este último
extiende las posibilidades de movilidad vertical al mismo tiempo que educa,
así que el ejército actual es otra fuente de promoción profesional.

Sin embargo, de todos los grupos medios, el que más ejemplifica la correlación entre educación y clase social es el universitario. Vamos a tratar la educación en otro capítulo, pero aquí es ilustrativo mencionar el respeto
generalizado que se siente en América Latina por la minoría universitaria. El
universitario, aunque pertenezca a la clase obrera, tiene la posibilidad de acceso
a la clase profesional, según la carrera que elija. El prestigio, las «conexiones»
y los títulos universitarios posibilitan el ingreso a un mundo de posibilidades
casi ilimitadas de avance social.

Estos cambios —el crecimiento de la clase media, el desarrollo del papel
de la mujer, la extensión y el poder de la educación— son componentes del
proceso de modernización. Es un proceso que varía enormemente de lugar en
lugar, y sobre el cual es peligroso hacer generalizaciones. Sin embargo, se pueden señalar los valores principales que rigen[26] el proceso dondequiera que se
encuentre. Estos valores incluyen el individualismo, la igualdad teórica de
oportunidades, el mérito profesional, la movilidad entre los grupos sociales y
el derecho de disfrutar de los beneficios materiales de la sociedad de consumo.
Contrastan con los valores tradicionales, despertando esperanzas y deseos de
mejora social en algunos, y ansiedades y temores en otros.

Debemos reconocer que lo que caracteriza al momento actual son valores
más ambivalentes que nuevos. Esto quiere decir que tanto los valores tradicionales como los modernos se encuentran dentro de una cultura, una clase e
incluso dentro de un individuo. La nueva élite profesional ejemplifica la ambi-
valencia hacia lo tradicional y lo moderno. Esta alta burguesía, atraída por el

poder y prestigio de los valores tradicionales, mantiene un estilo de vida parecido al de la antigua élite terrateniente, con los miembros de cuyas familias se casa. Al mismo tiempo, evidencia los valores modernos de competencia y ambición individual.

Es necesario señalar que los valores modernos y los correspondientes cambios sociales se encuentran esencialmente en las ciudades, porque es allí donde se concentran las fuerzas de la modernización (ver Capítulo cuatro). La aceleración y fluidez del ambiente urbano y la relativa inmutabilidad del rural exageran en América Latina la distancia cultural, económica y social entre la ciudad y el campo, contribuyendo al compás[27] desigual del cambio. De modo que en las selvas de Paraguay, por ejemplo, uno puede encontrar un sistema social inalterado por el siglo XX (¡y hasta por la Conquista!), mientras que Buenos Aires se empapa[28] del flujo constante del cambio social y del ritmo rápido de lo moderno.

Además de la distancia entre lo rural y lo urbano, también se ve la desigualdad del cambio dentro de la ciudad. No se debe presuponer que los beneficios urbanos están disponibles[29] y repartidos igualmente en todos los grupos de la ciudad. Las presiones urbanas —la inflación, el desempleo, el subempleo, los servicios públicos inadecuados, la explosión demográfica, la migración— tienen un impacto mayor en los pobres, quienes carecen del más mínimo bienestar (ver Capítulo cuatro). Muchos de ellos no tienen qué comer ni dónde vivir, y se encuentran en los barrios suburbanos, donde no hallan beneficios de servicio público alguno. Además, los sistemas de asistencia pública que existen en la mayoría de los países de América Latina son seriamente inadecuados. Por lo general, este proletariado[30] es mayoritariamente indígena y negro, de modo que todavía se correlaciona el color de la piel con la clase social.

Las perspectivas presentadas aquí sobre tradición y cambio en las clases sociales son generales y heurísticas,[31] no específicas ni definitivas. Revelan una tensión cada vez más concentrada entre una clase alta reducida y privilegiada, una clase media alarmantemente reducida (en gran parte por los efectos negativos de los ajustes[32] estructurales y la corrupción de sus propios dirigentes políticos) y una clase baja enorme, tanto urbana como rural, que carece de los medios esenciales para satisfacer sus necesidades mínimas. Éste es el mosaico de tradición y cambio en las clases sociales de América Latina.

[27]ritmo
[28]impregna, absorbe
[29]utilizables
[30]clase social formada por los obreros urbanos
[31]producto de la invención, con propósitos de discusión y descubrimiento educativos
[32]cambios

CÉSAR VALLEJO (1892–1938)

César Vallejo, el menor de once niños, se crió en una familia de provincia, unida y piadosa,[1] en el aislado pueblo de Santiago de Chucho, Perú. Allí experimentó desde muy joven el contraste nítido entre las enseñanzas

[1]religiosa

religiosas y la represión brutal de los obreros en las minas y en las plantaciones de azúcar. A pesar de que Vallejo más tarde perdió su fe religiosa dada la hipocresía que presenciaba a su alrededor y dadas las teorías evolucionistas tan discutidas en su época, su sensibilidad ante la miseria humana se intensificó firmemente. Aunque era muy pesimista sobre el futuro del ser humano, Vallejo se identificaba y sufría con él.

Para el joven Vallejo, la poesía servía como vehículo para expresar la condición humana y para rebelarse contra la sociedad represiva y hermética[2] que aplastaba[3] al individuo. El conflicto profundo entre los valores vigentes y los que Vallejo quería ver en este mundo, sobre todo la hermandad verdadera, se expresa agudamente[4] en su poesía. A causa de su obsesión con la angustia humana, Vallejo pasó del inconformismo político al comunismo abierto. Su postura política le causó varios problemas con las autoridades, hasta que en 1923 se fue a Europa, donde se quedó hasta su muerte en 1938.

Las preocupaciones características de Vallejo se ven concretamente en este poema, tomado de su libro *Poemas humanos* (1938). En este texto, Vallejo habla sobre la lucha por la subsistencia y sobre la literatura como algo inútil ante el espectáculo de tanta miseria.

[2]cerrada, impenetrable
[3]vencía, confundía
[4]viva y sutilmente, con perspicacia

Guía de prelectura

El siguiente poema está estructurado en torno a una serie de coplas[5] en las cuales el segundo verso contrasta con el primero. Encuentre y señale los primeros dos ejemplos.

Mientras Ud. lee el poema, busque otros ejemplos de este tipo de contraste. ¿Cuál puede ser el propósito de esta técnica?

[5]estrofas, cada párrafo de un poema

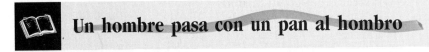

Un hombre pasa con un pan al hombro

Un hombre pasa con un pan al hombro
¿Voy a escribir, después, sobre mi doble?

Otro se sienta, ráscase,[6] extrae un piojo[7] de su axila,[8] mátalo.
¿Con qué valor hablar del psicoanálisis?

Otro ha entrado a mi pecho con un palo en la mano
¿Hablar luego de Sócrates al médico?

[6]se rasca, se frota con las uñas
[7]insecto pequeño común en animales y en personas que no se bañan
[8]sobaco (*armpit*)

Un cojo[9] pasa dando el brazo a un niño
¿Voy, después, a leer a André Breton?

Otro tiembla de frío, tose, escupe[10] sangre
¿Cabrá aludir[11] jamás al Yo profundo?

Otro busca en el fango[12] huesos, cáscaras
¿Cómo escribir, después, del infinito?

Un albañil[13] cae de un techo, muere y ya no almuerza
¿Innovar, luego, el tropo,[14] la metáfora?

Un comerciante roba un gramo en el peso a un cliente
¿Hablar, después, de cuarta dimensión?

Un banquero falsea su balance
¿Con qué cara llorar en el teatro?

Un paria[15] duerme con el pie a la espalda
¿Hablar, después, a nadie de Picasso?

Alguien va en un entierro sollozando[16]
¿Cómo luego ingresar en la Academia?

Alguien limpia un fusil[17] en su cocina
¿Con qué valor hablar del más allá[18]?

Alguien pasa contando con sus dedos
¿Cómo hablar del no-yó[19] sin dar un grito?

[9]persona que camina mal por un defecto en la pierna
[10]arroja fuera de la boca
[11]referirse
[12]lodo, barro
[13]trabajador en la construcción de edificios de ladrillo o piedra
[14]figura poética
[15]persona excluida de la sociedad
[16]llorando convulsivamente
[17]tipo de arma como rifle
[18]más… vida de ultratumba, lo que espera al alma después de la muerte
[19]se refiere a la alienación del ser humano

Para verificar su comprensión

De la siguiente lista, elija las frases en el poema que sugieren:

1. el sufrimiento del hombre _____

2. lo absurdo de lo intelectual _____
    a. pasa con un pan al hombro
    b. hablar del psicoanálisis
    c. hablar luego de Sócrates
    d. un cojo pasa
    e. leer a André Breton
    f. busca en el fango huesos
    g. un albañil cae
    h. hablar, después, de cuarta dimensión
    i. un paria duerme
    j. va en un entierro sollozando
    k. ingresar en la Academia
    l. hablar del más allá

Interpretación de la lectura

1. Normalmente, el pan simboliza lo bueno de la vida —algo que nos nutre física y espiritualmente, y algo que compartimos con los demás. ¿Tiene connotaciones irónicas en este poema el uso de la frase «un pan al hombro»?

2. En su opinión, ¿cómo ilustra este poema la solidaridad de Vallejo con los rechazados u olvidados de la sociedad?

3. Además de hablar del sufrimiento de los pobres y enfermos, Vallejo habla de la codicia y violencia de los seres humanos. ¿Cuáles son las imágenes y los verbos que emplea Vallejo para comunicar estos aspectos de la existencia humana?

4. A lo largo del poema, Vallejo señala el sufrimiento físico en el mundo y su desconexión con el intelectualismo. ¿Cree Ud. que su representación de los dos mundos es válida?

GRACILIANO RAMOS (1892–1953)

El nordestino Graciliano Ramos fue uno de los novelistas principales del regionalismo brasileño de los años treinta, movimiento literario que exponía las injusticias del sistema social vigente. Proveniente de una familia de recursos[1] modestos, Ramos recibió poca instrucción formal. Casi toda su formación intelectual fue el resultado del amor que sentía este autodidacta[2] por los libros, los cuales devoraba por cuenta propia. A pesar de no tener título secundario, en 1933 Ramos fue nombrado director de Educación Pública del estado de Alagoas en el noreste de Brasil. Fue encarcelado en 1936 en uno de los «rodeos» periódicos de intelectuales «izquierdistas» durante el régimen de Getúlio Vargas (ver Capítulo uno). Nunca se le hicieron acusaciones específicas, y cuando fue puesto en libertad se le ofreció el puesto de Inspector Federal de Educación en el mismo gobierno que lo había tomado preso. Ramos se hizo miembro del Partido Comunista en 1945, más bien por protesta social que por convicción ideológica. La verdad es que Ramos era personalmente muy reservado; era además compasivamente fatalista respecto al cambio social.

En un lenguaje simple, sucinto y extraordinariamente sugestivo, Ramos expresa su visión pesimista del mundo en sus obras más famosas: *São Bernardo* (1934), *Angústia* (1936) y *Vidas Sêcas* (1933). En esta última, de la cual proviene nuestra lectura, Ramos nos pinta la lucha diaria que constituye la vida del campesino. Es una lucha constante contra las fuerzas naturales —como el hambre y la sequía— y las sociales —las autoridades

[1] medios económicos
[2] persona que se instruye a sí misma, sin maestro

del pueblo y el patrón del rancho. Ramos la describe con ligeras pincela-das[3] y una elección concienzuda[4] de palabras.

En la lectura que sigue, Fabiano, un vaquero, le pide tímidamente al propietario el pago debido. Esto no sería tan peligroso si el propietario no tuviera poder absoluto sobre Fabiano, quien tiene que comprar en la tienda del patrón hasta los productos más básicos para su subsistencia, por lo cual vive perpetuamente endeudado. Por eso, Fabiano se acerca al patrón sumi-samente para hacer su petición.

[3]trazos
[4]con mucha aten-ción y profundidad

Guía de prelectura

A. La relación aquí descrita entre el patrón y el peón es muy común en Amé-rica Latina. En los EE. UU., ¿será en los «company towns» donde se ven ejemplos de situaciones semejantes entre patrón y empleado? ¿Cómo?

B. Lea los seis primeros párrafos y elija el mejor resumen de cada uno. Luego continúe con el resto de la lectura.

1. _____ párrafo 1

2. _____ párrafos 2 y 3

3. _____ párrafo 4

4. _____ párrafo 5

5. _____ párrafo 6

a. Fabiano no le reclama sus derechos abiertamente al patrón porque tiene miedo de ser despedido.

b. Fabiano está endeudado; por eso sus animales llevan el hierro del patrón.

c. Fabiano no come bien porque no tiene tierra propia para su siembra.

d. Fabiano está furioso porque tiene que aguantar que el patrón le robe.

e. Las cuentas de Vitória difieren de las del patrón; esto se debe a los «impuestos».

Cuentas

Fabiano recibía en la partición la cuarta parte de los becerros[5] y la tercera de los cabritos.[6] Pero como no tenía tierras de labor y se limitaba a sembrar en la huerta del lecho[7] seco del río unos puñados de alubias[8] y de maíz, comía

[5]hijos de la vaca de menos de un año de edad
[6]hijos de la cabra
[7]fondo
[8]judías, frijoles

con desorden, se deshacía de los animales y no llegaba a herrar[9] un becerro ni a señalar[10] la oreja de un cabrito.

Si pudiese economizar durante algunos meses, levantaría cabeza.[11] Forjó[12] planes. Tonterías. Quién está a ras de[13] suelo no se despega[14] de él. Consumidas las legumbres, roídas[15] las espigas de maíz, recurría al cajón[16] del amo y cedía a bajo precio el producto de los lotes. Renegaba, rezongaba,[17] afligido, intentando estirar los menguados[18] recursos, se atragantaba,[19] y se quedaba sin lo que tan ardientemente deseaba. Llegando a un acuerdo con cualquier otro no sería robado con tanto descaro.[20] Pero temía ser expulsado de la hacienda. Y se rendía.[21] Aceptaba el cobre y escuchaba consejos. Había que pensar en el futuro, tener juicio.[22] Se quedaba con la boca abierta, encarnado,[23] con el cuello hinchado. De repente estallaba.[24]

—Palabras. El dinero anda a caballo y nadie puede vivir sin comer. Quien es del suelo no sube.

Poco a poco, el hierro del propietario quemaba los animales de Fabiano. Y cuando no le quedaba nada para vender, el hombre del desierto se endeudaba. Al llegar la partición estaba metido en apuros[25] y a la hora de las cuentas le daban una pequeñez.

Ahora, en esta ocasión, como en las otras, Fabiano ajustó el ganado, se arrepintió, dejó al final la transacción medio apalabrada[26] y fue a consultar con su mujer. La Señora Vitória mandó a los niños al gredal,[27] se sentó en la cocina y se concentró, distribuyendo en el suelo simientes[28] de varias especies, practicando sumas y restas.[29] Al día siguiente Fabiano volvió a la ciudad, pero al cerrar el trato notó que las operaciones de la señora Vitória, como de costumbre, diferían de las del patrón. Reclamó[30] y obtuvo la explicación habitual: la diferencia provenía de los impuestos.[31]

No se conformó: debía de haber engaño. Él era ignorante, sí, señor; se veía perfectamente que era ignorante, pero su mujer tenía cabeza. Seguro que había un error en el papel del blanco. No se descubrió el error, y Fabiano perdió los estribos.[32] ¡Pasarse la vida entera así, entregando gratis lo que era suyo! ¿Había derecho a aquello? ¡Trabajar como un negro y no poder liberarse nunca!

El patrón se enfadó, repelió la insolencia y opinó que el vaquero podía buscar trabajo en otra hacienda.

Aquí Fabiano bajó los humos[33] y enmudeció. Bueno, bueno, no era preciso ponerse así. Si había hablado sin reflexión, pedía disculpas. Era ignorante, no había recibido instrucción. No era atrevimiento[34] lo que tenía, conocía su lugar. Un cabra.[35] ¿Iba a buscarse problemas con la gente de posición? Ignorante, sí, señor; pero sabía respetar a la gente. Debía de ser ignorancia de su mujer, probablemente sería ignorancia de su mujer. Hasta le extrañaba que supiera hacer cuentas. En fin, como no sabía leer (un ignorante, sí, señor), creía en su costilla.[36] Pero pedía disculpas y juraba no caer en otra.

El amo se ablandó[37] y Fabiano salió de espaldas, con el sombrero barriendo las baldosas.[38] En la puerta, al darse la vuelta, se enganchó las rodelas de las espuelas[39] y se alejó tropezando, con los zapatones de cuero

[9]marcar con hierro caliente
[10]marcar
[11]levantaría... saldría de la pobreza
[12]Inventó
[13]a... a nivel de
[14]separa, levanta
[15]cortadas con los dientes
[16]lugar donde se guardan los víveres
[17]hablaba entre dientes expresando enojo
[18]disminuidos
[19]ahogaba
[20]desvergüenza, insolencia
[21]sometía, daba por vencido
[22]sentido común
[23]enrojecido
[24]explotaba
[25]aprietos, dificultades
[26]medio... incompleta
[27]tierra que tiene greda (*clay*)
[28]semillas
[29]practicando... haciendo cuentas
[30]Protestó
[31]tributos, dinero que se paga al gobierno
[32]perdió... perdió el control
[33]bajó... se humilló
[34]falta de respeto
[35]persona dependiente
[36]mujer
[37]calmó
[38]ladrillos del piso
[39]se... *the spokes of his spurs locked together*

crudo retumbando[40] en el suelo como cascos[41] de los caballos. Llegó hasta la esquina y se detuvo a recuperar el aliento. No podían tratarle así. Se dirigió hacia la plaza, lentamente. Delante de la taberna del señor Inácio volvió la cara y dio un rodeo.[42] Desde que le aconteciera aquella desgracia, temía pasar por allí. Se sentó en la acera,[43] sacó el dinero del bolsillo y lo examinó, procurando adivinar cuánto le habían robado. No podía decir en voz alta que aquello era un robo, pero lo era. Se quedaban con el ganado casi gratis y encima inventaban impuestos. ¡Qué impuestos! Lo que había era muy poca vergüenza.

—Ladrones.

No le permitían quejarse. Porque reclamó por haber encontrado exorbitante la cosa, el blanco se levantó furioso, con malas maneras. ¿Por qué tanto alboroto?[44]

—¡Hum! ¡Hum!

Recordó lo que le sucedió años atrás, antes de la sequía, lejos. Un día de apuro recurrió al cerdo delgado que no quería engordar en la pocilga[45] y que reservaban para los gastos de Navidad: lo mató antes de tiempo y fue a venderlo a la ciudad. Pero el cobrador de la prefectura[46] llegó con el recibo[47] y le atrapó. Fabiano se hizo el desentendido[48] no comprendía nada, era un ignorante. Como el otro le explicase que para vender el cerdo debía pagar impuestos, trató de convencerle de que allí no había cerdo, sino cuartos de cerdo, pedazos de carne. El agente se enfadó y le insultó, y Fabiano se atemorizó. Bueno, bueno, Dios le librara de historias con el Gobierno. Creía que podía disponer de[49] aquellos pedazos. No entendía de impuestos.

—Un ignorante, ¿se da cuenta?

Suponía que el cochino cebado[50] era suyo. Ahora que si la prefectura tenía una parte, acabado el asunto. Pues se volvería para casa y se comería la carne. ¿Podía comerse la carne? ¿Podía o no podía? El funcionario golpeó el suelo con el pie, irritado, y Fabiano se disculpó, con el sombrero de cuero en la mano y la espalda encorvada.

—¿Quién dice que yo quiera discutir? Lo mejor será dar por terminado el asunto.

Se despidió, metió la carne en el saco y se fue a venderla a otra calle, a escondidas. Pero atrapado por el cobrador, tuvo que sufrir el impuesto y la multa.[51] Desde aquel día no crió más cerdos. Era peligroso hacerlo.

Miró los billetes arrugados[52] en la palma de la mano, las monedas de níquel y plata, y suspiró, mordiéndose los labios. No tenía derecho a protestar. Bajaba la frente. Si no la bajaba, desocuparía la tierra y se largaría[53] con la mujer y los hijos pequeños. A dónde, ¿eh? ¿Tenía a dónde llevar a la mujer y a los hijos? ¿Tenía algo?

Paseó la vista por todo su alrededor. Más allá de los tejados que le reducían el horizonte se extendía la campiña,[54] seca y dura. Acordóse de la penosa marcha que hiciera por ella con la familia y le perecía un milagro. No sabía cómo habían escapado.

[40] naciendo gran ruido
[41] uñas del pie de los caballos
[42] dio... tomó otro camino
[43] vereda, parte pavimentada al lado de la calle
[44] ruido, escándalo
[45] establo para cerdos
[46] cobrador... oficial que recolecta los impuestos
[47] papel donde se declara haber recibido algo
[48] se... fingió que no comprendía
[49] disponer... utilizar
[50] engordado
[51] dinero que se paga por castigo
[52] con muchos pliegues
[53] iría
[54] espacio grande de tierra

Si pudiera mudarse gritaría bien alto que le robaban. Aparentemente resignado, sentía un odio inmenso por algo que era al mismo tiempo el campo seco, el patrón, los soldados y los agentes de la prefectura. Todos estaban en contra suya. Estaba acostumbrado, tenía la corteza muy dura,[55] pero a veces se impacientaba. No había paciencia que soportase tal cosa.

—Un buen día un hombre comete una burrada[56] y se pierde.

¿Pero no veían que era de carne y hueso? Tenía obligación de trabajar para los demás, naturalmente; conocía su lugar. Bueno. Nació con ese sino,[57] nadie tenía la culpa de que él hubiera nacido con semejante sino. ¿Qué hacer? ¿Podía cambiar la suerte? Si le dijeran que era posible mejorar de situación quedaría asombrado. Había venido al mundo para domar[58] reses bravas, curar heridas a los animales y arreglar cercas[59] desde el invierno hasta el verano. Era su destino. Su padre vivió así y su abuelo también. Y más atrás no tenía familia. Cortar *madacaru*,[60] engrasar látigos; aquello lo llevaba en la sangre. Se conformaba, no pretendía[61] otra cosa. Si le diesen lo que era suyo se contentaría. No se lo daban. Era un desgraciado; igual que un perro, sólo recibía huesos. ¿Por qué los hombres ricos todavía le quitaban parte de sus huesos? Daba hasta rabia que personas importantes se ocuparan de semejantes porquerías.[62]

En la palma de la mano los billetes estaban húmedos de sudor. Deseaba saber la cuantía de la extorsión. La última vez que hizo cuentas con el amo el perjuicio[63] parecía menor. Se alarmó. Oyó hablar de impuestos y de plazos.[64] Aquello le había dado una impresión bastante penosa: siempre que los hombres instruidos le decían palabras difíciles, resultaba engañado. Se sobresaltaba[65] escuchándolas. Evidentemente sólo servían para encubrir latrocinios.[66] Pero eran bonitas. A veces adornaba algunas y las empleaba fuera de lugar. Después las olvidaba. ¿Para qué había de usar un pobre de su calaña[67] palabras de gente rica? La señora Terta es la que tenía una lengua terrible. Hablaba casi tan bien como la gente de la ciudad. Si él supiese hablar como la señora Terta se buscaría trabajo en otra hacienda y se arreglaría. No sabía. En los momentos de apuro le daba por tartamudear,[68] se sentía embarazado[69] como un niño pequeño, se rascaba los codos, violento. Por eso le estafaban.[70] Sinvergüenzas. ¡Quitarle lo suyo a un infeliz que no tenía donde caerse muerto![71] ¿No veían que no era verdad? Qué ganaba con ese proceder, ¿eh? ¿Qué ganaban?

—¡Ah!

Ahora no criaba cerdos y le gustaría ver al tipo[72] de la prefectura cobrarle impuestos y multas. Le arrancaban la camisa del cuerpo y encima le molían a golpes[73] y le metían en la cárcel. Pues no trabajaría más, se iría a descansar.

Tal vez no se fuese. Interrumpió el monólogo, y estuvo una eternidad contando y recontando mentalmente el dinero. Lo estrujó[74] con fuerza y se lo embutió[75] en el bolsillo pequeño del pantalón, abrochando[76] en el estrecho ojal el botón de hueso. Qué porquería.

Se puso en pie y se dirigió a la puerta de una taberna con ánimo de beber un poco de aguardiente. Como había muchas personas en el mostrador,[77] retrocedió. No le gustaba meterse entre la gente. La falta de costumbre. A veces

[55]tenía… no era delicado
[56]tontería
[57]destino, suerte
[58]domar… hacer dócil el ganado
[59]barreras que encierran el ganado
[60]un tipo de árbol originario del noreste de Brasil
[61]quería conseguir
[62]malas acciones
[63]daño
[64]dinero que se paga en partes
[65]asustaba
[66]robos, fraudes
[67]indole, tipo
[68]hablar repitiendo las sílabas
[69]incómodo
[70]le… le sacaban dinero con engaños
[71]no… no tenía nada
[72]persona
[73]molían… maltrataban físicamente
[74]apretó
[75]metió
[76]cerrando
[77]mesa alta del bar

decía cualquier cosa sin intención de ofender, entendían otra y surgían las cuestiones.[78] Era peligroso entrar en la taberna. El único ser que le comprendía era su mujer. No necesitaba hablar: bastaban los gestos. La señora Terta se explicaba como la gente de la ciudad. Bien estaba ser así, tener recursos para defenderse. Pero él no los tenía. Si los tuviera no viviría de aquella forma.

Era un peligro entrar en la taberna. Le apetecía beber un cuarterón de cazalla,[79] pero recordaba la última visita que hiciera a la venta[80] del señor Inácio. Si no se le hubiera ocurrido beber no le habría sucedido aquel desastre. No podía tomar un vaso tranquilo. Bueno. Se volvería a casa y dormiría.

Se puso en camino despacio, pesado, cabizbajo,[81] con las estrellas de las espuelas silenciosas. No conseguiría dormir. En la cama de tablas[82] había un palo con un nudo justo en medio. Sólo un gran cansancio podía hacer que un cristiano se acomodara en semejante dureza. Se necesitaba estar muy fatigado de haber pasado el día a lomos del[83] caballo o arreglando cercas. Derrengado,[84] débil, se estiraba y roncaba[85] como un cerdo. Ahora no le sería posible cerrar los ojos. Se pasaría la noche dando vueltas sobre las tablas, reflexionando sobre aquella persecución. Deseaba imaginar lo que haría en el futuro. No haría nada. Se mataría trabajando y viviría en una casa ajena,[86] mientras le dejaran quedarse. Después se iría por el mundo, a morirse de hambre en la *catinga*[87] seca.

Sacó la bolsa del tabaco y se preparó un cigarro con la faca[88] de punta. Si por lo menos pudiese recordar hechos agradables, la vida no sería íntegramente mala.

Abandonó el pueblo. Levantó la cabeza y vio una estrella, luego muchas estrellas. Las figuras de sus enemigos se fueron difuminando.[89] Pensó en su mujer, en los hijos y en la perra muerta. Pobre *Baleia*. Era como si hubiese matado a un miembro de su familia.

[78]disputas
[79]cuarterón... cuatro onzas de cierta bebida alcohólica
[80]hotel pequeño
[81]con la cabeza inclinada hacia abajo
[82]piezas de madera
[83]a... montado sobre
[84]Muy fatigado
[85]hacía ruido con la respiración cuando dormía
[86]de otra persona
[87]bosque seco de Brasil
[88]cuchillo grande
[89]disipando

Para verificar su comprensión

¿Cierto o falso? Indique si cada oración es cierta (C) o falsa (F). Si es falsa, corríjala según la lectura. Luego verifique las respuestas con la clave que se encuentra al final del libro.

1. _____ El patrón decide darle un aumento a Fabiano.

2. _____ Fabiano partió de su encuentro con el patrón «con el sombrero barriendo las baldosas», con una postura de servilidad que realmente no sentía.

3. _____ Lo de los impuestos es un engaño.

4. _____ El recuerdo del episodio de la venta del cerdo refuerza el odio profundo que siente Fabiano por el sistema social que lo oprime.

5. _____ Fabiano podría cambiar su situación si trabajara más.

6. _____ Para Fabiano las palabras educadas sirven para encubrir el fraude.

Interpretación de la lectura

1. ¿Acepta Fabiano su condición inferior?

2. Para Fabiano casi todo es peligroso. ¿Por qué se siente así?

3. En su opinión, ¿por qué trata tan mal a Fabiano el propietario? ¿Por qué lo tolera Fabiano?

4. Fabiano dice repetidamente que él es un ignorante. ¿Realmente lo es?

5. ¿Cree Ud. que Fabiano buscaría trabajo en otra hacienda si supiera hablar como la señora Terta? ¿Por qué?

Tema escrito

¿Cómo ilustra esta lectura el sistema tradicional de clases descrito en la introducción a este capítulo?

Comparaciones

Si Fabiano pudiera leer, ¿qué opinaría de «Un hombre pasa», el poema de Vallejo? ¿Con quién se identificaría?

VICTORIA OCAMPO (1891–1979)

Victoria Ocampo, famosa intelectual argentina, es más conocida como *entrepreneur* cultural y fundadora de la prestigiosa revista *Sur* (1931) y de la casa editorial del mismo nombre, fundada en 1933. Era también una feminista ardiente y una mujer de letras que escribió diez volúmenes de *Testimonios,* o sea ensayos sobre sus ricas experiencias personales. Nacida y criada en una distinguida familia de la oligarquía argentina, Ocampo llevó una vida privilegiada, culta y europeizada. Amiga personal de muchos de los artistas más destacados[1] de su época —Rabindranath Tagore, Gabriela Mistral, Albert Camus, Aldous Huxley, Virginia Woolf, José Ortega y Gasset e Igor Stravinsky, entre otros— se dedicó a la promoción del intercambio cultural entre América Latina y el resto del mundo, especialmente Europa y los EE. UU. Su trabajo intercultural le trajo honores de los gobiernos de Francia, Inglaterra e Italia y de las universidades de Visva-Bharati en India y Harvard en los EE. UU. Fue también la primera mujer elegida miembro de la Academia Argentina de Letras (1977).

[1]notables

Ocampo ha sido acusada por algunos intelectuales de esnobismo y elitismo por su elevada posición social, estilo de vida y fuerte deseo de separar el arte de la política, algo que no es siempre posible en América Latina. Como miembro de la élite argentina, se crió tanto en el ambiente europeo como en el americano. En cierta forma era una cosmopolita que pertenecía a las dos culturas, pero, desde otro punto de vista, no se sentía totalmente a gusto ni en Europa ni en Argentina.

En este fragmento de su ensayo «Palabras francesas» (1935), Ocampo reflexiona sobre la influencia del idioma francés en su modo de ser y pensar. Sus comentarios sobre el particular nos proporcionan todo un cuadro del estilo de vida y de los valores culturales de la oligarquía argentina de su generación.

Guía de prelectura

Basándose en su interpretación de lo que acabamos de leer, escoja de entre las siguientes posibilidades la respuesta que mejor describa la vida de Ocampo.

1. Ocampo fue una intelectual que se dedicó a
   a. la cultura europea.
   b. el intercambio cultural.
   c. la lucha política.

2. El estilo de vida de Ocampo se asocia con
   a. los barrios pobres de Buenos Aires.
   b. la clase media europea.
   c. la oligarquía argentina.

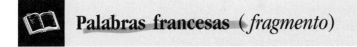 **Palabras francesas** (*fragmento*)

Todos los libros de mi infancia y de mi adolescencia fueron franceses o ingleses; franceses en su mayoría. Aprendí el alfabeto en francés, en un hotel de la avenida Freidland. Desde entonces, el francés se me ha pegado[2] en tal forma, que no he podido librarme de él. Mi institutriz[3] era francesa. He sido castigada en francés. He jugado en francés. He rezado en francés. (Había, incluso, inventado una oración, que agregaba[4] con fervor a las demás: «Dios mío, haz que esta noche no vengan ladrones, que no sueñe malos sueños, que vivamos todos y vivamos en buena salud, amén». Este *post-scriptum* dirigido a Dios fue mi primera carta.)

[2]adherido
[3]maestra encargada de la educación de los niños en el hogar de ellos
[4]añadía

He comenzado a leer en francés: *Peau d'âne, Les malheurs de Sophie, Les aventures du Capitaine Hatteras...* Es decir que comencé a llorar y a reír en francés. Leía insaciablemente.[5] Las hadas,[6] los enanos,[7] los ogros[8] hablaron para mí en francés. Los exploradores recorrían un universo que tenía nombres franceses. Y, más tarde, franceses fueron los versos bellos y las novelas en que por primera vez veía palabras de amor. En fin, todas las palabras de los libros de mi infancia, esas palabras que contienen «el viento rápido y el sol brillante que hacía cuando los leíamos», fueron para mí palabras francesas.

¿Cómo separarme de ellas sin separarme de esta infancia? ¿Cómo separarme de mi infancia sin cortar toda comunicación con la esencia misma de mi ser, sin empobrecerme absolutamente, definitivamente, de mi realidad, de su fuente?

Si esto es posible a otros temperamentos, yo sé por experiencia que no lo es para el mío.

Es perfectamente exacto que todas las veces que quiero escribir, *unpack my heart with words,* escribo primero en francés. Pero no lo hago por una elección deliberada —y aquí es donde se equivoca M. Daireaux—. Me veo obligada a ello por una necesidad interior. La elección ha tenido lugar en mí sin que mi voluntad pudiese intervenir. Mi voluntad, por el contrario, trata ahora a tal punto de corregir este estado de cosas que no he publicado nada en francés— excepción hecha de *De Francesca a Beatrice*—, y que vivo traduciéndome o haciéndome traducir por los demás continuamente.

Lo que más me interesa decir es principalmente aquí en mi tierra, donde tengo que decirlo, y en una lengua familiar a todos. Lo que escribo en francés no es francés, en cierto sentido, respecto al espíritu. Y sin embargo —he aquí el drama—, siento que nunca vendrán espontáneamente en mi ayuda las palabras españolas, precisamente cuando yo esté emocionada, precisamente cuando las necesite. Quedaré siempre prisionera de otro idioma, quiéralo o no, porque ése es el lugar en que mi alma se ha aclimatado.[9]

Esta circunstancia ha producido extraños efectos. Temo que si consiguiese arrancar[10] de mi memoria todas las palabras francesas, arrancaría también, adheridas a ellas, las imágenes más queridas, más auténticas, más americanas que posee.

¿Qué le importa al niño que le dejen su álbum si le quitan sus calcomanías?[11]

Las palabras francesas son las únicas que me gusta pegar sobre el papel porque son las únicas que, para mí, están llenas de imágenes.

Mientras yo estudiaba la gramática de Larive y Fleury, las ciencias de Paul Bert, la historia sagrada de Duruy, cuántos deseos, cuántas miradas se evadían[12] por la ventana hacia nuestros campos, nuestro río, nuestras calles. Cuántas fábulas de La Fontaine mezcladas a los gritos de los mercachifles[13] de «botellas vacías» y de «resaca», tierra negra para las plantas. ¡Ah, esos vendedores ambulantes cuya libertad yo envidiaba! Me acuerdo de ciertas noches tibias en que leía a Poe, traducido por Baudelaire, a la luz de una vela, que me obligaban a apagar en el momento menos oportuno. «La caída de la casa Usher» ha quedado llena, para mí, de mugidos[14] de vacas y de balidos[15] de carneros.[16] Un olor

[5] con apetito imposible de satisfacer
[6] seres fantásticos representados como mujer y con poderes mágicos
[7] personas de extraordinaria pequeñez
[8] monstruos
[9] acostumbrado
[10] sacar de raíz
[11] dibujos transferibles que coleccionan los niños (*decals*)
[12] escapaban
[13] vendedores ambulantes
[14] voz de la vaca
[15] gritos
[16] animales muy apreciados por su lana

de alfalfa y trébol[17] entraba por la ventana. Era la época de la esquila.[18] Durante el día se veía en un galpón[19] a los peones hundir sus tijeras en la lana espesa. Uno de ellos iba y venía entre los demás, llevando en la mano una lata llena de una oscura mixtura que apestaba[20] a alquitrán.[21] Le llamaban a la vez de todas partes: «¡Médico, médico!», y él pintaba con este líquido misterioso las heridas que las tijeras descuidadas y presurosas infligían a los animales. Esto me impresionaba mucho. Sentía piedad por los carneros, miedo de las tijeras y, sin embargo, el espectáculo me fascinaba. Únicamente el pensar que *El escarabajo de oro* o *El diablo en el campanario* me esperaban en casa podía romper el encanto.

Palabras francesas, entonces y siempre. Helas aquí confundidas con el olor del alquitrán, de la lana, el ruido de las tijeras, los gritos de los peones. Esas exclamaciones sólo las percibía como un género especial de mugidos. *No eran las palabras con que se piensa.* Y mi habla, mi español —la expresión verbal me fue siempre difícil— era, en otro plano, casi tan primitiva y salvaje.

Tardes de infancia, imborrables, en que, después de haber chapaleado[22] en el barro, del que mis uñas guardaban las huellas, cargada de sol como un acumulador,[23] corría a mis libros, ávida de volver a encontrar su atmósfera, en la que mi pensamiento se articulaba de pronto. ¡Palabras, queridas palabras francesas! Ellas me enseñaban que se puede escapar del silencio de otro modo que por el grito.

Estos recuerdos, otros más, muchos otros aún, toda mi vida pretérita, se me aparece como almacenada[24] en palabras francesas. Tan es así, que el empleo del francés es, en mí, lo contrario de una actitud convencional.

Por otra parte, si bien es cierto que soy a ese respecto un caso ejemplar por su exageración y que las cosas han llegado en mí hasta el límite extremo (entre otras razones, sin duda, a causa de una introversión muy marcada), no creo ser una excepción. En mi medio y en mi generación las mujeres leían casi exclusivamente en francés. Recuerdo haber recibido y hecho, de niña, muchos regalos de libros; casi todos eran franceses, desde *La Princesse de Clèves* hasta Claudel. Alguien me hizo leer en aquellos años a Rubén Darío. Sus poesías me parecieron de un mal gusto intolerable: una parodia de Verlaine.

Agréguese a esto que nuestra sociedad era bastante indiferente a las cosas del espíritu, incluso bastante ignorante. Muchos de entre nosotros habíamos llegado, insensiblemente, a creer enormidades.[25] Por ejemplo, que el español era un idioma impropio para expresar lo que no constituía el lado puramente material, práctico, de la vida; un idioma en que resultaba un poco ridículo expresarse con exactitud —esto es, matiz—.[26] Cuanto más restringido era nuestro vocabulario, más a gusto nos sentíamos. Toda rebusca[27] de expresión tenía una apariencia afectada. Emplear ciertas palabras, ciertos giros[28] (que no eran, en realidad, otra cosa que gramaticalmente correctos), nos chocaba como puede chocarnos un vestido de baile en un campo de deportes o una mano que toma la taza con el meñique[29] en el aire.

Muchos de nosotros empleábamos el español como esos viajeros que quieren aprender ciertas palabras de la lengua del país por donde viajan, porque

[17]pequeña planta común con tres o cuatro hojas casi redondas
[18]corte de la lana de las ovejas
[19]sitio cubierto
[20]echaba mal olor
[21]sustancia negra hecha de resina de pino
[22]jugado (como en agua)
[23]aparato que guarda energía eléctrica
[24]guardada
[25]atrocidades
[26]gradación sutil de significado
[27]búsqueda cuidadosa
[28]expresiones idiomáticas
[29]el dedo más pequeño de la mano

esas palabras les son útiles para sacarlos de apuros en el hotel, en la estación y en los comercios, pero no pasan de ahí.

Sin embargo, pese a[30] las apariencias, no podíamos dejar de pensar, y para esto necesitábamos palabras. Educadas por institutrices francesas y habiéndonos nutrido de literatura francesa, buen número de entre nosotros iba naturalmente a tomar sus palabras de Francia. Pero las institutrices de nuestra infancia y las abundantes lecturas no justifican totalmente nuestro reflujo[31] obstinado hacia el francés —al menos en la mayoría de los casos—. Aquí debe de haber algún complejo que favorezca tal fenómeno. La prueba está en que, en Europa, en los medios análogos[32] al mío, es también frecuente que los niños sean educados por institutrices extranjeras y que lean de continuo idiomas extranjeros; y, sin embargo, lo que ha sucedido aquí no se produce sino excepcionalmente allá. En nuestro caso debemos tener en cuenta, por añadidura,[33] una especie de desdén latente hacia lo que venía de España (no entro a examinar si ese desdén tenía alguna excusa o justificación). Además, debido a otro fenómeno, que sería curioso analizar, nos volvíamos al francés por repugnancia a la afectación. La penuria[34] del español que aceptábamos nos la tornaba imposible. Rechazábamos su riqueza; rechazábamos esa riqueza como una cursilería.[35] Nos disgustaba como una ostentación de lujo hecho de relumbrón[36] y joyas falsas. El francés, por el contrario, era para nosotros la lengua en que podía expresarse todo sin parecer un advenedizo.[37]

Imagino que el cincuenta por ciento de las cien palabras que componían nuestro vocabulario no figuraban siquiera en el diccionario de la Academia Española. Hacia mis quince años, ningún poder humano me habría hecho emplear los calificativos «bello» o «hermoso»; «lindo» me parecía el único término que no era pedante.[38] Habría enfermado si alguien me hubiera obligado a llamar mecedora[39] a una «silla de hamaca». La estancia[40] era, no podía ser, para mí, más que un océano de tierra donde soñaba todo el año en hundirme. Que se pudiese llamar estancia a un cuarto me sublevaba,[41] me ofendía, como si se hubiese tratado de desfigurar, para apenarme,[42] la fotografía de un ser querido. Y así todo lo demás.

Quizá convenga agregar que mi familia y las de aquellos que me rodeaban, aunque instaladas en América desde hace muchas generaciones, son casi exclusivamente de origen español.

A los veinte años yo era, en lo concerniente a España, de una ignorancia tan sólida y tan agresiva que algunos amigos, compadecidos,[43] trataron de sacarme de ella. Se esforzaron por iniciarme en las delicias de la literatura castellana. Me dieron a leer *Doña Perfecta, Doña Luz, El sombrero de tres picos*... Apenas pude tragarlos. Mi convicción de que el español era un idioma *guindé*[44] y aburrido aumentó. *Toute sonore encore* de los clásicos franceses permanecía sorda a lo demás.

Sólo en 1916, cuando el primer viaje de Ortega, después de haber conversado largamente con él, advertí[45] gradualmente mi tontería. Comenzaba a descubrir que todo podía decirse en la lengua española sin por ello volverse automáticamente pesado, afectado, grandilocuente.[46] Pero este descubrimiento llegaba demasiado tarde. Hacía ya mucho tiempo que era prisionera del francés.

[30]pese... a pesar de
[31]vuelta atrás
[32]medios... clases sociales semejantes
[33]además
[34]pobreza
[35]lo que pretende ser refinado pero resulta afectado
[36]de más apariencia que calidad
[37]extranjero, forastero
[38]con aires de erudición
[39]otra palabra para «silla de hamaca» (*rocking chair*)
[40]hacienda de campo, rancho
[41]incitaba a rebelarme
[42]causarme tristeza
[43]que sentían simpatía
[44]enfermo, feo
[45]me di cuenta de
[46]pomposo, afectado

La consecuencia que saco de mis reflexiones sobre este tema es que nada de esto habría ocurrido si yo no hubiera sido americana. Si yo no hubiera sido esencialmente americana yo no habría hablado un español empobrecido, impropio para expresar todo matiz, y no me habría negado al español de ultramar. Si yo no hubiera sido esencialmente americana, el francés no habría, quizás, llegado a ser el único refugio de mi pensamiento, y de haberlo sido, permanecería tranquilamente en él, en lugar de correr tras un español que ya no alcanzaré, ciertamente, y que si lo alcanzo no me será nunca dócil. Si no hubiese sido esencialmente americana, no me habría debatido en este drama, y este drama hubiera resultado una comedia.

Si no hubiese sido americana, en fin, no experimentaría tampoco, probablemente, esta sed de explicar, de explicarnos y de explicarme. En Europa, cuando una cosa se produce, diríase que está explicada de antemano. Cada acontecimiento nos hace la impresión de llevar, desde su nacimiento, un brazalete de identidad. Entra en un casillero.[47] Aquí, por el contrario, cada cosa, cada acontecimiento, es sospechoso y sospechable de ser aquello de que no tiene traza.[48] Necesitamos mirarlo de arriba abajo para tratar de identificarlo, y a veces, cuando intentamos aplicarle las explicaciones que casos análogos recibirían en Europa, comprobamos que no sirven.

Entonces, henos aquí obligados a cerrar los ojos y a avanzar penosamente, a tientas,[49] hacia nosotros mismos; a buscar en qué sentido pueden acomodarse las viejas explicaciones a los nuevos problemas. Vacilamos, tropezamos, nos engañamos, temblamos, pero seguimos obstinados. Aunque los resultados obtenidos fueran, por el momento mediocres, ¿qué importa? Nuestro sufrimiento no lo es. Y esto es lo que cuenta. Es preciso que este sufrimiento sea tan fuerte que alguien sienta un día la urgencia de vencerlo explicándolo.

He dicho antes que yo no me tengo por escritora, que ignoro totalmente el oficio. Que soy un simple ser humano en busca de expresión. Y precisamente por este motivo nunca me libertaré de las palabras francesas.

Proust cuenta que buscó vanamente en un libro de Bergotte, leído antaño de un tirón,[50] un día de invierno en que no pudo ver a Gilberte, las páginas que tanto le habían gustado. *Mais du volume lui-même* —agrega— *la neige qui couvrait les Champs Elysées, le jour où je le lus, n'a pas été enlevée.*[a]

Hay para mí en las palabras francesas, aparte de todo lo demás, un milagro análogo, de naturaleza subjetiva e incomunicable. Poco importa que el español me parezca hoy día una lengua admirable, resplandeciente y concisa. Poco importa que, presa[51] de arrepentimiento, me esfuerce[52] en restituirle[53] mi alma.

Del francés *la neige ne sera jamais enlevée.*[b]

[47]archivo
[48]antecedente
[49]a… con pasos inciertos
[50]de… de una vez
[51]víctima
[52]me… haga un esfuerzo
[53]devolverle

---

[a]Compara la nieve que cubría *les Champs Élysées* con la nieve que sigue cubriendo el libro; o sea, se refiere a lo imborrable de la experiencia, en el caso de Ocampo, del francés.
[b]Nunca se le quitará la nieve del francés; o sea, el francés seguirá siendo parte íntegra de su ser.

Para verificar su comprensión

¿Cierto o falso? Indique si cada oración es cierta (C) o falsa (F). Si es falsa, corríjala según la lectura.

1. _____ Ocampo cree que, con el tiempo, dejará de ser «prisionera» del francés.

2. _____ Ocampo sólo puede recordar su juventud con palabras francesas.

3. _____ Ocampo adoraba el castellano cuando era joven.

4. _____ El tipo de educación que recibió Ocampo era singular.

5. _____ A Ocampo el francés le era natural, mientras que el español le parecía afectado.

6. _____ Ocampo se sentía muy americana.

7. _____ Si Ocampo hubiera sido europea, habría sentido la necesidad de explicarse.

8. _____ Los miembros de la oligarquía argentina preferían el francés al español.

Interpretación de la lectura

1. Se habla mucho de la influencia europea, especialmente la francesa, en la élite cultural latinoamericana. Se habla también de la enajena-ción[54] de lo nacional. ¿Cómo se ven ambos, el «europeismo» y la enajenación, en este pasaje de Ocampo?

2. Se dice que Ocampo es el prototipo del individuo cosmopolita aristo-crático latinoamericano. ¿Qué cree Ud.?

3. ¿Piensa Ud. que esta lectura sugiere la importancia del primer idioma que uno aprende en la formación de la identidad personal? ¿Por qué?

[54]alienación

Comparaciones

A. Imagine Ud. una conversación entre Ocampo y el obrero Fabiano sobre uno de los temas siguientes:

1. la importancia de la palabra hablada
2. la necesidad de la reforma agraria
3. los varios aspectos de la enajenación

B. Compare la enajenación cultural y lingüística de Ocampo y la de los inmigrantes recién llegados a los EE. UU. ¿Cuáles son los puntos que tienen en común?

MIRIAM LAZO LAGUNA (1946–)

Nacida en una familia terrateniente acomodada,[1] la nicaragüense Miriam Lazo era una joven profesora de literatura en la Universidad Nacional cuando triunfó la revolución sandinista en el verano de 1979. A pesar de que ella misma no era sandinista militante y de que su motivación era religiosa en vez de política, Lazo se identificó fielmente con los fines sociales de la revolución. En realidad, como directora de Cooperación Técnica y Financiera del Instituto de Seguridad Social y Bienestar (INSSBI) durante el gobierno sandinista (1979–1990), estaba en la vanguardia de la formulación de la política social nacional. Desde 1990 Lazo ha desempeñado el puesto de Directora de Programas para Casa Ave María, un centro ecuménico[2] de servicio y rehabilitación para los más marginados[3] del país.

Las siguientes entrevistas abarcan los años comprendidos entre 1985 y 2002, un período de gran ilusión seguida de una amarga decepción para el pueblo nicaragüense. La perspectiva de Lazo, relatada con gran emoción y autenticidad, es única porque trata el tema de las clases sociales dentro de los contextos revolucionario y posrevolucionario. La primera lectura, la cual comienza con experiencias personales modeladoras de su carácter, trata del período revolucionario.

[1] de buena posición económica
[2] interdenominacional
[3] personas excluidas de participación

Miriam Lazo en la cooperativa agrícola José Arias.

Pregunta: Sra. Lazo, ¿podría Ud. hablarnos un poco sobre su historia personal, o sea, su formación familiar, educacional y social?

Respuesta: Claro que sí, encantada. Nací en Juigalpa, en el estado de Chontales, en el noreste de Nicaragua, en donde la producción agrícola y ganadera hacía una vida cómoda en cuanto al vivir de la familia. Mi familia toda es católica y fui formada particularmente por mi padre. Mi madre murió en mi nacimiento y mi padre pensó que internándome en colegio religioso iba a tener una formación cristiana. Eramos muy unidos y él llegaba cada ocho días. Estudié en el Colegio María Auxiliadora, en Granada, un colegio muy conservador de las religiosas salesianas.[4] La mayoría de ellas era italiana, y eran unas mujeres muy cultas. Allí, en el interior del centro, tuve la oportunidad de conocer íntimamente las diferencias sociales. Por ejemplo, me acuerdo de una ocasión en que estábamos las niñas internas ayudando a limpiar la sacristía.[5] Había otras niñas que ayudaban a las religiosas a hacer los trabajos del colegio. A una de esas niñas se le cayó una macetera[6] y, al romperse, la Madre llegó y regañó.[7] A mí, cuando yo estaba limpiando, una de las arañas[8] que sirven para ubicar las luces, se me desprendió[9] y se me quebró, pero no me dijo nada; no me regañó. Entonces, yo me pregunté, ¿cuál era la diferencia entre aquellas niñas? Aquellas niñas, sus padres no pagaban y nosotras sí. Nosotras teníamos los privilegios. Las otras niñas tenían que ayudarnos a nosotras. Mi papá llegaba el domingo siguiente; entonces yo le conté el incidente y también le dije que esa niña no tenía quién pagara la macetera, y que yo quisiera que él la pagara para que la Madre no la regañara más a la niña. Seguramente a mi papá se le quedó grabado[10] que a mí algo me había pasado en mi interior y él me dijo: «Hijita, hiciste muy bien en ayudar a tu amiguita; yo le voy a decir a la Madre ahora que tú eres amiga de esa niña, y que te deje compartir lo tuyo con ella.» Ésta fue la mejor lección que me dio mi padre cuando yo era muy joven —que nosotros mismos tenemos que actuar para tratar de romper las diferencias sociales.

P: Después del convento, ¿siguió Ud. desarrollándose por ese mismo camino?

R: Sí, primero yo quería ser religiosa; después, quería ser médico. Pero mi papá quería que yo fuera profesora; me decía que el magisterio también es un apostolado.[11] Yo fui, interna, a la Escuela Normal[12] de Señoritas, en San Marcos, y cuando yo regresé, él me dice: «Mira, hija, yo quiero que me ayudes a mí un poco. Quiero que vayas a fundar una escuela allá en la finca para los niños de los trabajadores. Después vas tú a la universidad a estudiar tu doctorado en medicina.» Pero cuando yo fui conviviendo con esos niños, fui su maestra, entonces, mi papá me decía: «¿Por qué no les das

---

[4] pertenecientes a la congregación de San Francisco de Sales, fundada por San Juan Bosco
[5] lugar en las iglesias donde se visten los sacerdotes y se guardan los ornamentos
[6] maceta, recipiente para plantas
[7] habló con enojo
[8] candelabros
[9] cayó
[10] se... le impresionó profundamente
[11] el... enseñar es también una misión religiosa
[12] Escuela... escuela donde se estudia para maestro de primera enseñanza

clases a los adultos, y de esa forma van a saber escribir los papás, los abuelos y los propios niños?» Entonces prácticamente me indujo[13] a mi carrera profesional dentro de la docencia,[14] e indirectamente, al estudio de la sociología de mi país.

Después que cumplí con la misión que mi papá me había encomendado,[15] me regresé a la universidad, pero ya no estudié medicina, porque tenía que ir hasta León y yo me quería quedar en Managua. Entonces, estudié filosofía y letras en Managua. Terminé mi carrera y di clases en las escuelas primarias, en las secundarias y en la universidad; también di clases para las normales.[16] Estuve en todos los niveles. Fue muy estimulante la situación sociológica. Yo vi en cada uno de los distintos grados la pobreza de Nicaragua; no solamente la pobreza, sino la discriminación. Por ejemplo, los chicos ricos llegaban a la Universidad Católica, y los jóvenes que tenían menos oportunidades económicas, como los indios de Bluefields, llegaban a la Universidad Nacional. Entonces yo me fui dando cuenta de lo poco que daba el gobierno para que el estudiante fuera promovido.[17] Yo me daba cuenta perfectamente que el 60% de la población nicaragüense era analfabeta. Yo aspiraba en un momento dado, sin tener ninguna militancia con el frente sandinista, aspiraba a que se transformara toda esa situación en el país.

P: Me imagino que lo que Ud. vio en Managua le despertó aún más la conciencia social, ¿no?

R: En Managua tuve la oportunidad de ir conociendo a fondo la gran diferencia del poder económico y del que no disfrutaba la riqueza. Lo vi en los niños y en las madres que se me acercaban y me decían: «No tengo para comprarle el uniforme, no tengo para comprarle los zapatos.» Y yo proveía[18] al estudiante de sus zapatos o de su uniforme. Yo vi niños que llegaban con nada de alimento en su estómago y que se me desmayaban;[19] entonces yo tenía que recurrir a la familia y preguntarles si el niño estaba enfermo. La madre me decía: «Su padre es un alcohólico y yo no tengo trabajo.» El hijo sufría las consecuencias de esa situación social, que no era ésa la única, sino que se repetía en muchas otras. De allí fui cobrando conciencia social, la riqueza más grande que la docencia me ha dado. Empecé a trabajar poco a poco, porque en Nicaragua era muy difícil trabajar abiertamente. Después de la preparación que tuve con relación a mi profesión académica, empecé a dar clases en literatura española y latinoamericana en la Universidad Centroamericana, o sea la Católica. Empecé a enseñar, digamos el *Martín Fierro*, el famoso poema del gaucho argentino perseguido, desde una perspectiva socialmente comprometida.[20] A mi juicio, ésa fue la única manera responsable de presentar la materia, porque allí estaban los estudiantes más ricos del país, y allí prácticamente te das cuenta de cuál es la realidad de tu país. De allí de mi carrera desde el 72 hasta el 78 y un poco del 79, y todavía dando clases cuando nace la revolución.

[13]llevó, impulsó
[14]enseñanza
[15]encargado
[16]escuelas normales
[17]ayudado, estimulado
[18]daba
[19]se… se caían inconscientes
[20]*committed*

P: ¿Jugó Ud. un rol en la revolución misma?

R: No como sandinista, porque no tengo sino una actuación humana cristiana. Pero sí, participé como «amiga» de los sandinistas. Trabajé con los jóvenes universitarios en un proyecto de concientización[21] de la realidad nacional, de los abusos del poder durante la dinastía somocista[22] y las corrupciones que había en ese momento, y sobre las persecuciones que se cometían con los estudiantes.

P: ¿Cómo cambió su vida con el triunfo de la revolución?

R: Con el triunfo, se abrió una gran expectativa, una fe grandísima en que el cambio iba a ser tan radical que se iba a sentir desde el primer momento, y eso fue cierto. Yo, por ejemplo, ya no fui la profesora en las aulas de clase, aunque me sentía que continuaba siendo profesora porque inicié un trabajo en bienestar[23] social en el cual mi experiencia en la docencia me ayudó mucho. Inicié un trabajo específico para los campesinos, y yo recordaba las palabras de mi padre: «El campesino es el hombre que produce porque es el que hace que la tierra nos dé los frutos; es el que cosecha.» Para ayudar al campesino, se iniciaron los centros infantiles rurales en Nicaragua sobre los cuales tuve, y todavía tengo yo, la responsabilidad nacional. Aunque algunos todavía son sólo comedores infantiles, otros son como guarderías.[24] En total tenemos sesenta centros, con cien niños y diez educadoras en cada centro.

P: Fue así como Ud. comenzó a involucrarse[25] en los proyectos del bienestar nacional, ¿no? ¿Puede describir un poco el cargo que Ud. ocupa ahora?

R: El cargo que ocupo ahorita con el gobierno es mediante el desarrollo de trabajos en los que fuimos conduciendo —la creación de los centros para niños, para ancianos, de las cooperativas para prostitutas, de los centros de rehabilitación para alcohólicos, de los centros de rehabilitación para deshabilitados de guerra.

P: ¿Existían organizaciones similares antes de la revolución?

R: No, realmente no. Había muy poco, y lo que había era muy rudimentario y tenía otro tipo de filosofía. Por ejemplo, el anciano estaba en el centro sin ninguna esperanza de que se le estimulara, o que se le diera el calor de familia como nosotros tratamos de dar. Y claro, estos centros eran privados, y había que pagar. En el tratamiento de los huérfanos,[26] por ejemplo, el centro que había se llamaba «hogar temporal» y que yo conocí, pues, el niño no tenía mayores estímulos, no le daban ningún adelanto[27] en el proceso educacional o afectivo.[28] No tenían esa oportunidad porque el personal[29] era únicamente como una criada más. Los deshabilitados, por ejemplo, no tenían oportunidad alguna. Del deshabilitado el concepto que había era de un individuo parásito. Ahora, el concepto que tiene es de un hombre que tiene posibilidades para ser autosuficiente, para dar apoyo a su comunidad en donde él vive, inclusive de incorporarse a un trabajo en donde se pueda desempeñar de acuerdo

[21]*consciousness raising*
[22]de Somoza
[23]*welfare*
[24]lugar donde se atiende a los niños mientras sus padres trabajan
[25]participar
[26]niños que no tienen padres
[27]progreso
[28]de las emociones
[29]conjunto de empleados

a su capacidad. No había nada para la rehabilitación del alcohólico o de la prostituta, nada.

P: ¿Está diciendo entonces que toda la filosofía de los servicios sociales ha cambiado desde el 79?

R: En absoluto. Cambió completamente toda la concepción filosófica de cada servicio, y, por lo tanto, los resultados en las personas que estaban en los centros eran completamente otros.

P: ¿Cómo se hizo el cambio?

R: Era un trabajo de equipo, y poco a poco, produjimos una diferencia en la conciencia de los técnicos y profesionales. Se le explicó al personal la importancia de su trabajo y la buena voluntad y dignidad de los que iban a atender. Esto era entre el 79 y el 81, y tuvo un gran impacto. Te pongo como ejemplo el de varias de las prostitutas rehabilitadas que ahora han formado colectivos[30] de costura[31] y están reintegrándose a la sociedad con una conciencia de su valor y dignidad como seres humanos. Como puedes ver, la diferencia ha sido dramática, y me ha impresionado profundamente. Todo eso me motivó a mí a emprender la búsqueda de financiamiento, recursos, fuentes para robustecer[32] los centros. Pero luego Nicaragua fue enfrentando una situación de guerra en la que cada día las necesidades aumentaban. Aunque buscásemos y encontrásemos buenos frutos, las necesidades aumentaban y los materiales que íbamos adquiriendo eran demasiado pocos frente a toda la gran necesidad nacional. Allí había desplazados[33] de guerra, deshabilitados, ancianos, huérfanos de guerra, viudas, alcohólicos y prostitutas rehabilitándose, los refugiados salvadoreños, guatemaltecos, en fin, una gama de necesidades en las que comparada con lo que obteníamos era demasiado pequeño. El trabajo mío fue aumentando cada día, porque las necesidades mismas iban aumentando.

P: En vista de la seria escasez de bienes básicos, ¿no hay resentimientos contra los refugiados?

R: Los refugiados están inmersos en nuestra vida productiva nacional. El refugiado se encuentra como en su propia tierra porque nosotros le hacemos sentir que esa tierra, Nicaragua, es también de ellos y que la debe disfrutar como cualquier nicaragüense. Es una experiencia única y muy humana. Por eso yo te digo que si hay algo que yo creo, es que las revoluciones son capaces de transformar el sentimiento individualista del hombre; *lo he visto,* allá mismo en mi trabajo con los refugiados.

P: ¿Es verdad que la revolución ha abierto un campo nuevo de oportunidades para la mujer?

R: Ésta es una de las razones por qué yo estoy ocupando ese cargo. Te lo estoy poniendo en el propio ejemplo. La posición que tengo actualmente es un cargo de dirigencia[34] dentro del Ministerio, y mi jefe, el Licenciado Reinaldo Antonio

[30]organizaciones
[31]fabricación de ropas
[32]fortificar
[33]personas sin casa
[34]cargo... posición administrativa importante

Téfel, confiere[35] comúnmente con el Comandante Ortega.[a] Yo, antes, realmente no hubiera sido nombrada en este cargo.

[35]consulta
[36]según lo que
[37]recompensen

P: ¿Es un resultado de la revolución?

R: Absolutamente, concreto, obvio. Claro que el motivo en que la mujer vaya ganando más campo sencillamente es porque lo va conquistando con su participación en la lucha —en las tareas de alfabetización, en la propia defensa de la revolución, en las tareas de campañas de salud, en el Comité Nacional de Emergencia, un trabajo voluntario (yo soy la Secretaria Ejecutiva) en el que damos respuesta a todas las necesidades que existen en un desastre natural o en una emergencia de guerra. Es decir, cada mujer se va ganando su posición conforme[36] ella también va dando. No es una cosa que se la van a dar porque es la mujer; tienes que ganarla y la ganas mediante tu actuación. Tampoco existe la lucha en que la mujer no va a desempeñar un cargo porque es mujer, y que el hombre sí lo puedé desempeñar; no existe porque la oportunidad la misma mujer se la ha ido abriendo.

Allá, por ejemplo, hay Ministros que son mujeres y que eso es nuevo para nosotros, es ejemplar. Hay mujeres que además son las que van estableciendo la pauta para que las leyes tengan precisamente ese equilibrio entre lo que es para el hombre y lo que es de la mujer. Las leyes inclusive de beneficios para la familia son sugeridas por las mujeres, y allí estamos presentes en las asambleas e inclusive en la asamblea constituyente del país. Hay muchas mujeres que no sólo tienen un cargo honorífico de Comandante, sino que están en posiciones de dirigencia. Por ejemplo, de los Ministerios que abarcan el campo social en la Educación, Salud, Vivienda, Bienestar Social, sobre todo en Bienestar Social, la mayoría de los cargos de dirigencia la tienen las mujeres. Es estimulante para uno. Sí, yo puedo ratificar que el proceso revolucionario ha incorporado con más oportunidades a la mujer.

P: Anteriormente, cuando hablaba de los refugiados, dijo que el pueblo nicaragüense no siente resentimiento hacia ellos, y que Ud. está presenciando el desarrollo de un nuevo sentimiento cooperativo. ¿Lo ve también en cuanto al tema de las clases sociales y la redistribución de la riqueza del país?

R: Yo pienso que sí, porque el campesino nicaragüense fue el *más* marginado todo el tiempo en el pasado; y es justo, y ellos reconocen que es justo para ellos, que le retribuyan[37] lo que le habían negado. Entonces el campesino tiene conciencia. Quien no tiene conciencia es aquél que siempre tuvo lo mejor. ¿Qué pasa con los refugiados salvadoreños, guatemaltecos, o cualquier otro refugiado latinoamericano cuando se incorporaron en la vida productiva nacional? Fue trascendente, porque el campesinado los aceptó como si fueran unos nicaragüenses más. Eso es producto de que el sentimiento del campesino es de gran fraternidad; no tiene el egoísmo. El campesino para mí es lo más sano

---

[a]Daniel Ortega, Presidente de Nicaragua (1979–1984, 1984–1990).

---

[38]*jeep*
[39]barco pequeño
[40]avión pequeño
[41]se... ofrece lo que tiene
[42]conjunto de todas las ovejas
[43]otro país

de espíritu; es capaz de darte. Por ejemplo, como parte de mis responsabilidades profesionales, visito a cuatro o cinco centros cada semana, viajando por vehículo,[38] lancha[39] o avioneta.[40] También, frecuentemente voy a los centros los domingos con mi familia, como una visita familiar. Cuando vos llegás[b] de visita a una comunidad rural, el campesino te da su gallinita, su huevo; él se desprende[41] con aquel espíritu de generosidad y te lo da. Entonces, para mí es un símbolo grande de riqueza humana.

P: ¿Piensa Ud. que la religión popular ha jugado un rol importante en la formulación de los objetivos sociales de la revolución?

R: La religión popular, has dicho la palabra, popular, justamente ésa es la palabra que podemos aplicar. La religión popular para mí es la base de un verdadero cristianismo porque el nicaragüense en su comunidad tiene un poder religioso tradicional. Nosotros somos muy cristianos, pero la cristiandad del nicaragüense va de acuerdo con la capacidad del pastor de acercarse a sus ovejas. El rebaño,[42] si está solo, se pierde la oveja; pero si el pastor está constantemente acercándose, entonces robustece esta fe, ese espíritu de religiosidad de la oveja. Pero allá, ¿qué pasa? Muchos sacerdotes de la jerarquía, yo pienso, se han olvidado de cómo acercarse a las ovejas. Los otros, los que están optando por la iglesia popular, pues, a veces son hasta criticados muy severamente por sus superiores. Pero, ¿por qué son criticados severamente? Pero, claro, la jerarquía piensa que *ellos* son la iglesia, que *ellos* son el reino. Tal vez se ha adormecido la idea de que el reino está presente en esa comunidad de sus ovejas. Eso es lo que *yo* digo.

P: ¿Cree Ud. que la estructura social de Nicaragua es similar a la de los otros países de América Latina? ¿Hay lecciones generales que se pueden aprender del ejemplo nicaragüense?

R: Yo pienso que la estructura social nicaragüense es similar a la de los países latinoamericanos, pero, ¿qué pasa? ¿Cuál es la lección que nos dio la revolución norteamericana, la francesa, la mexicana, la cubana? Pues, el espíritu de independencia, y eso es lo que está proliferando en los pueblos latinoamericanos. Nicaragua es un país con tantas limitaciones actuales —una guerra primero, un terremoto, inundaciones, sequías, en fin, fuertes fenómenos de la naturaleza que también nos han golpeado. Pero Nicaragua ha resistido y sigue resistiendo actualmente frente a un fenómeno en que se trata de destruir la revolucíon no porque Nicaragua represente un peligro para una potencia,[43] *no;* Nicaragua no representa *ningún* peligro. Sencillamente es por ese ejemplo que se está dando a los otros países latinoamericanos, esa sed de libertad, de autodeterminación. Yo pienso que quizás ése se el mensaje que se está dando a los países latinoamericanos: que aún estamos resistiendo.

---

[b]En algunas regiones latinoamericanas, la forma prenominal «tú» ha sido reemplazada por «vos», forma que en muchos casos también afecta la morfología del verbo correspondiente.

Para verificar su comprensión

Complete cada frase con la respuesta más apropiada.

1. El episodio de la macetera ilustra
   a. cómo era la vida diaria en el convento.
   b. la importancia de la acción individual frente a las diferencias sociales.
   c. el poder económico que tenía el padre de Lazo.

2. Antes de la revolución, existía
   a. muy poco en cuanto a programas de bienestar social.
   b. un sistema de ayuda financiera para los pobres.
   c. un plan ambicioso para promover la salud del campesino.

3. La filosofía posrevolucionaria que gobierna todos los servicios sociales se basa en
   a. la dignidad de cada persona.
   b. el conformismo social.
   c. la psicología moderna.

4. Para Lazo, los servicios que se les otorgan a los refugiados dan prueba
   a. de la política errada de los EE. UU.
   b. de las dificultades que pasan los pueblos de El Salvador y Guatemala.
   c. del espíritu humanitario de la revolución.

5. Para Lazo, la verdadera base de la estructura social nacional es
   a. la burguesía.
   b. el campesinado.
   c. el proletariado urbano.

6. Lazo afirma que la iglesia popular ha ayudado mucho a que los fines sociales de la revolución se
   a. frustren.
   b. cumplan.
   c. modifiquen.

Interpretación de la lectura

1. En su opinión, ¿cómo han cambiado la filosofía y la realidad pre y posrevolucionarias respecto al sistema de bienestar social? Dé ejemplos concretos.

2. ¿Por qué dice Lazo que aumentan cada día su trabajo y «la gama de necesidades»? ¿Qué tendrá que ver con esto la política de los EE. UU. durante los ochenta?

3. ¿Por qué es tan significativo para Lazo el trabajo para los refugiados que el gobierno sandinista patrocinaba?

4. ¿Cree Ud. que la revolución le haya brindado verdaderos logros a la mujer nicaragüense? ¿Por qué?

5. ¿Qué opina Lazo de la religión popular? ¿De la jerárquica? Y Ud., ¿qué opina de las dos?

Comparaciones

1. ¿Se acuerda de Fabiano, el campesino de «Cuentas»? Colóquelo en la Nicaragua revolucionaria, en uno de los centros rurales para refugiados, con los cuales Lazo trabajaba diariamente. ¿Sería Fabiano más feliz en Nicaragua que en Brasil? ¿Por qué?

2. ¿Qué pensaría el escritor César Vallejo de los fines sociales revolucionarios descritos por Lazo?

¿Está Ud. de acuerdo?

1. « …las revoluciones son capaces de transformar el sentido individualista del hombre.»

2. « …el sentimiento del campesino es de gran fraternidad; no tiene el egoísmo.»

 Entrevista con Miriam Lazo Laguna (II)
El aborto de la revolución nicaragüense

En esta entrevista, realizada en 1993 y 1994, Miriam Lazo reflexiona sobre el aborto de la revolución nicaragüense, el rol de los contras,[a] el de los dirigentes sandinistas y el futuro del pueblo nicaragüense. También describe los admirables proyectos de reconstrucción social a nivel de comunidad para los cuales brinda ella el espíritu motivador. El tema central de sus observaciones es la solidaridad, de la cual Lazo es un vivo ejemplo.

---

[a]Los contras eran nicaragüenses, tanto en Nicaragua como en los EE. UU., que fueron apoyados y armados por el gobierno estadounidense durante la década de los ochenta y que lucharon por derrocar el gobierno sandinista. Había entre ellos militares y civiles, ex somocistas, profesionales de la clase media y gente de los sectores populares.

Es lógico que el pueblo tuviera muchas expectativas; el pueblo se llenó de muchas esperanzas cuando triunfó la revolución. Se logró la unión de todos y el derrocamiento[1] de una dictadura de tantos años. Pero bajo este principio de unidad, los grandes idealistas de la revolución ofrendaron[2] su vida y sellaron[3] con su sangre, precisamente, el beneficio para su pueblo, y yo rindo honor a todos ellos.

A mi memoria fluye[4] el recuerdo de muchos amigos, compañeros, muchos colegas, que estarían con dolor si estuvieran vivos al ver abortada toda su lucha —como Silvio Mayorga, Julián Roque, Arlen Siu, Claudia Chamorro. Pienso que para ellos sería un dolor profundo el ver abortada ésta... y lo que es más doloroso aún, todo el sacrificio humano de los que quedaron mutilados, deshabilitados. Vos no tenés idea cuando vas por una calle y ves a tantas personas que aparentemente están bien pero que tienen una alteración mental absolutamente producto de la guerra y de todo este proceso de aborto de la revolución. Es un trauma profundo que no van a superar[5] porque han quedado con demencia,[6] con deshabilitación física, y aquellos que todavía no han salido de ese marasmo,[7] pues han quedado con una enfermedad profunda en su corazón que es el resentimiento. No hay peor cosa que ese sentir negativo porque no permite *jamás* reconciliar. Ésta es la lucha actual.

Ahora vamos a hablar del momento que estamos viviendo, del 90 para acá, porque también ocurrieron otras cosas fuera de la guerra para hacer que la revolución se abortara. El fenómeno del aborto de la revolución es bien complejo. Si lo analizamos bajo todas las ópticas,[8] pues, el primer fenómeno que influyó fue la guerra, y otro, es que debimos haber empleado lo positivo de todas las otras revoluciones —la americana, la francesa, la mexicana, la rusa— para que la nuestra lograra su consolidación. Pero, como te digo, no eran ángeles quienes estaban de dirigentes, eran hombres con todas sus debilidades y sus fragilidades. Con sus ansiedades de superarse en algún momento olvidaron cómo llegaron donde estaban y empezaron a acomodarse. Cuando vieron que la comodidad era más placentera, más satisfactoria, cuando ya el poder envolvió[9] sus mentes, y cuando se saturaron de la omnipotencia que les dio la autoridad, entonces pienso que allí fue otro punto.

Algunos dirigentes se equivocaron y, al alcanzar la autoridad, se convirtieron en seres prepotentes.[10] Muchas veces para llegar a ellos había que ir, no una vez en su búsqueda, dejar una cita,[11] dos, tres, y por no decirte, dejar hasta *diez* citas, y muchas veces ¡ya no te recibían! Después ya no fueron consecuentes con los ideales y objetivos por los que lucharon y por eso las promesas de la Revolución no se cumplieron para todos, promesas tales como una vivienda digna y el alimento diario. Olvidaron todos esos detalles, a pesar de que se pasó por la prueba del racionamiento de los alimentos, de todos los productos, desde el jabón, el papel higiénico, que fueron racionados. Todo dentro de un marco[12] de conciencia, de espíritu colectivo. Estábamos, creo yo, satisfechos dentro de aquellas limitaciones porque sabíamos que todos las compartíamos, pero las compartíamos con el propósito de que a nadie se excluyera. Esto era el cumplimiento del mandato cristiano, pues el Evangelio[13] decía «dad de comer, dad de beber, vestid al

[1] caída
[2] ofrecieron con sacrificio y/o devoción
[3] firmaron (*fig.*)
[4] viene
[5] vencer
[6] locura
[7] inactividad
[8] puntos de vista (*fig.*)
[9] cubrió
[10] poderosos, dominantes
[11] dejar... fijar una reunión
[12] ambiente
[13] dicto cristiano

que lo necesita, dad techo al que lo quiere, y dad amor». Estábamos *embebidos*[14] en esa fuente nutriente de las palabras del Evangelio con nuestras propias acciones que iban hacia una tendencia colectiva y no individualista.

Pero como te digo, se cayó en ese detalle que de pronto aquel espíritu colectivo de muchos dirigentes, aquella conciencia de grupo, aquel espíritu que nos invitaba permanentemente a compartir, bajó y fue creciendo su ego y fueron buscando esa comodidad a que nos invitan las teorías individualistas y nos llevan a olvidar que la mayoría, en sus limitaciones, siempre necesita de nosotros. Entonces, creo que fue ésta una de las debilidades, uno de los defectos que influyó en el aborto de la revolución. Definitivamente.

Pero viendo con más claridad la naturaleza de nuestro pueblo, los pueblos son sabios,[15] y se dan cuenta en qué momento ya éste o el otro dirigente ya no es el mismo. Más tarde que temprano y más temprano que tarde, no permiten su eternización.[16] Como Somoza. Somoza nunca pensó caer en este país porque pensó que su pueblo lo tenía entronizado.[17] Viene una revolución bajo una convicción colectiva que también una vez que tomó posesión comenzó a radicalizar todo. Quizá eso fue dañino,[18] porque pudimos haber sido un ejemplo ecléctico,[19] tomando de los ejemplos de las otras revoluciones, aprender e ir adecuando a nuestro ambiente. Sin embargo, bajo una tendencia de radicalización llenó de pánico a la iniciativa privada —y se necesita la iniciativa privada— y fueron los primeros que salieron. Ése fue otro de los defectos que influyeron para que el pueblo cambiara de opinión acerca de los dirigentes de la revolución.

Además, estaba el influjo[20] de una guerra a la que estábamos entregando nuestra juventud, un efecto que bajo todo principio tenía que ser definido. Fue una guerra desigual, inhumana, injusta, *ilegal*. Todo eso fue lo que condujo al pueblo a que votara por el nuevo gobierno de la UNO[b] bajo una óptica bien racional. Los partidos no estaban preparados para esa victoria porque nunca pensaron que la revolución iba a caer. Ni tampoco el Frente Sandinista supo medir que aquel pueblo que les había llevado a esa dirigencia y que los colocó[21] en ese gobierno, porque fue *el pueblo* el que los colocó, *fuimos todos*, les iba a quitar. Entonces, ellos tampoco estaban preparados para la derrota. Los dos, el Frente y la UNO, estaban alejados del pueblo.

De esa experiencia se ha cobrado muy caro[22] en este momento, porque un cambio de un sistema socialista a uno «democrático» es tan violento como lo que se vivió en el momento cuando triunfó en el 79 la revolución. Entre los del gobierno actual y los que aspiran al gobierno también vemos la resurgencia del caudillismo. Es algo peligroso que ha arruinado a los países. Mientras los líderes gubernamentales actuales se sigan manteniendo con estos conceptos del caudillismo, mientras ellos no se involucren, estamos fracasando.[23] Ellos deben decir al pueblo «hagamos» y no «hagan».

[14]saturados
[15]son... tienen buen juicio
[16]estado permanente
[17]en un trono, como un rey
[18]perjudicial
[19]que incorpora lo mejor de diferentes teorías ó doctrinas
[20]influencia
[21]puso
[22]se... vamos a pagar mucho
[23]fallando, perdiendo

---

[b]UNO: Unión Nacional Opositora, una coalición de catorce partidos políticos opuestos al gobierno sandinista. La candidata de la UNO, Violeta Chamorro, ganó las elecciones presidenciales en 1990.

Yo te puedo decir que el tren se detuvo ya, no va porque las líneas no están rectas, y no están rectas porque nos hace falta[24] la conciencia, la correlación de las acciones. Pero para hacerlas más llanas,[25] nos hace falta la mutua ayuda que todos debemos tener. Le hace falta al gobierno actual [el de Violeta Chamorro] esa correlación de fuerzas porque los intereses individualistas de cada quien están siendo llenados sin importarles el dolor de su pueblo que sufre y que tiene hambre. Le hace falta también al pueblo porque en su afán por la lucha de la sobrevivencia muchas veces se dañan los unos a los otros. Es una lucha diaria, constante, continua que mina[26] las conciencias, y cuando se toca lo más sensible del hombre, que es su espíritu, yo pienso que allí se lacera[27] todo. Porque si tú tienes hambre y puedes llegar donde tu vecino y decirle que te apoye porque en ese momento estás en crisis, es porque las conciencias tienen el desarrollo según el principio del Evangelio. Si tú vas por el camino de tu vida normal y si conoces que Fulano[c] está sin trabajo, y que Fulano se accidentó y que la familia Tal está en difíciles condiciones porque el papá está delicado, entonces si conoces esos hechos y te haces el indiferente, tus valores humanos están *debilitándose*. Me parece que ello es donde estamos en Nicaragua.

Esa solidaridad que durante la revolución nos vino como una *escuela*, se perdió, se perdió completamente. Esa solidaridad internacional que se desarrolló era el camino. Nos enseñaba que si los internacionalistas dieron esa solidaridad, entonces, nosotros los nicaragüenses teníamos que habernos bañado en nuestra propia solidaridad, y esto es lo que faltó. Estamos esperando a que vuelva, pero me parece que de parte de nosotros *mismos* tiene que salir. Tiene que desarrollar ese espíritu de solidaridad que nos une, no solamente a los que tienen capacidad, sino aun a los que no tienen capacidad económica, aun a los que no tienen oportunidad de haberse desarrollado, de haberse preparado bien. Es un compromiso social que todos tenemos y que lo debemos demostrar.

Voy a retomar con lo que inicié.[28] Ver el principio revolucionario del hombre. El hombre tiene que ser revolucionario permanentemente porque es su conciencia la que debe de estar en ese continuo devenir[29] hacia lo bueno, hacia lo positivo, y conjugar[30] el punto esencial donde se equilibre lo positivo y lo negativo en nuestra sociedad. Te digo esto porque yo encuentro que todos tenemos más cosas buenas que cosas malas. Entonces es cuestión de conjugar y buscar el equilibro y cómo. Bueno, pues, que el maestro comience desde su cátedra,[31] a infundir[32] esos niveles para que los valores humanos vayan progresando en la conciencia de sus estudiantes; el trabajador profesional debe de infundirlos en sus colegas, en sus compañeros de trabajo, buscando que se mantenga ese principio bueno y que crezca. Si tú te fijas,[33] las mujeres del mercado, ¡qué mujeres! Cómo luchan a diario por su sobrevivencia, y si tú te fijas, están uno, dos, cincuenta tramos,[34] y no se están peleando porque todas tienen ese espíritu de solidaridad, luchando por su sobrevivencia. Si la Fulana no vendió hoy la yuca,[35] y si la Fulana

[24]nos... necesitamos
[25]rectas, accesibles
[26]destruye poco a poco
[27]lastima, daña
[28]retomar... volver a tomar el propósito que empecé
[29]transformación, cambio
[30]coordinar
[31]función de maestro
[32]transmitir a
[33]te... pones atención
[34]puestos (de venta)
[35]*cassava root*

---

[c]Se usa «Fulano» para referirse a una persona indeterminada (*so-and-so*). Se suele emplear el nombre completo de esta persona no identificada: «Fulano de Tal».

no vendió hoy el repollo,[36] allá hay otra que tal vez vendió los espaguetis o el jabón. Así crece la esperanza de que tal vez yo venda mañana. No están en pugna[37] ni en rivalidades. Entonces ése es un ejemplo que se retoma.

El campesino. Vamos a hablar en términos más concretos. El hombre que nos da de comer a los que estamos en las ciudades. El hombre que te produce. Ese hombre es el más pobre, es el que vive en condiciones más precarias. Antes con Somoza, en la revolución, y hoy también. Tan marginado, siempre. Sin embargo el campesino tiene un espíritu de solidaridad, y una capacidad de desprendimiento que es una *escuela* para todos. El que no quiera verlo es porque ya sus ojos no verán *jamás* una luz, ni por muy pequeña o cercana que esté, ni por muy lejana y grande que la tenga, no la va a ver. El campesino te da todo aunque se quede sin comer. Vos recordás cuando visitamos la cooperativa José Arias. Al día siguiente, nos enviaron una bolsa de pipianes[38] que nosotros tan ricamente los hemos comido. ¿Los produjeron nuestras manos? No los produjeron nuestras manos. Sin embargo, los disfrutamos por la solidaridad de ellos. Entonces, son ejemplos que a uno le inspiran, hermana, y por eso te digo que uno tiene que vivir con simpleza, nutriéndose[39] de esas grandezas, de estos amigos y campesinos y hermanos.

Tenemos que trasladar a los que se pueda este mensaje con acciones tan iguales como las que nos han manifestado estos campesinos. Es un compromiso, un reto,[40] al que tenemos que enfrentarnos a diario, todos, *todos*. A mí me motivan esos gestos y me dan coraje en medio de tanta dificultad que aquéllos todavía tengan la capacidad de compartir lo que sus manos producen. Porque ellos piensan que yo les estoy dando más, y *no, hermana*, midámonos[41] la fuerza. ¿Quién te da más, aquél que te enseña con sus gestos o aquél que llega para ayudar a mejorar sus niveles de vida? ¿No son ellos? Porque dan el mejor ejemplo. Me motivan para continuar en esa búsqueda; son ellos mismos que la van a alcanzar. El trabajo mío se nutre de esa forma, de la inspiración que me dan todos los beneficiarios de nuestros programas y proyectos. Son esos ejemplos los que van a levantar el país.

No es de arriba la solución. Definitivamente. La solución la tenemos que buscar nosotros mismos. Claro que la ayuda de EE. UU. y de Europa hace más fácil el camino de esta gente para que se dignifiquen, que es lo que nos hace falta, la autovaloración.[42] Creco que ésa es la línea, no hay vuelta de hoja.[43] Las líneas de arriba a nivel de gobierno son muy tardías, ya se habrá muerto la población de hambre cuando vengan. Las orientaciones del Fondo Monetario nos van a llegar en el año en que van a nacer mis bisnietos. ¡Es ridículo! Mientras tanto, la población se está muriendo de hambre. Para que no se muera de hambre, tenemos que buscar alternativas a nivel básico, a nivel comunitario. Un granito de arena, sumado con otro y sumado con otro, te forma las grandes rocas y las grandes montañas, y eso es lo que se tiene que buscar. Pareciera una utopía pero es una forma *realista*. Utópico es esperar que el gobierno venga con políticas económicas y que nos va a dar toda la solución. Es mentira, es mentira.

Pero en esto influye otro detalle que no podemos olvidar. Desgraciadamente en nuestro gobierno, y sobre todo en este gobierno actual, hay una

[36]verdura semejante a la lechuga
[37]lucha, desacuerdo
[38]calabazas
[39]alimentándose
[40]desafío
[41]tomemos las medidas de
[42]estimación propia
[43]no… es clara e indiscutible

Dirigentes electos de la cooperativa agrícola José Arias.

corrupción generalizada. Esa corrupción ha destruido esa dignidad de la que te estoy hablando. Con eso también se está matando la esperanza. Entonces, tenemos que retomar la fe e inyectar fe por el camino que vayamos cruzando, y trabajar a la par[44] de ellos. No es cosa que le voy a decir a la señora «toma esto» y ya. Es cuestión de compartir con ella la enseñanza para que use bien aquello. No hay nada mejor que hacerlo juntos.

Ésta es la lección que yo aprendo a diario en Casa Ave María y en CECAPI (Centro de Capacitación[45] de la Pequeña Industria) con quienes trabajo. Yo soy la coordinadora de programas sociales para Casa Ave María, un centro de servicio, hospitalidad y reflexión cristiana apoyado por varios grupos ecuménicos, y dirigido por el padre episcopal Grant Gallup. CECAPI, donde también trabajo con mi esposo Ronaldo, es afiliado a Casa Ave María. Es a través de estas vías que concertamos[46] muchas acciones comunitarias. Por ejemplo, en CECAPI tenemos un programa nutricional que es la Gota de Leche donde se le enseña a la madre cómo debe dar tratamiento al niño desnutrido. Las madres, abandonadas o solteras, son artesanas que están desempleadas o subempleadas, en fin, están muriéndose de hambre. Este programa también le da un proceso de educación al niño que tiene que lavarse las manos antes de comer, enseñarles a esas madres a manipular el alimento y manipularlo con toda higiene para evitar enfermedades en el niño, porque un niño desnutrido es más sensible a cualquier otra enfermedad. Todo el proceso que va de la educación a la madre e indirectamente vamos involucrando a toda la comunidad. Si bien es cierto que nosotros hacemos el alimento en el CECAPI, llamamos a las madres cada día a que se incorporen en la preparación del

[44]a… al lado de
[45]Enseñanza
[46]coordinamos

Niños que esperan su turno para comer en el programa Gota de Leche.

alimento. Lo hacemos así para que los costos sean más bajos primero, segundo, para que ellas aprendan y tercero para que todas las beneficiarias del programa tomen una responsabilidad. Si les damos todo hecho, nosotros las estamos dañando más que invitándolas a hacer las cosas para el bien de sus niños. Es una meta[47] muy difícil pero poco a poco se va alcanzando. Eso también nos da la luz, de que la solidaridad es la base para alcanzar la meta porque este proyecto no sería posible sin la solidaridad exterior de nuestros amigos que sostienen financieramente este programa.

Así vamos también con otros programas en la capacitación del campesino, del artesano. El artesano en este país se está muriendo de hambre, y se ha muerto de hambre siempre. Lo que pasa es que el grito de la miseria ahora es mayor porque no hay programas para esta gente, más que programas así de organizaciones humanitarias, que una que otra va desarrollando. Tenemos un programa para que ellos aprendan a mejorar la calidad de sus productos. Al mismo tiempo, nuestra meta es que ellos entre sí, mutuamente se enseñen. Es lo más importante, y es un principio básico de la solidaridad, el compartir de la experiencia y del conocimiento. Es esencial porque la venta de esta cerámica o este tapiz de paja[48] es la alimentación de la familia. Es de justicia que tengamos nosotros en nuestras casas un artículo hecho en Nicaragua. Eso es la solidaridad, eso es amor, eso es fraternidad. Los principios están escritos hace tiempo en la Biblia, sólo basta con cumplirlos.

Estamos lejos de alcanzar estos niveles de conciencia en los sectores que tienen la capacidad financiera para ayudar. Pero poco a poco vamos a ir penetrando porque, fijate vos, nosotros tenemos un proyecto muy lindo que se llama Formación. No tenemos recursos, pero tenemos la intención de tomar a los niños

[47]fin, objetivo
[48]tapiz... *straw tapestry*

huelepegas[d] e ir formándoles en electricistas domiciliares,[49] en pintores domiciliares, en fontaneros,[50] en torneros.[51] En fin, una serie de oficios que al niño, en vez de internarlo en un centro, le permitan hacer su vida normal. Que vendan la golosina,[52] que lleven ese apoyo económico a la familia, pero que en vez de estar con el problema de su droga, que vengan aquí a comer y a tomar unos seminarios en donde se les vaya a formar.

Pero formar haciendo, fíjate bien. Una organización suiza nos dio unos fondos para capacitación y para apoyo a las acciones educativas del CECAPI. Así pudimos comenzar con diez niños huelepegas, de entre nueve a dieciséis años. Llegaron a comer, a aprender, porque allí estaba el pintor enseñándoles cómo usar la brocha,[53] e rodillo,[54] cómo limpiarlos.

Tenemos la oportunidad de que al Centro llega la comunidad de Masaya porque los catecúmenos,[55] los carismáticos,[e] que son la mayoría de la población influyente del país, llegan a hacer sus retiros[56] al CECAPI. El Centro se ha convertido en un centro de espiritualidad, por lo menos es la intención nuestra, y que poco a poco, sin darse cuenta la población, nosotros hemos querido ir penetrando. Pero penetrando en este sentido: si este niño huelepegas es un ladrón, nosotros queremos que ellos vean que ahora el niño está pintando en el Centro, y que es un voto de confianza darle la oportunidad de que él vaya a pintar su propia vivienda. Así se le está aceptando en la sociedad como un regalo para reivindicarle[57] de aquella marginalización en que ha vivido este niño. Entonces, es una acción integrada en la búsqueda de la valoración del niño, y también en la búsqueda de la concientización de esa población que es sensible.[58] Lo que pasa es que a veces tienen miedo de aquellos niños. Ésa es una intención que nos mueve. La gente tiene mucho temor de aceptar a estos niños que van a pintar en su casa porque le pueden robar, le pueden hacer daño. Pero vamos adelante poco a poco.

Queremos hacer electricistas también, si alcanzamos los niveles de financiamiento que necesitamos. Queremos enseñar cómo reparar una resistencia[59] de una plancha, instalar una bujía.[60] En CECAPI están cumpliendo con el principio del Evangelio, de que se da de comer a los hambrientos, no regalándoles, sino dándoles la oportunidad para que el niño se prepare, y sea retribuido por su trabajo. No los vamos a convertir en trabajadores, pero vamos a hacer que tengan una acción, porque el que hace algo no tiene su mente que ande divagando[61] en algo negativo como la droga o el robo. El problema es que hay tantos niños huelepegas y tan poco dinero para ayudarlos.

Entre otras cosas que estamos haciendo, está la rehabilitación de prostitutas, una acción tan dignificante. Créemelo, para mí es una escuela diaria. Es mi major escuela. La universidad a mí no me enseñó nada en este sentido. Todo tiene un costo, pero hay que tener desprendimiento de tiempo, de energía

[49] que trabajan en casa de la persona a quien se da el servicio
[50] plomeros
[51] *lathe operators*
[52] dulces
[53] pincel grande
[54] utensilio cilíndrico que se usa para pintar
[55] personas que predican el catecismo
[56] reuniones de meditación
[57] recuperarle
[58] que siente compasión
[59] elemento que transforma la corriente eléctrica en calor
[60] *spark plug*
[61] caminando sin rumbo fijo

[d] El término se refiere a los niños pobres que se intoxican inhalando pegamento de zapatero, lo cual es barato y fácil de conseguir.
[e] Los carismáticos son los que se adhieren al movimiento católico que pone énfasis en la libre expresión de las emociones en el servicio religioso.

emocional, desprendimiento en cuanto a tu capacidad de escuchar y desprendimiento económico porque no hay programas sociales para esta problemática. Entonces te digo cuánto he aprendido.

Tal vez, en la calle, me detengo en un semáforo. Una de las mujeres me ofrece una toalla en venta. Y entonces: —Ajá, —me dice— ¿no me va a comprar ahora? —Ahora no, —digo— otro día. Muchas gracias. Pero de pronto ella me da confianza. Yo abro el vidrio y me pongo a conversar. De pronto ella salta con el fenómeno profundo que ella siente, que su otro trabajo de prostituta le hace denigrar[62] su dignidad. Cuando ella me dice aquello, el semáforo se pone en verde y yo tengo que salir, y le digo: «Te espero en San Pablo.» Fíjate vos, que no estoy segura si ella va a llegar, pero la invito a un grupo de alcohólicos anónimos. Quizá no es lo que ella desea, pero en la mayoría de los casos sí es alcohólica. La intención mía era que ella conociera que hay lugares donde la gente piensa que sólo la escoria[63] de la humanidad va allí, pero esa «escoria» es la gente que se ha autovalorado. Así como están allí autovalorándose, ella también puede dignificarse. Es una lucha, pero el problema aquí es complejo, porque mientras no haya una fuente de trabajo, ese nivel de prostitución no se va a recuperar.[64]

Poco a poco, sin darse cuenta, vos te vas sumergiendo[65] junto con ella en un proceso de revalorización y te enseña. A veces me para y me dice: «¿Me puede llevar a otro semáforo? Déme *ride*.» Poco a poco, sin darse cuenta, ella te va enseñando cómo se va recuperando y cómo su revalorización como mujer va alcanzando. Pero ¡cuánto me enseñan! Porque mira, no hay alternativas de trabajo aquí. ¿Qué puede hacer una ex prostituta, un alcohólico anónimo, un ex drogadicto, que saben que en su casa los cuatro hijos están esperando que les vaya a llevar el pan de cada día? Pero si él no asiste a la sesión de AA, él puede recaer. Es muy fácil alcanzar el trago.[66] Fíjate, para el trago hay solidaridad permanente, es una verdad. Pero para el mendrugo[67] de pan, no hay solidaridad porque los valores, la solidaridad, se han perdido. Por esta lucha estamos en la búsqueda de esos valores.

Tenemos otro programa que es el minibank. Es un programa de apoyo a pequeños artesanos que tienen sus talleres familiares. En ellos, el anciano, el padre, la madre, la abuela, los hijos —todos están haciendo tapices, canastos, sombreros, hamacas. ¿Qué pasa? Con el minibank es muy poco lo que tenemos de dinero, pero lo hermoso es que ellos van aprendiendo que si es un minibank el dinero no es un regalo, el dinero tiene que devolverse. Aprenden que tiene que cumplirse[68] porque hay otro beneficiario tan igual que ellos y que tiene necesidad para fortalecer sus pequeños microtalleres. Te digo, trabajan artesanalmente, sin maquinaria. Con sus manos, sus cuerpos. Entonces, ¿qué pasa? Cuando nosotros comenzamos con el programa del minibank, no comenzamos prestando, comenzamos atrayéndoles a ellos para que se capaciten, se den cuenta de que tienen que mejorar la calidad, se den cuenta de que no siempre van a obtener un regalo, sino que se dignifiquen haciendo su producto mediante un préstamo que ellos tienen que devolver para beneficiar a su familia

[62]insultar
[63]lo despreciable
[64]recobrar
[65]metiendo
[66]bebida alcohólica
[67]pedazo pequeño
[68]respetarse

y también que pueden beneficiar a otra familia. Es una lección de igualdad y de dignidad entre ellos. Pero mientras no inicies capacitando, educando, formando a la gente, es fácil perder ese dinero, para siempre y fin del proyecto.

Ya vamos a cumplir dos años con el minibank, y el dinero no está perdido todo. Algunos u otros no nos pagan, pero es menos la gente que no nos paga y es más la gente que sí paga aun en estos tiempos en que la cólera[69] y el resentimiento nos envuelven a todos porque no tenemos qué comer. En medio de semejante[70] dificultad son más los que pagan que los que no pagan. Aquéllos que no pueden pagar llegan con un producto fabricado por ellos y a don Guadalupe, el administrador del minibank, le dicen: «No podemos abonar,[71] pero traemos esta canastita. Póngala a la venta en la tienda, y en cuanto se venda ése es el abono de nosotros.» Por eso nos hacen ver que han aprendido que no es un regalo el préstamo y eso hace crecer a su dignidad. Es una forma de pago. Tú has logrado concientizar a esta gente de una verdad, que tú no puedes estar dependiente todo el tiempo, y tenemos que buscar la autosuficiencia con ellos. Esto combate el individualismo, porque todo lo que es el individualismo nos permite llenar de más egolatría[72] la personalidad.

Éste es el camino para evitar que crezca esta cólera, este resentimiento, este odio, porque es como un veneno que va penetrando el espíritu humano. Para que no penetre tanto, tenemos que buscar alternativas de autosuficiencia de la gente. Para que ellos sientan su propia valorización, que no se la está dando el ministerio tal, o la organización tal, o la doña Fulanita, ni el patrón tal, ni el comandante tal, ni el dirigente del partido tal. Eso es lo hermoso, porque mientras más digno es el hombre por sí mismo, más grande alcanza esos niveles de valorización.

No hay una sola Miriam Lazo, un solo don Guadalupe, un solo Ronaldo, sino que ahora estamos tantos campesinos que se han beneficiado con nuestros programas, tantos artesanos que ya van recibiendo esa retroalimentación de la lección de la dignificación, tantos niños que de una manera u otra saben que en este centro se les da su alimento. Todos los beneficiarios de una u otra forma han aprendido la lección que el esfuerzo de nosotros, ellos tienen que multiplicarlo, porque si no, entonces se nos caen los programas.

Tenemos que comenzar por nuestras conciencias. Yo no puedo enseñar orden al campesinado ni a los artesanos, si yo aquí en mi casa no tengo orden. Si yo voy a enseñarles la limpieza de su casa, yo no puedo enseñársela mientras yo no haga la limpieza de mi casa. Los tenemos que acompañar en la acción. Si tú dices: «Yo quiero que Uds. hagan tal cosa», se cae el programa de rehabilitación. Tenemos que decir: «Nosotros podemos hacer tal cosa, si conjuntamente analizamos este problema.» Si bajo este lema[73] el proceso reeducativo de cualquier compañera prostituta se hace, no se te cae, porque ella aprende el mismo lenguaje haciéndolo. Entonces se revierte la acción, se multiplica, porque ella después va a ser otra asesora[74] de las otras compañeras y ya no va a necesitar de que vaya allí la Miriam Lazo u otra psicóloga, no. Ellas mismas serán sus propias psicólogas, sus propias terapeutas.

[69]furia, ira
[70]tal
[71]pagar la cuota
[72]idolatría de uno mismo
[73]premisa
[74]consejera

El burgués, para usar los términos de clase, no quiere darse cuenta de lo que está tan cerca de él. También, como él no siente la necesidad, le es indiferente que otros sufran. Entonces yo pienso que es una obligación de nuestras iglesias entrar en una compaña de penetración hacia esos valores que puedan conducir a un mayor desprendimiento. Pero no lo están haciendo. ¿Por qué te digo la iglesia? Porque la iglesia ha jugado un papel de mucha responsabilidad en los acontecimientos de este país. El reino somos nosotros, no es la jerarquía. Pero desgraciadamente, necesitamos que los pastores[75] sean más beligerantes, en el sentido de que ellos tienen que dar luz, y si dan la luz es difícil que te pierdas. Si la jerarquía comenzara una compaña con nombre y apellido a decir: «Miren, hay hambre en el sector tal de Managua; si alguien puede ayudar, *hagámoslo*.» No *háganlo*. No deben decir que es problema del gobierno, porque fíjate bien, la mayoría de las posiciones en los cargos públicos son burgueses, y ésos van a la iglesia. Pero la iglesia no les dice *nada*, porque ellos son los más santos, los más beatos,[76] los más todo. Son los que comulgan[77] todos los días, los que van a misa todos los domingos a escuchar la homilía[78] del Cardenal. Pero, hermana, si el mensaje viniera de allí, ellos más fácilmente le escucharían. No es que no sepan de la miseria del pueblo, la ignoran porque es cómodo. Esto es la acomodación. Es lo que pasó a nuestros dirigentes en el sistema sandinista, es lo que pasa actualmente con este gobierno. Las posiciones los enferman y quedan allá arriba y como cual figura mítica[f] los enfermaron las alturas. Las caídas de esas alturas son más duras porque cuando estamos en la llanura todo el tiempo, no hay golpe que sea fuerte. El Cardenal y los burgueses de este gobierno, como los del anterior, están en las alturas, una altura que no les permite ver.

Pero a pesar de todas esas cosas, a pesar de que el gobierno está en bancarrota,[79] es corrupto, es de burgueses, es incompetente, y que el gobierno anterior sufría de una serie de problemas económicos y morales también, y a pesar de que antes de esto había una dictadura de casi cincuenta años, y a pesar de que la jerarquía de la iglesia católica no se entrega al lado del pueblo, a pesar de que las condiciones que está poniendo el Fondo Monetario son increíblemente irrealistas y hasta inhumanas, a pesar de que el neoliberalismo va a traer una catástrofe a la economía y al pueblo nicaragüense, a pesar de que los que se fueron con sus capacidades y su dinero y su educación ya no están poniéndolo todo al servicio de la solidaridad nacional, a pesar de todo esto, no me desespero.

No puedo desesperarme porque Dios me ha dado pruebas de que podemos conformarnos y de que convertidos muchas veces en seres inhábiles, a veces guiñapos[80] humanos, Dios me ha dado pruebas de que sí podemos cuando hay fe, cuando hay amor, cuando te juntas para unificar, cuando te juntas para combatir lo que más daña. Siento que no puedo desesperarme, porque si me desespero sería traicionar esa fortaleza que Dios nos da con sus obras, sus obras que se manifiestan en lo más sencillo.

[75]sacerdotes
[76]piadosos, devotos
[77]reciben la comunión
[78]discurso religioso
[79]desastre económico
[80]harapos, telas deshechas

---

[f]Ícaro, una figura mítica de la Grecia Antigua. Se escapó de la prisión con alas pegadas de cera y, cuando voló demasiado cerca del sol, la cera derritió e Ícaro cayó a su muerte.

⁸¹afino
⁸²busco ayuda

Fíjate, estoy preocupada por el problema de la falta de vivienda de la cooperativa José Arias, que es crítico. No creas que no he tocado varias puertas, pero no se ha abierto ninguna. Sin embargo yo sigo buscando otra, porque más de alguna ventana se va a abrir para ayudar a los compañeros. ¿Cómo? No sé. Pero yo me lleno de fe. Yo veo tantas cosas buenas, tantas cosas llenas de simpleza en el campesino, de humildad en el artesano, de inocencia en el niño, de entusiasmo en las mujeres que se van rehabilitando. Créeme, que yo templo[81] mi fe y es una inyección permanente que me ha dado. Cuando yo siento tristeza, yo recurro[82] más rápidamente a un grupo en donde tal vez estén recibiendo beneficio de terapia y yo me sumo a ellos porque salgo nutrida. Tú no tienes una idea de cómo me nutro. Cuando hablo con un amigo, cuando escribo a alguna amiga aunque no me conteste, pero cuando yo escribí, yo descargué, y entonces como que recobro energía y, de pronto, una oración. En la oración van fluyendo por mi mente: «Por Fulano, Señor, que me dio tanto coraje, por Fulano, Señor, que me dio tanta alegría.» Tendré que agradecer permanentemente toda esta belleza que me da coraje y esto también es solidaridad.

Para verificar su comprensión

¿Cierto o falso? Indique si cada oración es cierta (C) o falsa (F). Si es falsa, corríjala según la lectura.

1. _____ Los mártires revolucionarios estarían tristes si pudieran ver la Nicaragua actual.

2. _____ La prepotencia de los campesinos ha sido un grave error.

3. _____ Se manifestó el espíritu del Evangelio en tiempos de escasez.

4. _____ Los dos partidos, el Frente y la UNO, se mantuvieron unidos al pueblo.

5. _____ La solidaridad nicaragüense tiene que venir de los internacionalistas.

6. _____ El campesino siempre ha sido el más marginado del pueblo nicaragüense.

7. _____ La filosofía del CECAPI es instruir no sólo con palabras sino tambien con acciones.

8. _____ La jerarquía eclesiástica exhorta a los fieles a que ayuden a los pobres.

Interpretación de la lectura

1. ¿Cuál es la «enfermedad profunda» a la que hace referencia Lazo? ¿De qué es producto? ¿Cuáles son sus consecuencias?

2. ¿Qué quiere decir Lazo con «la comodidad»? ¿Con referencia a qué grupos menciona el término?

3. Lazo habla de la urgencia de reestablecer la solidaridad y da algunos ejemplos positivos de ésta. Comente uno de estos ejemplos.

4. ¿Cómo ilustran los programas del CECAPI la importancia de compartir y de ser responsable en el proceso de autovaloración?

5. ¿Por qué dice Lazo que su trabajo en la rehabilitación de las prostitutas es «una escuela diaria»?

6. ¿Cuál es el propósito central del minibank? ¿Piensa Ud. que es una buena idea?

7. ¿Por qué Lazo valora tanto al campesino?

Comparaciones

1. ¿Cree Ud. que Fabiano, el campesino de «Cuentas», podría beneficiarse con la filosofía y los programas de Lazo? ¿Cómo?

2. ¿Cómo muestran las lecturas de Ramos y de Lazo el cuadro de tradición y cambio para los sectores rurales marginados de América Latina?

Para explorar más

El programa de minibancos en Bangladesh, iniciado por el economista Muhammad Yunus y apoyado por el Banco Mundial, ha tenido un gran éxito, en parte porque funciona a nivel local. Haga un estudio sobre este programa y determine si se puede aplicar al proyecto de minibancos en Nicaragua que menciona Miriam Lazo. (Véase *Banker to the Poor: The Autobiography of Muhammad Yunus* (Oxford Univ. Press, 2001) y *Banker to the Poor: Micro-Lending and the Battle Against World Poverty* (Anchor, 1999). Para más información, consulte el libro del renombrado economista indio, Amartya Sen, *Development as Freedom* (Anchor, 2000).

¿Está Ud. de acuerdo?

«Un granito de arena, sumado con otro y sumado con otro, te forma las grandes rocas y las grandes montañas, y eso es lo que se tiene que buscar. Pareciera una utopía pero es una forma *realista*. Utópico es esperar que el gobierno venga con políticas económicas y que nos va a dar toda la solución.»

Epílogo

Ya han pasado casi ocho años desde la última entrevista que hicimos y, como es de esperar, han ocurrido muchos cambios en el intervalo.[1] La naturaleza de nuestro trabajo en Casa Ave María es que el cambio es una constante. Programas específicos vienen y se adecuan conforme a las necesidades económicas que nos afectan. Por ejemplo, ya no tenemos la Gota de Leche, sino que este programa se amplió y se convirtió en una merienda matutina[2] y un almuerzo completo que se brinda[3] a los beneficiarios, 500 menores mínimo, pues sus niveles de desnutrición son deplorables.

El minibank ya no lo ofrecemos, pero sí, gestionamos conjuntamente con los interesados en los créditos ante las entidades bancarias, para que les puedan facilitar desde esas instancias, la asistencia y la orientación necesaria para la debida aplicación y administración de los recursos.

La asistencia a las prostitutas continúa, puesto que este fenómeno sólo se eliminará al desaparecer la pobreza y cuando la dignificación de la mujer alcance el verdadero equilibrio, tanto en lo humano como en lo económico, pues los niveles de desempleo alcanzan el 85% en el país y prácticamente la gran mayoría son desempleadas o subempleadas, mejor dicho explotadas.

Por otra parte, hemos ampliado y reforzado[4] nuestro enfoque en los niños y niñas abusados sexualmente y explotados laboralmente, para quienes la extrema pobreza es su riqueza. También para la mujer sola, quien abandonada por el marido o compañero, es convertida en cabeza de familia y lleva la carga completa de la crianza de los hijos y la responsabilidad de su educación y desarrollo, esa mujer es admirable, pues es marcada por el machismo y la irresponsabilidad paterna para el resto de la vida familiar. En este contexto los programas concentran nuestros esfuerzos para apoyar a la familia que, aunque desintegrada, es la base de nuestra sociedad; el apoyo se dirige hacia las que más necesitan: capacitación, orientación, terapia grupal. Les hacemos partícipes del aprendizaje de un oficio técnico, para que ellas puedan enfrentar la vida con otra visión de trabajo, pues en su mayoría son analfabetas.[5] Es con este enfoque que creemos pueden sobrevivir ante la barbarie[6] de sus realidades. Efectivamente, este paso ha resultado muy acertado.[7]

Es gran bendición[8] para nuestros beneficiarios, el poder ofrecer nuestros talleres de Formación Técnica en edificios nuevos, gracias a la generosidad de organismos como CARITAS de Luxemburgo, Fundación Cristiana para Niños y Ancianos, Parroquia de San Bonifacio (Sarasota, Florida) y Fondo Cristiano Canadiense para la Niñez. Estos talleres de formación técnica se

[1]espacio de tiempo entre un evento y otro
[2]merienda... desayuno ligero
[3]ofrece, sirve
[4]fortalecido
[5]que no saben leer ni escribir
[6]crueldad
[7]adecuado
[8]regalo divino

ofrecen de lunes a jueves y son los que hacen en el niño despertar sus habilidades y destrezas y les encamina hacia su dignificación, pues serán una vez que se especialicen en aquellos oficios que vocativamente[9] prefieran, un arma para su subsistir futuro. Acá tenemos un cuadro que refleja los talleres ofrecidos:

Detalle de los menores atendidos en los diferentes Talleres de Formación Técnica durante el período del 1° de enero al 30 de junio del 2002

No.	Taller	No. de participantes
1.	Torno[10] y carpintería	60
2.	Panadería y repostería[11]	50
3.	Elaboración de tapices de mecates[12]	30
4.	Elaboración de hamacas de manila[13]	30
5.	Elaboración de tejidos de lana y manila	20
6.	Belleza y estilismo	50
7.	Mecanografía[14]	60
8.	Computación	20
9.	Danza	18
10.	Albergue	20
11.	Música	12
12.	Cultivo de viveros[15] y plantación de maíz en el Centro de San Carlos	20
13.	Dibujo y pintura	10
14.	Manualidades[16]	10
15.	Reforzamiento y aprestamiento[17] escolar	90
	TOTALES	**500**

Muchos de estos niños y jóvenes, según sus niveles de asimilación, son seleccionados para formar parte del cuerpo de instructores o promotores de la Asociación Casa Ave María y les enviamos a especializarse a otros centros privados que ofrecen más altas y modernas tecnologías, para que ellos tengan una

[9] de vocación
[10] lathe
[11] elaboración de dulces, confectionery
[12] tapices… hemp tapestry
[13] tipo de fibra
[14] escritura a máquina
[15] nursery (plants)
[16] trabajos manuales
[17] preparación

oportunidad de crecer y de realizarse, con la opción de que puedan integrarse como futuros multiplicadores en el seno de la organización. Estos estudiantes son los mejores recursos con que contamos, pues desde su perspectiva y vivencia personal, ayudan más fácilmente al rescate[18] de otros menores y jóvenes con las mismas circunstancias en la vida familiar.

Pero no todo es capacitación, también hay que recordar que los niños que vienen a nosotros tienen hambre; por eso el nuevo comedor que tenemos sirve como respuesta a la primera necesidad en sus vidas. Un dato[19] muy importante en lo que va de este año 2002 es el siguiente: en un chequeo realizado en los menores del Proyecto para determinar el grado de nutrición al momento de su ingreso y tomando como indicadores el peso y la talla de ellos, se encontró la siguiente situación:

34% Desnutrición severa
26% Desnutrición moderada
40% Desnutrición leve

Al finalizar este primer semestre del presente año y después del chequeo correspondiente se alcanzaron los logros[20] a continuación:

El 9.5% de los menores se clasifican en desnutrición severa
El 3.5% de los menores se clasifican en desnutrición moderada
El 21% de los menores se clasifican en desnutrición leve
El 66% de los menores se clasifican como en situación normal

Otra innovación es la Casona, una estructura histórica que estaba en ruinas y que hemos remodelado con la asistencia de los organismos señalados anteriormente, para utilizarla como un albergue[21] para los niños abandonados y huérfanos. Toda esta infraestructura es un regalo de Dios para los niños y las niñas y jóvenes. Culturalmente representa un sitio en el que casi 100 años atrás, nuestro poeta Rubén Darío se alojó en el hotel que allí funcionaba y en sus nocturnas inspiraciones hizo creaciones literarias bellas que destacan la localidad.

Así es que siempre habrá fluctuaciones en nuestros proyectos y talleres para responder a las exigencias[22] económicas del momento, pero nuestra misión sigue siendo la misma: inspirados por el Evangelio, trabajar por la sobrevivencia y la dignificación de los más marginados, que son quienes no tienen oportunidades. Desde mi perspectiva, nuestra misión es ahora más urgente que nunca. Según las crisis presentes de mi país y la mayoría de América Latina, la situación se nos agrava cada día más y por ello:

1. Las diferencias de las clases sociales se marcan cada vez más en nuestro medio.

2. El batallar[23] contra la pobreza es una tarea más dura en estos tiempos del neoliberalismo. Ahora no sólo es la falta de oportunidades de empleo, sino que no existen, porque hay más desconfianza en la

[18]recuperación, auxilio
[19]información
[20]resultados beneficiosos
[21]vivienda
[22]demandas
[23]luchar, combatir

gobernabilidad de nuestro país y los inversionistas[24] se alejan por la falta de credibilidad que van dejando los exgobernantes.

3. En nuestro caso las políticas neoliberales conllevan no sólo a la demarcación[25] de mayor injusticia en todos los aspectos, sino que la mayoría del pueblo más pobre tenga menos oportunidades aún. El mejor profesional honesto es marginado también, el círculo que rodea a la élite de funcionarios del gobierno son los únicos que tienen oportunidades de empleo y como es el mismo círculo, la corrupción es mayor.

4. Enfrentamos no sólo recesión y globalización sino niveles de corrupción cuyas dimensiones sobrepasan los límites, pues la avaricia[26] de los que nos van gobernando aumenta a escalas incontrolables y quedan impunes[27] sus errores y faltas. Como consecuencia, los sectores que siempre han sido marginados, están en condiciones de extrema pobreza, con hambre, sin atención en salud, pues los hospitales están desabastecidos,[28] sin capacidades de levantarse y salir de esta barbarie, sin oportunidades de preparar a sus hijos, pues el gobierno no tiene el menor interés, ni puede sobrellevar esta carga, han dejado en bancarrota las arcas[29] del país, con los grandes robos desde el más grande hasta el más pequeño de los funcionarios, desde el más alto líder y sus allegados.[30] Es abrumante la crisis.

5. Necesitamos continuar la misión, pues es una lucha muy grande, para que puedan sobrevivir los beneficiarios de nuestros proyectos; ellos no escapan a esta vorágine.[31] También nuestras fuerzas van mermando[32] y debemos forjar nuevos misioneros para que todos los esfuerzos realizados no mueran, ésa es la meta a alcanzar, tenemos que sacar más energías, paciencia y voluntades, para que la sobrevivencia tenga una esperanza. Es una etapa muy difícil, pero… la lucha y nuestra misión está viva, continúa, Dios no abandona y nos dará nuevas luces y nuevos derroteros[33] y tengo confianza que habrá nuevas rutas, nuevos puertos seguros, nuevas fuentes o puertas, que nos permitirán ver la luz al final de este túnel y mantener la presencia de nuestras acciones como organización.

6. Somos países dependientes y en las últimas etapas no ha habido producción y eso aumenta la deuda que tenemos a nivel mundial. Nuestros líderes no han tenido la sabiduría suficiente, pero somos responsables todos, pues no ha habido buenas opciones para elegir buenos gobernantes, aquellos que quieren sacar adelante[34] al país, se les bloquea y les atan las manos, en ese punto estamos.

7. El nuevo gobernante hace esfuerzos grandes por enderezar[35] el barco, pero se está desgastando en sacar a luz los inmensos defalcos[36] y los

[24]*investors*
[25]división
[26]afán de adquirir riquezas
[27]sin castigo
[28]sin los materiales necesarios
[29]fondos económicos
[30]personas cercanas
[31]acumulación confusa de sucesos
[32]disminuyendo, bajando
[33]caminos, rumbos, dirección
[34]sacar… llevar a buen término
[35]gobernar bien, corregir
[36]*embezzlements*

innumerables robos que fue víctima el erario público[37] y no ha podido avanzar en el desarrollo y lanzar un plan de producción que pueda dar oxígeno a los sectores más pobres.

8. Pero pienso que ahora los retos son más grandes y que no podemos cruzarnos de brazos y aunque nos los corten, podemos pensar y sentir y si eso es así, coraje no nos falta y seguimos, y seguiremos adelante al lado de nuestro pueblo más oprimido, pues si somos conscientes, aquí todos somos pueblo y tenemos que ser todos en uno como en *Fuenteovejuna.*[a] La solidaridad es la base de esta verdad, pero la lucha por la dignificación de la mujer y la niñez jamás puede ser un mito, es una necesidad. La autovaloración, la responsabilidad individual, así como la fe con que nos comprometemos tiene que crecer, o al menos en mi caso, permanecer y la meta es, que podamos promover una cadena[38] de motivaciones para que nuestros esfuerzos, y los de todos los que nos ayudan, no hayan sido en vano.[39] «Dios tarda aparentemente, pero no olvida.»

9. No podemos dejar que nuestra niñez quede ciega, cuando hay tanta luz en nuestro planeta, cuando hay tantas madres que tienen ilusiones con sus hijos. Por eso digo que no podemos cruzarnos de brazos y que es un deber moral brindar y abrir oportunidades a aquellos que tienen mayores necesidades. En ese sentido, el ofrecer formación, entrenamiento, capacitación y rehabilitación a los niños, niñas y a todos aquellos beneficiarios de los programas del CECAPI en Casa Ave María, ha sido muy certero.[40] Dios ha bendecido siempre y, como es su promesa, así continuará… Eso confiadamente esperamos y deseamos.

[37]erario… impuestos y demás bienes del estado
[38]serie entrelazada
[39]en… sin efecto, inútil
[40]acertado

Interpretación de la lectura

1. Mencione uno de los cambios recientes en Casa Ave María, destacando cómo responde a las dificultades económicas actuales y refuerza el enfoque de la organización en la capacitación y la rehabilitación.

2. Si Ud. fuera un(a) joven de trece años en Casa Ave María, ¿cuál taller elegiría para prepararse a encontrar trabajo? ¿Por qué?

3. Si Ud. fuera directora de Casa Ave María, ¿cómo respondería a las necesidades de los niños y las mujeres que allí se presentan? Explique su respuesta.

---

[a]Obra de teatro de Lope de Vega (1618) en donde el pueblo actúa en conjunto en contra de la injusticia.

JAVIER DÍAZ-ALBERTINI (1953–)

Este respetado académico peruano recibió su doctorado en sociología de la Universidad Estatal de Nueva York en Stony Brook. Actualmente ejerce como[1] profesor y jefe del Departamento de Ciencias Humanas de la Universidad de Lima, donde conduce investigaciones sobre el desarrollo urbano en el Perú. Le interesan los temas de la responsabilidad social, el trabajo voluntario, el impacto social de la Internet y la modernización en el Perú. Es el editor de *Al norte de Babel* (1996), una colección de artículos sobre el trabajo del gobierno local y la sociedad civil en un sector de Lima. En su reciente libro, *Nueva cultura de trabajo en los jóvenes de la clase media limeña* (Universidad de Lima, 2000), del cual proviene nuestra lectura, Díaz-Albertini estudia las actitudes de adolescentes limeños de clase media, muchos de los cuales trabajan para franquicias[2] de comida rápida. Los resultados de su estudio revelan un cambio incipiente pero significativo en la percepción de los jóvenes en cuanto a méritos relativos del linaje y del esfuerzo individual en una cultura de consumo.

[1]ejerce... tiene el puesto de
[2]derecho de explotación de un producto o empresa en un área determinada, *franchise*

 ## Hacia la cultura del logro

Una parte esencial del proceso de modernización consiste en la generación de una cultura basada en el logro, el esfuerzo personal y la valorización del trabajo. Todos éstos son rasgos[3] culturales que alimentan la competencia en lo económico y cierta democratización en lo político-social. En el ámbito económico representa la continua búsqueda de la productividad al incidir[4] en el trabajo como medio básico para la movilidad social y la participación plena[5] en el mundo del consumo. En términos políticos, una cultura de logro se contrapone a una sociedad de privilegio y exclusión, al valorar la acumulación de méritos personales en vez de atributos adscritos,[6] sea por linaje, abolengo o relaciones sociales.

Estudios recientes muestran cómo estos rasgos culturales son aparentes en los sectores urbanos emergentes de nuestra sociedad (Portocarrero, 1993). Analizan cómo la ética andina de trabajo comienza a urbanizarse en nuestra ciudad de escasas oportunidades, permitiendo mediante el trabajo arduo,[7] el ahorro penoso y la diversificación económica, que muchas familias puedan sobrevivir y, unas pocas, salir de la pobreza que las agobia.[8] Estos estudios también son claros en insistir, sin embargo, que la ética de trabajo por sí sola no

[3]características distintivas
[4]causar efecto
[5]completa
[6]considerados propios
[7]muy difícil
[8]causa sufrimiento

es factor suficiente para modernizar la economía popular, sino que tiene que estar acompañada de rasgos, costumbres y prácticas empresariales[9] capitalistas. Valdivia (1993), por ejemplo, clasifica la pequeña empresa industrial en Lima de acuerdo con lo arraigada[10] que es la mentalidad capitalista de sus conductores (maximización económica racional, reinversión de ganancias, la separación de la economía empresarial de la del hogar, técnicas contables y administrativas, entre otras). Mientras algunas empresas se sustentan en[11] actividades de subsistencia con mentalidad precapitalistas, otras han dado el salto a empresas «modernas».

En el caso de las clases medias limeñas el proceso es diferente, dado que tiene como punto de partida una cultura en la cual el trabajo no es valor tradicional de amplios sectores de sus integrantes. Como hemos indicado en repetidas ocasiones, como clase social, le ha otorgado[12] mayor peso a otros símbolos o credenciales de *status* y el trabajo ha estado supeditado[13] a estas consideraciones. El peso dado al carácter no manual o intelectual de las labores, al relacionamiento como estrategia para conseguir y mantener el empleo, amén de[14] las relaciones de clientelaje que se construyen en el mundo laboral, todas son características que apuntan hacia una subvaloración del trabajo en sí y al ensalzamiento[15] de las relaciones personales. Estas relaciones, a su vez, tendían a estar asociadas a cuestiones de linaje, apellido, y las redes sociales construidas al margen del sistema económico.

Estas características conforman, en forma suelta y poco estructurada, lo que llamamos una cultura criolla. Sin embargo, esta cultura que era apropiada en momentos socioeconómicos que podríamos denominar como «corporativistas» y que contaba con el Estado como uno de los principales empleadores y actor esencial en el mercado de trabajo, comienza a ser anacrónica y disfuncional al reestructurarse la economía y las relaciones laborales. Aldo Panfichi (1993: 291–292) captura con suma claridad esta transición y los procesos de adaptación en el caso de jóvenes criollos de los sectores populares de Lima. Al analizar cómo jóvenes criollos enfrentaban el problema de empleo en Barrios Altos, en el centro de Lima, comenta:

> Frente a estas transformaciones, los patrones[16] de incorporación al mercado de trabajo basados en la búsqueda de ocupaciones «estables», mediante relaciones de clientelismo tradicional con personas «bien colocadas» en diversas instancias del poder económico y político, han resultado caminos económicos anacrónicos.
>
> Lo específico de los jóvenes de barrios tradicionales como Santo Cristo, es que ellos como descendientes de las viejas clases populares limeñas, no sólo han heredado la miseria de sus progenitores,[17] sino también valoraciones y pautas de comportamiento que se revelan crecientemente anacrónicos e inadecuados.

En el caso de estos jóvenes del sector popular criollo, las opciones y alternativas son sumamente reducidas. Sin embargo, el modelo de empleo más próximo y, a veces, exitoso, es el que ofrecen los migrantes andinos como comerciantes callejeros (ambulantes). Panfichi observó, no obstante, que esta opción no era bien vista por muchos de los jóvenes criollos porque representaba una

[9]de adminstración de negocios
[10]establecida permanentemente
[11]se... se alimentan, se nutren de
[12]concedido, dado
[13]sujeto, subordinado, condicionado
[14]amén... además de
[15]exaltamiento
[16]modelos
[17]padres

vida de sacrificio, trabajo arduo y de «visibilidad» del empleo que no era acorde[18] a su posición como criollo. Como bien indica uno de sus informantes:

> Yo, ¿ponerme de ambulante?, la verdad que no me convence mucho. Un trato sí, pero con la esperanza de grandes ventas, porque estar todo el día y tener sencillo,[19] no pues. Si es así, prefiero estar en mi casa y no salir... (pp. 303–304).

Abrazar la ética de trabajo del mundo andino, representa para estos jóvenes un rompimiento radical con « ...las formas tradicionales de reproducción social vigentes en sus familias y amigos más cercanos» (p. 305).

Los jóvenes criollos de clase media se encuentran totalmente alejados del modelo andino de trabajo, no es parte de su experiencia cotidiana y sólo la entienden como una forma de sobrevivencia. Sin embargo, ellos también se encuentran inmersos en los cambios del mercado de trabajo y la economía que antes describíamos. El trabajo «estable» conseguido más por «conocidos» que por la capacidad y compromiso personal, también comienzan a escasear[20] en su propio mundo del sector medio. Muchos de sus padres, además, han sido víctimas del proceso de modernización, de reducción de personal y del debilitamiento del orden clientelista que antes dominaba. Finalmente, la educación superior y profesional, ese confiable vehículo para mantener el *status* social o de movilidad social, ha perdido impulso ante la competencia de tantos jóvenes con estas credenciales.

Ante esta situación hemos visto que comienzan a aparecer, como alternativa cultural y de empleo, los establecimientos de comida rápida, los restaurantes y los grandes almacenes modernos. Casi todos son franquicias de empresas norteamericanas y las que no lo son están influidas por sus modelos de gestión[21] empresarial. En estas empresas se respira una ética de trabajo moderna y capitalista, envuelta en un ambiente que estimula al joven a entregar lo mejor de sí y a participar en la generación de una imagen de modernidad, orden, limpieza y servicio. No somos ingenuos y entendemos que ésta es parte de la estrategia empresarial para garantizar[22] una oferta de trabajadores jóvenes, entusiastas y sin experiencia, que fácilmente son conquistados por un ambiente a pesar de las bajas remuneraciones y largas horas de trabajo. Lo importante para los fines de nuestra investigación, es que dicha estrategia haya tenido cabida y capacidad de transformar elementos centrales en la cultura criolla.

A diferencia de los jóvenes criollos de los sectores populares, que consideran que la asunción[23] de la ética de trabajo andina es un retroceso en su proceso de urbanización y modernidad, muchos de los jóvenes de clase media aprecian su trabajo como parte de un proceso personal y social de modernización y globalización. En otras palabras, su imagen personal y autoestima no sufre en el proceso, sino que es fortalecida. Además de adquirir la ansiada independencia económica de sus padres (aunque esto es exagerado), consideran que la experiencia es positiva y que los está preparando para el mundo de trabajo adulto.

[18]correspondiente, conforme
[19]dinero de poco valor
[20]faltar
[21]administración
[22]dar certeza, asegurar
[23]elevación

Hemos visto, además, que esta nueva actitud hacia el trabajo engarza[24] perfectamente con los cambios en nuestra sociedad en términos de la cultura de consumo. La mayoría de los jóvenes de clase media trabaja fundamentalmente para darse «sus gustos».[25] Sería erróneo, no obstante, considerar que estos «gustos» son superfluos, más bien constituyen una pieza clave en la imagen que el joven desea proyectar y que acredita su lugar en los llamados sectores medios. Las posibilidades de alimentar la apariencia mediante la compra de ropa, de frecuentar los sitios apropiados, de contar con artefactos electrónicos y de computación, son esenciales para reclamar un lugar en una sociedad que en forma creciente le da peso e importancia al consumo conspicuo.[26]

Este tránsito cultural de un sector de la juventud de clase media es un hecho de sumo interés porque implica un cambio fundamental en las matrices culturales e ideológicas de este sector social. De ser una clase signada[27] por la adscripción y la dependencia desmesurada[28] a las relaciones personales, comienzan a darse los primeros pasos hacia una sociedad que Rodríguez Rabanal (1996) caracteriza de « …protagonismo pleno del individuo en función de sus producciones y no de su estirpe[29]… » (p. 60).

Nuestra investigación ha mostrado, a su vez, que este tránsito, a diferencia de los casos examinados por Panfichi entre criollos de sectores populares, no produce anomia[30] o la marginalidad tan propia de los individuos que se encuentran en procesos de cambios de valores y normas. Y es así porque los jóvenes implicados encuentran el apoyo de su propia familia y amigos y el respaldo[31] de las instituciones empresariales. En esta combinación de respaldo informal y formal —familia y empresa— es que se refuerza la idea del logro mediante mecanismos que están totalmente de acuerdo con la ansiada[32] modernización y el progreso en esta ciudad que recién se incorpora plenamente al mercado internacional.

Es evidente que sólo hemos examinado a una minoría de jóvenes de clase media de nuestra ciudad y que sería aventurado generalizar estos cambios a toda una generación. Sin embargo, es importante insistir en que cada día más jóvenes se incorporan al mercado de trabajo en ocupaciones y empresas que exigen de una ética de trabajo y esfuerzo personal porque comulgan con[33] las políticas empresariales que hemos examinado.

¿Significan estos cambios que estamos en camino a un proceso de estratificación y diferenciación social anclado[34] en el trabajo, los ingresos y el consumo en vez de atributos adscritos y de estirpe? Nuestra investigación no puede ofrecer una respuesta contundente[35] a esta pregunta. Nos faltaría analizar, por ejemplo, qué sucede con estos jóvenes una vez que entran al mercado de trabajo «adulto» o profesional y hasta qué punto otras empresas están incorporando políticas basadas en el desempeño,[36] más que en relaciones personales.

El hecho es que estamos en una etapa de tránsito, en la cual aún se mantienen incólumes[37] algunos de los valores tradicionales de la clase media y la cultura criolla. Nuestros mismos informantes, como hemos mostrado en diversos pasajes de este texto, siguen con actitudes excluyentes con respecto a

[24]encaja, cabe
[25]darse… complacerse, satisfacerse
[26]muy visible, sobresaliente
[27]señalada
[28]desmedida, excedida
[29]linaje
[30]situaciones de degradación o falta de normas sociales
[31]apoyo, protección
[32]deseada
[33]comulgan… coinciden en
[34]sujeto, arraigado
[35]convincente
[36]buen cumplimiento de profesión o cargo
[37]sano, sin daño

consideraciones raciales y étnicas. El mismo ambiente de trabajo que tanto estiman está basado en una comunidad de interrelación con otros considerados como «iguales». Son empresas en las cuales, al fin y al cabo,[38] se sigue recreando la segregación espacial que ha sido tan esencial en la diferenciación de clases en nuestra ciudad. Aunque son «espacios» que no son tan exclusivos como podrían ser los colegios privados y los clubes sociales de antaño.[39] Espacios, además, en los cuales los clientes son de una condición mucho más heterogénea que las que se da en otros sitios dominados por los sectores medios y altos.

Sin duda, esto significa que aún mantiene vigencia la tensión entre el mundo público y el privado en nuestra configuración de las clases sociales. Al decir de Bourdieu (1996), estamos ante un afianzamiento[40] del capital simbólico como esencial determinante de las clases medias. Acompañando las credenciales académicas y el *status* ocupacional que tienen peso desde los años cincuenta, notamos un repunte[41] de la eficiencia y laboriosidad como símbolos esenciales de la cultura y estilo de vida de esta clase. Sin embargo, estos atributos más ligados al mundo público aún se encuentran en fuerte pugna con el capital de relaciones, que en nuestro medio todavía está marcado por la familia, parentesco y amistades. El mundo de las relaciones sigue distinguiéndose por un alto componente de exclusión sobre la base de linaje, rasgos éticos y raciales.

Es justo este conflicto el que nos hace titubear[42] al momento de plantear el futuro de las clases medias y de las relaciones de clase en general en el Perú. A pesar de cinco décadas de migraciones andinas a Lima y la transformación de la ciudad criolla a una amalgama[43] de culturas provincianas, el mundo de las clases medias recién comienza a sentir el efecto de este «terremoto social». Ha tomado una prolongada crisis económica y la disminución de empleos en el sector formal, para que vean sus pretensiones de movilidad seriamente afectados. Por un lado se ha reducido su empleabilidad y nivel de ingresos, y por el otro han surgido sectores migrantes mediante la hábil de expansión del comercio y la producción informal. Sus espacios laborales y generadores de ingresos se han ido debilitando o desapareciendo y los que han surgido son desconocidos o inaccesibles.

El mundo de la informalidad les es extraño porque responde a conocimientos y relaciones apartadas de la cultura criolla. Es un espacio económico que está ligado a redes socioculturales con base en las provincias como fuente de insumos,[44] mano de obra, productos y sistemas de comercialización (Huber y Steinhauf, 1997). Al otro extremo está el mundo de la élite intelectual y profesional «globalizada», cuyo capital simbólico y de relaciones también largamente superan el de la clase media «típica». El acceso a este mundo depende de una cultura cosmopolita ajena a la mayoría de la clase media que se forjó durante años en mercados controlados, clientelaje estatal y un mundo intelectual con escasa vinculación con el resto del mundo. Como reacción, muchos integrantes de la clase media «tradicional» han reforzado sus prácticas excluyentes raciales y étnicas. Es la única estrategia que les queda ante la reducción e invasión de sus espacios.

[38]al… después de todo
[39]tiempos pasados
[40]consolidación
[41]aumento
[42]oscilar, perder firmeza
[43]mezcla, unión
[44]bienes usados en la producción de otros bienes

Es por estas razones que tendríamos que otorgarle al consumo y a los «estilos de vida» un peso determinante en las posibles transformaciones en el sistema de diferenciación social. Es evidente que la estratificación social está pasando a ser medida y apreciada de acuerdo con el monto[45] y tipo de consumo. En este ámbito es sumamente difícil ser excluyente en los términos tradicionales de nuestra clase media y alta, ya que las leyes de mercado necesariamente favorecen a los que tienen más y no a lo que «son» más. Aunque aún se mantiene cierta correspondencia entre ingresos y *status,* sabemos que esta relación se ha estado debilitando en los últimos diez años. De ahí que la presión de sectores emergentes —a participar en el mundo de consumo moderno y globalizado— comience a debilitar el monopolio de la clase media tradicional en aquellos bastiones que le otorgaban sus mayores fuentes de identidad. Esta irrupción[46] a los espacios de la clase media, aunada[47] al mayor énfasis hacia el consumo como determinante de *status,* con toda seguridad significará cambios profundos en nuestros criterios de estratificación y diferenciación social.

[45]suma
[46]entrada repentina
[47]unida

Para verificar su comprensión

Forme pares con los siguientes términos y su sinónimo o definición.

1. modernización _____
2. logro _____
3. esfuerzo personal _____
4. consumo conspicuo _____
5. franquicias _____
6. abolengo _____
7. criollo _____
8. clientelaje _____

a. éxito
b. desempeño individual
c. desarrollo ecónomico según las líneas del esfuerzo individual y la eficiencia
d. de clase media
e. compra ostentosa
f. McDonald's y Burger King
g. dependencia de favores personales de otros
h. linaje

Interpretación de la lectura

1. En términos generales, ¿cuáles son algunas características que normalmente se asocian con el proceso de modernización?

2. Según Díaz-Albertini, ¿por qué difiere de la norma el proceso de modernización económica que experimenta la clase media limeña?

3. ¿Cuáles son los valores no tradicionales que inculcan las empresas de comida rápida? ¿Podría Ud. pensar en otros que el autor no menciona?

4. ¿Por qué es importante para estos jóvenes trabajar para «sus gustos»? ¿Qué tiene que ver esto con el consumo conspicuo?

5. Díaz-Albertini mantiene que el cambio de actitud de la juventud de clase media hacia el valor del trabajo implica un cambio fundamental en las matrices culturales e ideológicas del sector. Comente este cambio y su importancia. ¿Por qué no produce ansiedad o anomia este cambio de actitud?

6. Según la lectura, la clase media está comenzando a medir la estratificación social de acuerdo con el consumo, no con la estirpe o las conexiones personales. Como comenta Díaz-Albertini, «las leyes del mercado necesariamente favorecen a los que tienen más y no a los que 'son' más». Mientras la clase media tradicional comienza a ser desplazada por la nueva incipiente, cabe preguntar si el nuevo determinante del estatus, el consumo, es un adelanto o no. ¿Qué piensa Ud.?

Comparaciones

1. Compare los determinantes tradicionales de estatus para el círculo de Victoria Ocampo con los de los adolescentes limeños. En su opinión, ¿a qué se deben las diferencias?

2. Díaz-Albertini y Lazo hablan de la necesidad de cambio en las clases sociales en América Latina, sobre todo en cuanto a la modernización de ciertos hábitos y modos de pensar tanto de la clase media como de la popular. ¿Cuáles son algunos de estos hábitos? ¿Cómo se asemejan y cómo se diferencian Díaz-Albertini y Lazo con respecto a los valores que inspira su trabajo?

Para explorar más

Si Ud. desea aprender más sobre la Universidad de Lima, donde enseña Díaz-Albertini, visite el sitio de dicha academia en la red.

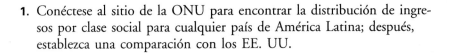

Actividades en la red

1. Conéctese al sitio de la ONU para encontrar la distribución de ingresos por clase social para cualquier país de América Latina; después, establezca una comparación con los EE. UU.

2. En el Informe sobre el Desarrollo Humano de la ONU del año 2003, busque el número de personas en América Latina que sobreviven con menos de un dólar al día. En el mismo informe, busque el número de desnutridos como porcentaje de la población total. Comparta su interpretación de estas cifras con sus compañeros de clase.

3. Elija un país latinoamericano y haga un estudio comparando el porcentaje de la población que pertenecía a las clases alta, media y baja en 1970 y en 2000. Argentina o Chile serían buenos ejemplos. Comparta tanto sus cifras como su propia interpretación con sus compañeros de clase.

4. Haga una investigación sobre la labor de OXFAM en beneficio de los más necesitados en América Latina.

Resumen

En este capítulo sobre las clases sociales hemos visto que

- resalta el arraigo profundo y persistente de la estructura histórica de clases sociales.
- hasta ahora, la educación ha sido el medio más efectivo de movilidad social.
- en la familia urbana, sobre todo entre los jóvenes, se nota la influencia de valores asociados con la modernización.
- actualmente, el número de pobres en América Latina está aumentando alarmantemente.
- los sectores medios latinoamericanos se están reduciendo precipitadamente.
- la preocupante brecha entre las clases sociales se está expandiendo a pesar de los supuestos beneficios de los ajustes estructurales neoliberales y de la globalización.
- para responder a la crisis social, un gran número de organizaciones de asistencia social se han dedicado a trabajar en beneficio de los más necesitados.

Lecturas recomendadas

Adams, Richard N. *Crucifixion by Power: Essays on Guatemalan National Social Structure, 1944–1966.* Austin: Univ. of Texas Press, 1970.

Alonso, Jorge. *La dialéctica clases-élites en México.* México: Centro de Investigaciones Superiores del INAH, 1976.

Bourque, Susan C., and Kay Barbara Warren. *Women of the Andes.* Ann Arbor: Univ. of Michigan Press, 1982.

Caviedes, L. César. *The Politics of Chile: A Sociogeographical Assessment.* Boulder, Colo.: Westview Press, 1979.

Cockcroft, James D. *Mexico: Class Formation, Capital Accumulation and the State.* New York: Monthly Review Press, 1983.

Cotler, Julio. *Clases, estado y nación en el Perú.* Lima: Instituto de Estudios Peruanos, 1978.

"Credit for the World's Poorest." Editorial. *The New York Times,* 12 November 2002.

Delios, Hugh, "Poverty Fighters Tout 'micro-loan' Promise." *The New York Times,* 2 April 2002.

Flora, Cornelia Butler. *Pentecostalism in Colombia: Baptism by Fire and Spirit.* Rutherford, N.J.: Farleigh Dickinson Univ. Press, 1976.

Franco, Jean. *César Vallejo, the Dialectics of Poetry and Silence.* New York: Cambridge Univ. Press, 1976.

Long, Norman, and Bryan Roberts. *Miners, Peasants and Entrepreneurs: Regional Development in the Central Highlands of Peru.* New York: Cambridge Univ. Press, 1984.

Mariátegui, José Carlos. *Siete ensayos interpretativos de la realidad peruana.* Santiago de Chile: Editorial Universitaria, 1955.

Mercier-Vega, Luis. *Roads to Power in Latin America.* Trans. Robert Rowland. New York: Praeger, 1969.

Meyer, Doris. *Victoria Ocampo, Against the Wind and the Tide.* New York: George Braziller, 1979.

Mörner, Magnus. *Historia social latinoamericana: nuevos enfoques.* Caracas: Univ. Católica Andrés Bello, 1979.

Nash, June, and Helen Icken Safa. *Sex and Class in Latin America.* New York: Praeger, 1976.

Nun, José. "The Middle Class Military Coup." In *The Politics of Conformity in Latin America.* Ed. Claudio Véliz. New York: Oxford Univ. Press, 1967.

Pastor, Manuel, Jr. *The International Monetary Fund and Latin America: Economic Stabilization and Class Conflict.* Boulder, Colo.: Westview Press, 1987.

Petras, James F., and Morris Morley. *U.S. Hegemony under Siege: Class, Politics, and Development in Latin America.* London, New York: Verso, 1990.

Pike, Frederick B. *Spanish America, 1900–1970: Tradition and Social Innovation.* New York: Norton, 1973.

Ratinoff, Luis. "Los nuevos grupos urbanos: las clases medias." In *Élites y desarrollo en América Latina.* Seymour Martin Lipset and Aldo Solari, eds. Buenos Aires: Paidós, 1967.

Rosenberg, Mark B., Douglas Kincaid, and Kathleen Logan, eds. *Americas, an Anthology.* New York: Oxford Univ. Press, 1992.

Sen, Amartya. *Development as Freedom.* New York: Anchor Books, 1999.

Stepan, Alfred, ed. *Americas: New Interpretive Essays.* New York: Oxford Univ. Press, 1992.

Stephen, Lynn. *Women and Social Movements in Latin America: Power from Below.* Austin: Univ. of Texas Press, 1997.

Sulmont, Denis. *Deuda y trabajadores: un reto para la solidaridad.* Lima: ADEC-ATC, 1988.

Tumin, Melvin Marvin, and Arnold S. Feldman. *Social Class and Social Change in Puerto Rico.* Indianapolis: Bobbs-Merrill, 1971.

Van den Berghe, Pierre. *Class and Ethnicity in Peru.* Leiden: Brill, 1974.

———, et al. *Inequality in the Peruvian Andes: Class and Ethnicity in Cuzco.* Columbia: Univ. of Missouri Press, 1977.

Vellinga, Menno. *Economic Development and the Dynamics of Class: Industrialization, Power and Control in Monterrey, Mexico.* Assen, Netherlands: Van Gorcum, 1979.

Wolf, Eric R., and Edward C. Hansen. *The Human Condition in Latin America.* New York: Oxford Univ. Press, 1972.

Yunus, Muhamad. *Banker to the Poor: Micro-Lending and the Battle Against World Poverty.* New York: Public Affairs, 1999.

CAPÍTULO **TRES**

Tejedores indígenas
en Inga Pirca,
Ecuador.

Introducción

Una cualidad sobresaliente de la cultura latinoamericana es la gran variedad de agrupaciones étnicas que la compone. En este capítulo, vamos a experimentar esta rica diversidad, pero primero explicaremos lo que queremos decir con el término «étnico». Lo empleamos aquí para referirnos a grupos de gente que se diferencian entre sí en una o más de las categorías siguientes: costumbres, raza, religión, nacionalidad e idioma. En nuestra discusión queremos evitar la confusión de los términos «étnico» y «racial» pero, al mismo tiempo, reconocemos que las consideraciones raciales frecuentemente forman parte de las clasificaciones étnicas. Por ejemplo, los tres conjuntos que han dominado históricamente el mapa étnico de América Latina —los peninsulares (españoles y portugueses), los indígenas y los negros— representan diferentes grupos, tanto raciales como étnicos. Cabe notar aquí que la raza es solamente un ingrediente de la etnicidad y no es necesariamente definitorio.

Los europeos

Generalmente, los elementos más duraderos que dejaron como herencia los españoles y portugueses al Nuevo Mundo fueron la lengua, la religión católica (ver Capítulo siete), la tradición jurídica y administrativa y una jerarquía coherente de valores conservadores que respaldaba su modo de ser y de percibir el mundo (ver Capítulo dos).

Los indígenas

El segundo componente étnico, el indígena, incluía culturas que variaban desde las muy primitivas y seminómadas, como la tupí-guaraní de Brasil y de Paraguay, hasta las muy adelantadas y establecidas, como la azteca, maya e inca (ver Capítulo uno). La variedad de niveles culturales que diferenciaba a los indígenas se expresaba, además, en la cantidad de lenguas diferentes que hablaban, las cuales, muchas veces, eran ininteligibles fuera de los confines de la tribu. Las civilizaciones indígenas, entonces, no eran monolíticas, sino que variaban marcadamente entre sí.

Sin embargo, hay varios atributos étnicos generales que podemos señalar entre los indígenas. Las creencias religiosas, por ejemplo, tendían a ser animistas[1] y politeístas. En casi todas las religiones indígenas se veía (y se ve todavía) el temor a los dioses, de cuyo poder todo dependía. Se veía también la

[1] que atribuyen alma a todos los seres y también a los objetos inorgánicos

reverencia hacia toda la creación —animada e inanimada— de la cual el indio se consideraba una parte integrante. Esta actitud produjo un fuerte choque con el concepto cristiano de la centralidad del ser humano frente a la creación y con la idea de que el mundo natural existe para su explotación.

Varias sociedades indígenas, como las de los aztecas y de los incas, tenían una organización teocrática, en la cual se unían el gobierno y la religión. Lo inextricable de estas instituciones en tales culturas y la presencia penetrante del misterio, el miedo y la magia, apoyaban tanto la armonía en que vivía el indígena con el mundo natural, como su dependencia total de las fuerzas naturales y de los dioses que las controlaban. Usualmente se consideraba a los magos y sacerdotes indígenas entre los más aptos para gobernar, porque se creía que ellos tenían poderes especiales para interpretar la voluntad de los dioses del cosmos.

Por lo general, los indígenas tenían un concepto comunitario, no individualista, de la organización social. El énfasis en lo colectivo se veía en la tenencia comunal de la tierra, como en el *ejido* en México y el *ayllú* en Perú. También se veía en la subordinación de la voluntad individual al bienestar colectivo. En las culturas azteca e incaica, por ejemplo, la dedicación a la empresa común se aseguraba a través de un sistema rígido de castas sociales, en el cual las transgresiones individuales, como el robo y la pereza, se castigaban severamente.

Como se puede ver fácilmente, estos rasgos distintivos de las civilizaciones indígenas, y los de los españoles y portugueses, tenían que enfrentarse sangrientamente, porque ambos expresaban en su organización, creencias y prácticas, dos visiones del mundo diametralmente opuestas.

Los africanos

Históricamente, el tercer contingente étnico importante fue el de los africanos, quienes fueron traídos en la época colonial para trabajar en las minas y plantaciones, porque se creía que físicamente podían resistir mejor que los indios, ya diezmados, las penurias de la servidumbre (ver Capítulo dos). Los esclavos vinieron de todas partes de África y fueron llevados, en su mayor parte, a Brasil y al Caribe —a Cuba, Puerto Rico, Venezuela y Colombia, por ejemplo— pero también a varias áreas de México, Centroamérica y Perú.

Las diversas gentes africanas que fueron trasplantadas a América Latina no hablaban ni español ni portugués, sino varios idiomas africanos como el yoruba, malê, dahomey y sudanés. El español y el portugués se han enriquecido con las diferentes lenguas africanas, especialmente en los nombres que se han dado a una multitud de comidas, plantas y animales del Nuevo Mundo.

Sonrisa de una niña de descendencia africana en Cartagena, Colombia.

Los africanos trajeron consigo sus creencias religiosas que eran, en su mayor parte, animistas y fetichistas,[2] como lo eran las de los indios, pero también incluían prácticas y ritos islámicos traídos por los musulmanes africanos. Es irónico notar que, por lo menos en el caso de algunos musulmanes, varios esclavos llegaron con un nivel cultural más alto que el de sus amos españoles y portugueses. El folclor, la música y las danzas rítmicas de África, las cuales se asociaban con las ceremonias religiosas, son características étnicas conocidas (ver Capítulo siete). Tal vez el rasgo más distintivo de la cultura de los africanos es su gran flexibilidad y persistencia ante la degradación histórica y prolongada de la esclavitud, que, por ejemplo, no fue abolida en Brasil hasta 1888.

Ya hemos mencionado que estos tres grupos diferentes no se quedaron aislados entre sí (ver Capítulo dos). Desde la Conquista hubo mestizaje, o sea mezcla de razas, primero entre los peninsulares y los indios; después entre aquéllos y los negros. A través de los siglos el mestizaje ha producido matices sutiles de innumerables combinaciones raciales. Ha sido tan extenso que en la actualidad la gran mayoría de la población de América Latina es mestiza y expresa de maneras muy variadas las características étnicas de las tres razas principales.

El indigenismo

Es apropiado mencionar aquí el indigenismo, un movimiento político, cultural y literario importante en América Latina, que tuvo su apogeo[3] en las cuatro primeras décadas del siglo XX. El indigenismo, que era más fuerte

[2]que rinden culto a ídolos u objetos

[3]momento de más grandeza

en los países de gran población indígena, como México, Ecuador y Perú, tenía como fin la denuncia de la triste situación del indígena, empobrecido y denigrado, y la incorporación de éste a la vida nacional de una manera significativa.

Este movimiento formaba parte de una preocupación generalizada por la identidad cultural nacional (ver Capítulo ocho) y tendía a glorificar el pasado indígena como inspiración orientadora para el presente. Por ejemplo, el movimiento muralista en México, representado por artistas como Diego Rivera, José Clemente Orozco y David Alfaro Siqueiros, comunicaba visualmente el mensaje nacionalista indigenista del valor del legado precolombino y de la falta de autenticidad de modelos foráneos para la vida nacional. El indigenismo glorificaba al indígena del pasado, como el gran héroe azteca Cuauhtémoc. Exponía también la codicia y la crueldad de los blancos para con los indígenas, especialmente en la expulsión de éstos de sus tierras comunales. A pesar del indigenismo, por lo general, en los países y regiones donde existió la esclavitud negra, tanto los indígenas como los negros se encuentran todavía en el nivel más bajo de la pirámide social. Aunque persiste la situación inferior del indígena, el indigenismo ha contribuido en gran manera a la concientización de su problemática. El movimiento nos enseña también la importante relación entre etnicidad e identidad nacional.

Los inmigrantes

Un factor final que es preciso señalar para completar nuestro cuadro esquemático es el número considerable de inmigrantes que han venido a América Latina desde mediados del siglo XIX, especialmente desde la década de los años veinte del siglo anterior. Inmigrantes de Italia, Austria, Alemania, España, Irlanda, Portugal, Líbano y Turquía, entre otros lugares, han afectado notablemente el carácter étnico y cultural de América Latina. Aunque Brasil, Uruguay, Argentina, Chile y México sean los países adoptivos de la gran mayoría de los inmigrantes, éstos se encuentran en todas partes. Muchos inmigrantes vinieron con el fin de trabajar en las fincas rurales; otros, para ganarse el pan como obreros industriales; otros más, como los numerosos intelectuales españoles y los judíos europeos que se exiliaron, respectivamente, durante la guerra civil española (1936–1939) y la Segunda Guerra Mundial (1939–1945), vinieron huyendo de la persecución. Varios miembros de este último grupo han contribuido enormemente a enriquecer la vida intelectual con la fundación de casas editoriales, como la famosa Editorial Losada en Argentina y en México, y mediante su incorporación a los ámbitos universitarios de varios países latinoamericanos. En su totalidad, los grupos inmigrantes han aportado elementos de su cocina, arte, música, religión,

Estas estudiantes de descendencia europea disfrutan de un momento alegre en una escuela de Buenos Aires, Argentina.

idioma y preparación intelectual para enriquecer el ambiente cultural de las ciudades y, en menor escala, de las provincias.

Crisol[4] y mosaico

Hemos conceptualizado nuestro cuadro étnico principalmente en términos históricos y hemos hecho resaltar el concepto de la mezcla y la síntesis a través de las épocas. Desde este punto de vista, podemos expresar la etnicidad con la metáfora del crisol. Pero hay otra perspectiva sobre la temática igualmente válida, para cuya ilustración sería más apropiada la imagen de un mosaico. Visto desde este ángulo, muchos y diferentes componentes configuran la obra artística, pero aunque integren un conjunto, cada uno retiene su carácter particular, lo cual enriquece el efecto total. Es importante incluir esta imagen en nuestra esquematización, porque para ciertos grupos de inmigrantes y para algunos indígenas, por ejemplo, la herencia étnica es fundamental para su identidad individual y determina su estilo de vida, lo cual incluye prácticas religiosas, organización familiar, lengua, modo de vestirse y forma de expresarse. Para el indio paraguayo o para el inmigrante alemán del sur de Brasil, la preservación de su etnicidad no es una cuestión de «color local» sino parte intrínseca de su ser. Para tales gentes, la asimilación a la cultura nacional no vale el precio de la pérdida de su herencia étnica. La retención de las tradiciones cuesta mucho, especialmente en los países

[4]Recipiente que se usa para fundir metales

latinoamericanos en vías de una modernización rápida, porque los valores del pasado y los de la actualidad frecuentemente se encuentran en conflicto, como veremos en varias lecturas. De modo que la historia de la etnicidad en América Latina no es solamente la del mestizaje cultural y racial, expresada por el crisol, sino también la historia de gentes que no se funden, como ocurre con los componentes de un mosaico. Claro está que, como en tantos otros aspectos de la cultura latinoamericana, la medida en la cual se puede hablar de un crisol o de un mosaico étnico varía de lugar a lugar y de región a región. Pero lo que permanece constante como característica fundamental de la cultura latinoamericana es su gran variedad étnica.

JULIA DE BURGOS (1914–1953)

Influida por el ambiente tropical rural en que se crió, esta poeta puertorriqueña expresa el amor a la naturaleza en sus colecciones de poesías como *Poema en veinte surcos* (1938), *Canción de la verdad sencilla* (1939) y *El mar y tú* (1954). Pero el bucolismo[1] lírico es solamente una de las características de la obra de Julia de Burgos. Otra más dramática es su búsqueda dolorosa y apasionada de la identidad. Esta búsqueda la llevó a desafiar rotundamente las convenciones sociales burguesas de su época y a defender varias causas polémicas.[2] Éstas incluyen la independencia de Puerto Rico y los derechos políticos y sociales del obrero, del negro y de la mujer. Su solidaridad con estos dos últimos grupos se ve claramente en el poema que sigue, el cual expresa además la esperanza de una futura aceptación mutua entre negros y blancos.

Como varios otros escritores puertorriqueños, Burgos se trasladó a Nueva York, pero lamentablemente nunca pudo aclimatarse a lo que para ella era el ambiente neoyorquino, duro y frío. Allí murió, solitaria, deprimida y sin la alegre seguridad de la mujer en «Ay, ay, ay de la grifa[3] negra», que sabe bien quién es.

[1] ambiente rural
[2] controversiales
[3] mujer de cabellos crespos, rizados

Guía de prelectura

Hay tres palabras clave en el poema —«negro», «blanco» y «trigueña».[4] Las primeras dos sugieren una historia de conflicto racial, mientras que la última anticipa una solución futura. Al leer el poema, trate de identificar las palabras o frases que tengan alguna asociación con las palabras clave; esto le dará una idea de la actitud de la voz poética con respecto a su herencia étnica.

[4] color de la piel entre rubio y moreno; color de trigo

Ay, ay, ay de la grifa negra

Ay, ay, ay, que soy grifa y pura negra;
grifería de mi pelo, cafrería[5] en mis labios;
y mi chata[6] nariz mozambiquea.
Negra de intacto tinte,[7] lloro y río
la vibración de ser estatua negra;
de ser trozo de noche, en que mis blancos
dientes relampaguean,[8]
y ser negro bejuco[9]
que a lo negro se enreda
y comba[10] el negro nido
en que el cuervo[11] se acuesta.
Negro trozo de negro en que me esculpo,[12]
ay, ay, ay, que mi estatua es toda negra.
Dícenme que mi abuelo fue el esclavo
por quien el amo dio treinta monedas.
Ay, ay, ay, que el esclavo fue mi abuelo
es mi pena, es mi pena.
Si hubiera sido el amo,
sería mi vergüenza
que en los hombres, igual que en las naciones,
si el ser el siervo[13] es no tener derechos,
el ser el amo es no tener conciencia.
Ay, ay, ay, los pecados del rey blanco
lávelos en perdón la reina negra.
Ay, ay, ay, que la raza se me fuga[14]
y hacia la raza blanca zumba[15] y vuela
a hundirse[16] en su agua clara;
o tal vez si la blanca se ensombrará[17] en la negra.
Ay, ay, ay, que mi negra raza huye
y con la blanca corre a ser trigueña
¡a ser la del futuro,
fraternidad de América!

[5]se refiere al orgullo que siente de su herencia africana
[6]poco prominente, como aplastada
[7]de... de color puro
[8]arrojan luz, brillan
[9]reed
[10]encorva, hace curva de
[11]crow
[12]me... hago una escultura de mí misma
[13]esclavo
[14]escapa
[15]va con mucha rapidez
[16]sumergirse
[17]se... tomará el tono oscuro de una sombra

Interpretación de la lectura

1. En la primera parte del poema (hasta la línea 13, «ay, ay, ay, que mi estatua es toda negra»), la voz poética se identifica totalmente con su ascendencia africana. Describa los recursos poéticos que usa la poeta

como, por ejemplo, la repetición, el ritmo, la elección de adjetivos y metáforas, que contribuyen a esta identificación.

2. En la segunda parte (hasta la línea 24, «lávelos en perdón la reina negra»), la voz poética habla de la esclavitud en Puerto Rico. Aunque dice que se apena porque su abuelo fue esclavo, parece preferir la herencia del esclavo a la del amo. ¿Por qué?

3. ¿Qué quiere decir la poeta con «Ay, ay, ay, los pecados del rey blanco/lávelos en perdón la reina negra» (líneas 23 y 24)? ¿Qué significado tienen aquí los términos «rey» y «reina»?

4. En la tercera y última parte del poema (que comienza con la línea 25, «Ay, ay, ay, que la raza se me fuga»), la poeta habla de la raza como algo que vuela y huye. Habla también del futuro y de la fraternidad. ¿Cómo se relacionan ambos temas? ¿Cómo expresan ambos el tema de la etnicidad?

NICOLÁS GUILLÉN (1902–1989)

Hijo y nieto de mulatos, el famoso poeta cubano Nicolás Guillén sabía lo que es luchar en la vida. Después del asesinato de su padre in 1917, Guillén tuvo que trabajar de día y estudiar de noche para terminar su educación secundaria. Después, salió de su Camagüey natal para estudiar derecho en La Habana, donde pronto descubrió que su vocación verdadera era la poesía y no las leyes. Guillén era un exponente destacado de la poesía social comprometida. Partidario entusiasta de la revolución cubana, se dedicó a la promoción del socialismo y a la denuncia[1] del imperialismo estadounidense. Una fuente de inspiración del movimiento caribeño de «negritud», o sea de la valorización de la cultura africana en el Caribe, Guillén encontró en los ritmos africanos y en el humor del habla popular del afrocubano una combinación exitosa para expresar ambos temas, el político y el étnico. En el poema que sigue, Guillén canta a sus dos abuelos, el uno blanco y el otro negro, y nos ofrece observaciones bellas y valiosas sobre la relación entre raza e identidad.

[1] acusación

Guía de prelectura

En la primera parte del poema (hasta la línea 12, «¡las de mi blanco!»), Guillén habla respectivamente de los dos abuelos, del negro y del blanco, y de los dos otra vez. ¿Cómo describe al negro? ¿Al blanco? ¿Qué querrá decir el poeta con su cuidadoso balance entre los dos abuelos?

Balada de los dos abuelos

Sombras que sólo yo veo,
me escoltan[2] mis dos abuelos.

Lanza con punta de hueso,
tambor[3] de cuero y madera:
mi abuelo negro.

Gorguera[4] en el cuello ancho,
gris armadura guerrera:
mi abuelo blanco.

Pie desnudo, torso pétreo[5]
los de mi negro;
pupilas de vidrio antártico,
¡las de mi blanco!

África de selvas húmedas
y de gordos gongos[6] sordos...

—¡Me muero!
(Dice mi abuelo negro.)

Aguaprieta[7] de caimanes,[8]
verdes mañanas de cocos.
—¡Me canso!
(Dice mi abuelo blanco.)
Oh velas de amargo viento,
galeón[9] ardiendo[10] en oro.

—¡Me muero!
(Dice mi abuelo negro.)
Oh costas de cuello virgen
engañadas de abalorios.[11]
—¡Me canso!
(Dice mi abuelo blanco.)
Oh puro sol repujado,[12]
preso en el aro[13] del Trópico;
oh luna redonda y limpia
sobre el sueño de los monos...

[2]acompañan
[3]instrumento de percusión
[4]Antiguo adorno del cuello hecho de tela rígida plegada
[5]de piedra
[6]instrumento musical en forma de disco de metal
[7]Agua negra
[8]reptiles parecidos al cocodrilo
[9]nave grande
[10]encendido
[11]adornos de cuentas de vidrio
[12]como una joya de oro
[13]círculo

¿Serán éstos los abuelos de Guillén?

¡Qué de barcos,[14] qué de barcos!
¡Qué de negros, qué de negros!

¡Qué largo fulgor[15] de cañas![16]
¡Qué látigo[17] el del negrero![18]
¿Sangre? Sangre. ¿Llanto? Llanto…
Venas y ojos entreabiertos,
y madrugadas vacías,
y atardeceres de ingenio,[19]
y una voz, fuerte voz,
despedazando[20] el silencio.

¡Qué de barcos, qué de barcos!
¡Qué de negros!

Sombras que sólo yo veo,
me escoltan mis dos abuelos.

[14]¡Qué… ¡Cuántos barcos!
[15]resplandor, brillantez
[16]plantas como bambú
[17]*whip*
[18]explotador de esclavos negros
[19]fábrica donde se convierte la caña en azúcar
[20]haciendo pedazos, destruyendo

Don Federico me grita,
y Taita[21] Facundo calla;
los dos en la noche sueñan,
y andan, andan.
Yo los junto.

       —¡Federico!
¡Facundo! Los dos se abrazan.
Los dos suspiran. Los dos
las fuertes cabezas alzan,
los dos del mismo tamaño
bajo las estrellas altas,
los dos del mismo tamaño,
ansia[22] negra y ansia blanca,
los dos del mismo tamaño,
gritan. Sueñan. Lloran. Cantan…
¡Cantan… Cantan… Cantan!

[21]nombre dado con respeto y cariño a los negros ancianos
[22]deseo vehemente de algo

Interpretación de la lectura

1. ¿Por qué dice Guillén que sólo él puede ver las dos sombras?

2. En la segunda parte (desde la línea 13, «África de selvas húmedas», hasta la línea 32, «sobre el sueño de los monos… » Guillén habla de las reacciones de ambos abuelos al llegar al trópico. Descríbalas haciendo hincapié[23] en las imágenes referentes a la tierra, la cual representaba lo desconocido para los dos. ¿Por qué dice «me muero» el negro y «me canso» el blanco?

3. En la estrofa que comienza la última parte (desde la línea 33 «¡Qué de barcos, qué de barcos!», hasta el final del poema Guillén emplea la repetición de sonidos e imágenes llamativas[24] para evocar el ambiente del ingenio de azúcar durante la época de la esclavitud. Describa este ambiente. ¿De quién es el punto de vista que se presenta aquí, del abuelo negro o del blanco?

[23]haciendo… poniendo énfasis
[24]que llaman la atención

Comparaciones

Compare la actitud de Guillén con la expresada por De Burgos en el poema anterior. ¿Difieren en cuanto al tono? ¿en cuanto a las experiencias comunicadas? ¿en el final? ¿Cómo?

CAROLINA MARÍA DE JESÚS (1914?–1977)

Ante decepciones sucesivas y una pobreza agobiante,[1] Carolina María de Jesús, una mujer excepcional, mantenía vivo su sueño de salir de la *favela*, o villa miseria, en la que vivía con sus tres hijos, y de mudarse a una casa de ladrillo. Ganaba el pan diario vendiendo papel y metal que recogía de las calles de São Paulo. Escapaba de su miseria escribiendo, algo muy raro en la favela, y sus vecinos la criticaban por gastar su dinero en papel y tinta, cosas que no se podían vender ni comer. Pero de Jesús, quien tenía sólo unos pocos años de educación formal, persistía en su labor, convencida de su superioridad sobre sus vecinos y del valor de su diario y de sus cuentos y fantasías. En 1958, un periodista brasileño se enteró de los escritos de esta mujer singular y decidió publicar su diario para que la gente brasileña pudiera informarse sobre la condición de los pobres de las favelas, la mayoría de los cuales son negros y mulatos. Aunque de Jesús se hizo famosa y pudo, por fin, comprar la casa de sus sueños, murió pobre después de que el público nacional la olvidó.

Incluimos aquí selecciones de su famoso diario porque nos proporcionan perspectivas directas sobre la vida de los pobres en la ciudad, quienes luchan diariamente contra el hambre. También las incluimos porque de Jesús ofrece comentarios incisivos y mordaces sobre la etnicidad y la raza, y sobre la relación entre estos factores y la estructura política y social de Brasil.

[1] difícil de soportar

 ## La favela (*fragmento*)[a]

1955

22 de Julio. …Hay momentos en que me indigno[2] contra la vida atribulada[3] que llevo. Y hay veces que me conformo. Estuve conversando con una señora que está criando una niña de color. Es tan buena con la niña… Le compra vestidos caros. Yo le decía:

—Antiguamente eran los negros los que criaban a los blancos. Hoy son los blancos los que crían a los negros.

[2] enojo
[3] adversa, penosa

[a] Este fragmento es de una traducción de la versión original en portugués que contiene algunos errores e inconsistencias gramaticales.

La señora me dijo que está criando a la muchachita desde nueve meses. Y la negrita duerme con ella y le dice mamá.

Apareció un joven. Dijo ser su hijo. Conté unas anécdotas. Ellos se rieron y yo seguí recogiendo.[4]

Comencé a recoger papel. Subí por la calle Tiradentes, saludé a las señoras que conozco. La dueña de la tintorería me dijo:

—¡La pobre! Es tan buena.

Se me quedó en el pensamiento repitiéndoseme: «Es tan buena.»

...A mí me gusta quedarme en casa, con las puertas cerradas. No me gusta estar por las esquinas conversando. Me gusta estar sola o leyendo. ¡O escribiendo! Doblé por la calle Frei Antonio Galvão. Casi no había papel. Nair de Barros estaba en la ventana. (...) Hablé que vivía en una favela. Que la favela es la peor indigencia[5] que hay.

...Llené dos sacos en la calle Alfredo Maia. Llevé uno hasta la parada y después volví para llevar el otro. Recorrí otras calles. Conversé un poco con João Pedro. Fui a casa de una negra a llevarle unas latas[6] que me había pedido. Latas grandes para plantar flores. Conocí a una negrita muy limpia que hablaba muy bien. Me dijo que era costurera,[7] pero que no le gustaba la profesión. Y que me admiraba. Recogiendo papel y cantando.

Yo soy muy alegre. Todas las mañanas yo canto. Soy como las aves, que cantan tan pronto amanece.[8] Por las mañanas siempre estoy alegre. La primera cosa que hago es abrir la ventana y contemplar el firmamento.[9]

24 de julio. Me levanté a las cinco para ir a buscar el agua. Hoy es domingo, las favelas recogen el agua más tarde. Pero ya yo me acostumbré a levantarme temprano. Compré pan y jabón. Puse el frijol[10] al fuego y fui a lavar la ropa. Estando en el río llegó Adair Mathias, lamentando que su mamá había salido, y que ella tenía que hacer el almuerzo y lavar la ropa. Dijo que su mamá era fuerte, pero que ahora le han echado un maleficio. Que el curandero dijo que era la brujería.[b] Pero el maleficio que invade a la familia Mathias es el alcohol. Ésta es mi opinión.

Mariana estaba lamentándose de que su esposo estaba tardando en volver. Puse la ropa a secar y vine a hacer el almuerzo. Cuando llegué a casa me encontré a Francisca peleando con mi hijo João José. Una mujer de cuarenta años discutiendo con un niño de seis años. Puse al niño adentro y cerré el portón. Ella siguió hablando. Para hacerla callar es necesario decirle:

—¡Cállate la boca, tuberculosa!

No me gusta aludir los males físicos porque nadie tiene la culpa de adquirir molestias contagiosas. Pero cuando uno se da cuenta que no puede tolerar las imprecaciones del analfabeto,[11] apela[12] a las enfermedades.

[4]juntando, recolectando
[5]pobreza
[6]envases cilíndricos de metal
[7]mujer cuyo trabajo es coser
[8]se hace de día
[9]cielo
[10]el... los frijoles
[11]persona ignorante
[12]invoca

---

[b]En Brasil hay mucha gente que cree en los maleficios (*evil curses*) y en la brujería (*witchcraft*) y que consulta a un curandero (*local healer*) en vez de ir al médico.

Este niño vive en una *favela,* o villa miseria, en los cerros de Río de Janeiro, como la de Carolina María de Jesús y sus hijos en São Paulo.

Yo le dije:

—João vino a buscar hojas de papa.

—¡Si yo pudiera mudarme de esta favela! Tengo la impresión que estoy en el infierno.

…Me senté al sol para escribir. La hija de Silvia, pasaba diciéndome:

—¡Estás escribiendo, negra apestosa!

La madre la estaba oyendo y no la regañaba. Son las madres las que las inducen.

28 de julio. …¡Me he quedado horrorizada! Me han quemado mis cinco sacos de papel. La nieta de Elvira, la que tiene dos niñas, y que no quiere más hijos porque el marido gana poco, dijo:

—Nosotros vimos el humo. También usted pone los sacos ahí en el camino. Los pongo entre las matas[13] donde nadie los vea. Yo oí decir que ustedes en la favela viven unos robándose a los otros.

Cuando ellas hablan no saben decir otra cosa que no sea robo.

Me di cuenta que fue ella quien quemó los sacos. Me retiré con asco[14] de esa gente. Ya me habían dicho que ellos son unos portugueses malvados.[15] Que Elvira nunca hace un favor a nadie. Ahora estaré prevenida.[16] No estoy resentida.[17] Ya estoy tan acostumbrada a la maldad humana.

Sé que los sacos me van a hacer falta.

(*fin del diario 1955*)

[13]plantas
[14]repugnancia
[15]perversos, muy malos
[16]preparada
[17]enojada

1958

22 de mayo. Yo hoy estoy triste. Me siento nerviosa. No sé si llorar o salir corriendo sin parar hasta caer inconsciente. Es que hoy ha amanecido lloviendo. Y no he salido a conseguir dinero. Pasé el día escribiendo. Sobró macarrón,[18] voy a calentárselo a los niños. Les cociné las papas, se la comieron. Hay unos metales y un poco de hierro que voy a vendérselos a Manuel. Cuando João llegó de la escuela yo lo mandé a vender los hierros. Le dieron 13 cruzeiros.[19] Se compró un vaso de agua mineral, 2 cruzeiros. Lo regañé. ¿Quién ha visto a un favelado con esas finuras?[20]

...Los muchachos comen mucho pan. A ellos les gusta el pan suave. Pero cuando no lo tienen comen pan duro.

Duro es el pan que nosotros comemos. Dura es la cama en que dormimos. Dura es la vida de los favelados.

¡Oh! São Paulo, reina que ostentas[21] vanidosa tu corona de oro que son tus rascacielos. Que vistes terciopelo[22] y seda y calzas[23] medias de algodón que es la favela.

...El dinero no dio[24] para comprar carne, yo hice macarrón con zanahoria. No tenía grasa, quedó horrible. Vera es la única que protesta y pide más. Y me pide:

—Mamá, véndame a doña Julita, porque allá hay comida sabrosa.[25]

Yo sé que existen brasileños aquí dentro de São Paulo que sufren más que yo. En junio de 1957 me enfermé y recorrí las oficinas del Servicio Social. Me dio dolor en los riñones de cargar tanto hierro. Para no ver a mis hijos pasar hambre fui a pedir auxilio al cacareado[26] Servicio Social. Fui ahí donde vi las lágrimas deslizarse[27] en los ojos de los pobres. Qué hiriente[28] es ver los dramas que allí se desarrollan. La ironía con que son tratados los pobres. La única cosa que ellos quieren saber son los nombres y las direcciones de los pobres.

Fui al Palacio,[29] el Palacio me mandó para la oficina de la Ave. Brigadeiro Luis Antonio. De la Avenida Brigadeiro me mandaron para el Servicio Social da Santa Casa. Hablé con María Aparecida que me oyó y me contestó tantas cosas y no me dijo nada. Resolví irme al Palacio y me puse en la cola.[30] Hablé con un señor, Alcides: Un hombre que no es nipón,[31] pero es amarillo como mantequilla vieja. Hablé con el señor Alcides:

—Yo vine aquí a pedir ayuda porque estoy enferma. Usted me mandó a ir a la Avenida Brigadeiro Luis Antonio, y yo fui. De la Avenida Brigadeiro me mandaron a ir a la Santa Casa. Y yo he gastado el único dinero que tenía en transporte.

—¡Préndanla![32]

No me dejaron salir. Y un soldado me puso una bayoneta en el pecho. Miré al soldado y me di cuenta que él tenía lástima de mí. Le dije:

—Yo soy pobre. Por eso es que vine aquí.

3 de junio. ...Cuando yo estaba en la parada del tranvía, Vera empezó a llorar. Quería pasteles. Yo estaba nada más que con 10 cruzeiros, 2 para pagar

[18] pasta (espaguetis)
[19] moneda brasilera
[20] delicadezas
[21] hace alarde, muestra
[22] *velvet*
[23] usas, llevas puestas
[24] fue suficiente
[25] deliciosa
[26] famoso (en sentido sarcástico)
[27] correr
[28] doloroso
[29] un edificio del gobierno
[30] línea de personas que esperan
[31] japonés
[32] ¡Deténganla!

el tranvía y 8 para comprar picadillo.[33] Geralda me dio 4 cruzeiros para comprar los pasteles, ella comía y cantaba. Y yo pensaba: ¡mi dilema es siempre la comida! Cogí el tranvía. Vera comenzó a llorar porque no quería ir parada[34] y no había donde sentarse.

...Cuando tengo poco dinero procuro[35] no pensar en los hijos que van a pedir pan, café. Desvío mi pensamiento hacia el cielo. Pienso: ¿habrá habitantes allá arriba? ¿Serán mejores que nosotros? ¿Será que el predominio de allá suplanta al de nosotros? ¿Habrá muchas naciones allá igual que aquí en la tierra? ¿O es una nación única? ¿Existirán favelas allá? Y si existen favelas, cuando yo muera, ¿iré a vivir a una favela?

...Cuando comencé a escribir oí voces alteradas.[36] Hace tanto tiempo que no hay pleito en la favela. (...) Era Odete y su esposo que están separados. Pelearon porque él trajo otra mujer en el carro en que trabaja. Ellas estaban en casa de Francisco, hermano de Alcino. Salieron para la calle. Yo fui a ver la pelea. Agredieron[37] a la mujer que estaba con Alcino. Cuatro mujeres y un niño se abalanzaron[38] contra la mujer con tanta violencia que la tiraron al suelo. La Marli salió. Dijo que iba a buscar una piedra para tirársela por la cabeza a la mujer. Yo puse a la mujer en el carro y a Alcino y les dije que se fueran. Pensé en llamar a la policía pero mientras llega la policía matan a la mujer. Alcino le dio unos golpes a la suegra, que es la peor agitadora. Si yo no me meto para ayudar a Alcino él llevaba la de perder.[39] Las mujeres de la favela son horribles en un pleito. Lo que puede resolverse con palabras ellas lo convierten en un conflicto. Parecen cuervos fajándose.[40]

...La Odete se indignó conmigo por haber defendido a Alcino. Yo le dije:

—Tú tienes cuatro hijos que criar.

—No me importa. Lo que quería era matarla.

Cuando yo empujaba a la mujer para dentro del carro, ella me decía:

—Usted es la única que es buena.

Me daba la sensación de que estaba quitándole un hueso a unos perros. Y Odete cuando vio a su esposo salir con la otra en el carro, se puso furiosa. Me vinieron a insultar por entrometida.[41] Yo pienso que la violencia no resuelve nada. (...) La asamblea de los favelados es con palos, cuchillos, pedradas y violencia.

...La favela es el cuarto de las sorpresas. Ésta es la quinta mujer que Alcino trae aquí a la favela. Y a su esposa cuando la ve, pelea.

...Hoy está caliente[42] la favela. Durante el día Leila y su compañero tuvieron un pleito. Arnaldo es negro. Cuando vino para la favela era un niño. ¡Pero qué niño! Era bueno, educado, cariñoso y obediente. Era el orgullo del padre y de quien lo conocía.

—¡Éste va a ser un negro, sí señor!

—Negro *tú*.

—Negro *turututú*.

—¡Y negro sí señor!

Negro *tú* es el negro más o menos.[43] El negro *turututú* es el que no vale nada. Y el negro Sí Señor es el de la alta sociedad. Pero Arnaldo se trasformó

[33]tipo de carne barata
[34]de pie
[35]hago esfuerzos para, trato de
[36]que gritaban
[37]Atacaron
[38]lanzaron
[39]llevaba... estaba en posición desventajosa
[40]golpeándose
[41]persona que interfiere (en los asuntos de otros)
[42]agitada
[43]más... regular

en un negro *turututú* después que creció. Se volvió estúpido, pornográfico, obsceno y alcoholista. No sé cómo una persona puede echarse a perder así. Él es compadre[44] de doña Domingas.

¡Pero qué compadre!

Doña Domingas es una negra más buena que un pan. Tranquila y hacendosa.[45] Cuando Leila se quedó sin casa se fue a vivir a casa de doña Domingas.

…Doña Domingas era quien lavaba la ropa a Leila, que la obligó a dormir en el suelo y a darle la cama. Se convirtió en la dueña de la casa. Yo le decía:

—¡Revírate[46] Domingas!

—Ella es bruja, puede echarme un maleficio.

—Pero los maleficios no existen.

—Sí existen. Yo la vi hacerlo.

Es porque Leila andaba diciendo que ella enderezaba vidas.[47] Y yo vi a varias señoras ricas aparecerse por aquí. Había una tal doña Guiomar, Edviges Gonalves, la mujer que tiene varios nombres y varias residencias porque compra a crédito y no paga y da el nombre cambiado donde compra. Cuando sale a la calle parece María Antonieta. Y la doña Guiomar vino para esclavizar a doña Domingas. (…) Doña Domingas recibe una pensión de su extinto esposo. Y era obligada a darle el dinero a Leila que es la compañera de Arnaldo. Él siendo compadre de Domingas, era para que defendiera a la comadre.[48] Pero él la explotaba. Se repartía el dinero entre los dos. Y encima practicaba sus escenas amorosas delante del ahijado.[49]

…Doña Domingas se fue de la casa. Se fue para Carapicuiba a vivir con doña Iracema. Se quedó su hijo Nilton. Yo hice todo lo posible para que el muchacho se fuera. Pero Leila le decía:

—Yo soy bruja. Si te vas, te convierto en un elefante.

Yo me topaba[50] a Nilton:

—Buenos días, Nilton. ¿Tú no quieres irte con tu mamá?

—Yo no voy porque Leila me dijo que ella es bruja y que si yo me iba ella me convierte en un elefante y el elefante es un bicho[51] muy feo. Sabe, Carolina, ¿y si ella me convierte en puerco? Yo tengo que comer salcochos[52] y alguien me llevará para un chiquero[53] para que yo engorde. Me van a capar.[54] Y si ella me convierte en un caballo, alguien me cogerá para halar un carro y encima me darán fustazos.[55]

…Cuando Nilton comenzó a pasar hambre, se fue con su madre. Pensé: el hambre también sirve de juez.

Un día yo discutí con Leila. Ella y Arnaldo incendiaron mi barracón.[56] Los vecinos lo apagaron.

5 de junio. …Estuve observando a nuestros políticos. Para observarlos fui a una Asamblea. La sucursal[57] del Purgatorio, porque la casa principal está en la oficina del Servicio Social, en el palacio del Gobierno. Fue ahí donde vi sonar dientes.[58] Vi a los pobres salir llorando. Y las lágrimas de los pobres conmueven a los poetas. No conmueven a los poetas de salón,

[44]una relación parecida a la de *godfather*
[45]diligente en las tareas domésticas
[46]Rebélate
[47]enderezaba… ayudaba a gente con problemas
[48]una relación parecida a la de *godmother*
[49]una relación parecida a la de *godchild*
[50]enfrentaba
[51]animal
[52]alimento cocido con agua y sal
[53]lugar donde crían los cerdos
[54]castrar
[55]golpes dados con el látigo
[56]choza, casita muy pobre
[57]oficina
[58]sonar… hacer ruido con los dientes

pero sí a los poetas del basurero,[59] los idealistas de las favelas, un espectador que asiste y observa las tragedias que los políticos representan con relación al pueblo.

16 de junio. …José Carlos está mejor. Le di un lavado de ajo y un cocimiento de apio.[60] Me burlé del remedio de la mujer, pero tuve que dárselo porque actualmente uno se arregla como pueda. Debido al costo de la vida tenemos que volver al primitivismo. Lavar en tinas,[61] cocinar con leña.

…Yo escribía obras y se la presenta a los directores de circos. Ellos me respondían:

—Es una lástima que seas negra.

Se olvidan ellos que yo adoro mi piel negra, y mi cabello áspero.[62] Y hasta creo que el pelo del negro es más educado que el pelo del blanco. Porque el pelo del negro se queda donde uno lo pone. Es obediente. Y el pelo del blanco, nada más que darle un movimiento a la cabeza, ya sale de su lugar. Es indisciplinado. Si las reencarnaciones existen yo quiero volver a ser siempre negra.

…Un día, un blanco me dijo:

—Si los negros hubieran llegado al mundo después de los blancos, entonces los blancos podían protestar con razón. Pero, ni el blanco ni el negro conoce su origen.

El blanco es el que dice que es superior. Pero ¿qué superioridad representa el blanco? Si el negro toma el aguardiente, el blanco toma. La enfermedad que coge al negro, coge al blanco. Si el blanco tiene hambre, el negro también. La naturaleza no discrimina a nadie.

19 de septiembre. …En el Frigorífico ellos dejaron de poner más la basura en la calle porque las mujeres recogían la carne podrida para comer.

20 de septiembre. …Fui a la tienda, llevé 44 cruzeiros. Me compré un kilo de azúcar, uno de frijol y dos huevos. Sobró 2 cruzeiros. Una señora blanca que hizo compras gastó 43 cruzeiros. Y el señor Eduardo me dijo:

—En los gastos casi que empataron[63] ustedes.

Yo le dije:

—Ella es blanca, tiene derecho a gastar más.

Ella me dijo:

—El color no tiene que ver.[64]

Entonces empezamos a hablar sobre el prejuicio. Ella me dijo que en los Estados Unidos, no quieren a los negros en las escuelas.

Me pongo a pensar: los norteamericanos son considerados los más civilizados del mundo y todavía no se han convencido que discriminar al negro es como discriminar al sol. El hombre no puede luchar contra los productos de la Naturaleza. Dios creó todas las razas en la misma época. Si hubiera creado a los negros después de los blancos. Ahí entonces que los blancos podrían rebelarse.

28 de mayo. …La vida es igual a un libro. Sólo después que lo hemos leído sabemos lo que encierra. Y nosotros cuando estamos al final de nuestra vida es cuando sabemos lo que ha pasado en nuestra vida. La mía, hasta aquí, ha sido negra. Negra es mi piel. Negro es el lugar donde yo vivo.

[59]sitio donde se arroja la basura
[60]lavado… tipo de tratamiento médico y medicina hechos en casa
[61]recipientes de metal para lavar la ropa
[62]grifo, que no es suave
[63]salieron iguales
[64]no… no importa

Para verificar su comprensión

¿Cierto o falso? Indique si cada afirmación es cierta (C) o falsa (F). Si es falsa, corríjala según la lectura.

1. _____ Los favelados, incluso la autora, llevan una vida difícil.

2. _____ A De Jesús no le gusta conversar con la gente; es muy solitaria.

3. _____ Los otros favelados no entienden por qué De Jesús quiere escribir, pero al menos la dejan en paz.

4. _____ Si llueve, De Jesús no sale a conseguir dinero.

5. _____ Lo que más le preocupa a De Jesús es poder dar de comer a sus tres hijos.

6. _____ De Jesús tenía la suerte de que el sistema de servicios sociales la ayudaría cuando estuviera enferma.

7. _____ A través de sus escritos, la autora intenta escaparse de la miseria en que vive.

8. _____ A diferencia de la mayoría de los favelados, De Jesús cree en la brujería.

9. _____ La autora parece más alegre al final de la lectura que al comienzo.

10. _____ De Jesús siente cierto orgullo de ser negra.

Interpretación de la lectura

1. ¿Cómo describiría Ud. la visión del mundo de Carolina de Jesús? ¿Qué piensa Ud. de ella?

2. La autora, como pobre, madre soltera (ver Capítulo cinco) y negra, sufre enormemente. ¿Es posible decir a qué se debe más su sufrimiento: a su condición económica, a su género o a su color? Explique.

3. ¿Qué nos sugiere el último párrafo, fechado el 28 de mayo, sobre la relación entre raza, etnicidad y clase social?

4. ¿Qué opinaría la autora sobre el tema de la etnicidad? ¿Estaría de acuerdo con la imagen del crisol o con la del mosaico?

Comparaciones

¿Difiere la experiencia vivida por De Jesús de las descritas por De Burgos y Guillén? ¿En qué forma?

RICARDO POZAS ARCINIEGA (1912–1994)

Este conocido antropólogo mexicano se incluye en la ya mencionada corriente indigenista por su obra clave *Juan Pérez Jolote* (1952), sobre los tzotziles del sur de México. A diferencia de muchos estudios antropológicos, éste se presenta como la biografía de un individuo, en gran parte típico del grupo. De este modo, la historia de Juan es también la de sus semejantes;[1] es el relato de un pueblo indígena en proceso de cambio. La tradicional organizacíon social, económica, religiosa y familiar de los tzotziles se encuentra ahora alterada por costumbres y prácticas modernas, las cuales causan dislocación y confusión al asimilarse a un ambiente netamente[2] precolombino. La penetración de la cultura nacional en todos estos aspectos se concreta en la vida de Juan, quien sale de su pueblo para enfrentarse al prejuicio racial, para incorporarse,[3] sin entenderlo, al torbellino[4] de la revolución mexicana, y para aprender castellano y vestirse como ladino, o blanco. De resultas, cuando regresa a su pueblo, después de una larga ausencia, es considerado, y se considera a sí mismo, como un forastero.[5] A duras penas,[6] Juan emprende la tarea de adaptarse de nuevo a la cultura india, de aprender a hablar tzotzil como si fuera por primera vez y de integrar las dos partes de su identidad cambiada.

Poco a poco, Juan llega a ocupar posiciones de importancia en su municipio. En el fragmento que se presenta a continuación, vemos la vida ceremonial de los tzotziles, las responsabilidades de sus funcionarios, el sincretismo[7] de sus prácticas religiosas y el efecto insidioso[8] del alcohol en casi todos los aspectos de su cultura, algo exacerbado por el monopolio que ejercen los ladinos sobre la producción y distribución del trago. A través de este fragmento, se puede apreciar el aislamiento en que vivían los tzotziles antes de la revolución, la penetración muy superficial de la religión católica y de la lengua española, y el fuerte arraigo de las tradiciones precolombinas (ver Capítulos dos, siete). Más aún, se observa con nitidez[9] que en la vida tzotzil la forma y el misterio valen mucho más que la substancia y la razón.

[1] otras personas de su comunidad
[2] puramente
[3] unirse
[4] disturbio, aturdimiento
[5] extraño, que no es del lugar
[6] A… Con mucho esfuerzo
[7] la conciliación de las religiones indígenas y la católica
[8] traicionero
[9] claridad

Guía de prelectura

Lea los tres primeros párrafos y luego busque el mejor resumen de cada uno entre las frases que se dan a continuación.

1. _____ A Juan lo nombran *fiscal*.

2. _____ Ser *fiscal* es un cargo muy importante.

3. _____ El *fiscal* tiene que instruirse sobre los santos.

a. Tiene que saber las fechas de las fiestas del pueblo.

b. Es parte de su responsabilidad religiosa tradicional.

c. El otro fiscal no sirve porque no sabe leer.

Juan Pérez Jolote (*fragmento*)

Cuando regresé de la finca me nombraron *fiscal*,[a] porque yo sé leer. Este año el *fiscal* era Andrés Tiro; pero como no sabe leer, dijo mal la fecha de la fiesta de San Juan, y se hizo el día 23, en vez del 24, de junio. Cuando se dieron cuenta, lo metieron a la cárcel.

El *fiscal* tiene que saber cuándo son todas las fiestas. Yo no me equivoco porque sé leer y veo el calendario cada vez que alguien viene a preguntarme; los *mayordomos*, los *pasiones*, los *alférez*, los *ojob*,[10] a todos les digo. Cada uno que tiene cargo, cuando viene el domingo a la plaza, me pregunta cuándo es la fiesta o la celebración de los *mayordomos*, cuándo se cambian los cargos... Todos me piden que les diga, y me regalan una *cuarta* —un cuarto de litro— de *trago*.

En el Año Nuevo me agarraron y me llevaron a jurar de *fiscal*. Uno de los más viejos del pueblo fue mi *yajualtiquil*.[11] Después del juramento me llevó a la iglesia y me enseñó lo que eran todos los santos.[b]

—Éste —me dijo, señalando a San Sebastián— es el patrón de los carneros; él es el que manda sus carneros con el pastor para que los cuide. El pastor es San Juan. Si se pierde algún carnero le exige a San Juan que lo reponga. Cuando esto sucede, pregunta San Juan a San Sebastián: «¿Qué tanto te voy a pagar por el carnero?»

[10]mayordomos... varios funcionarios ceremoniales indígenas
[11]mentor, guía

---

[a]El fiscal es un funcionario de mucha importancia en el pueblo; su deber principal es anunciar las fechas correctas de las fiestas.
[b]Se notarán algunos «errores» obvios en la versión tzotzil del cristianismo. Estas discrepancias tienen razones históricas y demuestran lo incompleto del dominio europeo sobre el modo de ser indio.

—Por eso, en la antevíspera[12] de la fiesta de San Sebastián, es a éste al que le recomiendan sus carneros las mujeres; y le traen yerbas[13] y sal para que las bendiga, para darlas a los carneros cuando se enfermen.

—El *martomo*[c] *santo* es el que cuida a San Sebastián, el que tiene que vestirlo para cada fiesta. La gente viene, y le dice a San Sebastián: «Usted, señor San Sebastián, cuídame mis carneros, que no les pase nada. Ahora voy a hablar con tu pastor.» Y van a ver a San Juan, y le dicen: «Hágame usted favor, señor pastor, de cuidar mis carneros todos los días; por dónde van a andar sobre la tierra, dónde van a beber agua y a comer su yerba.» Todo esto debes tú saberlo, para cuando te lo pregunten —me decía mi *yajualtiquil.*

—Éste es el patrón de las bestias —me dijo, señalando al Señor Santiago—. A él vienen a pedirle los hombres y las mujeres que tienen mulas o caballos. Los viernes son los días de las bestias, y ese día se le prende[14] candela a este Santo.

—Este otro es San Miguel, el patrón de los músicos. Él ayuda y da bendición a los músicos. Es el jefe de las guitarras y de las arpas; a él vienen los que tienen cargo de músicos, porque ellos se pasan los días y las noches tocando en fiestas, y funerales, y él les quita el sueño. A él le piden que cuide a sus mujeres para que no les pase nada.

—Éste es San Nicolás, es el patrón de las gallinas; lleva sus bateas[15] para poner el maíz y dar de comer a las gallinas. Pero no sé cómo le hace San Nicolás para darles maíz a las gallinas, porque tiene las dos manos ocupadas.

—Éste es San Jerónimo; a él vienen todos los curanderos, porque él es el que tiene todos los *chuleles*[16] y anda cuidando las almas de todo el mundo; ya lo ves aquí con un *bolom*[17] en sus pies, que es el *chulel* de un hombre.

—Éste que está encajonado[18] es el señor San Manuel; se llama también señor San Salvador, y señor San Mateo, es el que cuida a la gente, a las criaturas. A él se le pide que cuide a uno en la casa, en los caminos, en la tierra.

—Éste otro, que está en la cruz, es también el señor San Mateo; está enseñando, está mostrando cómo se muere en la cruz, para enseñarnos a respetar. Lo mataron porque los judíos, los diablos —*pukujes*—, comían mucha gente; y él dio su vida para librarnos.

—Antes de que naciera San Manuel, el sol estaba frío, igual que la luna. En la tierra vivían los *pukujes,* que se comían a la gente. El sol empezó a calentar cuando nació el Niño Dios, que es hijo de la Virgen, el señor San Salvador.

—Los parientes de la Virgen eran *pukujes* —judíos—. Cuando ella se sintió embarazada, le dijo a San José: «Voy a tener un niño.» Sus parientes sabían que, cuando naciera el Niño Dios, iba a alumbrar, y corrieron de su casa a la Virgen. Entonces se montaron sobre un burrito y fueron a Belén; allí nació Cristo, el Niño Jesús, dentro de un pesebre,[19] sobre la paja. Cuando nació,

[c]Los términos indígenas generalmente no tienen equivalentes en español.

[12]dos noches antes
[13]hierbas
[14] enciende
[15]recipientes
[16]almas de los seres humanos, encarnados en los animales que viven en el monte
[17]león
[18]en un cajón
[19]*manger*

Procesión indígena en Santiago de Atitlán, Guatemala.

aclaró bien el día y calentó el sol, y los *pukujes* huyeron, se escondieron entre los cerros, en las barrancas,[20] para que ya no los vieran.

—Si viene alguno de los *pukujes* cuando se aclara, cuando alumbra el día, cuando calienta, ya no puede comer gente, porque lo está mirando el señor San Salvador, porque el sol son los ojos de Dios.

—A los tres días que nació, el Niño Dios no tenía qué comer, y sufrió mucho San José y le dijo a la Virgen: «¿Qué vamos a comer, hijita?» Entonces, el Niño dijo: «Si no tienen qué comer, voy a trabajar.» Nadie sabe de dónde sacó las herramientas, cuando se puso a hacer una puerta de un tronco que le dio un hombre; pero el tronco era corto para hacer la puerta. Entonces le dijo San José: «Está muy corto el tronco, no alcanza.» «Va a ver cómo alcanza», dijo el Niño. Y cogió el tronco, lo estiró[21] como si fuera un lazo, y hasta sobró.[22]

—Entonces supo la gente que había estirado un palo, y lo buscaron para matarlo. Entonces se fueron sobre los pueblos, por los cerros, huyendo para salvarse.

—En un pueblo llegó a trabajar e hizo milpa,[23] en un lugar donde había muchas moscas que le picaban.[24] Allí dijo: «Les voy a hacer una cena para que vean que soy trabajador.» En seguida, mandó hacer una cruz con un carpintero. Cuando el carpintero le dijo a San José: «Aquí está la cruz», San José la entregó al Salvador. Entonces éste les dijo a los judíos: «No se coman a mis hijos; por eso estoy yo aquí, cómanme a mí.» Y se clavó en la cruz.[25]

—Antes de que se clavara, fue a ver cómo estaba el *Olontic*.[26] Después que vio cómo estaba allá abajo, vino a clavarse. Él se clavó para que se acordara la

[20]abismos
[21]hizo más largo
[22]había más de lo que necesitaba
[23]tierra destinada al cultivo del maíz
[24]mordían
[25]se… se crucificó él mismo
[26]el más allá

gente que hay castigo para los diablos *pukujes*—; para que no siguieran comiendo gente.

—Este otro es el patrón de la iglesia: es San Juan Evangelista. Éste fue el primero que hizo milpa. Fue el primer hombre. Nació antes que naciera Jesucristo. Rezando en los montes, en los cerros y en las barrancas, enseñó a los hombres a vivir como ahora vive la gente. Por eso en cada fiesta se le pide salud para que la gente trabaje.

Y así conocí a los santos que hay en la iglesia de mi pueblo.

Yo he servido mucho a mi pueblo, y me siguen dando cargos. Después fui *alférez* de la Virgen del Rosario; pero ese cargo lo tomé por gusto. Los *mayordomos* y *alférez* pueden vender trago, y así sacan lo que se gasta en la fiesta.

El hombre que me entregó el cargo me dio quince pesos para que empezara a vender trago; así compré un garrafón,[27] y todos los domingos iba a vender aguardiente en la plaza de mi pueblo. Todos mis compañeros que me compraban me ofrecían copa, y me *embolaba*[28] yo mucho.

Yo no podía dejar de tomar, porque por mi cargo soy una señora, pues la Virgen del Rosario de quien soy *alférez* es una señora, y a mí me vienen a convidar[29] todos los que tienen cargo de santos que son hombres.

Cuando entregué el cargo de *alférez,* me llamó el secretario del pueblo y me dijo:

—El Presidente de México quiere que todo el pueblo de Chamula sepa leer; pero antes hay que enseñarles a hablar castellano. El Gobierno quiere que tú seas maestro de castellanización y te va a pagar cincuenta pesos mensuales.

—Si es orden del Gobierno de México, tomaré el cargo —le dije.

Para enseñar a hablar *castilla,* el Gobierno nombró doce maestros para los parajes[30] de mi pueblo; yo tuve treinta alumnos en Cuchulumtic y les enseñaba algunas palabras de castilla y algunas letras para que aprendieran a leer. A los tres años se acabó la campaña, y nos quitaron a todos el cargo; ahora, la gente que quiere aprender castilla compra «aceite guapo» en las boticas de San Cristóbal, porque dicen que es bueno para aprender a hablar.

Ya me dieron otro cargo y ahora soy *alférez* de San Juan. He vuelto a vender trago en mi casa, y todos los días vendo dos garrafones. Cuando ya no puedo ir por ellos, mi hijo Lorenzo va. Una vez, los vigilantes le quitaron un garrafón porque no lo compró donde debía de comprarse; yo ya se lo había explicado desde antes. Hay dos fábricas de trago en San Cristóbal y los dueños se han repartido[31] los pueblos para vender el aguardiente; uno vende a los chamulas y zinacantecos,[32] el otro vende a todos los demás pueblos, que son muchos, tantos, que el dueño es el hombre más rico de San Cristóbal y paga vigilantes que andan por los pueblos. Con máuser y pistolas, entran a las casas, las esculcan[33] y se llevan a la cárcel, o matan, a los que hacen aguardiente de contrabando o venden trago de otras fábricas. Sólo ellos pueden

[27]botella muy grande
[28]emborrachaba
[29]invitar
[30]lugares, regiones
[31]dividido
[32]del municipio de Zinacantan, vecino a Chamula
[33]registran, buscan cosas ilícitas

hacerlo, y sólo ellos pueden venderlo, porque el gobierno ha rematado[34] con ellos la venta.   [34]dejado

A mi casa vienen a beber todos los días compañeros que llegan a comprar, me dan de lo que toman y con todos tomo yo. «Ya no tomes más», me dicen mi Lorenzo y mi Dominga; pero yo no puedo dejar de tomar. Hace días que ya no como… Así murió mi papá. Pero yo no quiero morirme. Yo quiero vivir.

Para verificar su comprensión

A. Complete cada frase con la respuesta más apropiada. Según el *yajualtiquil:*

1. San Sebastián es
   a. el patrón de los carneros.
   b. el carnero.
   c. el pastor.

2. El Señor Santiago es
   a. el patrón de las candelas.
   b. el patrón de los animales.
   c. el patrón de los músicos.

3. San Jerónimo es
   a. el patrón del maíz.
   b. el patrón del más allá.
   c. el patrón de los curanderos.

4. San Manuel, San Salvador y San Mateo
   a. cuidan a los pobres.
   b. son un solo santo.
   c. dan de comer a las bestias.

5. Los *pukujes* son
   a. los diablos.
   b. los espíritus del bien.
   c. los hambrientos.

6. Cuando nació el Niño Jesús
   a. desapareció el sol.
   b. los *pukujes* se fueron.
   c. la gente ya no podía comer.

7. El Niño Jesús se puso a trabajar porque
   a. sus padres querían que lo hiciera.
   b. ya tenía las herramientas.
   c. no tenía qué comer.

---

8. Cuando corrió la noticia de que el Niño Jesús había estirado un palo, tuvo que
  a. huir.
  b. construir muchas casas nuevas.
  c. cultivar la milpa.

9. El Niño Jesús mandó construir una cruz para
  a. espantar a los diablos.
  b. dar prueba de su valentía.
  c. salvar a sus hijos.

10. San Juan Evangelista
  a. nació antes que Jesucristo.
  b. es el patrón de los montes, cerros y barrancas.
  c. es el santo más importante.

B. ¿Cierto o falso? Indique si cada afirmación es cierta (C) o falsa (F). Si es falsa, corríjala según la lectura.

1. _____ Es importante que el que tenga un cargo pueda vender trago para que pueda recuperar sus gastos en la fiesta.

2. _____ En la plaza, los domingos, cuando sus amigos le convidaban a tomar aguardiente, Juan se emborrachaba.

3. _____ Cuando tenía a cargo la Virgen del Rosario, Juan no tenía qué tomar.

4. _____ El gobierno no quería que se alfabetizara a los chamulas.

5. _____ La gente cree que el «aceite guapo» le ayudará a hablar castellano.

6. _____ Juan tiene libertad absoluta de comprar su aguardiente dónde y de quién quiera.

7. _____ Juan quiere seguir tomando porque le da gusto.

8. _____ Juan teme acabar como su papá.

Interpretación de la lectura

1. ¿Qué opina Ud. de la interpretación tzotzil de los santos y del Niño Jesús?

2. ¿Cómo explica Ud. el papel preponderante que tiene el alcohol en las ceremonias indígenas? ¿Se relaciona con el monopolio que tienen los ladinos sobre la venta del alcohol? Explique.

3. ¿Qué nos enseña este trozo sobre la relación entre la identidad étnica y la nacional? ¿Sobre la etnicidad vista como crisol y como mosaico?

Para investigar más

Haga una investigación sobre la rebelión de los indígenas del estado mexicano de Chiapas en enero de 1994, enfocándose en sus causas y las demandas de sus líderes. ¿Cree Ud. que se pueden ver en *Juan Pérez Jolote* algunas semillas de esta rebelión? Explique.

ROSARIO CASTELLANOS (1925–1974)

Esta autora mexicana es conocida como indigenista y feminista, una combinación inusitada[1] en las letras latinoamericanas. Se crió en el estado sureño indio de Chiapas, donde presenció directamente el prejuicio racial y sexual. En su primera novela, *Balún Canán* (1957), Rosario Castellanos describe, desde el punto de vista de una niña, el sistema de explotación bajo el cual viven el indio y la mujer. Trata también la situación difícil del mestizo ilegítimo y resentido que se encuentra entre dos mundos —el del indígena y el del blanco— y rechazado por ambos. Castellanos traza la creciente conciencia política de los indios, quienes llegan a desafiar al patrón de la finca y a demandar abiertamente su derecho a la educación, algo prometido por la revolución.

Una de las características más importantes de esta novela es el ambiente de miedo y superstición que domina a los personajes principales y que afecta toda la acción. Por la preponderancia de la superstición, Castellanos sugiere que el mundo mágico de los indios ha penetrado hondamente[2] en la psiquis[3] del blanco. El primer fragmento ilustra el extraño poder que ejerce el indígena aun en su servidumbre; al mismo tiempo, muestra el prejuicio racial por parte del blanco. Que este prejuicio es difícil de erradicar lo sugiere el segundo fragmento, mismo que corresponde con el último párrafo del libro.

[1]desacostumbrada, rara
[2]profundamente
[3]mentalidad, psicología

 ## Balún Canán (*fragmentos*)

I

Recién salida del baño la cabellera de mi madre gotea.[4] Se la envuelve en una toalla para no mojar el piso de su dormitorio.

Yo voy detrás de ella, porque me gusta verla arreglarse. Corre[5] las cortinas, con lo que la curiosidad de la calle queda burlada, y entra en la habitación

[4]deja caer gotas
[5]Cierra

una penumbra[6] discreta, silenciosa, tibia. De las gavetas[7] del tocador[8] mi madre va sacando el cepillo de cerdas[9] ásperas; el peine de carey veteado;[10] los pomos[11] de crema de diferentes colores; las pomadas para las pestañas y las cejas; el lápiz rojo para los labios. Mi madre va, minuciosamente, abriéndolos, empleándolos uno por uno.

Yo miro, extasiada, cómo se transforma su rostro; cómo adquieren relieve las facciones; cómo acentúa ese rasgo que la embellece. Para colmarme[12] el corazón llega el momento final. Cuando ella abre el ropero y saca un cofrecito de caoba[13] y vuelca[14] su contenido sobre la seda de la colcha,[15] preguntando:

—¿Qué aretes[16] me pondré hoy?

La ayudo a elegir. No. Éstas arracadas[17] no. Pesan mucho y son tan llamativas. Estos calabazos[18] que le regaló mi padre la víspera de su boda son para las grandes ocasiones. Y hoy es un día cualquiera. Los de azabache.[19] Bueno. A tientas se los pone mientras suspira.

—¡Lástima! Tan bonitas alhajas[20] que vende doña Pastora. Pero hoy... ni cuando. Ya me conformaría yo con que estuviera aquí tu papá.

Sé que no habla conmigo; que si yo le respondiera se disgustaría, porque alguien ha entendido sus palabras. A sí misma, al viento, a los muebles de su alrededor entrega las confidencias. Por eso yo apenas me muevo para que no advierta que estoy aquí y me destierre.[21]

—Ya. Los aretes me quedan bien. Hacen juego[22] con el vestido.

Se acerca al espejo. Se palpa[23] en esa superficie congelada, se recorre con la punta de los dedos, satisfecha y agradecida. De pronto las aletas de su nariz empiezan a palpitar como si ventearan[24] una presencia extraña en el cuarto. Violentamente, mi madre se vuelve.

—¿Quién está ahí?

De un rincón sale la voz de mi nana[25] y luego su figura.

—Soy yo, señora.

Mi madre suspira, aliviada.

—Me asustaste. Esa manía que tiene tu raza de caminar sin hacer ruido, de acechar,[26] de aparecerse donde menos se espera. ¿Por qué viniste? No te llamé.

Sin esperar respuesta, pues ha cesado de prestarle atención, mi madre vuelve a mirarse en el espejo, a marcar ese pequeño pliegue[27] del cuello del vestido, a sacudirse la mota[28] de polvo que llegó a posársele sobre el hombro. Mi nana la mira y conforme la mira va dando cabida en ella a un sollozo que busca salir, como el agua que rompe las piedras que la cercan. Mi madre la escucha y abandona su contemplación, irritada.

—¡Dios me dé paciencia! ¿Por qué lloras?

La nana no responde, pero el sollozo sigue hinchándose[29] en su garganta, lastimándola.

—¿Estás enferma? ¿Te duele algo?

No, a mi madre no le simpatiza esta mujer. Basta con que sea india. Durante los años de su convivencia mi madre ha procurado hablar con ella lo

[6] oscuridad
[7] cajones
[8] pequeña mesa con espejo
[9] pelos duros de animales
[10] carey... concha de tortuga
[11] jarros
[12] llenarme
[13] cofrecito... caja pequeña hecha de una madera especial
[14] vuelve de arriba abajo
[15] cobertura de cama
[16] joyas para las orejas
[17] con adorno colgante
[18] otro tipo de aretes
[19] piedra semipreciosa de color negro
[20] joyas
[21] eche del dormitorio
[22] Hacen... Corresponden, Van
[23] toca con las manos
[24] olfatearan el aire
[25] niñera
[26] espiar
[27] parte doblada
[28] partícula
[29] creciendo

Mercado indígena en Otavalo, Ecuador.

menos posible; pasa a su lado como pasaría junto a un charco,[30] remangándose[31] la falda.

—Tomá.[32] Con esto se te va a quitar el dolor.

Le entrega una tableta blanca, pero mi nana se niega a recibirla.

—No es por mí, señora. Estoy llorando de ver cómo se derrumba esta casa porque le falta cimiento de varón.

Mi madre vuelve a guardar la tableta. Ha logrado disimular su disgusto y dice con voz ceñida,[33] igual:

—No hace un mes que se fue César. Me escribe muy seguido. Dice que va a regresar pronto.

—No estoy hablando de tu marido ni de estos días. Sino de lo que vendrá.

—Basta de adivinanzas.[34] Si tenés algo que decir, decilo pronto.

—Hasta aquí, no más allá, llega el apellido de Argüello. Aquí, ante nuestros ojos, se extingue. Porque tu vientre fue estéril y no dio varón.[35]

—¡No dio varón! ¿Y qué más querés que Mario? ¡Si es todo mi orgullo!

—No se va a lograr, señora. No alcanzará los años de su perfección.[a]

—¿Por qué lo decís vos, lengua maldita?

—¿Cómo lo voy a decir yo, hablando contra mis entrañas?[36] Lo dijeron otros que tienen sabiduría y poder. Los ancianos de la tribu de Chactajal se reunieron en deliberación. Pues cada uno había escuchado, en el secreto de su

[a]Aquí la nana predice la muerte prematura de Mario, el único hijo varón de la señora.

[30]depósito de agua en los caminos, como después de lluvia
[31]recogiéndose (para no mojarla)
[32]la señora le habla a la nana usando «vos» en vez de «tú»
[33]apretada
[34]*riddles*
[35]hijo (en vez de hija)
[36]contra... contrario a mis emociones

sueño, una voz que decía: «que no prosperen, que no se perpetúen. Que el puente que tendieron[37] para pasar a los días futuros, se rompa.» Eso les aconsejaba una voz como de animal. Y así condenaron a Mario.

Mi madre se sobresaltó al recordar.

—Los brujos...

—Los brujos se lo están empezando a comer.

Mi madre fue a la ventana y descorrió, de par en par,[38] las cortinas. El sol de mediodía entró, armado y fuerte.

—Es fácil cuchichear[39] en un rincón oscuro. Hablá ahora. Repetí lo que dijiste antes. Atrévete a ofender la cara de la luz.

Cuando respondió, la voz de mi nana ya no tenía lágrimas. Con una terrible precisión, como si estuviera grabándolas sobre una corteza,[40] como con la punta de un cuchillo, pronunció estas palabras:

—Mario va a morir.

Mi madre cogió el peine de carey y lo dobló, convulsivamente, entre sus dedos.

—¿Por qué?

—No me lo preguntes a mí, señora. ¿Yo qué puedo saber?

—¿No te mandaron ellos para que me amenazaras? ¿No te dijeron: asústala para que abra la mano y suelte lo que tiene y despés nos lo repartamos entre todos?

Los ojos de la nana se habían dilatado de sorpresa y de horror. Apenas pudo balbucear.[41]

—Señora...

—Bueno, pues andá con ellos y diles que no les tengo miedo. Que si les doy algo es como de limosna.[42]

La nana retiró vivamente sus manos, cerrándolas antes de recibir nada.

—¡Te lo ordeno!

—Los brujos no quieren dinero. Ellos quieren al hijo varón, a Mario. Se lo comerán, se lo están empezando a comer.

Mi madre se enfrentó resueltamente con la nana.

—Me desconozco. ¿Desde qué horas estoy escuchando estos desvaríos?[43] La nana dio un paso atrás, suplicante.

—No me toques, señora. No tienes derecho sobre mí. Tú no me trajiste con tu dote.[44] Yo no pertenezco a los Argüellos. Yo soy de Chactajal.

—Nadie me ha atado las manos, para que yo no pueda pegarte.

Con ademán colérico mi madre obligó a la nana a arrodillarse en el suelo. La nana no se resistió.

—¡Jurá que lo que dijiste antes es mentira!

Mi madre no obtuvo respuesta y el silencio la enardeció[45] aún más. Furiosa, empezó a descargar, con el filo[46] del peine, un golpe y otro y otro sobre la cabeza de la nana. Ella no se defendía, no se quejaba. Yo las miré, temblando de miedo, desde mi lugar.

—¡India revestida,[47] quítate de aquí! ¡Que no te vuelva yo a ver en mi casa!

[37]extendieron, pusieron
[38]de... completamente
[39]hablar en voz baja
[40]el exterior del tronco de los árboles
[41]hablar dificultosamente, vacilantemente
[42]caridad a los pobres
[43]disparates, tonterías
[44]dinero que tradicionalmente lleva consigo la mujer cuando se casa
[45]puso más colérica
[46]borde
[47]atrevida, sinvergüenza

Mi madre la soltó y fue a sentarse sobre el banco del tocador. Respiraba con ansia y su rostro se le había quebrado en muchas aristas[48] rígidas. Se pasó un pañuelo sobre ellas, pero no pudo borrarlas.

Silenciosamente me aproximé a la nana que continuaba en el suelo, deshecha, abandonada como una cosa sin valor.

[48]líneas
[49]separo

II

Ahora vamos por la calle principal. En la acera opuesta camina una india. Cuando la veo me desprendo[49] de la mano de Amalia y corro hacia ella, con los brazos abiertos. ¡Es mi nana! ¡Es mi nana! Pero la india me mira correr, impasible, y no hace un ademán de bienvenida. Camino lentamente, más lentamente hasta detenerme. Dejo caer los brazos, desalentada. Nunca, aunque yo la encuentre, podré reconocer a mi nana. Hace tanto tiempo que nos separaron. Además, todos los indios tienen la misma cara.

Para verificar su comprensión

Conteste cada pregunta con una o dos oraciones completas.

[50]colocándose cosméticos

1. ¿Qué significado tendrá la escena que comienza el capítulo, donde la madre está arreglándose, maquillándose[50] y mirándose al espejo inconsciente de la presencia de su hija?

2. ¿Qué importancia tiene que la señora, asustada por la presencia de la nana, generalice sobre los indios al dirigirle la palabra?

3. Según la niña, ¿cuál es la actitud de la señora hacia la nana?

4. ¿Por qué llora la nana? ¿Cómo reacciona la señora?

5. ¿Qué predicen los brujos sobre el futuro del apellido Argüello? ¿Qué le va a pasar a Mario, el único varón?

6. ¿De qué acusa la señora a la nana? ¿Cómo responde la nana?

7. ¿Por qué cree la señora que tiene derecho a pegarle a la nana? ¿Cuál es la reacción de la niña?

Interpretación de la lectura

1. Compare la reacción de la niña al final del primer fragmento con su actitud al final de la novela. ¿Qué quiere decir Castellanos con este contraste?

2. ¿Cómo ilustra esta lectura la influencia indígena en la mentalidad blanca?

Comparaciones

1. Se nos cuenta *Juan Pérez Jolote* desde la perspectiva del indígena y *Balún Canán* desde la del blanco. Explique cómo estas perspectivas son apropiadas para ilustrar y criticar la condición del indígena.

2. La falta de respeto del blanco por la cultura indígena es uno de los temas principales de la literatura indigenista. ¿Cómo se ve esto en las lecturas de Arciniega y Castellanos?

Para comentar

Es posible y es preciso mantener las diferencias étnicas y también forjar una sola nación unida. ¿Está Ud. de acuerdo?

Tema escrito

Compare las supersticiones que critica De Jesús en su diario con las que vemos en las lecturas de Arciniega y Castellanos. ¿Por qué cree Ud. que tienen tanta importancia en estas lecturas las supersticiones, los brujos y los maleficios? ¿Se puede relacionar la superstición con lo etnológico? ¿Con la pobreza? ¿Con el sincretismo cultural?

CHARLES DAVID KLEYMEYER (1944–) y CARLOS MORENO (1934–)

Charles David Kleymeyer es un antropólogo que actualmente ocupa el puesto de Senior Fellow en Native Lands, una ONG[a] que aboga por los derechos y la integridad cultural de los indígenas de las Américas. Fue por muchos años representante en la región andina de la Fundación Interamericana. Es el autor de *Padre Sol, Madre Luna* (Abya-Yala, 2000) y de *La expresión cultural y el desarrollo de base* (1993), del cual proviene nuestra estimulante lectura que Kleymeyer escribió en conjunto con Carlos Moreno,

[a]Organización no gubernamental

presidente y cofundador de Sistemas de Investigación y Desarrollo Comunitario (COMUNIDEC) en Quito, Ecuador. Esta selección provee una ilustración viva de lo que los autores denominan *acción cultural,* o sea la utilización de la cultura como medio para el desarrollo de la comunidad. El centro de la Feria Educativa es la provincia de Chimborazo, cuyos 250.000 habitantes indígenas están entre los más pobres de Ecuador y de América Latina.

La Feria Educativa *Una fuente de ideas y orgullo cultural (fragmentos)*

En la plaza del pueblo, a gran altura en los Andes ecuatorianos, una docena de campesinos con ponchos rojos de lana hilada[1] a mano y sombreros oscuros de fieltro[2] formaban un grupo apretado alrededor de una persona. Cientos de campesinos vestidos de igual manera se arremolinaban[3] en la plaza, preparándose de mala gana para el viaje de regreso mientras sus sombras se alargaban en el crepúsculo.[4] Sin embargo, era evidente que los campesinos apretujados frente a la capilla de adobe blanqueado no tenían intenciones de marcharse. Todos tenían la mirada fija en el que estaba en el centro, y hablaban por turno, resueltamente, sacando una mano de debajo del poncho para hacer un gesto, pero sólo el tiempo necesario para enfatizar algo, y volviendo a colocarla en el calor de su abrigo.

El hombre que estaba en el centro hablaba muy poco. Estaba a la merced de los demás, y de vez en cuando se encogía de hombros[5] o levantaba las manos a la altura de los hombros en señal de protesta. La chaqueta de nailon que llevaba puesta indicaba una posición social más alta que la de los campesinos envueltos en ponchos que se apretujaban alrededor de él, pero su cara broncínea[6] y el sombrero de fieltro revelaban que la diferencia era muy poca.

Al cabo de media hora de intensa discusión, el hombre del centro comenzó a asentir lentamente con la cabeza. Uno por uno, los campesinos le estrecharon la mano[7] y el grupo se dispersó rápidamente.

Nos apuramos para averiguar qué había sucedido. Esos campesinos habían llegado de un pueblo vecino a fin de asistir a un espectáculo de la Feria Educativa. La Feria —un grupo de jóvenes músicos indígenas— había pasado toda la tarde del domingo en la plaza del pueblo tocando canciones quichuas[b]

[1]reducida a hilo
[2]especie de paño no tejido
[3]reunían
[4]atardecer
[5]se... *he shrugged*
[6]de color de bronce
[7]estrecharon... dieron la mano

---

[b]«Quichua» es la forma ecuatoriana de la palabra «quechua», que en una época fue la lengua franca del imperio incaico.

Titiritera boliviana con su títere.[8]

tradicionales, presentando sociodramas y teatro de títeres, y animando al público a hacer comentarios sobre la relación entre las situaciones presentadas por los actores y los problemas locales, y sobre lo que se podría hacer para encontrar soluciones.

El sociodrama que recibió la respuesta más entusiasta fue el de un tipo astuto que se aprovechó[9] de un campesino analfabeto al leerle una carta importante y engañarle en cuanto a su contenido. Durante esta escena de la obra, muchos espectadores asentían con la cabeza y murmuraban, recordando incidentes similares.

Después de la última canción, cuando se apagó la voz del charango,[10] la mayoría de los espectadores se fueron, a excepción de los hombres del pueblo vecino que habían reconocido a un instructor del nuevo programa gubernamental de alfabetización. Lo rodearon rápidamente y le exigieron[11] que fijara una fecha para ir a su pueblo y ayudarles a establecer su propio centro de alfabetización del adulto. Se habían identificado con el campesino analfabeto del sociodrama y consideraban que era hora de hacer algo. No estaban dispuestos a aceptar ninguna excusa.

El instructor, que todas las noches estaba ocupado enseñando en su propio pueblo, finalmente aceptó ir el domingo siguiente. Agregó que llevaría al supervisor de la zona, que era la persona que asignaría un maestro al nuevo centro de alfabetización si los pobladores se salían con la suya[12] (eso fue lo que ocurrió).

Los efectos de la labor de la Feria rara vez son tan inmediatos. Su objetivo es abrir camino culturalmente para un programa amplio de desarrollo con la

[8]muñeco que se maneja con las manos
[9]abusó
[10]guitarra pequeña de origen andino
[11]pidieron enfáticamente
[12]se… conseguían lo que pedían

participación de las organizaciones campesinas de la provincia de Chimborazo. Con frecuencia, la Feria Educativa representa el primer contacto entre los campesinos de Chimborazo y este programa, que está dirigido por el Servicio Ecuatoriano de Voluntarios-Chimborazo (SEV). El Programa del SEV surgió en 1986 de un proyecto anterior de la Unidad de Educación para el Desarrollo, cuyo principal objetivo era llevar a cabo[13] la campaña nacional de alfabetización iniciada por el nuevo gobierno democrático ecuatoriano en 1979. En esa tarea participaron muchas de las personas que trabajan en el programa actual. Los dos programas sucesivos usaron la educación del adulto como base para diversas actividades de desarrollo en las comunidades indígenas, como centros de alfabetización, panaderías comunales, talleres artesanales autogestionarios[14] y reforestación.

Durante más de dos decenios,[15] numerosas organizaciones nacionales e internacionales se instalaron en Chimborazo, ofreciendo ayuda y promoviendo cambios. Generalmente, los representantes de esas organizaciones eran profesionales con características socioculturales muy distintas a las de los pobladores locales. Solían ir en automóvil hasta las comunidades a las que se puede llegar por la carretera Panamericana y reunirse con un grupo pequeño de dirigentes, invariablemente hombres, para explicarles en español la manera en que la institución que representaban mejoraría la vida de los pobladores locales. A fin de[16] dar la impresión de que promovían[17] «la participación popular», a menudo había una sesión de preguntas y respuestas que concluía con un llamado a que los representantes campesinos asistieran a todas las reuniones futuras. Después, los visitantes volvían a subirse a los «jeeps» para el viaje de tres horas de regreso a Quito. Lamentablemente, a pesar de la buena voluntad y el gasto astronómico de fondos nacionales y extranjeros, la mayoría de esos programas fracasaron y, en la actualidad, se observan muy pocos indicios[18] de su existencia.

A pesar de esas experiencias, los pobladores de Chimborazo no han perdido las esperanzas, tantas veces enunciadas, de un proceso de desarrollo con una base amplia en un marco de justicia social. Los programas de desarrollo de base más fructíferos[19] surgieron de la provincia misma, es decir, de sus comunidades, federaciones y organizaciones privadas de apoyo formadas en las ciudades. En el caso de la Unidad/SEV, varias personas, muchas de ellas nacidas en comunidades indígenas, creían que podían ser más eficaces que los forasteros. Muchos habían participado en los proyectos iniciales y conocían muy bien los aspectos positivos y las deficiencias.

En 1974 algunas de esas personas formaron la primera Feria Educativa, principalmente con jóvenes indígenas de la localidad, para promover la revitalización de la cultura, el orgullo étnico y los proyectos de desarrollo basados en el esfuerzo de los beneficiarios en las comunidades quichuas, utilizando su propio idioma y en sus propios términos. Después de varias fases de capacitación, perfeccionamiento y maduración, la Feria comenzó a perfilarse[20] como un motor importante del desarrollo en toda la provincia, facilitando una

[13]llevar... realizar
[14]autodirigidos
[15]décadas
[16]A... Con el fin de
[17]promocionaban
[18]señales
[19]productivos
[20]mostrarse, manifestarse

amplia gama de estrategias y metodologías que contrastan considerablemente con los intentos anteriores.

[21] participantes
[22] son... se quedan
[23] época en que se plantan las semillas
[24] recolección de los productos agrícolas
[25] piden con insistencia
[26] declive, pendiente
[27] idea fundamental
[28] disgustados, molestos

Por encima de todo, el objetivo de la Feria as establecer una relación de confianza con las comunidades indígenas. Como es de suponer, los campesinos de Chimborazo, cuya historia se caracteriza por la conquista, la represión y la explotación en sus relaciones con la hacienda y la ciudad, desconfían de los planes importados. Desde el punto de vista de los campesinos, los programas impuestos desde afuera ocultan planes, metas y valores incompatibles con los suyos.

La Feria Educativa tiene un enfoque notablemente diferente. Va a las comunidades únicamente por invitación. Los integrantes[21] de la Feria, que también son hombres y mujeres indígenas, visten ropas tradicionales, tocan música local, cantan en quichua e invitan al público a bailar y a cantar con ellos. Por una noche, la Feria es radio, televisión, escenario y periódico para gente ávida de información y nuevas perspectivas en un mundo que puede parecer inexorablemente rígido y hostil para los indígenas. A menudo, sus integrantes son retenidos[22] hasta bien pasada la medianoche. Cantan canciones sobre acontecimientos históricos, la naturaleza, el amor, festivales, ceremonias, la muerte, la siembra[23] y la cosecha,[24] el orgullo de ser indígena, los problemas del alcoholismo, animales domésticos, comidas favoritas, la religión, el crimen y la política; en otras palabras, la totalidad del drama humano.

Solamente después de ganarse la confianza del público, los miembros de la Feria instan[25] a los espectadores a expresar sus problemas más importantes. La Feria Educativa no ofrece respuestas ni promesas sobre proyectos específicos. Los sociodramas y el teatro de títeres por lo general se usan para presentar en líneas generales un problema común: el analfabetismo, la insensibilidad o el abuso de las autoridades, la discriminación contra los indígenas que emigran a la ciudad, la pobreza, la deforestación, la erosión del suelo y la falta de escuelas y maestros. Entonces, casi a la mitad del espectáculo interrumpen la actuación y ceden la palabra a los espectadores, muchos de los cuales hasta ese momento habían estado haciendo comentarios, conversando o riéndose, a veces incómodos, al reconocer una situación que les es familiar.

A veces, por ejemplo, una mujer propone establecer un mercado local semanal, o un hombre pregunta cómo hizo una comunidad vecina para abrir una panadería comunitaria o plantar árboles en la ladera[26] de una montaña. Sin embargo, a menudo la gente se limita a hacer comentarios sobre la actuación y sobre las similitudes o diferencias respecto de sus propias experiencias. Según la estrategia de la Feria, ese reconocimiento colectivo de las raíces de un problema en la realidad local es un requisito para que los pobladores se decidan a buscar soluciones y ponerlas en práctica, así como para reunir la energía y creatividad necesarias. La clave[27] es concientizar a los campesinos para sentar las bases de una acción constructiva posterior, en vez de dejarlos más amargados[28] y frustrados que antes. A veces, la acción es inmediata; otras veces no pasa nada. Generalmente, la visita de la Feria es sólo el primer paso de un largo proceso de reflexión y planificación que lleva a una acción posterior.

Este método democrático para ayudar a los pobladores a analizar la situación, sin dirigirlos, recurre a la percepción que los pobladores tienen de su propio mundo, después de cautivarlos con sus propias canciones y bailes. Eso significa *escuchar* las nuevas ideas que surgen de la gente misma. El diálogo es eficaz[29] debido a que la Feria habla el idioma local, usa símbolos locales y mantiene una corriente constante de energía y humor. Eso no es algo adquirido: es innato, ya que todos los miembros de la Feria nacieron y se criaron en una comunidad quichua de Chimborazo. No sólo expresan la esencia de los pobladores locales, sino que también la personifican.

Para los sociodramas, la Feria generalmente usa un libreto[30] o por lo menos una guía, y ensaya,[31] pero los actores a veces improvisan sociodramas basados en los problemas particulares de un grupo determinado. A menudo, los comentarios del público provocan respuestas directas de los actores, y viceversa, o incluso los lleva a alejarse del libreto. El teatro de títeres se presta mucho a este intercambio, y la Feria con frecuencia aprovecha la oportunidad para tomar el pelo a los dignatarios visitantes con algún títere que representa el papel de ellos, pero siempre con buen humor.

Muchas veces, algunos espectadores van más allá de la participación verbal en la obra y literalmente se meten en ella. Los actores de la Feria fomentan la participación de este tipo. Si nadie lo hace espontáneamente, colocan el micrófono ante alguien que parece dispuesto a hablar o lo llevan de la mano hasta el escenario. Generalmente, el público estalla en aplausos para el nuevo actor y el sociodrama toma una nueva dirección, escapándose un poco de las manos de la Feria.

En general, hay dos clases de sociodramas y teatro de títeres: las obras que culminan en un plan de acción y las que fomentan la reflexión o ponen en tela de juicio[32] ciertas ideas antiguas. El sociodrama del campesino analfabeto es un ejemplo del primer tipo. Otro presenta el problema de la destrucción generalizada del medio ambiente en Chimborazo, mostrando situaciones que cada campesino debe enfrentar diariamente: la erosión causada por el agua y por el viento, avalanchas, inundaciones,[33] etcétera. Eso lleva a un debate sobre las medidas que los campesinos pueden tomar, como programas de reforestación y evitar el pastoreo[34] excesivo.

Uno de los sociodramas «abiertos» de la Feria ganó hace poco el segundo premio en un concurso de teatro popular. Presenta la historia del campesino ecuatoriano en seis escenas, desde la conquista hasta la época actual, pasando por la colonización y la independencia. El objetivo es incitar a la reflexión y al autoanálisis colectivo y evitar las conclusiones condicionadas por perspectivas ajenas y filtros ideológicos.

Algunos sociodramas combinan los dos tipos. Por ejemplo, en dos sociodramas se muestran las dificultades de los campesinos que se reúnen con funcionarios públicos o que viajan a Quito en autobús. Estas obras abren las puertas a la reflexión sobre los derechos civiles de los campesinos y la forma en que pueden hacerlos valer defendiendo sus intereses en los laberintos burocráticos del mundo

[29]que produce el efecto deseado
[30]texto puesto en música para el teatro
[31]hace la prueba del espectáculo
[32]ponen... expresan dudas de
[33]*floods*
[34]práctica de llevar el ganado a comer la hierba del campo

moderno. Estos sociodramas se mueven constantemente entre el mundo de lo concreto (estrategias reales y técnicas para conseguir algo) y lo abstracto (el derecho que la ciudadanía otorga a los campesinos a tener el mismo acceso que el resto de la población a los bienes y servicios del gobierno y a la dignidad humana).

Otros elementos del trabajo de la Feria, como las canciones, los cuentos y la danza, también muestran a los campesinos el valor social de la necesidad instintiva de conservar la música, los festivales con sus bailes y trajes característicos, los cuentos populares, las adivinanzas metafóricas y, por encima de todo, la lengua quichua. Este mensaje es implícito y explícito, y se transmite por medio de material impreso y casetes, así como en talleres y en las actuaciones en público.

El resultado más importante de una visita de la Feria puede ser una reafirmación de la cultura y la comunidad indígenas.

Para verificar su comprensión

¿Cierto o falso? Indique si cada oración es cierta (C) o falsa (F). Si es falsa, corríjala según la lectura.

1. _____ La Feria Educativa es un grupo de músicos jóvenes que tocan música en español en el interior del Ecuador.

2. _____ Los sociodramas son rigurosamente preparados con anticipación y, por lo tanto, son invariables.

3. _____ La Feria pone en práctica el concepto de la acción cultural.

4. _____ El objetivo de la Feria es traer la modernización a Chimborazo.

5. _____ El diálogo es de suma importancia para la Feria.

6. _____ La Feria tiene como intención reafirmar la comunidad étnica.

Interpretación de la lectura

1. ¿Qué es la Feria Educativa y cuál es su propósito?

2. ¿En qué difiere la Feria de los intentos anteriores de otros grupos?

3. En su opinión, ¿es importante que los integrantes de la Feria sean indígenas locales? ¿Por qué?

4. Comente los dos tipos de sociodramas y el teatro de títeres. Dé ejemplos específicos e incluya el papel de la improvisación.

5. ¿Cómo puede ser el teatro un instrumento de desarrollo cultural?

Comparaciones

1. Haga una investigación sobre el Teatro Campesino en los EE. UU. y compárelo con la Feria Educativa. ¿Tendrán métodos y fines similares las dos organizaciones?

2. Compare el trabajo social de Miriam Lazo con el trabajo cultural de la Feria. En su opinión, ¿por qué ponen ambos tanto énfasis en el desarrollo de base?

 *Actividades en la red*

1. Busque datos en Internet para contrastar la composición étnica de tres países de América Latina, tales como Uruguay, Guatemala y la República Dominicana. Comparta la significancia de su comparación con sus compañeros de clase.

2. Busque cifras sobre la inmigración a dos países de América Latina entre 1970 y 2000, anotando la etnicidad de los tres grupos más numerosos. Después, establezca una comparación con los EE. UU. y comparta sus observaciones con la clase.

3. Busque en Internet imágenes que representen los aportes culturales de las principales agrupaciones étnicas de América Latina: los indígenas, los europeos y los africanos.

Resumen

En este capítulo sobre la etnicidad hemos visto que

- el mestizaje es una de las constantes históricas y sociales definitorias de la cultura latinoamericana.

- para apreciar el carácter multifacético de la cultura latinoamericana, hay que tener igualmente presentes los aportes formativos de los indígenas, africanos, europeos e inmigrantes de todas partes del mundo.

- para algunas personas su identidad étnica es de poca importancia, pero para gran número de latinoamericanos es la base misma de su identidad personal y cultural.

- se puede encarar el tema de la etnicidad desde la perspectiva del mosaico o del crisol.

- en América Latina, como en otras partes, la discriminación basada en etnicidad, color de piel y lugar de origen todavía constituye un problema social serio.

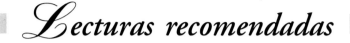

Lecturas recomendadas

Aguirre Beltrán, Gonzalo. *La población negra de México: estudio etnohistórico.* México: Fondo de Cultura Económica, 1972.

Andrews, George Reid. *The Afro-Argentines of Buenos Aires.* Madison: Univ. of Wisconsin Press, 1980.

Aparicio, Frances R., and Susana Chávez-Silverman, eds. *Tropicalizations: Transcultural Representations of Latinidad.* Hanover, NH: Published by University Press of New England for Dartmouth College, 1997.

Bastide, Roger. *African Civilizations in the New World.* Trans. Peter Gree. New York: Harper & Row, 1971.

———. *The African Religions of Brazil.* Trans. Helen Sebba. Baltimore: Johns Hopkins Univ. Press, 1978.

Brysk, Alison. *From Tribal Village to Global Village: Indian Rights and International Relations in Latin America.* Stanford: Stanford University Press, 2000.

De Carvalho Neto, Paulo. *Estudios afros: Brasil, Paraguay, Uruguay, Ecuador.* Caracas: Instituto de Antropología e Historia, Univ. Central de Venezuela, 1971.

Cevallos-Candau, Francisco Javier, et al. *Coded Encounters: Writing, Gender, and Ethnicity in Colonial Latin America.* Amherst: Univ. of Massachussetts Press, 1994.

Crahan, Margaret E., and Franklin W. Knight. *Africa and the Caribbean: The Legacies of a Link.* Baltimore: Johns Hopkins Univ. Press, 1979.

Crespo R., Alberto. *Esclavos negros en Bolivia.* La Paz: Academia Nacional de Ciencias de Bolivia, 1977.

Díaz, Oswaldo. *El negro y el indio en la sociedad ecuatoriana.* Bogotá: Ediciones Tercer Mundo, 1978.

Domínguez, Jorge I. *Race and Ethnicity in Latin America.* New York: Garland Publishing, 1994.

Fernandes, Florestan. *The Negro in Brazilian Society.* Trans. Jacqueline D. Skiles, A. Brunel, and Arthur Rothwell. New York: Columbia Univ. Press, 1969.

Freyre, Gilberto. *Casa-Grande y Senzala.* Trans. Benjamín de Garay and Lucrecia Manduca. Prologue and chronology by Darcy Ribeiro. Venezuela: Biblioteca Ayacucho, 1977.

Graham, Richard, ed. *The Idea of Race in Latin America, 1870–1940.* Austin: Univ. of Texas Press, 1990.

Handbury-Tenison, Robin. *Aborigines of the Amazon Rain Forest: The Yanomamo.* Amsterdam: Time-Life, 1982.

Hawkins, John. *Inverse Images: The Meanings of Culture, Ethnicity and Family in Postcolonial Guatemala.* Albuquerque: Univ. of New Mexico Press, 1984.

Ibero-americana 1 (1932–). Berkeley: Univ. of California Press.

Jehenson, Myriam Yvonne. *Latin American Women Writers: Class, Race, and Gender.* Albany: State Univ. of New York Press, 1995.

Kendall, Carl, John Hawkins, and Laurel Bossen, eds. *Heritage of Conquest: Thirty Years Later.* Albuquerque: Univ. of New Mexico Press, 1983.

Kleymeyer, Charles David, comp. *La expresión cultural y el desarrollo de base.* Arlington, VA: Fundación Interamericana and Quito, Ecuador: Abya-Yala, 1993.

Margolis, Maxine L., and William E. Carter, eds. *Brazil, Anthropological Perspectives: Essays in Honor of Charles Wagley.* New York: Columbia Univ. Press, 1979.

Millones, Luis. *Minorías étnicas en el Perú.* Lima: Pontificia Univ. Católica del Perú, 1973.

Moreno Fraginals, Manuel. *Africa en América Latina.* México: Siglo XXI y UNESCO, 1977.

Moro, América, y Mercedes Ramírez. *La macumba y otros cultos afrobrasileños en Montevideo.* Montevideo: Ediciones de la Banda Oriental, 1981.

Do Nascimento, Abdias. "Racial Democracy." In *Brazil: Myth or Reality?* Trans. Elisa Larkin do Nascimento. Ibadan, Nigeria: Sketch Pub. Co., 1977.

Nutini, Hugo G., and Barry Isaac. *Los pueblos de habla náhuatl de la región de Tlaxcala y Puebla.* Trans. Antonieta S. M. de Hope. México: Instituto Indigenista, 1974.

Olien, Michael D. *Latin Americans: Contemporary Peoples and Their Cultural Traditions.* New York: Holt, Rinehart & Winston, 1973.

Ortiz Oderigo, Néstor R. *Macumba: culturas africanas del Brasil.* Buenos Aires: Plus Ultra, 1976.

Pescatello, Ann M., ed. *Old Roots in New Lands: Historical and Anthropological Perspectives on Black Experiences in the Americas.* Westport, Conn.: Greenwood Press, 1977.

Poletti, Syria. *Gente conmigo.* 8th ed. Buenos Aires: Losada, 1976.

Pollak-Eltz, Angelina. *The Black Family in Venezuela.* Horn and Wien, Austria: Berger, 1974.

———. *Cultos afroamericanos (vudú y hechicería en las Américas).* Caracas: Univ. Católica Andrés Bello, 1977.

———. *Panorama de estudios afroamericanos.* Caracas: Univ. Católica Andrés Bello, 1972.

Ramos, Arthur. *As culturas negras do Novo Mundo.* 4th ed. São Paulo: Companhia Editôra Nacional, 1979.

Redekop, Calvin Wall. *Strangers Become Neighbors: Mennonite and Indigenous Relations in the Paraguayan Chaco.* Scottsdale, Pa.: Herald Press, 1980.

Reichel-Dolmatoff, Gerardo y Alicia. *Estudios antropológicos.* Bogotá: Instituto Colombiano de Cultura, Subdirección de Comunicaciones Culturales, 1977.

Rout, Leslie. *The African Experience in Spanish America, 1502 to Present Day.* Cambridge and New York: Cambridge Univ. Press, 1976.

Sheinin, David, and Lois Baer Barr, eds. *The Jewish Diaspora in Latin America.* New York: Garland Publishing, 1996.

Skidmore, Thomas E. *Black into White: Race and Nationality in Brazilian Thought.* New York: Oxford Univ. Press, 1974.

Stavenhagen, Rodolfo. *Problemas étnicos y campesinos: ensayos.* México: Instituto Nacional Indigenista, 1980.

Studies in Latin American Ethnohistory and Archaeology. Vol 1. Ann Arbor: Museum of Anthropology, Univ. of Michigan Press, 1983.

Urbánski, Edmund Stefan. *Hispanic America and Its Civilizations: Spanish-Americans and Anglo-Americans.* Trans. Frances Kellam Hendricks and Beatrice Berler. Norman, Okla.: Univ. of Oklahoma Press, 1978.

Vensenyi, Adam. *Theatre in Latin America: Religion, Politics and Culture from Cortés to the 1980's.* Cambridge and New York: Cambridge Univ. Press, 1993.

Wade, Peter. *Race and Ethnicity in Latin America.* London, Chicago: Pluto Press, 1997.

Weismantel, Mary. *Cholas and Pishtacos: Stories of Race and Sex in the Andes.* Chicago: University of Chicago Press, 2001.

CAPÍTULO **CUATRO**

La urbanización

Vista del centro de San José, Costa Rica.

Introducción

El crecimiento urbano

A veces se piensa en América Latina como una región bucólica de campesinos vestidos de blanco descansando a la escasa sombra de un árbol, indios en la selva dedicados a la caza y la pesca y negros caribeños bailando a la orilla del mar al compás del tambor. Es pintoresco el cuadro pero no se ajusta a la realidad de la gran mayoría de la población. Más acertado sería un cuadro que incluyera al pequeño burócrata archivando papeles en su oficina abarrotada[1] en el décimo piso de un rascacielos que, aunque nuevo, ya está en deterioro, al chofer de camión gesticulando enérgicamente para que se descongestione la circulación y al vendedor ambulante[2] vociferando monótonamente para vender sus chicles o su fruta. Sucede que América Latina está urbanizándose rápida y desatinadamente, al grado que cuatro de las diez ciudades más grandes del mundo están allí. La ciudad de México, con sus 22 millones de habitantes, ocupa el primer lugar.[a] El porcentaje de la población urbana de América Latina es del 75%, comparado con el 41,1% en 1950. De modo que el ritmo de la urbanización se ha acelerado dramáticamente en décadas recientes y se cree que continuará su carrera veloz por lo menos durante las primeras décadas del siglo XXI.[b]

¿A qué se debe el aumento desaforado[3] de los centros metropolitanos? Como se puede imaginar, las razones son muchas y están interrelacionadas, y algunas pesan más en ciertas regiones que en otras. Por ejemplo, los factores que rigen el proceso en Uruguay, un país que históricamente ha tenido un alto porcentaje de población urbana, tienen que ser muy distintos a los de Panamá, donde la presencia norteamericana influye tanto, y a los de Venezuela, cuya urbanización ha sido muy reciente y precipitada y ha estado condicionada a las fluctuaciones del mercado petrolero exterior. De todas maneras, el vertiginoso crecimiento se debe en general a tres factores principales, a saber: (1) una

[1]llena de cosas
[2]que va de un lugar a otro
[3]desmedido, excesivo

---

[a]Las tres ciudades más grandes de América Latina, después de la ciudad de México, son:

São Paulo	18 millones (área metropolitana)
Buenos Aires	13 millones (área metropolitana)
Lima	8 millones (área metropolitana)

Fuente: www.infoplease.com/world.html

[b]Para tener una idea del crecimiento demográfico anticipado para América Latina hasta 2020, véanse los siguientes porcentajes. Se anticipa que la población total alcanzará unos 653,6 millones para 2020.

2006–10	2011–15	2016–20
11,5%	10,3%	8,9%

---

tasa alta de fertilidad y natalidad; (2) un declive en la mortalidad, especialmente la infantil y (3) un influjo extraordinario de migrantes rurales.[c]

Los antropólogos y la ciudad

El tercer factor, la migración, ha sido el objeto de mayor interés y estudio, tal vez porque los antropólogos han tendido a enfocarse en los grupos rurales, y cuando éstos comenzaron a mudarse a la ciudad, aquéllos los siguieron, investigando su vida, organización familiar y redes sociales en su nuevo hábitat. A este respecto los estudios del antropólogo norteamericano Oscar Lewis han sido muy influyentes, sobre todo en los años sesenta del siglo pasado, por la luz que arrojaron sobre la vida de los pobres de la ciudad y la elaboración de la llamada «cultura de la pobreza». Pero a través de los escritos de Lewis se percibe un trasfondo[4] pesimista; específicamente, una vinculación bastante directa entre la pobreza urbana, el deterioro familiar y la susceptibilidad del proletariado a ideologías extremistas.

[4] lo que queda más allá del fondo visible, detrás de la apariencia

Tal vez como reacción a estos pronósticos oscuros y comenzando en los años setenta, aparecieron trabajos de otros antropólogos y urbanólogos que criticaron algunas de las afirmaciones de Lewis y/o resaltaron el lado más positivo de la vivencia urbana de los pobres.[d] Por ejemplo, Peter Lloyd en Lima y Larissa Adler de Lomnitz en México han observado no sólo la cohesión y solidaridad entre los vecinos de las villas miseria estudiadas, sino también el ingenio y la flexibilidad de los pobres para adaptarse a las duras exigencias de su nueva situación.

Sea como sea, no cabe duda alguna de que la migración es un fenómeno central en el proceso de urbanización, ni de que éste se haya generalizado tanto que ahora incluso se puede hablar de la «urbanización de la cultura». Con esto queremos decir que tanto las modalidades y pautas de comportamiento y expresión como los focos del poder, comercio y difusión de información se han hecho urbanos.[e]

---

[c] Cabe recordar que nos referimos sólo a las tendencias principales de la trayectoria de migración. Los dos tipos de movimiento, rural/urbano, urbano/rural, siempre han coexistido con grados distintos de intensidad.

[d] Véase por ejemplo, Larissa Adler de Lomnitz, *Cómo sobreviven los marginados* (México: Siglo XXI, 1978); Douglas Butterworth y John K. Chance, *Latin American Urbanization* (New York: Cambridge Univ. Press, 1981); Peter Lloyd, *The "Young Towns" of Lima, Aspects of Urbanization in Peru* (Cambridge: Cambridge Univ. Press, 1980); William P. Magnin, ed., *Peasants in Cities* (Boston: Houghton Mifflin, 1970) y Helen Icken Safa, *The Urban Poor of Puerto Rico, a Study in Development and Inequality* (New York: Holt, Rinehart and Winston, 1974).

[e] Aníbal Quijano, «The Urbanization of Latin American Societies», en *Urbanization in Latin America: Approaches and Issues,* ed. Jorge Hardoy (New York: Doubleday, 1975), p. 150.

¿Qué se entiende por urbanización?

La urbanización comprende la fluidez del ambiente urbano, además del tremendo impacto que produce la ciudad en el campo. Es una influencia sobre todo económica y cultural. Es económica por la correspondiente desintegración de las bases campesinas tradicionales y su reemplazo por bienes citadinos y nuevas redes de intercambio urbano/rural, y es cultural porque expone al campesino a un modo diferente de encarar el mundo, el trabajo y las relaciones sociales, y siembra en él expectativas de mejora. Por estos motivos es preciso concebir el campo y la ciudad no como dos extremos de un continuo, sino como las dos caras de la misma moneda, inextricablemente ligados y mutuamente dependientes.[f] De manera que cuando hablamos de la urbanización, nos referimos a un proceso de transformación socioeconómico y cultural *centrado* en la ciudad, pero que *afecta* todos los ámbitos de la vida. En otras palabras, tratamos un proceso dinámico y su efecto en la gente, en su propia vida. Tengamos en cuenta, como ha observado el intelectual mexicano Víctor Urquidi, que «estamos tratando no con terrenos y concreto, o con autopistas, proyectos de vivienda y centros comunitarios, o con agua, parques o atmósferas contaminadas, sino con personas —seres humanos... »[g]

Por esta razón, no nos conciernen las medidas demográficas basadas en la densidad o el tamaño de la población, no nos preocupan las definiciones estrictas o técnicas de lo que es urbano.[h] Nos conviene en cambio un concepto flexible y amplio de la ciudad como núcleo de influencia ideológica, política y económica. Tal formulación tan relativista es muy apropiada para América Latina porque sus ciudades no están repitiendo las etapas previas europeas y norteamericanas del desarrollo industrial y urbano. De hecho, si acaso existe una correlación entre la industrialización y la urbanización en América Latina, ésta sucede a la inversa, porque hoy día la migración a la ciudad parece acelerarse precisamente en los países *menos* industrializados.[i] Varios factores —el desequilibrio entre la industrialización y la urbanización y en la relación simbiótica[5] tradicional entre la ciudad y el campo, junto con el crecimiento demográfico y la dependencia económica— garantizan una evolución urbana distinta a la de cualquier modelo del pasado.[j]

[5]de ayuda mutua

[f]Quijano, p. 136.
[g]Víctor Urquidi, «La ciudad subdesarrollada», en *Demografía y economía,* vol. 3, no. 2 (México: El Colegio de México, 1969), pág. 155.
[h]Para mayor información sobre estas consideraciones, véase el interesante ensayo de Luis Lander y Julio César Funes, «Urbanization and Development», en Hardoy, *Urbanization,* pp. 287–337.
[i]Jorge E. Hardoy, Raúl O. Basaldúa y Oscar A. Moreno, «Urban Land: Policies and Mechanisms for Its Regulation and Tenure in South America», en Hardoy, *Urbanization,* p. 225.
[j]Butterworth y Chance, p. x.

La ciudad en la historia de América Latina

Cuando se piensa en la historia de la ciudad en América Latina se tiende a considerar las grandes ciudades de Cuzco o Tenochtitlán como el punto de partida. Sin embargo, en realidad, más que el comienzo, estas ciudades fueron el final. Los incas y los aztecas fueron los últimos eslabones[6] de una larga cadena de gente urbana que data desde la aparición de la cultura olmeca en la costa del Golfo de México, alrededor de 1500 (a. de J.C.). Más tarde, la cultura clásica maya construyó Tikal, su ciudad más grande. En el año 550 (d. de J.C.), Tikal abarcaba una extensión territorial de 123 kilómetros cuadrados y una población de 45.000 habitantes. Esta ciudad, tanto como las civilizaciones contemporáneas en Monte Albán y Teotihuacán (entre los años 200 y 700 d. de J.C.), florecieron debido a su compleja organización social y comercial urbana sin precedentes.[k]

Por lo tanto, cuando llegaron los españoles, las maravillas que los dejaron boquiabiertos y que registraron con asombro en sus crónicas, fueron la culminación, y no el comienzo, de muchos siglos de desarrollo urbano. Es una culminación que tal vez podamos apreciar mejor que el soldado Bernal Díaz del Castillo, quien vio Tenochtitlán por primera vez en 1519 con la expedición de Hernán Cortés:

> ...nos quedamos admirados, y decíamos que parecía a las cosas de encantamiento que cuentan en el libro de Amadís,[7] por las grandes torres y *cués*[8] y edificios que tenían dentro en el agua, y todos de calicanto,[9] y aun algunos de nuestros soldados decían que si aquello que veían si era entre sueños,[10] y no es de maravillar que yo escriba aquí de esta manera, porque hay mucho que ponderar en ello que no sé como lo cuente: ver cosas nunca oídas, ni aun soñadas, como veíamos.[l]

Los españoles tenían también inclinación hacia el urbanismo e incorporaron esta cualidad distintiva de su cultura a la empresa colonial. Lo hicieron a tal punto que las ciudades coloniales fueron realmente núcleos de conquista cuya construcción a veces *antecedió* a su colonización. Las ciudades hispanoamericanas se basaban en una plaza central y un trazado de calles rectas desde el centro; de esta plaza irradiaban todos los intereses comerciales y políticos. El corazón de la ciudad constaba de la plaza mayor, y a su alrededor el cabildo,[11] otras oficinas administrativas, la iglesia y las casas de la gente española pudiente. Por lo general, toda la riqueza y poder se concentraban en el centro de la ciudad, siendo Lima y México[m] los ejemplos más destacados de la

[6]cada fragmento de una cadena
[7]una de las novelas de caballería más
[8]templos populares de la época
[9]arte de construir edificios con ladrillo, piedra, etcétera
[10]si... si lo soñaban
[11]ayuntamiento

---

[k]Butterworth y Chance, pp. 2–7.
[l]Bernal Díaz del Castillo, *Historia verdadera de la conquista de la Nueva España* (México: Porrúa, 1977), vol. 1, pág. 160.
[m]Butterworth y Chance, pp. 10–11.

época colonial. Por lo tanto, se puede decir que un rasgo común de la ciudad colonial española fue su carácter administrativo y explotador como agente del imperio español.

Los portugueses no eran de orientación tan urbana como los españoles. El contraste entre el plan de establecimiento español y el portugués refleja las diferencias políticas y económicas básicas entre los dos poderes. Los portugueses no vinieron para explotar grandes poblaciones indígenas sino para hacerse ricos como empresarios individuales. De modo que sus primeras ciudades evolucionaron sin planeamiento, normalmente en la costa, como la encantadora ciudad de Salvador, que fue la capital de Brasil entre 1549 y 1763.[n]

El desequilibrio del desarrollo urbano/rural

En la época de la independencia, el desarrollo urbano en América Latina se estimuló con la expansión de los medios de transporte, como el ferrocarril y los frigoríficos, para llevar los productos a la costa y, de allí, al extranjero. El cultivo del trigo, cacao, café, algodón y azúcar en el siglo XIX fomentó la creación de centros urbanos de comercio que mantenían una relación de intercambio con el campo y con la ciudad más grande. Cada país desarrolló sus propias redes internas de transporte y comunicación que siguieron las líneas ya establecidas de las rutas comerciales tradicionales. A comienzos del siglo XX, algunos países comenzaron a diversificar su producción. Establecieron centros regionales que tendían al desarrollo rural equilibrado y tenían por propósito estimular el mercado interior.[o] Pero las economías regionales estaban (y todavía están) mal integradas a las nacionales porque los sistemas de transporte todavía dan casi exclusivamente al exterior; en realidad, hay muy poco incentivo de parte del sector público para la inversión de fondos en el desarrollo de la economía rural. Como consecuencia, persiste el monocultivo de productos cuyo valor fluctúa en el mercado exterior.

La excesiva vulnerabilidad de las áreas rurales y la falta crónica de productividad agrícola se deben en parte a que América Latina todavía «se debate entre dos extremos, el latifundio y el minifundio».[p] El latifundio implica el uso extenso o ineficiente de la mano de obra y de la tierra, y también el descuido[12] de sus recursos minerales. El minifundio promueve el monocultivo y retarda las mejoras técnicas. Además, el pequeño lote de tierra no utiliza la mano de obra disponible de la familia, generalmente numerosa. En ambos casos el

[12]falta de cuidado, negligencia

---

[n]Ibid., p. 12.
[o]Jorge E. Hardoy, *Las ciudades en América Latina* (Buenos Aires: Paidós, 1972), pág. 104.
[p]Hardoy, *Las ciudades,* pág. 94.

---

[13]en... alquilado
[14]producto, utilidad

resultado es la imposibilidad creciente del sector agrícola de alimentar a una población que se incrementa precipitadamente. La baja productividad rural y su concomitante, la desnutrición, están vinculadas a la vieja estructura de clases y al sistema antiguo, en algunos casos medieval, de tenencia de la tierra (ver Capítulo dos). Pocos campesinos poseen tierra —sólo la tienen en arriendo[13]— pero aunque la poseyeran, simplemente no les produciría lo suficiente como para que se ganaran el pan. Los programas para mejorar el cultivo y rendimiento[14] de la tierra son lamentablemente pocos e inconstantes, y las empresas agroindustriales multinacionales cada vez más grandes y poderosas. Como resultado, el campesino deja el campo por la ciudad, no porque la tecnología agrícola moderna lo haya desplazado, sino porque la alternativa es la casi certeza del hambre.[9] Últimamente, con la ayuda de varias ONGs y fundaciones, los campesinos de algunos lugares han comenzado a reinsertarse en la cultura rural, intentando mantenerse mediante programas de diversificación económica y el establecimiento de cooperativas de trabajo. Sin embargo, el reto es enorme y las atracciones de la ciudad son difíciles de resistir.

El campesino en la ciudad

[15]alojamiento

En la ciudad el campesino tiene por lo menos la posibilidad de una vida mejor y puede contar con algún pariente o compadre que le precedió para que le proporcione hospedaje.[15] Además, la ciudad tiene «ambiente», cierto atractivo de aventura y novedad. La llamada es fuerte cuando se acude a ella de una choza aislada de la sierra desnuda donde le espera la misma rutina, día tras día, y la misma tierra dura con la cual lucharon sus antepasados siglos atrás. Son, por lo general, los jóvenes solteros quienes abandonan el campo por la ciudad, aunque últimamente se han ido también muchas mujeres para buscar trabajo como empleadas domésticas, un puesto que puede proporcionar pan y techo si se es soltera y sin hijos. A veces, los campesinos llegan por etapas, pasando un tiempo, tal vez unos años, en un centro provincial, aclimatándose un poco a las modalidades urbanas, para luego trasladarse a la metrópoli donde típicamente se van a radicar en el mismo barrio pobre donde viven otros migrantes de su tierra.

Las invasiones

En otros casos, los recién llegados se agrupan hasta que sus números son mayores y, bajo el cobijo de la noche, invaden un sitio abandonado. Un ejemplo clásico, que tuvo lugar en Lima en 1954, fue la ocupación cuidadosamente

---

[9]Urquidi, pág. 144.

planeada y ejecutada de terrenos descuidados por un grupo de 5.000 individuos y familias de obreros. A medianoche de la Nochebuena, invadieron el lugar que después sería su «barriada», o villa miseria, y lo bautizaron con el nombre de «Ciudad de Dios». Los invasores esperaban conmover[16] la conciencia y ganar la simpatía del público hacia su condición desesperada. El alto nivel de organización de sus líderes es digno de comentario. En un conocido estudio, el urbanólogo peruano José Matos Mar lo describe así:

> La manera como el grupo se organizó evidencia en sus moradores[17] huellas de patrones[18] culturales tradicionales y una gran dosis de creatividad. Pusieron la barriada bajo la advocación de[19] un santo católico, organizaron una sociedad para instalar una cruz en el cerro próximo, desde el que se domina la barriada, y se organizaron en forma similar a otras barriadas de la ciudad. Una simple estera[20] o unas rayas blancas sobre el arenal[21] marcaron la propiedad de los pobladores. Aunque muchos abandonaron la empresa, cerca de 5.000 personas aceptaron esta forma de vida apoyándose en sus asociaciones, con todos sus defectos y dificultades, y haciendo lo necesario para contar con servicios básicos.[r]

Los invasores tuvieron éxito en lograr que la falta de vivienda económica se reconociera por algunos años como el principal problema urbano de Lima. No obstante, las casas nuevas que se construyeron como respuesta a la necesidad planteada se destinaban a la gente de las clases medias, y los materiales eran muy costosos hasta para estos grupos.

Así es que, de una manera u otra, los invasores o «paracaidistas», como se les llama en México, o los simples migrantes, se establecen en los intersticios[22] olvidados de la ciudad —en edificios abandonados, callejones,[23] lotes vacantes o arenales, como los fundadores de Ciudad de Dios. Luego, comienzan a hacer mejoras en el terreno invadido, construyendo casuchas con los desechos[24] industriales, haciendo reparaciones, marcando linderos[25] y organizándose en asociaciones de vecinos, como primeros pasos en una larga lucha para establecerse como un barrio, una «ex barriada» o invasión, con título y derecho a los servicios urbanos como cualquier otra comunidad orgánica. Otros desamparados[26] se han organizado políticamente para llamar la atención del público a su situación y presionar a las autoridades para que éstas los ayuden. Participan en invasiones tanto en la ciudad como en el campo para resaltar su existencia precaria y constituyen una fuerza contestataria[27] que se hace oír, como el conocido MST (Movimiento Sem Terra) en Brasil, cuyas tácticas y problemática han servido hasta de tema de recientes telenovelas en la red TV Globo.[s]

[16]afectar, impresionar
[17]habitantes
[18]modelos
[19]Pusieron… Dedicaron la barriada a
[20]tejido de juncos o palma que sirve para cubrir el suelo
[21]extensión grande de terreno arenoso
[22]espacios pequeños
[23]calles estrechas
[24]residuos, lo que queda de los materiales usados
[25]líneas divisorias
[26]gente sin vivienda
[27]de oposición

---

[r]José Matos Mar, *Las barriadas de Lima, 1957* (Lima: Instituto de Estudios Peruanos, 1977), pág. 99.
[s]Canal de televisión brasileño.

El trabajo

Como es de esperar, muy pocos migrantes rurales encuentran trabajo estable porque tienen, por lo común, muy poca preparación y porque simplemente hay escasez de trabajo, incluso para la gente entrenada. La gran mayoría tiene que abastecerse con trabajos esporádicos, como de vendedores ambulantes, jardineros, asistentes de albañilería, cocineras o costureras. Todos comparten la misma inseguridad económica, la cual sirve como base para la creación ingeniosa de redes de intercambio y ayuda mutua, como pronto veremos.

En la encrucijada[28]

Por lo general y, hasta ahora, el proceso de urbanización ha sido dirigido por el azar, como en una lotería, y por la negligencia y el autointerés oficiales. La planificación urbana, ordenada e integral, casi no existe. Predominan las débiles tentativas *ad hoc*.[s] Como resultados, nos quedamos con una conceptualización del problema basada «en gran parte en deducciones e intuiciones».[t] La urbanización desenfrenada[29] puede desembocar en un darwinismo de adquisición[30] cuando no en el primitivismo de la «selva de concreto» que recuerda la advertencia pesimista del conocido historiador urbano Lewis Mumford: «El desmoronamiento[31] de Roma fue el resultado final de su crecimiento exagerado... ejemplo amenazador de la expansión incontrolada, la explotación sin escrúpulos y el exceso materialista».[u] Por peligrosos que sean el crecimiento alocado y la codicia materialista, es todavía más amenazante el espectro furtivo de la explosión demográfica que está al acecho,[32] esperando invalidar el poco progreso que se ha realizado en la formulación de un programa urbano integrado y humano. La urbanización puede ser una fuerza muy positiva en la evolución política, socioeconómica y cultural de América Latina. No sólo puede estimular economías y mercados tanto internos como externos, sino que puede ser un mecanismo poderoso para la incorporación de las masas en la participación de la vida política e institucional a escala nacional.[v] Ante esta posibilidad vale pensar en la capacidad y la responsabilidad del ser humano expresadas aquí por el gran poeta chileno Pablo Neruda: «debemos hacer algo en esta tierra/porque en este planeta nos parieron/y hay que arreglar las cosas de los hombres/porque no somos pájaros ni perros.»[w] Ya es tiempo de «hacer algo», de dirigir el proceso, porque América Latina está en la encrucijada. De

[28]punto donde se cruzan dos o más caminos
[29]desordenada
[30]darwinismo... competencia viciosa por los bienes materiales
[31]ruina
[32]está... está esperando para atacar, como un animal

---

[s]Urquidi, pág. 147.
[t]Hardoy, *Urbanization*, p. 103.
[u]Lewis Mumford, *The City in History*, citado en Urquidi, pág. 137.
[v]Hardoy, *Urbanization*, p. 226.
[w]Pablo Neruda, «No me lo pidan», en *Canción de gesta* (Barcelona: Editorial Seix Barral, 1977), págs. 65–66.

la decisión que se tome, por iniciativa o por inercia, depende en considerable medida el futuro del subcontinente, un futuro en el cual están en juego no sólo las relaciones tradicionales y las cambiantes entre la ciudad y el campo, sino también la vida misma de millones de seres humanos.

HOMERO ARIDJIS (1940–)

Este conocido poeta, novelista, activista de conservación del medio ambiente y crítico cultural mexicano, de ascendencia mexicana y griega, nació en Michoacán. Se desempeñó como embajador de México en los Países Bajos y Suiza, fue dos veces Guggenheim Fellow y es actualmente presidente de la organización P.E.N. Internacional. En el siguiente poema, proveniente de su colección *Nueva expulsión del paraíso* (1990), Aridjis evoca la destrucción de Tenochtitlán, la antigua capital azteca, por «hombres barbados[1] a caballo», y la compara con la actual ciudad de México.

[1] con barbas

Poema de amor en la ciudad de México

En este valle rodeado de montañas había un lago,
y en medio del lago una ciudad,
donde un águila desgarraba[2] a una serpiente
sobre una planta espinosa[3] de la tierra.

Una mañana llegaron hombres barbados a caballo
y arrasaron[4] los templos de los dioses,
los palacios, los muros, los panteones,
y cegaron[5] las acequias[6] y las fuentes.

Sobre sus ruinas, con sus mismas piedras,
los vencidos construyeron las casas de los vencedores,
erigieron[7] las iglesias de su Dios, y las calles
por las que corrieron los días hacia su olvido.

Siglos después, las multitudes la conquistaron de nuevo,
subieron a los cerros, bajaron a las barrancas,
entubaron los ríos, talaron[8] árboles,
y la ciudad comenzó a morir de sed.

Una tarde, por una avenida multitudinaria,[9] una mujer vino hacia mí
y toda la noche y todo el día

[2] hacía pedazos
[3] con espinas
[4] destruyeron
[5] cerraron, taparon
[6] canales de agua
[7] levantaron, fundaron
[8] cortaron, quitaron
[9] con mucha gente

anduvimos las calles sin nombre, los barrios desfigurados
de México-Tenochtitlán-Distrito Federal.

Entre paquetes humanos y embotellamientos[10] de coches,
por plazas, mercados y hoteles,
conocimos nuestros cuerpos,
hicimos de los dos un cuerpo.

Cuando ella se fue, la ciudad se quedó sola,
con sus muchedumbres,[11]
su lago desecado,[12] su cielo de neblumo[13]
y sus montañas invisibles.

[10]congestiones
[11]multitudes de personas
[12]secado
[13]combinación de neblina y humo

Para verificar su comprensión

Comente la significancia de las siguientes referencias al agua —lo que da vida—
y su progresiva desaparición de la ciudad de México.

1. «había un lago y en medio del lago una ciudad»

2. «cegaron las acequias y las fuentes»

3. «entubaron los ríos, talaron árboles»

4. «lago desecado»

Interpretación de la lectura

1. En este poema, Aridjis traza una comparación entre la destrucción de Tenochtitlán por los españoles y la de la ciudad de México por el hombre moderno. ¿Cuáles son los componentes de la destrucción que se observan en los dos casos? ¿Se centra Aridjis en la destrucción cultural o ambiental? ¿Por qué será?

2. ¿Qué querrá decir el poeta con «Siglos después, las multitudes la conquistaron de nuevo»? ¿Quiénes son las multitudes? ¿Qué hicieron?

3. ¿Cuál es la función de la mujer con quien la voz poética «[anduvo] las calles sin nombre»? ¿Por qué se quedó sola la ciudad cuando ella se fue?

4. Antes de la llegada de los europeos «había un lago, y en medio del lago una ciudad». Hoy día hay un «lago desecado». ¿Qué ocurrió en el intervalo para que el lago se desecara?

5. En su opinión, ¿por qué Aridjis escogió el título «Poema de amor en la ciudad de México»? ¿Qué importancia tiene el amor?

GUSTAVO SLAU G. (1960–) y
ANDRÉS YURJEVIC M. (1946–)

Gustavo Slau es médico veterinario y es el encargado del área de capacitación del Centro de Educación y Tecnología (CET) y del Consorcio Latinoamericano sobre Agroecología y Desarrollo (CLADES) en Santiago, Chile. El doctor Andrés Yurjevic, economista, es presidente del CET y secretario ejecutivo del CLADES. En su artículo, estos dos investigadores del fenómeno de la urbanización describen las ventajas y los problemas que enfrenta la «agricultura urbana», y detallan el proyecto innovador que se realiza en Tomé, Chile, que puede ser de gran utilidad no sólo para los grupos urbanos marginados en América Latina, sino para el resto del mundo.

La agricultura urbana, una alternativa productiva para combatir la pobreza en sectores marginales

El presente artículo intenta hacer una contribución al debate y al estudio de las posibles alternativas o caminos de solución a los problemas básicos que hoy enfrentan los sectores marginales que habitan en zonas urbanas y urbano-rurales.

Este trabajo se apoya fundamentalmente en algunas experiencias de desarrollo productivo que han sido implementadas por instituciones de desarrollo en sectores urbanos. Tal es el caso de experiencias desarrolladas por el Centro de Educación y Tecnología (CET) en algunas localidades urbanas marginales de Santiago y en otras ciudades de Chile.

Creemos que a partir de estos trabajos se puede avanzar en la elaboración y ejecución de planes de desarrollo familiar y comunal, donde los distintos sectores sociales estén integrados y participen activamente.

El medio urbano

Serios problemas de malnutrición y salud afectan actualmente a más de un billón de personas en todo el mundo. Todos los días, aproximadamente 800 millones de personas, muchas de las cuales son niños, sufren hambre. También alrededor de 1,5 billones de personas carecen de[1] atención básica de salud y amenazan con ser blanco[2] fácil de enfermedades.

[1]carecen… no tienen
[2]objetivo

A esta situación se agrega una fuerte y creciente presión demográfica que torna aún más compleja la situación de marginalidad. De los antecedentes mencionados, aliviar[3] la pobreza es un imperativo moral y esencial para lograr un desarrollo equitativo y sostenible.[4,a]

[3]mitigar, reducir
[4]que se puede mantener
[5]barrios, poblaciones

Las naciones del mundo han comenzado a sentir que los patrones de consumo (especialmente los que caracterizan a las ciudades), los procesos de producción y el crecimiento demográfico de la población deben ser racionales y equilibrados si queremos que las futuras generaciones estén satisfechas y gocen de salud.

En la actualidad, se observa un número elevado y creciente de personas que viven en áreas urbanas. La población urbana absorbe alrededor de dos tercios del total del incremento de la población en los países en desarrollo. Alrededor de 2,4 billones de personas en el mundo viven en áreas urbanas.[b]

Esta tendencia de rápida urbanización se manifiesta de manera más fuerte en los países en desarrollo, siendo las áreas rurales el origen de la mayoría de los asentamientos[5] urbanos pobres. Los bajos ingresos económicos de las familias rurales y la falta de trabajo permanente, incentivan principalmente este fenómemo de urbanización acelerada.

La agricultura urbana

En las zonas rurales existe una producción importante de cultivos destinados a la alimentación de la familia; sin embargo, en las áreas urbanas esta situación no se da, teniendo que comprar la gente la totalidad de los alimentos. Al existir un poder adquisitivo bajo por parte de los pobladores urbanos, los problemas de malnutrición se acrecientan.

[6]instrumento, medio
[7]categorías

En este sentido, la producción de alimentos en el interior de los asentamientos urbanos de bajos ingresos parece ser una de las estrategias más importantes para superar de manera considerable los problemas del hambre y contribuir, eventualmente, al mejoramiento económico de los pobladores.

Al respecto, se ha reconocido que la agricultura urbana (AU) constituye una *herramienta*[6] útil para mitigar algunos de los impactos negativos de la pobreza, particularmente el hambre y la malnutrición.

Dentro de las consideraciones de una definición amplia de la AU, o Agricultura Intensiva Metropolitana, se destaca la explotación casera de algunos rubros[7] productivos, tales como la crianza de animales, la horticultura y la arboricultura. Estas actividades exigen tiempo de trabajo parcial por parte de los pobladores.[c]

[a]United Nations Conference on Environment and Development, 1992. «The Global Partnership for Environment and Development. A Guide to Agenda 21».
[b]Ibid.
[c]Ford Foundation, 1993. «Urban Agriculture as a Tool for Poverty Reduction».

El desarrollo de este tipo de agricultura intensiva debe ser lo suficientemente productiva y eficiente como para competir con otras actividades que se dan en el entorno[8] local o zonal.

Esta agricultura se basa en actividades locales que se desarrollan en espacios pequeños (patios posteriores de las casas) o espacios de terreno que generalmente no se utilizan.

Las actividades de la AU son típicamente actividades de «ingresos complementarios» a pequeña escala, en contraposición con el concepto empresarial que define a las grandes empresas productoras de pollos, huevos, leche, etcétera, o de cualquier producto. A través del mercado de productos, estas grandes empresas abastecen[9] parte de los insumos requeridos por la AU y, en algunos casos, dejan a disposición un mercado para la comercialización de los productos generados en estos espacios pequeños.[d]

Desde el punto de vista de la alimentación, varios estudios han demostrado que en los lugares donde se practica la AU se mejora la calidad de la alimentación, otorgando a las familias y la comunidad mayores niveles de seguridad alimentaria.

Así definida, la AU está dominada por operaciones a pequeña escala, con una base geográfica que está en permanente cambio y que obtiene mayores producciones por unidad de superficie que los sistemas tradicionales de producción agrícola. A su vez, brinda la posibilidad de emplear mano de obra femenina e invierte bajo capital e insumos. Presenta, además, bajos riesgos y generalmente genera un impacto beneficioso sobre el medio ambiente local.[e]

Dentro de los espacios locales, la AU contribuye a mejorar la calidad del suelo y del aire, el drenaje[10] y el microclima y disminuye considerablemente las posibilidades de contaminación causada por la basura a partir de la práctica de su reciclaje.

El mejoramiento del medio ambiente en áreas más densamente pobladas y de bajos ingresos tiene particular importancia ya que se logra un beneficio significativo y creciente con escasa inversión de capital, además de mejorar considerablemente la salud de la población (o dicho de otra manera, el riesgo de contraer enfermedades disminuye), el medio ambiente global de la ciudad en su conjunto.

Si analizamos los efectos de la AU sobre el comportamiento social, observamos que en los vecindarios donde se desarrolla este tipo de actividad se logran altos niveles de interacción social, los que se manifiestan en la cooperación en el trabajo, la adquisición de insumos, la venta de algunos productos, la preocupación colectiva por el entorno del vecindario, etcétera.

---

[d]Ibid.
[e]Ibid.

Procesos de la AU que contribuyen a la reducción de la pobreza

El proceso de autosubsistencia (fungibilidad) es tal vez el aspecto propio de la AU que con mayor fuerza contribuye a la reducción de la pobreza. En la mayoría de los barrios y ciudades de los países del tercer mundo, se destina más de la mitad del gasto familiar a la compra de alimentos, y en los sectores más pobres, los alimentos son los que consumen los ingresos. Por lo tanto, se entiende que cualquier esfuerzo que ayude a la producción interna o doméstica de alimentos será una herramienta técnica que contribuirá directamente a la reducción del nivel de pobreza.[f]

Por otro lado, el proceso de autosubsistencia se manifiesta también toda vez que la AU proporciona cierta reserva de alimentos para épocas críticas o de desempleo de quienes la practican. También, la posibilidad de poder convertir rápidamente en dinero algunos productos cosechados la hacen atractiva para encarar emergencias económicas.

A modo de ejemplo, en Kenya, alrededor del 80% de los productos generados con la AU son consumidos por las familias. Esto representó un ahorro de alrededor de un 50% en el gasto en alimentos. Esta situación conlleva a un mejoramiento nutricional en la dieta familiar.[g]

Las actividades de la AU brindan[11] además una oportunidad de trabajo para la gente no especializada. Este trabajo se convierte en una posibilidad real para las mujeres, los «allegados»,[12] los jubilados,[13] los adolescentes. Además, es probable que el desarrollo de la AU se convierta en generadora de ingresos para las familias.

Por otro lado, la AU realiza una contribución importante al bienestar de quienes la practican, en comparación a otras actividades informales o formales como la industria, la empresa de servicio u otras. Este beneficio se ha investigado intensamente en el ámbito del mejoramiento en la nutrición, pero también logra un impacto positivo en términos del mejoramiento del ambiente de la casa, el aumento de la seguridad económica, la mejora de la calidad y la plusvalía[14] de la comunidad, estimulando la actividad de la gente.

Es interesante mencionar el caso de Perú, donde funcionan comedores comunales establecidos en terrenos públicos. Este esfuerzo cooperativo proporciona alimentos frescos, aumentando los niveles de autosubsistencia de quienes participan en ellos. Por otro lado, los desechos reciclables que produce la comunidad se convierten en alimentos, reduciéndose de esta manera los problemas de infecciones intestinales y mejorando la actividad social y ambiental de la comunidad.[h]

[11]dan, proporcionan
[12]personas cercanas al círculo familiar
[13]retirados de la fuerza laboral
[14]acrecentamiento del valor

---

[f]Ibid.
[g]Ibid.
[h]ETC Foundation, 1992. «Urban Agriculture. Possibilities for Ecological Agriculture in Urban Environments as a Strategy for Sustainable Cities».

Problemas en la implementación de la AU

Dentro de los problemas gravitantes[15] para la puesta en marcha de programas masivos de la AU, se destaca, fundamentalmente, la falta de políticas claras que regulen el uso de tierras en las áreas urbanas. Estas políticas deben abordar[16] temas tales como las condiciones para la tenencia de animales en sectores poblados, las normas en el manejo de los desechos, la comercialización, el acceso a la tierra para el desarrollo de la AU, entre otros.

La falta del recurso tierra y tal vez —más específicamente—, la falta de oportunidades de acceso a la tierra, es un factor importante. En la mayoría de los países, un número de personas relativamente pequeño es propietario de un gran porcentaje de la tierra. Pareciera que se necesitan acciones del gobierno para dar oportunidades de acceso a la tierra para el desarrollo de las prácticas de la AU. La AU es una alternativa técnica productiva para la subsistencia y, como tal, no es capaz de generar ingresos para comprar tierras.[i]

La falta de agua es otro aspecto que se señala frecuentemente como dificultad, especialmente en zonas semiáridas o secas. Parece ser posible abordar este punto a través de algunas alternativas técnicas, tales como la elección de especies vegetales más adaptadas a esas zonas, el manejo de épocas de siembra, la construcción de pozos[17] de agua y de métodos de recolección de aguas de lluvia, etcétera. No obstante, es una dificultad importante.

Por su parte, Infante[j] menciona las principales dificultades o desventajas que presenta la adopción de esta práctica productiva. Éstas son:

- el tiempo y esfuerzo que su construcción y mantención exige;
- la escasez de herramientas, material vegetal y estiércol[18] y animales;
- el miedo al fracaso y la vergüenza de utilizar el espacio casero;
- el cambio de mentalidad que requiere;
- la falta de interés en el caso de estar cerca de zonas hortícolas.[19]

Por otro lado, también participan en este conjunto aspectos relativos a la salud. Éstos se manifiestan en: la inseguridad de obtener *compost* con una adecuada reducción de patógenos[20] y parásitos; contaminación de vegetales al crecer en ambientes contaminados; la contaminación con desechos animales; etcétera.

Otro problema, que frecuentemente se menciona, son los robos (de vegetales, animales e implementos), siendo éstos más frecuentes cuando se practica la AU en espacios que exceden los límites del hogar.[k]

[15] de mucho peso
[16] tratar, ocuparse de
[17] *wells*
[18] desecho de origen animal que se usa como fertilizante
[19] relativo a la horticultura
[20] microbios que producen enfermedades

---

[i] Ibid.

[j] A. Infante, «Descripción de un sistema de producción intensivo de hortalizas». (Facultad de Agronomía, Universidad de Chile, 1986).

[k] ETC, 1992.

Para ir superando estas dificultades a nivel de los grupos participantes, se necesitan técnicas de producción apropiadas, eficientes y no contaminantes y un trabajo riguroso en aspectos socioculturales y epidemiológicos.

Desafíos técnicos, institucionales y políticos

Se deberían introducir cambios administrativos, de organización y operación de la comunidad, para evitar que las prácticas de la AU causen problemas de contaminación y salud. Al respecto es necesario establecer formas de control y apoyo para el buen manejo de la AU.

La AU requiere un trabajo con apoyo estrecho de los gobiernos locales, las instituciones no gubernamentales y los pobladores. En este sentido, con relación a la producción agropecuaria[21] en las zonas rurales, la de las zonas urbanas es más sensible al acceso a la tierra y el agua, la contaminación ambiental, los desechos, el mercado, el crédito y la asistencia técnica.

Muchas veces se observa una actitud contradictoria en los gobiernos con respecto al desarrollo de la AU. Desde el punto de vista social y organizativo la encuentran interesante, pero razones de carácter sanitario no permiten concretar acciones para su ejecución y masificación.

Usualmente la AU es una actividad informal que en la actualidad, en la mayoría de los casos, le da un uso ilegal a la tierra. Esto sin duda lleva a conflictos con las estrategias de planificación comunal. Por ello se necesitan argumentos sólidos para motivar y convencer a las autoridades (especialmente las autoridades municipales) de la importancia de desarrollar las políticas que propone la AU.

En la actualidad, varias agencias internacionales de ayuda apoyan programas en agricultura intensiva metropolitana. Varias organizaciones no gubernamentales de carácter rural mantienen programas de investigación, asistencia técnica e implementación de proyectos en la AU.[1]

Para avanzar hacia el desarrollo de la AU parece ser determinante la cooperación recíproca entre el gobierno local, los pobladores y el sector privado. Se ve necesario contar con un nivel adecuado de organización comunal para el mejoramiento del ambiente local, apoyándose en la infraestructura y los servicios municipales. De la misma manera, un número cada vez más importante de centros de investigaciones y universidades muestra interés en investigar aspectos relacionados con la AU.

Dentro de los desafíos técnicos inmediatos, en los cuales pueden ayudar las universidades, el gobierno y la comunidad, se destacan las necesidades de investigación. Éstas debieran incluir estudios en políticas técnicas apropiadas para el incentivo de la AU en los sectores populares; alternativas de producción en espacios reducidos en diferentes áreas climáticas; formas apropiadas

[21]agrícola y ganadera

---

[1]ETC, 1992.

de integración de horticultura y producción animal en los casos que corresponda; prácticas de conservación de agua en espacios pequeños; formas de reciclaje de desechos y preparación de *compost;* métodos de proposición,[22] capacitación y extensión de los aspectos técnicos, organizativos, sociales y de salud.[m]

[22]presentación

Una estrategia de desarrollo del sector poblacional debe, necesariamente, incluir y comprometer a la propia gente: los aspectos relacionados con su organización local, el desarrollo de la conciencia en relación a los temas reivindicativos, de cambio social y autoayuda, el dominio de las alternativas tecnológicas y su diseño y las capacidades de gestión económica y social.

La opción tecnológica no es neutra, ya que puede o no ser generadora de libertad. Si la tecnología a utilizar valoriza recursos propios, el grupo tendrá objetivamente más medios que si la opción es una tecnología que no los considera.

Tecnologías como las utilizadas en la AU, manejables por los grupos de base, pueden ayudar mucho al desarrollo de los elementos básicos de la organización: responsabilidad, planificación, discusión grupal, decisiones tomadas en común, control de las tareas por el mismo grupo, desarrollo de la dirección vecinal, surgimiento y formación de nuevos dirigentes.[n]

En este sentido, la AU puede, además, ser un buen punto de partida para una reflexión social más amplia, que ayude al desarrollo de la conciencia y de la comprensión de los problemas fundamentales que afectan a la familia urbana marginal.

Para verificar su comprensión

Escoja la palabra o frase más apropiada.

1. La agricultura urbana es, fundamentalmente, una manera de
   a. promover la comunidad.
   b. combatir el hambre.

2. La agricultura urbana ha adquirido mayor urgencia por
   a. la rápida urbanización de grupos marginados.
   b. la codicia de los gobiernos locales.

---

[m]ETC, 1992.
[n]Centro de Educación y Tecnología, 1986. «Fundamento y metodología de la experiencia de desarrollo desde la base». (Informe Interno CET [no publicado].)

---

3. Se destaca como problema básico para la agricultura urbana
   a. la falta de políticas claras.
   b. el robo.

4. Un componente importante de las propuestas del CET es
   a. la huerta familiar intensiva.
   b. la crianza de ganado.

5. CET ha encontrado que, como resultado de la agricultura urbana, los ingresos de los pobladores urbanos de Tomé han
   a. aumentado notablemente.
   b. permanecido iguales.

6. La tecnología de la agricultura urbana pone énfasis en recursos
   a. ajenos.
   b. propios.

Interpretación de la lectura

1. ¿Cuál es la idea básica de la agricultura urbana?

2. ¿Cuáles son las ventajas económicas, ambientales y comunitarias que presenta la agricultura urbana?

3. Los problemas que enfrenta la agricultura urbana son varios. Comente en detalle dos de los más importantes.

4. Explique la «actitud contradictoria» que se observa en algunos gobiernos con respecto a la agricultura urbana.

5. El CET ha estado involucrado en varios proyectos de la agricultura urbana. Comente el Proyecto de Tomé, incluyendo sus objectivos y sus resultados.

Comparaciones

1. ¿Piensa Ud. que la agricultura urbana aquí descrita podría serle útil a Miriam Lazo (ver Capítulo dos) en su trabajo con los marginados en Nicaragua? ¿Cómo?

2. La agricultura urbana y la Feria Educativa (ver Capítulo tres) son tentativas creativas y factibles para promover la autosuficiencia de los pobres an América Latina. ¿Tendrán estos proyectos cierta

aplicabilidad en los EE. UU.? Explique, dando ejemplos concretos (como, por ejemplo, la Feria Educativa en Appalachia o la agricultura urbana en Chicago).

LARISSA ADLER DE LOMNITZ (1932–)

Larissa Adler de Lomnitz estudió en la Universidad de California en Berkeley y en la Universidad Iberoamericana de México. Chilena de nacimiento, esta respetada antropóloga social ha residido en México por muchos años, donde ha enseñado en la Escuela de Planificación Urbana y en la Escuela Graduada de Antropología, ambas facultades de la Universidad Nacional.

Las investigaciones académicas de la profesora Lomnitz han tratado con grupos tan dispares como las clases medias urbanas en Chile, los grupos migratorios mexicanos y las familias pudientes de la ciudad de México (ver Capítulo cinco). Una preocupación que se percibe como constante a través de sus trabajos es la importancia fundamental de las redes de reciprocidad y ayuda mutua y cómo se desarrollan entre grupos diferentes. Los fragmentos que siguen a continuación son de su muy bien acogido libro *Cómo sobreviven los marginados* (1978), que trata de la barriada mexicana «Cerrada del Cóndor» y la adaptación de los migrantes al ambiente urbano mediante la creación de relaciones sociales basadas en la necesidad económica compartida. La autora describe el proceso de la siguiente manera.

> Cuando la supervivencia física o social de un grupo se encuentra en juego, la gente moviliza sus recursos sociales y los convierte en un recurso económico. El dicho español «hoy por ti, mañana por mí» resume sucintamente el principio del intercambio recíproco, y presupone una situación de escasez equilibrada y recurrente para ambos contrayentes.[a]

Las lecturas de la profesora Lomnitz escogidas para este capítulo ilustran su tesis central de que «las relaciones sociales *se convierten en un recurso económico* a través del intercambio recíproco».[b] El primer fragmento abarca la institución mexicana del «cuatismo», una relación muy estrecha de amistad masculina; el segundo toca la «confianza», la base de toda relación de asistencia mutua. Estos dos fragmentos ofrecen una perspectiva sobre cómo se defienden los que no tienen lugar dentro de la estructura económica de la ciudad.

---

[a]Larissa Adler de Lomnitz, *Cómo sobreviven los marginados* (México: Siglo XXI, 1978), pág. 205.
[b]Ibid., pág. 206.

Guía de prelectura

Lea los primeros cuatro párrafos de la lectura y escoja la respuesta que mejor exprese la idea central de cada uno.

1. _____

2. _____

3. _____

4. _____

    a. Las relaciones de cantina son muy importantes para el «cuatismo».

    b. Los «cuates» deben ser generosos unos con otros.

    c. Aunque hay varios tipos de «cuatismo», en todos se nota que ésta es una relación muy especial.

    d. El término «amigos» no implica mucha familiaridad.

Asociaciones formales e informales
(*fragmentos*)
El cuatismo como relación diádica[1]

Para un poblador de Cerrada del Cóndor, los «amigos» a secas[2] son simples conocidos con quienes se mantiene una relación de cordialidad, sea por tratarse de amigos o familiares de un «cuate», compañeros de trabajo o de deportes, etcétera. Esta relación no tiene mayor contenido emocional ni tampoco implica necesariamente un grado de confianza suficiente para acercarse a pedir un favor. Significa simplemente ubicarse mutuamente en el campo social.

Cuando dos «amigos» se encuentran con cierta frecuencia y llegan a entablar[3] un trato personal directo, pueden volverse «más amigos»; en esta etapa intermedia puede generarse un grado de confianza suficiente para intercambiar pequeños favores. Sin embargo, se siguen guardando formas de trato social que implican una cierta distancia. Con los «cuates», en cambio, ya se tiene una relación especial, frecuentemente cargada de emotividad y que puede llegar a representar la relación interpersonal más intensa en la vida del hombre. En estas relaciones se dan diferentes grados de intensidad y diferentes funciones. En Cerrada del Cóndor se entiende que los «cuates» son ante todo compañeros de parranda[4] y de entretenciones.[5] Hay diferentes tipos de cuates: el cuate deportista, el cuate con él que se platica, el cuate pariente, etcétera. El hecho de emborracharse juntos se considera como una marca de confianza y una liberación de las formas rígidas del trato impersonal: «La borrachera es una liberación, se desinhibe la gente. Los que están sobrios[6] no pueden decir

[1]entre dos personas
[2]a… y nada más, solamente
[3]establecer
[4]fiesta
[5]diversiones
[6]no borrachos

muchas cosas que dicen cuando borrachos: son sus verdades.» La agresión verbal o física entre cuates representa la forma de desahogo de una agresividad indiferenciada que se reprime en el transcurso de las relaciones sociales normales, aun entre parientes cercanos. Por ejemplo, una relación tío-sobrino implica un trato formal y respetuoso, aun cuando ambos conviven en la misma unidad doméstica. Si se suscitan diferencias de opinión, tales como se originan frecuentemente en un partido de fútbol, el sobrino no debe contradecir abiertamente a su tío. En cambio, si son cuates, se vuelve perfectamente aceptable que el sobrino diga en el curso de una borrachera: «Mire tío, yo a usted lo respeto mucho, pero si vuelve a decir eso… » Esta forma irrespetuosa de hablar no sería aceptable en la casa; en cambio, en la taberna todo se consiente a los cuates. En casos extremos, los contrincantes se disculpan al día siguiente «echándole la culpa al trago», y las cosas se arreglan.

Un informante de Roberts[c] definió la amistad masculina en Guatemala en la siguiente forma: «Tener amigos significa confiarse en los otros, emborracharse con ellos y ser muy abiertos en sus confidencias.» Entre los migrantes mapuches[7] en Santiago escuchábamos frecuentemente: «Para tener amigos hay que tomar.»[d] En forma análoga, nos decía un informante de Cerrada del Cóndor: «Yo no bebo, por eso no tengo amigos.» En estos tres casos, el término «amigos» significa un tipo de amistad masculina muy particular. Las relaciones de cantina son importantes desde un punto de vista social y se extienden fácilmente en otras direcciones: por ejemplo, una proposición de compadrazgo[8] se origina frecuentemente en rueda[9] de bebedores. Desde un punto de vista psicológico, el hecho de beber juntos implica despojarse[10] de todas las reservas mentales, es decir, entregar al cuate la llave de todos los secretos del alma. Es una alta muestra de confianza.[e]

Las obligaciones mutuas de los cuates incluyen ser sinceros, darse consejos, defenderse en los pleitos y ayudarse mutuamente en toda ocasión. La actitud ideal entre cuates es de la más amplia generosidad, la que se simboliza en la costumbre de «disparar» (convidar) bebidas alcohólicas, prestarse dinero y darse consejos.

El grupo de cuates

La relación diádica de amistad basada en intereses comunes (deportes, juegos, diversiones) y cimentada[11] en una relación emocional o de ayuda mutua más o menos intensa, tiende a convertirse en una amistad de grupo, por el hecho de juntarse habitualmente tres o más cuates para realizar actividades en común. Tales actividades pueden ser muy variadas: beber, conversar, jugar barajas,[12]

[7]indígenas de una zona de Chile
[8]una… pedir a un amigo ser padrino del hijo
[9]grupo social
[10]librarse

[11]establecida
[12]naipes

[c]Bryan Roberts, *Organizing Strangers* (Austin: Univ. of Texas Press, 1973), p. 29.
[d]Larissa Adler de Lomnitz, «Ingestión de alcohol entre migrantes mapuches en Santiago», *América indígena*, 29, 1, 1969, págs. 47–71.
[e]Ibid., pág. 70.

jugar fútbol, ver televisión, jugar rayuela,[13] ir al cine o a los toros, pasear o simplemente irse de parranda. Las mujeres están totalmente excluidas de participar en esta relación.

En Cerrada del Cóndor los grupos de cuates están formados comúnmente por cuatro o cinco hombres, aunque ciertos grupos pueden llegar a diez o más miembros. Los clubes de fútbol de la barriada son asociaciones basadas en el cuatismo. Tres de los clubes están basados en una macro-red de parentesco entre migrantes originarios de un mismo pueblo; en cambio, el cuarto club (llamado «Club México») está basado en vecinos no necesariamente emparentados entre sí. Los miembros de este club tienden a ser más urbanizados y más abiertos a la fluidez de las relaciones sociales en la ciudad, en contraposición con los migrantes que se mantienen encerrados en sus relaciones familísticas. Butterworth[f] ha descrito una situación similar al comparar a dos grupos de cuates en la ciudad de México: uno formado por migrantes emparentados entre sí y otro más urbanizado, compuesto por compañeros de trabajo no emparentados.

La existencia del grupo de cuates se manifiesta a través de las ruedas de bebedores. En estas reuniones, el cuate que se encuentra en posesión de dinero efectivo[14] se considera obligado a «disparar» bebidas alcohólicas a sus cuates: de esta manera, el cuatismo comporta[15] un mecanismo nivelador[16] de recursos monetarios, al reducir a todos los cuates a un mismo común denominador económico y al impedir el ahorro[17] individual que podría llegar a diferenciar económicamente a cualquiera de los miembros del grupo. Además, los cuates se defienden mutuamente, se ayudan en la construcción y arreglo de sus viviendas y se prestan toda clase de servicios. Sobre todo, el grupo de cuates representa la comunidad afectiva del hombre en la ciudad. Este patrón es muy similar al que habíamos observado entre los migrantes mapuches en Santiago, quienes «transfieren las funciones y los valores de su antigua comunidad indígena a un grupo de amigos… En estos grupos, el beber es condición indispensable de ingreso y membresía.»[g]

¿Qué es la confianza?

A un nivel elemental, ninguna convivencia en sociedad es posible sin un grado mínimo de confianza entre sus miembros. Por ejemplo, en las sociedades complejas modernas, el individuo debe confiar en que las personas desconocidas con quienes se topará en la calle o en los lugares públicos no le harán daño. Goffman[h] ha estudiado los símbolos y las señales que utiliza la cultura para

[13]juego en el que se tiran tejos o discos hacia una raya en el suelo
[14]en mano
[15]lleva juntamente
[16]que elimina diferencias
[17]guardar dinero

---

[f]Douglas Butterworth, «Two Small Groups: A Comparison of Migrants and Non-migrants in Mexico City», en *Urban Anthropology,* vol. 1, no. 1 (1972), pp. 29–50.
[g]Lomnitz, «Ingestión».
[h]Irving Goffman, *The Presentation of Self in Everyday Life* (New York: Doubleday, 1959); *Behavior in Public Places* (New York: The Free Press, 1966).

expresar este tipo de confianza elemental: estilo de ropa, corte de pelo, movimientos, miradas, etcétera. Todo individuo aprende así a categorizar a sus semejantes y a separar a los potencialmente peligrosos de los potencialmente confiables.

En una sociedad pequeña el individuo tiende a «relacionarse repetidamente con las mismas personas en prácticamente todas las situaciones sociales. En cambio, en una sociedad grande el individuo tiene muchas relaciones impersonales o parciales.»[i] En otras palabras, los miembros de sociedades pequeñas se mueven dentro de roles prescritos por la cultura: estos roles incluyen la especificación de la ayuda mutua. Cuando cada cual sabe a quién ayudar y a quién acudir,[18] la confianza está implícita en la relación. Pero al crecer la sociedad aumenta su complejidad y la movilidad socioeconómica y ocupacional de sus integrantes: los roles totales que se dan en las sociedades pequeñas se van fraccionando. La familia tiende a disgregarse y se debilita la fuerza de las obligaciones adscritas a los roles de parentesco. En esta situación, se produce una mayor dependencia de ciertas instituciones: agencias de créditos, hospitales, seguro social, agencias de empleos, seguro de cesantía,[19] fondos de pensiones, etcétera. Las relaciones de confianza persisten en áreas menos críticas desde un aspecto de supervivencia, tales como el aspecto emocional.

Sin embargo, existen sociedades complejas que no han desarrollado todo el complicado aparato institucional capaz de asegurar las necesidades de supervivencia para todos sus miembros. En la mayoría de las sociedades urbanas latinoamericanas, por ejemplo, no existe un nivel satisfactorio de seguridad social para la mayoría de la población; sin embargo, gran parte de la población ya ha abandonado la relativa protección de la pequeña comunidad, con sus roles prescritos y sus relaciones interpersonales estables y directas. En tales sociedades es vital que el individuo tenga un grupo de parientes o amigos *de confianza,* con quienes pueda contar en las emergencias de la vida y para satisfacer sus necesidades diarias.

Según el grado de confianza, cada pariente o amigo puede servir para entablar una relación de reciprocidad diferente: unos para préstamos, otros para las grandes emergencias, otros para confidencias o información. Hay que crearse una *clientela* de individuos de confianza, comenzando con algunos parientes y extendiendo el círculo hasta donde lo permitan los propios recursos de intercambio.

En resumen, las sociedades urbano-industriales complejas tienden a *institucionalizar* la ayuda mutua, mientras que las sociedades campesinas pequeñas tienden a *prescribirla* a través de los roles sociales. En ambos casos la solidaridad social se canaliza a través de mecanismos relativamente independientes de la iniciativa personal, siempre que el individuo acate[20] las normas y los valores de la cultura. En cambio, en ciertas sociedades en vías de industrialización, existen grupos urbanos que *no están amparados*[21] por mecanismos efectivos de

[i]B. Benedict, «Sociological Characteristics of Small Territories and Their Implications for Economic Development», ASA 4 (1966), p. 23.

[18]pedir ayuda
[19]seguro... dinero que reciben los desempleados
[20]observe, obedezca
[21]protegidos

seguridad social institucionalizada y que se enfrentan a un serio problema de supervivencia. En tales casos, el individuo se ve obligado a crearse una red social. La confianza representa el cemento que cohesiona estas redes y hace posible el intercambio recíproco esencial para su supervivencia.

Tal es el caso de Cerrada del Cóndor, donde la comunidad efectiva del individuo es la red de intercambio recíproco entre vecinos (parientes y no parientes). La creación de tales grupos económicamente viables con fines de ayuda mutua es indispensable para la supervivencia individual y colectiva. Frente a condiciones objetivas extremadamente adversas, es preciso que estas redes tengan una gran solidaridad; por lo tanto, se requiere un alto nivel de confianza entre sus integrantes. La confianza evoluciona junto con la relación diádica, se sustenta en el intercambio recíproco y llega a identificarse con este intercambio. Ya no bastan los roles tradicionales, como en el campo. El poblador de barriada ya no se pregunta: ¿Quiénes son mis parientes?, sino *¿con quién puedo contar?*

Para verificar su comprensión

¿Cierto o falso? Indique si cada oración es cierta (C) o falsa (F). Si es falsa, corríjala según la lectura.

1. _____ Los «cuates» en Cerrada del Cóndor son sobre todo amigos de bebida y de juegos deportivos.

2. _____ El emborracharse juntos se considera una ofensa a las reglas de comportamiento aceptadas.

3. _____ La violencia verbal entre los «cuates» no se tolera.

4. _____ Las disputas pueden resolverse si se le echa la culpa al trago.

5. _____ Para tener amigos hay que tomar.

6. _____ Se puede observar grados diferentes de urbanización en los varios clubes de fútbol de la barriada.

7. _____ Los «cuates» comparten todo menos el dinero.

8. _____ La confianza importa mucho en las sociedades complejas que no tienen instituciones que sirvan a toda la población.

9. _____ La ayuda mutua basada en la confianza es algo bueno pero no necesario para los habitantes de Cerrada del Cóndor.

10. _____ En Cerrada del Cóndor se observa que los roles tradicionales que servían en el campo siguen sirviendo adecuadamente en la ciudad.

Interpretación de la lectura

1. En su opinión, ¿por qué es necesario que el trago sea el cemento del «cuatismo»? ¿Nos dice esto algo sobre el machismo en la cultura mexicana? ¿Es tan importante el alcohol en los EE. UU. en el establecimiento de las amistades masculinas? ¿Cómo se explican las diferencias?

2. ¿Por qué son excluidas las mujeres de la relación del «cuatismo»? ¿Tendrán las mujeres sus propias amistades íntimas? ¿Se formarán de manera diferente de las de los hombres? ¿Por qué?

3. Comente sobre el «mecanismo nivelador» que es producto del «cuatismo». ¿Por qué es esencial para la relación?

4. Describa lo que le pasa al individuo a medida que éste cambia de una sociedad pequeña a una grande. ¿Por qué tiende este proceso a la fragmentación de los roles individuales y familiares?

5. ¿Por qué le da De Lomnitz tanta importancia al papel que desempeña la confianza en la supervivencia de los marginados? ¿Está Ud. de acuerdo? Explique por qué.

Comparación

Para los «cuates» de Cerrada del Cóndor, la bebida es una liberación, pero para Juan Pérez Jolote (ver Capítulo tres) no lo es. ¿Cómo se explica la diferencia? ¿Tiene que ver con las diferencias entre la ciudad y el campo? ¿Con otros factores?

Tema escrito

Trace una comparación entre la organización social de Cerrada del Cóndor y la de Ciudad de Dios en Lima, tratada por José Matos Mar en su estudio *Las barriadas de Lima,* 1957 (ver páginas 135–136). ¿Cuáles son sus semejanzas? ¿sus diferencias?

LOURDES ARIZPE S. (1945–)

Lourdes Arizpe estudió en la École d'Interprètes de l'Université de Genève y recibió su maestría de la Escuela Nacional de Antropología en México y su doctorado del London School of Economics. Esta antropóloga mexicana ha ocupado numerosos puestos, entre ellos el de investigadora en el Museo Nacional de Antropología y en el Instituto de Antropología, ambos en México; de coordinadora del Centro de Estudios Sociológicos y de profesora de antropología en El Colegio de México. La profesora Arizpe logró aceptación y renombre dentro de su campo profesional al ser designada socia de la Royal Anthropological Society de Inglaterra y de la Asociación Internacional de Ciencias Antropológicas y Etnológicas, y por ser recipiente de las prestigiosas becas Fulbright-Hays y Guggenheim.

Entre sus estudios se destacan *Migration, Ethnicity and Economic Challenge* (1977), *The Challenge of Cultural Pluralism* (1979) y *Cultura y cambio global: Percepciones sociales sobre la deforestación en la selva lacandona* (1993). Arizpe ha sido miembro de la Comisión Mundial de Cultura y Desarrollo de la UNESCO y fue directora de investigación para el *Informe Mundial sobre la cultura: Diversidad cultural, conflicto y pluralismo* (2001). La lectura de este capítulo proviene de su muy conocido estudio *Indígenas en la ciudad de México* (1975), el cual trata de las llamadas «Marías», o sea, las indígenas de vestimenta tradicional que trabajan como vendedoras ambulantes en las calles de la Ciudad de México. El tema del que se ocupa la autora es la relación entre la marginalidad económica y la etnicidad, que es una relación complicada por varias consideraciones económicas y culturales.

 ## El migrante indígena en la ciudad de México

El indígena en general se instala en la ciudad en núcleos comunitarios en vecindades y ciudades perdidas,[1] en los que tiende a perpetuar el patrón de vida rural indígena. Se nota una gran distancia social entre estos núcleos y la población urbana que los rodea. El aislamiento social en que viven las familias indígenas en la ciudad es significativo por sus efectos: siguen conservando un modo de vida y un sistema de valores, incongruentes con la vida urbana, que

[1]ciudades… villas miseria, barrios pobres

retardan su eventual incorporación a la estructura ocupacional. Les impide mayor conocimiento y familiaridad con el tipo urbano de relaciones sociales y económicas. A su vez, a manera de círculo vicioso, este desconocimiento es un obstáculo para que lleguen a ocupar empleos que les permitirían elevar su nivel de vida y ampliar su red de relaciones sociales y ocupacionales. En suma, viviendo entre paisanos,[2] los migrantes no se integran a la sociedad urbana y, lo que es más importante, impiden que sus hijos lo hagan.

El hombre indígena en la ciudad ocupa sólo trabajos no capacitados[3] y de baja remuneración. Trabaja de «diablero», cargador, o machetero[4] en la Merced y en otros mercados, o de peón de albañil, de bolero,[5] de voceador o de vendedor ambulante, generalmente por su cuenta pero también contratado por alguna fábrica para vender sus productos. Es decir, es un subocupado. Este hecho plantea la siguiente pregunta: ¿Es subocupado por ser indígena? Aquí hay dos aspectos importantes que considerar: la identidad étnica sólo puede designarse como un obstáculo al avance económico y social de un migrante, *en tanto que existan empleos que lo puedan absorber.* De ningún modo puede discutirse el peso de los factores étnicos en una situación de desempleo. Dicho de otra forma, los indígenas indudablemente forman parte de la población marginal de la ciudad de México; con ellos comparten pobreza, viviendas miserables y carencias de educación y adiestramiento.[6] Pero, el hecho de que sean indígenas no es determinante: *su posición socioeconómica está dada por la estructura ocupacional urbana y no por sus características culturales.*

El segundo aspecto a considerar es el siguiente: la gente que se sorprende cuando el indígena no se integra a la sociedad urbana, en realidad desconoce la vida alternativa que se les ofrece. A cambio de su rica tradición indígena, la ciudad les pide que se transformen en uno más de los miles de marginales sin rostro que se refugian en las ciudades perdidas sin posibilidad de encontrar empleo permanente, presos en la miseria, la criminalidad y el alcoholismo. Porque a los marginales urbanos que no son indígenas, ¿qué les ha ofrecido la ciudad?

Así, nosotros replantearíamos la pregunta hecha dos párrafos arriba, a la siguiente: el migrante, ¿es indígena por ser subocupado? Es decir, ambas preguntas se pueden contestar explicando por qué han surgido colonias de migrantes indígenas que conservan su identidad étnica, en la ciudad de México en los últimos diez años, cuando en décadas anteriores se incorporaban culturalmente en forma más rápida a la sociedad urbana. Creemos que se debe a dos factores. Por una parte, a la intensificación de la migración, en especial de la permanente, por el deterioro de la situación económica de las familias en la comunidad de origen. Pero fundamentalmente, a la reducción de la capacidad de absorción de mano de obra de la estructura ocupacional urbana en la última década, reducción demostrada estadísticamente por varios investigadores.

Los indígenas que llegaron en los años cuarentas y cincuentas encontraron rápido acomodo en la instalación y expansión de las industrias y en el crecimiento de los servicios. Los que han llegado en los sesentas, en cambio, han

[2]gente del mismo lugar de origen
[3]no... que no requieren entrenamiento
[4]«diablero»... trabajos manuales en mercados de frutas y vegetales frescos
[5]limpiabotas
[6]entrenamiento, instrucción

Estas mujeres mexicanas se ganan la vida vendiendo comida en las calles de la ciudad.

encontrado bloqueado el camino hacia ocupaciones en el sector secundario e incluso el terciario, por lo que han caído en subocupaciones. Ante el rechazo económico de la sociedad urbana, han buscado ayuda económica y apoyo social en familiares y paisanos que viven en la ciudad. Podemos suponer que en décadas anteriores, aunque el migrante indígena también recibía ayuda inicial de sus paisanos, con el tiempo lograba independizarse de ellos al adquirir un ingreso permanente. Al mismo tiempo, al ascender en la estratificación social urbana, perdía rápidamente su indumentaria[7] y su identidad de indígena. Actualmente, en cambio, la situación económica de estos migrantes está estancada.[8] *Totalmente marginados, sin posibilidad de movilidad social y económica, necesitan del apoyo de su grupo étnico en la ciudad y así, en vez de perderla, reafirman su identidad étnica.*

En cuanto a la aparición de las «Marías» en la ciudad vemos que se trata de una consecuencia de lo anterior. Los ingresos del jefe de familia son insuficientes para sostener a ésta en la ciudad, sobre todo porque normalmente tienen muchos hijos. La esposa indígena, por tanto, se ve forzada a trabajar,

[7]ropa
[8]suspendida

Esta mujer indígena se mantiene de
la venta de manualidades en el
Distrito Federal.

rompiendo el patrón tradicional indígena del rol de la mujer. Pero se encuentra sumamente limitada en cuanto a alternativas de empleo. No puede trabajar de sirvienta porque es casada[a] o tiene varios hijos; es casi siempre analfabeta y carece de toda capacitación técnica; no tiene familiaridad con el manejo de una tienda o de una casa. Pero aquí estamos considerando la situación ideal donde existiera demanda de mano de obra femenina. De hecho no la hay. El desempleo femenino en el Distrito Federal[9] es más flagrante que el masculino. Actualmente a las indígenas no se les acepta en muchos empleos porque los patrones tienen posibilidad de escoger entre varias candidatas y esto hace importante su identidad étnica. *Es decir, esta última adquiere importancia sólo en la medida en que existe desempleo.* Le queda sólo la venta ambulante como opción más ventajosa para ganar algún dinero. *Por lo tanto, resulta incorrecto plantear el problema de las «Marías» como un problema étnico.* Su

[9]Distrito... ciudad de México

---

[a]Las empleadas viven en las casas donde trabajan y, por lo tanto, no son casadas.

---

posición socioeconómica está dada, no por sus características culturales sino por su falta de educación y capacitación, su dependencia en el trabajo asalariado como fuente de ingresos y por el hecho de que no tienen acceso a los diversos servicios sociales que provee la ciudad. En esto sólo están en ligera[10] desventaja con el resto de la población marginal de la ciudad, cuya situación está caracterizada por el desempleo y subempleo. Dicho de otra forma, los demás marginales, a pesar de no ser indígenas, viven en las mismas pésimas[11] condiciones de vida. Por lo tanto, en términos amplios puede decirse que no son pobres por ser indígenas sino por ser marginales.

Es de vital importancia comprender este hecho, ya que refuta por completo la noción de que integrando *culturalmente a las «Marías» se resolverá su miseria.* La investigación mostró ampliamente que el vivir en su grupo étnico las beneficia más de lo que las perjudica: les proporciona apoyo, ayuda, relaciones sociales y una fuerte cohesión de grupo; asimismo, su personalidad étnica les favorece en la medida en que la gente simpatiza con ellas y tiende a ayudarlas. Es claro, sin embargo, que les cierra las puertas a ciertas ocupaciones. Pero si éstas ya están saturadas de por sí, no hace mucha diferencia el que sean o no indígenas. *En suma, la identidad cultural de las «Marías» mejora o agrava ligeramente su situación social, pero en última instancia no la determina.*

Evidentemente, es necesario proporcionarles cursos de alfabetización y capacitación como los que les ofrece actualmente el Centro de Capacitación del Departamento del Distrito Federal, con objeto de que no queden rezagadas[12] al ser eventualmente absorbidas por la estructura ocupacional; esto en caso de que se creen nuevos empleos para mujeres. Sin embargo, esta medida afectará sólo a las esposas de los migrantes permanentes y no a las de los temporales y estacionales.[13] Para que éstas abandonen la venta ambulante, tendrían que crearse empleos temporales que les ofrecieran las mismas ventajas que la venta ambulante.

[10]de poca importancia
[11]malísimas
[12]atrás, atrasadas
[13]por estación del año, por temporada

Para verificar su comprensión

Escoja la frase más apropiada.

1. El indígena en la ciudad vive
   a. adaptándose completamente a los valores urbanos.
   b. con la esperanza de volver al campo.
   c. socialmente aislado del resto de la población urbana.

2. El indígena en la ciudad
   a. es subocupado.
   b. habla bien el español.
   c. ocupa trabajos calificados.

3. El indígena en la ciudad no puede encontrar trabajo fijo
   a. por ser indígena.
   b. por ser de origen rural.
   c. por ser víctima de la economía urbana.

4. Antes de los sesenta, los migrantes indígenas que se adaptaban a la ciudad
   a. hablaban más español.
   b. tendían a perder su estilo de vida rural.
   c. eran marginados.

5. Ahora, ya que no tienen lugar en el sistema económico, los indígenas
   a. dependen cada vez más de su identidad cultural.
   b. son más susceptibles al crimen.
   c. toman más alcohol.

6. El desempleo femenino
   a. es mayor que el masculino.
   b. es exagerado por los investigadores sociales.
   c. es menos de lo que era en el pasado.

7. Para las «Marías», la venta ambulante
   a. es benéfica.
   b. es casi la única forma disponible de trabajo.
   c. es conveniente a nivel cultural.

8. Los otros marginados, los no indígenas, viven
   a. mejor que los indígenas.
   b. peor que los indígenas.
   c. igual que los indígenas.

Interpretación de la lectura

1. Por una parte, Arizpe dice del indígena que «El vivir en su grupo étnico… les cierra las puertas a ciertas ocupaciones», pero por otra dice que el mercado de trabajo está tan saturado que no entran en juego cuestiones de etnicidad. ¿Qué pasaría si hubiera trabajos? ¿Importaría entonces la etnicidad? ¿Cómo?

2. Si Ud. fuera vendedora ambulante, ¿cuáles serían las ventajas de su trabajo? ¿las desventajas? ¿Qué pensaría de la vida urbana?

3. La conclusión de Arizpe refuta la noción de la integración cultural de las «Marías» como el mejor medio para ayudarlas. ¿Cómo?

Comparaciones

1. ¿Qué diría Carolina de Jesús (ver Capítulo tres) sobre la conclusión de Arizpe de que el problema no es de etnicidad sino de marginalidad?

2. Mientras De Lomnitz hace hincapié en la adaptabilidad de los migrantes a la nueva situación urbana, Arizpe destaca la dependencia creciente de los indígenas migrantes en su modo tradicional de vida. ¿Cómo se explica la diferencia entre los dos grupos?

Actividades en la red

1. Busque las cifras más recientes de la migración rural/urbana en varios países de América Latina, como México, Brasil, Venezuela, Perú y Ecuador, y comunique su significancia a sus compañeros/as de clase.

2. Lleve a cabo un estudio sobre el Movimiento de los Trabajadores Rurales Sin Tierra (*Movimento dos Trabalhadores Rurais Sem Terra,* MST) en Brasil; documente su crecimiento exorbitante en los últimos veinte años.

3. Busque un artículo periodístico sobre la contaminación del aire en una ciudad latinoamericana como Santiago de Chile, la ciudad de México o San José (Costa Rica) y haga un resumen para sus compañeros/as.

4. Estudie el desarrollo de la tasa de crecimiento de la población de la ciudad de México, Caracas o São Paulo durante los últimos cincuenta años y comparta con la clase algunas de las causas y consecuencias del aumento demográfico.

Resumen

En este capítulo sobre la urbanización hemos visto que…

- a través de los siglos, la historia de la ciudad en América Latina ha sido de vital importancia.

- las primeras ciudades grandes y sofisticadas en América Latina datan de los tiempos precolombinos.

- la ciudad ha funcionado durante siglos como un imán cultural y comercial.

- la migración del campo a la ciudad fue uno de los fenómenos económicos y culturales más significativos del siglo XX.

- el crecimiento urbano no planeado ha agravado dos problemas: el de la insuficiencia de la infraestructura y el de la contaminación del aire.

Lecturas recomendadas

Acosta, Maruja, y Jorge E. Hardoy. *Políticas urbanas y reforma urbana en Cuba.* Buenos Aires: Instituto Torcuato DiTella, 1971.

Arizpe S., Lourdes. *La migración por relevos y la reproducción social del campesinado.* México: Centro de Estudios Sociológicos, El Colegio de México, 1980.

Boraiko, Allen A. "Earthquake in Mexico." *National Geographic* 169 (May 1986): 654–675.

Browder, John O. "The Geography of Development or the Development of Geography: Recent Texts on Latin America." *Latin American Research Review* 24, (1989): 250–260.

Butterworth, Douglas. «Migración rural-urbana en América Latina: el estado de nuestro conocimiento.» *América indígena* (México) (31 Jan. 1971): 85–103.

Colburn, Forrest D. "Exceptions to Urban Bias in Latin America: Cuba and Costa Rica." *Journal of Development Studies* 29 (July 1993): 60–78.

Cornelius, Wayne A., and Robert Kemper. *Metropolitan Latin America: The Challenge and the Response.* Beverly Hills, Calif.: Sage, 1978.

DeMattos, Carlos. "Crecimiento y concentración espacial en América Latina: algunas consecuencias." In *Experiencias de planificación regional en América Latina.* Ed. Sergio Boisier et al. Santiago de Chile: ILPES/SIAP, 1981.

Eckstein, Susan. *The Poverty of Revolution: The State and the Urban Poor in Mexico.* Princeton, N.J.: Princeton Univ. Press, 1977.

Epstein, David G. *Brasília, Plan and Reality: A Study of Planned and Spontaneous Urban Development.* Berkeley: Univ. of California Press, 1973.

Evenson, Norma. *Two Brazilian Capitals: Architecture and Urbanism in Río de Janeiro and Brasília.* New Haven, Conn.: Yale Univ. Press, 1973.

Gilbert, Alan, ed., with Jorge E. Hardoy and Ronaldo Ramírez. *Urbanization in Contemporary Latin America.* New York: John Wiley & Sons, 1982.

———. *The Latin American City.* 2nd ed. rev. London: Latin America Bureau; New York: Distribution in North America by Monthly Review Press, 1998.

Greenfield, Gerald M. "New Perspectives on Latin American Cities." *Journal of Urban History* 15 (Feb. 1989): 205–214.

Hacia el futuro de la ciudad. *Nexos: sociedad, ciencia, literatura* (México) (Nov. 1985): 17–25.

Halebsky, Sandor, and John M. Kirk, eds. *Cuba, Twenty-Five Years of Revolution, 1959–1984.* New York: Praeger, 1985.

Katzman, Martin T. *Cities and Frontiers in Brazil.* Cambridge, Mass.: Harvard Univ. Press, 1977.

Lewis, Oscar. *Anthropological Essays.* New York: Random House, 1959. (*See in particular* "Urbanization Without Breakdown," pp. 413–426.)

———. *Los hijos de Sánchez.* 9th ed. México: Joaquín Mortiz, 1974.

Ludwig, Armin K. *Brasília's First Decade: A Study of Its Urban Mythology and Urban Support Systems.* Amherst: Univ. of Massachusetts Press, 1980.

Morse, Richard. "Trends and Issues in Latin American Urban Research, 1965–79." *Latin American Research Review* 6,1, p. 1 (Spring, 1971): 3–52; 6,2, pt. 2 (Summer 1971): 19–75.

———. *From Community to Metropolis: A Biography of São Paulo.* New York: Octagon Books, 1974.

Pomar, María Teresa. "La mujer indígena." In Lucía Guerra-Cunningham, ed. *Mujer y sociedad en América Latina.* Irvine: Univ. of California Press, 1980.

Portes, Alejandro. "Latin American Urbanization During Years of Crisis." *Latin American Research Review* 24,3 (1989): 7–44.

Pozas, Ricardo et al. *La ciudad.* México: Acta Sociológica de la Facultad de Ciencias Políticas y Sociales, UNAM, 1969.

Preston, David. *Environment, Society and Rural Change in Latin America: Past, Present, and Future in the Countryside.* New York: John Wiley & Sons, 1980.

Quijano, Aníbal. *Dependencia, urbanización y cambio social.* Lima: Mosca Azul, 1977.

Rama, Angel. *La ciudad letrada.* Hanover, N.H.: Ediciones del Norte, 1984.

Revista latinoamericana de estudios urbanos regionales, EURE. Santiago de Chile: Pontífica Universidad Católica de Chile.

Stone, M. Priscilla and David C. Major, eds. *Population and Environment: Rethinking the Debate.* Boulder, Colo.: Westview Press, 1994.

Walter, Richard J. "Recent Works in Latin American Urban History." *Journal of Urban History* 16 (Feb. 1990): 205–214.

Ward, Peter. "The Latin American Inner City: Differences of Degree or of Kind?" *Environment and Planning* (25 August 1993): 1131–1160.

CAPÍTULO **CINCO**

La familia

Tres generaciones de una familia de Guatemala se reúnen en un día de fiesta. La familia extensa sigue siendo una institución muy importante en América Latina.

Introducción

La familia tradicional

No existe otra institución cultural más importante para el desarrollo histórico de América Latina que la familia. Tampoco hay otra institución que exprese mejor los valores culturales del pasado y el presente. Los varios temas que tratamos separadamente —clase social, etnicidad, religión, educación y urbanización— desembocan[1] y se combinan en la institución de la familia, surgiendo así la tensión entre la tradición y el cambio.

[1]terminan

La familia extensa

Típicamente, la familia latinoamericana es extensa; incluye en el seno familiar no solamente a los padres e hijos, sino también a los abuelos, tíos y primos. Muchas veces viven tres generaciones bajo el mismo techo, lo cual ofrece una oportunidad para el contacto diario e íntimo entre los jóvenes y los mayores. Normalmente, a los ancianos se les respeta por su edad y sabiduría, y se les considera parte integral de la familia, no una carga.[2] Por otro lado, los niños no son el centro de toda la atención y aprenden desde muy jóvenes a respetar a los mayores. Cuando los padres salen a una fiesta, frecuentemente llevan a los niños consigo. Cuando eso no es apropiado, pueden dejarlos con los abuelos, un pariente o una empleada; a veces ésta es de tanta confianza que se considera como parte de la familia.

[2]obligación
[3]reanime espiritual o físicamente

La familia extensa es de fundamental importancia social. Sirve como fuente de apoyo moral al individuo, quien casi siempre puede contar con algún pariente para que lo aconseje o reconforte,[3] y tiene además la seguridad de saber que pertenece a un grupo que lo respalda. Las frecuentes reuniones familiares refuerzan el sentido de aceptación, y dan afecto y significado a la vida individual.

Otra característica de la familia extensa es que ayuda mucho a sus miembros cuando buscan empleo, promoción o recomendaciones. Los negocios, la política y varias otras empresas en América Latina todavía se conducen en su mayor parte según las normas del *personalismo*. Es decir que para un individuo, si un tío, cuñado, primo o amigo de su familia lo puede recomendar para un puesto, esto mejora significativamente su posibilidad de conseguirlo. Es que la palabra de un pariente vale mucho más que la de un desconocido. No queremos sugerir que el mérito individual y los procedimientos objetivos no sean importantes o que las «conexiones» no sean muy ventajosas en cualquier otra sociedad —como, por ejemplo, en los EE. UU. Lo que queremos señalar es que en América Latina el personalismo pesa más en la balanza.

El compadrazgo

La institución del compadrazgo es otro aspecto importante de la vida familiar. Mediante el compadrazgo, las personas que no se relacionan por la sangre o por el casamiento se incluyen como parte integral del círculo familiar. Generalmente son padrinos de los hijos de la familia, a quienes les dan regalos en los días de su santo y tienen atenciones especiales para con ellos. Un compadre o una comadre es una persona especial que está muy unida a la familia. Los compadres ayudan financiera y emocionalmente en los tiempos difíciles, y están presentes en toda ocasión o ceremonia familiar, desde los bautizos hasta los entierros.

El patriarcado

Como ya sabemos (ver Capítulo dos), la familia tradicional se caracteriza por el patriarcado: la subordinación de la esposa y los hijos a la autoridad del esposo/padre y la definición estricta de los papeles sexuales y familiares. Se destaca la singular importancia de la mujer en el mantenimiento de la casa y la crianza y educación de los hijos, especialmente la educación religiosa. Por lo general, en tales familias, la mujer no trabaja fuera de la casa; por lo tanto, este arreglo tradicionalista se aplica sobre todo a las familias relativamente acomodadas.

La familia en el proceso de cambio

El madresolterismo

La familia tradicional sigue intacta y fuerte en muchas partes de América Latina, principalmente entre las clases alta y media de las provincias y de los pueblos rurales. Sin embargo, para millones de personas, la vida familiar significa algo radicalmente diferente. Por ejemplo, en las clases populares, tanto rurales como urbanas, las necesidades económicas son tales que frecuentemente el padre abandona sus responsabilidades para con la familia, especialmente en casos de libre unión, o sea cuando la pareja no está casada por la ley. El *madresolterismo* —la situación en que la madre no casada es responsable de los hijos— es común en toda América Latina y se relaciona, entre otros factores, con el nivel socioeconómico inferior de las clases populares. El madresolterismo es una realidad social de larga historia, principalmente en el campo, pero con el crecimiento rápido de las ciudades, es ahora un fenómeno urbano extendido. Como ya hemos observado (ver Capítulo tres), muchas de las familias pobres de la ciudad suelen[4] consistir en una madre y varios hijos. Mujeres como Carolina María de Jesús pasan muchas horas trabajando o buscando trabajo para dar de comer a sus niños, los cuales raras veces están supervisados o pueden asistir regularmente a la escuela. También, por razones de necesidad económica, éstos tienen que salir a trabajar a una tierna[5] edad, lo cual acorta la etapa de la niñez.

[4]acostumbran
[5]joven

Los jóvenes y la pobreza

Se calcula que dos tercios de la población de América Latina viven en la pobreza y que el 40% de la población en su totalidad tiene menos de 15 años de edad.[a] Si consideramos estos datos, podemos apreciar que una porción significativa de la población se compone de jóvenes de familias con privaciones[6] económicas. Éstos carecen de una preparación mínima para superar su situación, social y económicamente inferior. En el campo, los jóvenes tienen que ayudar a sus padres con el trabajo; para ellos, sería un lujo recibir más de unos pocos años de instrucción formal. En las ciudades grandes hay incluso jóvenes que viven en la calle, que no tienen hogar ni familia con la cual vivir. Éstos

[6]carencias

---

[a]Cifras y proyecciones de la población de personas menores de 15 años de edad en América Latina, 1980–2010, en comparación con la de los EE. UU.

	AMÉRICA LATINA	ESTADOS UNIDOS
1980	40,9%	22,5%
1990	39,5%	21,7%
2000	37,1%	21,9%
2010	30,5%	—

Los porcentajes siguientes ilustran la gran variabilidad que existe entre los países de América Latina.

	HONDURAS (EL MÁS ALTO)	CUBA (EL MÁS BAJO)
1990	45,2%	25,9%

Statistical Abstract of Latin America 1993, vol. 30 (Los Angeles: UCLA Latin American Center Publications, 1993), p. 139.

---

se encuentran muy vulnerables al crimen y a la droga. Desafortunadamente, su número está aumentando con la explosión demográfica, la migración rural y la correspondiente incapacidad del estado para asimilar a esta gente como parte productiva de la sociedad (ver Capítulo cuatro).

La familia urbana de clase media

No sólo las familias de las clases populares son afectadas por los problemas económicos y otros factores relacionados con la urbanización. Las familias de la clase media también sienten agudamente estas presiones. El compás acelerado de la vida de la ciudad, su cualidad móvil y transitoria y las dificultades económicas alteran considerablemente la composición y los valores de la familia tradicional. Ahora, por ejemplo, muchas mujeres salen a trabajar, entre otras razones, para ayudar a preservar el nivel de clase media (ver Capítulo dos). Esto se hace cada vez más difícil porque el costo de vida sigue elevándose aceleradamente. Cuando contribuye económicamente a la familia, la mujer tiende a compartir con su esposo las decisiones familiares. Esto afecta, claro está, la estructura patriarcal y disminuye la autoridad tradicional del hombre. Influye también en el número de hijos que la familia puede mantener adecuadamente (dos o tres, en vez de los cinco o seis de antes) y en la manera en que éstos son criados.

Valores en cambio

Los cambios mencionados traen consigo transformaciones en los valores asociados usualmente con la familia. Tanto el hombre como la mujer se encuentran ahora ante un dilema entre las expectativas tradicionales y las realidades de hoy. En muchos casos, este choque produce tensiones y confusión de papeles, lo cual se relaciona con el aumento de los divorcios y las separaciones legales dentro de los sectores medios. Es que muchas familias están tratando de acomodarse a una situación fluida en la cual los valores tradicionales ya no sirven y los nuevos todavía no se han formulado. Una excepción a esta norma son las familias de profesionales de la clase media alta. El nivel superior de educación, las expectativas, tanto del hombre como de la mujer, de seguir en sus carreras respectivas y la capacidad financiera de proveer para la crianza de sus hijos facilitan la cooperación conyugal y suavizan los conflictos. No obstante, tales familias representan una minoría muy pequeña dentro del contexto total, cuya gran mayoría ha caído víctima de una tasa de inflación agobiante o del desempleo y otras consecuencias nefastas de la aplicación de políticas económicas neoliberales (ver Capítulo uno).

La familia extensa modificada

Aunque todavía no hay consenso entre los antropólogos sociales sobre si la familia urbana del grupo medio se está haciendo más nuclear, parece incontrovertible que ésta se encuentra físicamente cada vez más alejada[7] de sus familiares (ver Capítulo cuatro). Para evitar que se aflojen[8] los lazos familiares, y para recibir favores mutuos en cuanto al cuidado de los niños, las mujeres en particular se mantienen en contacto —por teléfono, reuniéndose a tomar un café y arreglando las relaciones sociales de la familia. Así, la mujer sirve como «gerente social», o en el lenguaje de los sociólogos como mujer «centralizadora», para mantener vivas las tradiciones familiares y adaptarlas a las nuevas circunstancias.[b] En tanto que antes vivían bajo el mismo techo, ahora es más común que cada grupo nuclear mantenga su propia residencia, y que todos se reúnan frecuentemente en ocasiones especiales. La familia extensa «modificada» que aquí se describe todavía puede hacer preparaciones satisfactorias, aunque inconvenientes, para la crianza de los niños, dejándolos con una empleada de confianza o con una abuela o tía. Pero estas opciones casi no existen para muchas familias de los grupos obreros. Como resultado, en algunas ciudades se están construyendo centros infantiles donde se cuida a los niños de estas familias, pero éstos no satisfacen ni remotamente la demanda. Otra innovación es la construcción de hogares para los ancianos, en los cuales se cuida a los mayores, a quienes el estilo de vida y los pequeños apartamentos de sus hijos no les convienen. Aunque estas instituciones no son comunes, su existencia nos dice bastante sobre los cambios que ocurren actualmente dentro de la familia urbana de los sectores medios.

[7]distanciada, separada
[8]debiliten, pierdan intensidad

Padres e hijos

Las relaciones entre padres e hijos reflejan lo ya expuesto. Con la disminución de la autoridad exclusiva del padre, del número de hijos en la familia y del apoyo de la familia extensa, la familia actual gira en torno a los hijos mucho más que antes. Esto tiene sus ventajas, desde luego, pero a veces impone mucha presión en los jóvenes para salir bien en sus estudios, para dar validez a los sacrificios y las expectativas de los padres, y para garantizar que los hijos mantengan o mejoren su nivel social en una sociedad en donde la competencia es dura. Al mismo tiempo, los padres no han soltado del todo las riendas[9] tradicionales. Por una parte, quieren desarrollar en sus hijos nuevos valores de independencia,

[9]soltado... abdicado el control

---

[b]Larissa de Lomnitz y Marisol Pérez Lisaur, «The History of a Mexican Urban Family», *Journal of Family History* II (3 1978); pp. 392–409.

---

competencia e individualismo; por otra, quieren vigilar su vida social y sexual, decidir con quiénes salen y tener la última palabra en toda cuestión que concierna a su futuro. Obviamente, esta contradicción causa conflictos con los jóvenes, cuyos propios valores están también en estado de formación.

La cultura de la juventud

Como consecuencia de los factores mencionados y otros que se interrelacionan, existe actualmente en América Latina, como en otros lugares, una «cultura de la juventud». En ella, los jóvenes buscan su identidad y autoafirmación principalmente dentro del grupo de sus semejantes. Esto no quiere decir que los jóvenes no se definan con respecto a sus padres, sino que buscan más la identificación con sus amigos. Se visten con *blue jeans* y camisetas universalmente de moda; prefieren la música internacional del *rock;* se comunican en su propia jerga[10] y se arreglan según las normas aceptadas por el grupo. La búsqueda de la identidad a través del grupo y el deseo de adquirir ciertos bienes

[10]lenguaje informal de una misma clase o un mismo grupo

Estos niños indígenas andinos muestran relaciones familiares estrechas.

que impliquen estatus, se combinan para hacer de estos jóvenes un mercado muy lucrativo para la propaganda comercial de la sociedad de consumo. Como en los EE. UU., la cultura de la juventud en América Latina es a la vez un culto a la juventud, desde el punto de vista materialista. Es importante reconocer que este modo de ser de los jóvenes, y el consumismo concomitante, implican una extensa fluctuación en los valores de la familia urbana de los sectores medios (ver Capítulo dos).

Retrato familiar

En resumen, la familia patriarcal y la extensa siguen siendo fuertes en América Latina.[c] También continúa fuerte la institución del compadrazgo. Sin embargo, por importantes que sean, representan solamente un fragmento del retrato familiar. Para lograr la visión multidimensional necesaria, hay que tomar en cuenta también la figura de la madre soltera, la del joven *déclassé* de la ciudad y del campo y la de la familia urbana de la clase media, incluyendo a sus hijos. Tal vez sean los jóvenes los que deban ocupar el primer plano del cuadro, por ser tan numerosos y por ser los creadores del cuadro familiar del futuro. Entretanto, nuestro retrato se pinta con colores diferentes y contrastantes, con ángulos agudos y con figuras geométricas que muchas veces entran en colisión. Es una imagen que, según la perspectiva del observador, capta la vitalidad y la fluidez o el conflicto en el tema de la familia: tradición y cambio.

GABRIELA MISTRAL (1889–1957)

De familia humilde y origen mestizo y rural, Gabriela Mistral llegó a ser, en 1945, la primera mujer y el primer escritor latinoamericano en ganar el Premio Nobel de Literatura. Nacida en el aislado y remoto valle de Elqui en el sur de Chile, fue nombrada cónsul chilena en varias ciudades cosmopolitas del mundo. No obstante su renombre internacional, Mistral siempre se identificaba con la gente humilde y especialmente con la mujer rural e india. Su poesía expresa los valores y las experiencias de su vida. Trata los temas del amor, la naturaleza, la vida espiritual, la maternidad, el panamericanismo y el sufrimiento. En un estilo simple, sin adornos, directo y a veces incluso áspero, Mistral comunica nítidamente las emociones esenciales de la vida.

---

[c] Con fines analíticos, se distingue aquí entre la familia patriarcal y la extensa, aunque tradicionalmente han estado ambas íntimamente entrelazadas.

Una característica sobresaliente de su obra es la exaltación de la maternidad. Aunque Mistral nunca se casó ni tuvo hijos propios, adoptó a su sobrino, quien tristemente se suicidó a la edad de quince años. Ya sea por su tragedia personal o por la fuerte espiritualidad que infunde toda su obra, Mistral elogia a la madre. Para ella, la madre es la fuente de todo sentido y afecto en la vida; es el eje emocional de la familia; la que trasmite los valores eternos; la que expresa en su ser el ritmo creativo de la naturaleza, o sea, el principio femenino que rige el cosmos. En el siguiente poema en prosa, que Mistral escribió a su propia madre desde México, vemos el poder trascendental[1] de la figura de la madre y el papel femenino tradicional por el que Mistral abogaba.[2]

[1]de suma importancia
[2]defendía, favorecía

📖 Recuerdo de la madre ausente (*fragmento*)

Madre: en el fondo de tu vientre se hicieron en silencio mis ojos, mi boca, mis manos. Con tu sangre más rica me regabas como el agua a las papillas del jacinto,[3] escondidas bajo la tierra. Mis sentidos son tuyos, y con éste como préstamo de tu carne ando por el mundo. Alabada[4] seas por todo el esplendor de la tierra que entra en mí y se enreda[5] en mi corazón.

*

Madre: Yo he crecido, como un fruto en la rama espesa,[6] sobre tus rodillas. Ellas llevan todavía la forma de mi cuerpo; otro hijo no te la ha borrado. Tanto te habituaste a mecerme, que cuando yo corría por los caminos quedabas allí, en el corredor de la casa, como triste de no sentir mi peso.

No hay ritmo más suave, entre los cien ritmos derramados[7] por el *primer músico,* que ese de tu mecedora, madre, y las cosas plácidas que hay en mi alma se cuajaron[8] con ese vaivén[9] de tus brazos y tus rodillas.

Y a la par que mecías me ibas cantando, y los versos no eran sino palabras juguetonas, pretextos para tus *mimos.*[10]

En esas canciones tú me nombrabas las cosas de la tierra: los cerros, los frutos, los pueblos, las bestiecitas del campo, como para domiciliar a tu hija en el mundo, como para enumerarle los seres de la familia; ¡tan extraña!, en que la habían puesto a existir.

*

Y así, yo iba conociendo tu duro y suave universo: no hay palabrita nombradora de las criaturas que no aprendiera de ti. Las maestras sólo usaron después de los nombres hermosos que tú ya habías entregado.

[3]papillas... *hyacinth plants*
[4]Glorificada
[5]mezcla, envuelve
[6]densa
[7]vertidos, esparcidos
[8]juntaron, unieron
[9]movimiento
[10]cariños, demostraciones expresivas de amor

Tú ibas acercándome, madre, las cosas inocentes que podía coger sin herirme; una hierbabuena[11] del huerto,[12] una piedrecita de color, y yo palpaba en ellas la amistad de las criaturas. Tú, a veces, me comprabas y otras me hacías, los juguetes: una muñeca de ojos muy grandes como los míos, la casita que se desbarataba[13] a poca costa[14]... Pero los juguetes muertos yo no los amaba, tú te acuerdas: el más lindo era para mí tu propio cuerpo.

Yo jugaba con tus cabellos como con hilillos de agua escurridizos,[15] con tu barbilla[16] redonda, con tus dedos, que trenzaba[17] y destrenzaba. Tu rostro inclinado era para tu hija todo el espectáculo del mundo. Con curiosidad miraba tu parpadear[18] rápido y el juego de la luz que se hacía dentro de tus ojos verdes; ¡y aquello tan extraño que solía pasar sobre tu cara cuando eras desgraciada, madre!

Sí, todito mi mundo era tu semblante;[19] tus mejillas, como la loma color de miel, y los surcos[20] que la pena cavaba[21] hacia los extremos de la boca, dos pequeños vallecitos tiernos. Aprendí las formas mirando tu cabeza: el temblor de las hierbecitas en tus pestañas y el tallo[22] de las plantas en tu cuello, que, al doblarse hacia mí, hacía un pliegue lleno de intimidad.

Y cuando ya supe caminar de la mano tuya, apegadita cual un pliegue vivo de tu falda,[23] salí a conocer nuestro valle.

*

Los padres están demasiado llenos de afanes[24] para que puedan llevarnos de la mano por un camino o subirnos las cuestas.[25]

Somos más hijos tuyos; seguimos ceñidos contigo, como la almendra[26] está ceñida en su vainita[27] cerrada. Y el cielo más amado por nosotros no es aquél de las estrellas límpidas y frías, sino el otro de los ojos vuestros, tan próximos, que se puede besar sobre su llanto.

El padre anda en la locura heroica de la vida y no sabemos lo que es su día. Sólo vemos que por las tardes vuelve y suele dejar en la mesa una parvita[28] de frutos, y vemos que os entrega a vosotras para el ropero familiar los lienzos[29] y las franelas[30] con que nos vestís. Pero la que monda[31] los frutos para la boca del niño y los exprime[32] en la siesta calurosa eres tú, madre. Y la que corta la franela y el lienzo en piececitas, y las vuelve un traje amoroso que se apega bien a los costados friolentos del niño, eres tú, madre pobre, *¡la tiernísima!*

Ya el niño sabe andar, y también junta palabritas como vidrios de colores. Entonces tú le pones una oración leve[33] en medio de la lengua, y allí se nos queda hasta el último día. Esta oración es tan sencilla como la espadaña[34] del lirio.[35] Con ella, ¡tan breve!, pedimos cuanto se necesita para vivir con suavidad y transparencia sobre el mundo: se pide el pan cotidiano, se dice que los hombres son hermanos nuestros y se alaba la voluntad vigorosa del Señor.

Y de este modo, la que nos mostró la tierra como un lienzo extendido, lleno de formas y colores, nos hace conocer también al Dios escondido.

*

Yo era una niña triste, madre, una niña huraña[36] como son los grillos[37] oscuros en el día, como es el lagarto[38] verde, bebedor del sol. Y tú sufrías de que

[11]planta de olor de menta
[12]jardín
[13]deshacía, descomponía
[14]a... muy fácilmente
[15]*slippery*
[16]*chin*
[17]*I braided*
[18]abrir y cerrar de los ojos
[19]cara, rostro
[20]hendeduras, señales, arrugas
[21]grababa
[22]parte de la planta que sirve de sostén a las hojas, flores y frutos
[23]apegadita... tan cerca que era como parte de tu ropa
[24]trabajo
[25]cerritos, colinas
[26]*almond*
[27]cascarita
[28]cantidad pequeña
[29]telas (para hacer ropa)
[30]tejidos finos de lana
[31]quita la cáscara a las frutas
[32]extrae el líquido
[33]delicada
[34]parte de la flor que es semejante a una espada
[35]*iris*
[36]que se esconde de la gente
[37]*crickets*
[38]*lizard*

tu niña no jugara como las otras, y solías decir que tenía fiebre cuando en la viña[39] de la casa la encontrabas conversando con las cepas[40] retorcidas y con un almendro esbelto[41] y fino que parecía un niño embelesado.[42]

Ahora está hablando así también contigo, que no le contestas; y si tú la vieses le pondrías la mano en la frente, diciendo como entonces: «Hija, tú tienes fiebre.»

*

Todos los que vienen después de ti, madre, enseñan sobre lo que tú enseñaste y dicen con muchas palabras cosas que tú decías con poquitas; cansan nuestros oídos y nos empañan[43] el gozo de oír *contar*. Se aprendían las cosas con más levedad estando tu niñita bien acomodada sobre tu pecho. Tú ponías la enseñanza sobre ésa como cera[44] dorada del cariño; no hablabas por obligación, y así no te apresurabas, sino por necesidad de derramarte hacia tu hijita. Y nunca le pediste que estuviese quieta y tiesa[45] en una banca dura, escuchándote. Mientras te oía, jugaba con la vuelta de tu blusa o con el botón de concha de perla[46] de tu manga. Y éste es el único aprender deleitoso[47] que yo he conocido, madre.

*

Después, yo he sido una joven, y después una mujer. He caminado sola, sin el arrimo[48] de tu cuerpo, y sé que eso que llaman la libertad es una cosa sin belleza. He visto mi sombra caer, fea y triste, sobre los campos sin la tuya, chiquitita, al lado. He hablado también sin necesitar tu ayuda. Y yo hubiera querido que, como antes, en cada frase mía estuvieran tus palabras ayudadoras para que lo que iba diciendo fuese como una guirnalda[49] de las dos.

Ahora yo te hablo con los ojos cerrados, olvidándome de donde estoy, para no saber que estoy tan lejos; con los ojos apretados, para no mirar que hay un mar tan ancho entre tu pecho y mi semblante. Te converso cual si estuviera tocando tus vestidos; tengo las manos un poco entreabiertas y creo que la tuya está cogida.

Ya te lo dije: llevo el préstamo de tu carne, hablo con los labios que me hiciste y miro con tus ojos las tierras extrañas. Tú ves por ellos también las frutas del trópico —piña grávida[50] y exhalante[51] y la naranja de luz. Tú gozas con mis pupilas el contorno de estas otras montañas, ¡tan distintas de la montaña desollada[52] bajo la cual tú me criaste! Tú escuchas por mis oídos el habla de estas gentes,[a] que tienen el acento más dulce que el nuestro, y las comprendes y las amas; y también te laceras en mí cuando la nostalgia en algún momento es como una quemadura y se me quedan los ojos abiertos y sin ver sobre el paisaje mexicano.

---

[a]Se refiere aquí a los mexicanos. Mistral escribió este poema en prosa durante su estancia en México (1921–1923), adonde fue invitada por el Ministro de Educación, José Vasconcelos, para participar en la reforma del sistema de educación mexicano.

[39]terreno plantado de uvas
[40]tronco de la planta que da uvas
[41]delgado y alto
[42]encantado, como hipnotizado
[43]quitan el brillo, oscurecen
[44]sustancia blanda y moldeable
[45]rígida, tensa
[46]concha… madreperla
[47]que causa placer
[48]apoyo, ayuda
[49]corona tejida de flores
[50]pesada como si estuviera encinta
[51]que despide aroma
[52]pelada (sin vegetación)

Gracias en este día y en todos los días por la capacidad que me diste de recoger la belleza de la tierra, como un agua que se recoge con los labios, y también por la riqueza de dolor que puedo llevar en la hondura de mi corazón, sin morir.

Para creer que me oyes he bajado los párpados y arrojo de mí la mañana, pensando que a esta hora tú tienes la tarde sobre ti. Y para decirte lo demás, que se quiebra en las palabras, voy quedándome en silencio…

Para verificar su comprensión

Complete las siguientes frases con la respuesta más apropiada.

1. Mistral compara a su mamá con la naturaleza, y se compara a sí misma con
   a. las plantas que se nutren de la tierra.
   b. el río que da agua.
   c. el esplendor de la tierra.

2. En la mecedora de la mamá, Mistral
   a. dormía a gusto.
   b. cantaba sobre las cosas plácidas.
   c. sentía el ritmo de la vida.

3. Las canciones de la mamá
   a. hacían dormir a Mistral.
   b. le enseñaban del mundo a Mistral.
   c. reconfortaban a Mistral.

4. La mamá le enseña sobre la tierra y, mediante esto, sobre
   a. las ciencias naturales.
   b. la hermandad.
   c. el Dios escondido.

5. A través de este poema en prosa, Mistral
   a. conversa nostálgicamente con su madre.
   b. reconoce la influencia del trópico en sus emociones.
   c. se desahoga del sentido de culpa que siente hacia su madre.

Interpretación de la lectura

1. Mistral traza un vínculo bello y directo entre la madre y la naturaleza. Descríbalo, dando su propia interpretación del lenguaje poético de la escritora.

2. ¿Por qué dice Mistral de su madre que «todito mi mundo era tu semblante»?

3. ¿Cómo es que la madre hace que la niña conozca a Dios?

4. Mistral establece una comparación entre su madre y las maestras que le enseñaron en la escuela. ¿Qué quiere decir con esta comparación?

5. ¿Cómo es que Mistral se siente todavía tan unida a la madre, a pesar de los años y de la distancia?

6. ¿Cuál es el regalo de la madre que Mistral más aprecia?

Tema escrito

¿Cree Ud. que esta lectura nos enseña algo sobre la relación entre madre e hija en América Latina? ¿entre madre e hija en otras partes del mundo? ¿Por qué?

Para comentar

Mistral dice de los hijos latinoamericanos: «Somos más hijos tuyos», o sea, que son más de las madres que de los padres. ¿Qué piensa Ud. de esta afirmación?

DOMITILA BARRIOS DE CHUNGARA (1937–)

Nacida y criada en un pueblo minero en lo alto de los Andes bolivianos, Domitila Barrios de Chungara ha conocido íntimamente la privación y la lucha por la sobrevivencia. Consciente de lo que es la pobreza por su pasado personal, se ha dedicado a mejorar las condiciones de vida y de trabajo de los mineros bolivianos, quienes llevan una existencia extremadamente penosa. A través del organismo que ella misma fundó, el Comité de Amas de Casa del Siglo XX (nombre de la comunidad en que vive), Barrios de Chungara ha tomado parte muy activa en la campaña para conseguir mejoras socioeconómicas para las mujeres y para las familias mineras. En este fragmento de testimonio, relatado a la antropóloga brasileña Moema Viezzer, la narradora habla de su niñez pobre, de su responsabilidad de cuidar a sus hermanitas después de la muerte de su mamá, de sus sacrificios para educarse y de lo que significaba la vida familiar para una joven de la clase obrera rural.

Si me permiten hablar (*fragmento*)

Bueno, en el 54[1] me fue difícil regresar a la escuela después de las vacaciones, porque nosotros teníamos una vivienda que consistía en una pieza[2] pequeñita donde no teníamos ni patio y no teníamos dónde ni con quiénes dejar a las wawas.[3] Entonces consultamos al director de la escuela y él dio permiso para llevar a mis hermanitas conmigo. El estudio se hacía por las tardes y por las mañanas. Yo tenía que combinar todo: casa y escuela. Entonces yo llevaba a la más chiquita cargada[4] y a la otra agarrada de la mano y Marina llevaba las mamaderas[5] y las mantillas[6] y mi hermana la otrita llevaba los cuadernos. Y así todas nos íbamos a la escuela. En un rincón teníamos un cajoncito donde dejábamos a la más chiquita mientras seguíamos estudiando. Cuando lloraba, le dábamos su mamadera. Y mis otras hermanitas allí andaban de banco en banco. Salía de la escuela, tenía que cargarme la niñita, nos íbamos a la casa y tenía yo que cocinar, lavar, planchar, atender a las wawas. Me parecía muy difícil todo eso. ¡Yo deseaba tanto jugar! Y tantas otras cosas deseaba, como cualquier niña.

[1]año de 1954
[2]cuarto, sala
[3]palabra quechua que significa «bebé»
[4]en brazos
[5]botellas para darle leche a un bebé
[6]piezas de tela con que se envuelve a los niños

La lucha contra la pobreza de esta niña boliviana y su gente es una de las metas principales de Domitila Barrios.

Dos años después, ya la profesora no me dejó llevar a mis hermanitas porque ya metían bulla.[7] Mi padre no podía pagar a una sirvienta, pues no le alcanzaba su sueldo ni para la comida y la ropa de nosotras. En la casa, por ejemplo, yo andaba siempre descalza;[8] usaba los zapatos solamente para ir a la escuela. Y eran tantas cosas que tenía que hacer y era tanto el frío que hacía en Pulacayo que se me reventaban[9] las manos y me salía mucha sangre de las manos y de los pies. La boca, igual, se me rajaban[10] los labios. De la cara también salía sangre. Es que no teníamos suficientes prendas de abrigo.[11]

Bueno, como la profesora me había dado aquella orden, entonces yo empecé a irme sola a la escuela. Echaba llave[12] a la casa y tenían que quedarse las wawas en la calle, porque la vivienda era oscura, no tenía ventana y les daba mucho terror cuando se la cerraba. Era como una cárcel, solamente con una puerta. Y no había dónde dejar a las chicas, porque en ese entonces vivíamos en un barrio de solteros, donde no había familias, puros hombres vivían en ahí.

Entonces mi padre me dijo que dejara la escuela, porque ya sabía leer y leyendo podía aprender otras cosas. Pero yo no acepté y me puse fuerte[13] y seguí yendo a clases.

Y resulta que un día la chiquita comió ceniza de carburo[14] que había en el basurero, ese carburo que sirve para encender las lámparas. Sobre esa ceniza habían echado comida y mi hermanita, de hambre, creo yo, se fue a comer de allí. Le dio una terrible infección intestinal y luego se murió. Tenía tres años.

Yo me sentí culpable de la muerte de mi hermanita y andaba muy muy deprimida. Y mi padre mismo me decía que esto había ocurrido porque yo no había querido quedarme en casa con las wawas. Como yo había criado a ésta mi hermanita desde que nació, eso me causó un sufrimiento muy grande.

Y desde entonces comencé a preocuparme mucho más por mis hermanitas. Mucho más. Cuando hacía mucho frío, y no teníamos con qué abrigarnos,[15] yo agarraba los trapos[16] viejos de mi padre y con eso las abrigaba, les envolvía sus pies, su barriga.[17] Las cargaba, trataba de distraerlas. Me dediqué completamente a las niñas.

Mi padre gestionó[18] en la empresa minera de Pulacayo para que le dieran una vivienda con patiecito, porque era muy difícil vivir donde estábamos. Y el gerente, a quien mi papá le arreglaba[19] sus trajes, ordenó que le dieran una vivienda más grande con un cuarto, una cocina y un corredorcito donde se podía dejar a las chicas. Y fuimos a vivir en un barrio que era campamento,[20] donde la mayoría de las familias eran de obreros de las minas.

Sufríamos hambre a veces y no nos satisfacían los alimentos porque era poco lo que podía comprar mi papá. Ha sido duro vivir con privaciones y toda clase de problemas cuando pequeñas. Pero eso desarrolló algo en nosotras: una gran sensibilidad, un gran deseo de ayudar a toda la gente. Nuestros juegos de niños siempre tenían algo relacionado con lo que vivíamos y con lo que deseábamos vivir. Además, en el transcurso de nuestra infancia habíamos visto eso: mi madre y mi padre, a pesar de que teníamos tan poco, siempre estaban ayudando a algunas familias de Pulacayo. Entonces, cuando veíamos

[7]metían... hacían ruido
[8]sin zapatos
[9]me abría la piel de
[10]me reventaban
[11]de... para el frío
[12]Echaba... Cerraba con llave
[13]firme
[14]combinación de carbono con otro elemento
[15]protegernos del frío
[16]pedazos de tela vieja
[17]vientre, abdomen
[18]pidió
[19]cosía, reparaba
[20]instalación temporaria

pobres por la calle mendigando, yo y mis hermanas nos poníamos a soñar. Y soñábamos que un día íbamos a ser grandes, que íbamos a tener tierras, que íbamos a sembrar y que a aquellos pobres les íbamos a dar de comer. Y si alguna vez nos sobraba un poco de azúcar o de café o de alguna otra cosa y oíamos un ruido, decíamos: «De repente aquí está pasando un pobre. Mira, aquí hay un poquito de arroz, un poquito de azúcar.» Y lo amarrábamos[21] a un trapo y… «¡pá!… » lo echábamos a la calle para que algún pobre lo recoja.

Una vez ocurrió que le tiramos a mi papá su café cuando volvía del trabajo. Y cuando entró a la casa nos regañó mucho y nos dijo: «¿Cómo pueden ustedes estar desechando[22] lo poco que tenemos? ¿Cómo van a despreciar[23] lo que tanto me cuesta ganar para ustedes?» Y bien nos pegó.[24] Pero eran cosas que se nos ocurrían, pensábamos que así podríamos ayudar a alguien, ¿no?

Y bueno, así era nuestra vida. Yo tenía entonces 13 años. Mi padre siempre insistía en que no debía seguir en la escuela. Pero yo le iba rogando, rogando, y seguía yendo. Claro, siempre me faltaba material escolar. Entonces, algunos maestros me comprendían, otros no. Y por eso me pegaban, terriblemente me pegaban porque yo no era buena alumna.

El problema es que habíamos hecho un trato[25] mi papá y yo. Él me había explicado que no tenía dinero, que no me podía comprar material, que no podía dar nada para la escuela. Y yo le prometí entonces que no le iba a pedir nada para la escuela. Y de ahí que me arreglaba como podía. Y por eso tenía yo problemas.

En el sexto curso tuve como profesor a un gran maestro que me supo comprender. Era un profesor bastante estricto, y los primeros días que yo no llevé el material completo, me castigó bien severamente. Un día me jaló[26] de los cabellos, me dio palmadas,[27] y, al final, me botó[28] de la escuela. Tuve que irme a la casa, llorando. Pero al día siguiente, volví. Y de la ventana miraba lo que estaban haciendo los chicos.

En uno de esos momentos, el profesor me llamó:

—Seguramente no ha traído su material —me dijo. Yo no podía contestar y me puse a llorar.

—Entre. Ya pase, tome su asiento. Y a la salida se ha de quedar usted.

Para ese momento, una de las chicas ya le había avisado que yo no tenía mamá, que yo cocinaba para mis hermanitas y todo eso.

A la salida me quedé y entonces él me dijo:

—Mira, yo quiero ser tu amigo, pero necesito que me digas qué pasa con vos. ¿Es cierto que no tienes tu mamá?

—Sí, profesor.

—¿Cuándo se murió?

—Cuando estaba todavía en el primer curso.

—Y tu padre, ¿dónde trabaja?

—En la policía minera, es sastre.[29]

—Bueno, ¿qué es lo que pasa? Mira, yo quiero ayudarte, pero tienes que ser sincera. ¿Qué es lo que pasa?

[21]atábamos, sujetábamos
[22]descartando, tirando
[23]desdeñar, no apreciar
[24]dio golpes
[25]acuerdo, pacto
[26]tiró
[27]dio… golpeó con la palma de la mano
[28]arrojó, echó afuera
[29]persona que se dedica a hacer trajes para hombre

Yo no quería hablar, porque pensé que iba a llamar a mi padre como algunos profesores lo hacían cuando estaban enojados. Y yo no quería que lo llamara, porque así había sido mi trato con él: de no molestarlo y no pedirle nada. Pero el profesor me hizo otras preguntas y entonces le conté todo. También le dije que podía hacer mis tareas, pero que no tenía mis cuadernos, porque éramos bien pobres y mi papá no podía comprar y que, años atrás, ya mi papá me había querido sacar de la escuela porque no podía hacer ese gasto más. Y que con mucho sacrificio y esfuerzo había yo podido llegar hasta el sexto curso. Pero no era que mi papá no quisiera, sino porque no podía. Porque, incluso, a pesar de toda la creencia que había en Pulacayo de que a la mujer no se le debía enseñar a leer, mi papá siempre quiso que supiéramos por lo menos eso.

Sí, mi papá siempre se preocupó por nuestra formación. Cuando murió mi mamá, la gente nos miraba y decía: «Ay, pobrecitas, cinco mujeres, ningún varón... ¿Para qué sirven?... Mejor si se mueren.» Pero mi papá muy orgulloso decía: «No, déjenme a mis hijas, ellas van a vivir.» Y cuando la gente trataba de acomplejarnos[30] porque éramos mujeres y no servíamos para gran cosa, él nos decía que todas las mujeres tienen los mismos derechos que los hombres. Y decía que nosotras podíamos hacer las hazañas[31] que hacen los hombres. Nos crió siempre con esas ideas. Sí, fue una disciplina muy especial. Y todo eso fue muy positivo para nuestro futuro. Y de ahí que nunca nos consideramos mujeres inútiles.

El profesor comprendía todo esto, porque yo le contaba. E hicimos un trato de que yo le iba a pedir todo el material de que necesitaba. Y desde ese día nos llevábamos a las mil maravillas.[32] Y el profesor nos daba todo el material que necesitábamos yo y mis hermanitas más. Y así pude terminar mi último año escolar...

[30]hacernos sentir inferiores
[31]acciones ilustres
[32]nos... nos entendíamos perfectamente

Para verificar su comprensión

Conteste cada pregunta con una o dos frases breves.

1. ¿Cómo combinaba la narradora la vida de la casa y de la escuela?

2. ¿Qué hizo Barrios de Chungara cuando no pudo continuar llevando a sus hermanitas a la escuela?

3. Dice Barrios de Chungara que el hambre desarrolló en ella una gran sensibilidad. ¿Cómo?

4. ¿Cuál era el trato que hicieron la narradora y su papá?

5. ¿Qué dificultades le causó el pacto a la narradora?

6. ¿Por qué decían los vecinos que era una lástima que el papá tuviera «cinco mujeres, ningún varón»?

7. ¿Qué hizo el maestro de Barrios de Chungara para ayudarla a resolver sus problemas?

Interpretación de la lectura

1. ¿Por qué se sentía culpable la narradora por la muerte de su hermanita? ¿La considera culpable Ud.?

2. Si el papá de Barrios de Chungara realmente cree que las mujeres «tienen los mismos derechos que los hombres», ¿cómo se explica su actitud respecto a la determinación de su hija de educarse?

3. ¿Cree Ud. que si la narradora hubiera sido *hijo* mayor en vez de *hija* mayor sus responsabilidades familiares y sus oportunidades para desenvolverse habrían sido diferentes? ¿Por qué?

4. En su opinión, ¿resolvió la narradora satisfactoriamente el conflicto que se le presentaba al tener que elegir entre sus obligaciones domésticas y su deseo de superarse?

Comparaciones

1. Basándose en lo que ya sabemos de Mistral y de su actitud hacia la vida familiar, ¿qué opinaría ella de Barrios de Chungara, y viceversa?

2. En la vida de Carolina de Jesús (ver Capítulo tres) y en la de Domitila Barrios de Chungara vemos la misma tenacidad y dedicación obsesiva por alcanzar una sola meta: la de superarse, suceda lo que suceda. Compare los medios con que cada una contaba para su vida familiar cotidiana y la función que cumplía para cada una su obstinada determinación.

MARIO BENEDETTI (1920–)

Este famoso escritor uruguayo vive actualmente en España, donde escribe para el periódico *El País,* internacionalmente difundido. Como muchos otros escritores de su época, Mario Benedetti se ocupa de la soledad y enajenación del individuo urbano. En su mayor parte, sus protagonistas son pequeños burócratas de la clase media que viven desarraigados[1] en un ambiente impersonal u hostil en el que predominan el engaño y la mentira. Sus cuentos expresan lo que es para él el vacío de la vida de Montevideo y la imposibilidad de crear relaciones humanas basadas en la sinceridad y el respeto mutuo.

[1]sin raíces

En el siguiente cuento, somos testigos de las recriminaciones recíprocas de una pareja que decide poner fin a su matrimonio y separarse. Su hijo adolescente, el narrador, también es testigo.

Guía de prelectura

Lea el primer párrafo y escoja el mejor resumen. Recuerde que el autor presenta el diálogo entre los padres por el medio indirecto de los pensamientos del hijo. Esta técnica literaria intensifica el efecto dramático del cuento.

1. El joven entra al estudio mientras sus padres están peleando. No le hacen caso y siguen acusándose, el uno al otro, de infidelidad. La madre acusa al padre de salir ostentosamente con «la Otra», mientras el padre acusa a la madre de ser indiscreta con Ricardo. El hijo es testigo forzoso de la riña desde su sitio, hundido en su asiento, y sus padres pronto ignoran su presencia.

2. El joven fracasó en sus exámenes y sus padres están enojadísimos con él. Dicen que perdió demasiado tiempo en el Jardín Botánico, yendo al cine, etcétera, en vez de estudiar. El joven quiere irse pero el padre lo obliga a quedarse, mientras la madre pide tolerancia por parte del padre. Después, sigue una discusión acalorada entre los padres, quienes deciden separarse.

 ## La guerra y la paz

Cuando abrí la puerta del estudio, vi las ventanas abiertas como siempre y la máquina de escribir destapada y sin embargo pregunté: —¿Qué pasa?—. Mi padre tenía un aire autoritario que no era el de mis exámenes perdidos. Mi madre era asaltada por espasmos de cólera que la convertían en una cosa inútil. Me acerqué a la biblioteca y me arrojé en el sillón verde. Estaba desorientado, pero a la vez me sentía misteriosamente atraído por el menos maravilloso de los presentes. No me contestaron, pero siguieron contestándose. Las respuestas, que no precisaban el estímulo de las preguntas para saltar y hacerse añicos,[2] estallaban frente a mis ojos, junto a mis oídos. Yo era un corresponsal[3] de guerra. Ella le estaba diciendo cuánto le fastidiaba la persona ausente de la Otra. Qué importaba que él se olvidara de su ineficiente matrimonio, del decorativo, imprescindible ritual de la familia. No era precisamente eso, sino la ostentación desfachatada,[4] la

[2]pedazos
[3]periodista
[4]descarada, desvergonzada

concurrencia[5] al Jardín Botánico llevándola del brazo, las citas en el cine, en las confiterías.[6] Todo para que Amelia, claro, se permitiera luego aconsejarla con burlona piedad (justamente ella, la buena pieza) acerca de ciertos límites de algunas libertades. Todo para que su hermano disfrutara recordándole sus antiguos consejos prematrimoniales justamente él, el muy cornudo, acerca de la plenaria[7] indignidad de mi padre. A esta altura el tema había ganado en precisión y yo sabía aproximadamente qué pasaba. Mi adolescencia se sintió acometida[8] por una leve sensación de estorbo[9] y pensé en levantarme. Creo que había empezado a abandonar el sillón. Pero, sin mirarme, mi padre dijo. —Quédate—. Claro, me quedé. Más hundido que antes en el pullman[10] verde. Mirando a la derecha alcanzaba a distinguir la pluma del sombrero materno. Hacia la izquierda, la amplia frente y la calva[11] paternas. Éstas se arrugaban y alisaban[12] alternativamente, empalidecían y enrojecían siguiendo los tirones de la respuesta, otra respuesta sola, sin pregunta. Que no fuera falluta.[13] Que si él no había chistado[14] cuando ella galanteaba[15] con Ricardo, no era por cornudo sino por discreto, porque en el fondo la institución matrimonial estaba por encima de todo y había que tragarse las broncas[16] y juntar tolerancia para que sobreviviese. Mi madre repuso que no dijera pavadas,[17] que ella bien sabía de dónde venía su tolerancia.

De dónde, preguntó mi padre. Ella dijo que de su ignorancia; claro, él creía que ella solamente coqueteaba con Ricardo y en realidad se acostaba con él. La pluma se balanceó con gravedad, porque evidentemente era un golpe tremendo. Pero mi padre soltó una risita y la frente se le estiró, casi gozosa. Entonces ella se dio cuenta que había fracasado, que en realidad él había aguardado eso para afirmarse mejor, que acaso siempre lo había sabido, y entonces no pudo menos que desatar unos sollozos histéricos y la pluma desapareció de la zona visible. Lentamente se fue haciendo la paz. Él dijo que aprobaba, ahora sí, el divorcio. Ella que no. No se lo permitía su religión. Prefería la separación amistosa, extraoficial, de cuerpos y de bienes.[18] Mi padre dijo que había otras cosas que no permitía la religión, pero acabó cediendo. No se habló más de Ricardo ni de la Otra. Sólo de cuerpos y de bienes. En especial, de bienes. Mi madre dijo que prefería la casa del Prado. Mi padre estaba de acuerdo: él también la prefería. A mí me gusta más la casa de Pocitos. A cualquiera le gusta más la casa de Pocitos. Pero ellos querían los gritos, la ocasión del insulto. En veinte minutos la casa del Prado cambió de usufructuario[19] seis o siete veces. Al final prevaleció la elección de mi madre. Automáticamente la casa de Pocitos se adjudicó a mi padre. Entonces entraron dos autos en juego. Él prefería el Chrysler. Naturalmente, ella también. También aquí ganó mi madre. Pero a él no pareció afectarle; era más bien una derrota[20] táctica. Reanudaron la pugna a causa de la chacra,[21] de las acciones[22] de Melisa, de los títulos hipotecarios, del depósito de leña. Ya la oscuridad invadía el estudio. La pluma de mi madre, que había reaparecido, era sólo una silueta contra el ventanal. La calva paterna ya no brillaba. Las voces se enfrentaban roncas,[23] cansadas de golpearse; los insultos, los recuerdos ofensivos, recrudecían[24] sin pasión, como para seguir una norma impuesta por ajenos. Sólo quedaban números, cuentas en el

[5]asistencia
[6]restaurantes que sirven café, té, dulces y emparedados
[7]completa
[8]atacada
[9]molestia, incomodidad
[10]sillón
[11]parte de la cabeza de donde se ha caído el pelo
[12]*smoothed out*
[13]falsa
[14]no… no había dicho nada
[15]coqueteaba
[16]rabias, disputas
[17]tonterías
[18]posesiones
[19]dueño, propietario
[20]vencimiento
[21]granja, finca
[22]*stock certificates*
[23]ásperas
[24]empeoraban

aire, órdenes a dar. Ambos se incorporaron, agotados de veras, casi sonrientes. Ahora los veía de cuerpo entero. Ellos también me vieron, hecho[25] una cosa muerta en el sillón. Entonces admitieron mi olvidada presencia y murmuró mi padre, sin mayor entusiasmo: —Ah, también queda éste—. Pero yo estaba inmóvil, ajeno, sin deseo, como los otros bienes gananciales.

[25]como

Para verificar su comprensión

Escoja el mejor resumen del segundo párrafo del cuento.

1. Los padres proceden a la división de sus posesiones materiales. Aunque son de la clase media baja, se disputan vociferadamente sus pocos bienes, y el padre, como siempre, sale ganando. Entretanto, la madre se da cuenta de lo perturbado que está el hijo por todo lo sucedido y se siente mortificada.

2. Los padres proceden a la división de sus posesiones materiales. Puesto que son de la alta burguesía, tienen mucho que distribuirse y lo discuten alteradamente. Al final de su larga discusión se dan cuenta otra vez de la presencia del hijo, quien representa para el padre otro objeto que requiere distribución.

Comparaciones

Establezca una comparación entre las familias que se han presentado en distintas lecturas, como la de Carolina María de Jésus, la de la narradora de *Balún-Canán,* la de Gabriela Mistral y la del narrador de «La guerra y la paz», destacando los factores que influyen en su conservación o su disolución.

ROSARIO CASTELLANOS (1925–1974)

Como ya sabemos (ver Capítulo tres), Rosario Castellanos, en sus novelas, cuentos y poesías, trata sobre todo de la condición de los indios y de la mujer. Su poema «Valium 10» expresa claramente el dilema de la mujer moderna de clase media que sale a trabajar y vuelve a casa cansada y con ganas de descansar, pero lo que le espera es solamente más trabajo. Aquí Castellanos comunica la soledad y las dudas interiores de la mujer profesional sobre el porqué de la vida que lleva.

Valium 10

A veces (y no trates
de restarle[1] importancia
diciendo que no ocurre con frecuencia)
se te quiebra[2] la vara[3] con que mides,
se te extravía[4] la brújula
y ya no tienes nada.

El día se convierte en una sucesión
de hechos incoherentes, de funciones
que vas desempeñando por inercia y por hábito.
Y lo vives. Y dictas el oficio[6]
a quienes corresponde. Y das la clase
lo mismo a los alumnos inscritos que al oyente.
Y en la noche redactas[7] el texto que la imprenta
devorará mañana.
Y vigilas (oh, sólo por encima)
la marcha de la casa, la perfecta
coordinación de múltiples programas
—porque el hijo mayor ya viste de etiqueta[8]
para ir de chambelán[9] a un baile de quince años
y el menor quiere ser futbolista y el de en medio
tiene un póster del Che[a] junto a su tocadiscos.

Y repasas las cuentas del gasto y reflexionas
junto a la cocinera, sobre el costo
de la vida y el ars magna[10] combinatoria
del que surge el menú posible y cotidiano.

Y aún tienes voluntad para desmaquillarte[11]
y ponerte la crema nutritiva y aún leer
algunas líneas antes de consumir la lámpara.

Y en la oscuridad, en el umbral[12] del sueño,
echas de menos[13] lo que se ha perdido:
el diamante de más precio, la carta
de marear,[14] el libro
con cien preguntas básicas (y sus correspondientes
respuestas) para un diálogo

[1]quitarle
[2]rompe
[3]*yardstick*
[4]pierde
[5]instrumento que señala el norte magnético
[6]dictas… ejerces tu profesión
[7]preparas por escrito
[8]de… con traje formal
[9]de… oficial acompañante de la muchacha quien cumple quince años
[10]ars… gran arte, usado aquí con ironía
[11]quitarte los cosméticos
[12]principio
[13]echas… sientes nostalgia por
[14]carta… mapa para navegar

---

[a]Ernesto «Che» Guevara, revolucionario argentino que luchó con Fidel Castro en 1959 para derrocar al dictador cubano Fulgencio Batista.

---

elemental siquiera con la Esfinge.[15]
Y tienes la penosa sensación
de que en el crucigrama se deslizó una errata[16]
que lo hace irresoluble.

Y deletreas el nombre del Caos. Y no puedes
dormir si no destapas
el frasco de pastillas y si no tragas una
en la que se condensa,
químicamente pura, la ordenación del mundo.

[15] *Sphinx*
[16] error

Para verificar su comprensión

¿Cierto o falso? Indique si cada afirmación es cierta (C) o falsa (F). Si es falsa, corríjala según la lectura.

1. _____ La mujer en el poema sabe lo que quiere de la vida.

2. _____ La vida de la mujer carece de sentido.

3. _____ La mujer cumple con sus obligaciones por hábito.

4. _____ La mujer no cree haber errado en el camino que ha elegido.

5. _____ La mujer se preocupa porque tiene mucho que hacer y está enferma.

Interpretación de la lectura

1. En su opinión, ¿por qué a veces pierde su perspectiva la mujer aquí descrita?

2. ¿Difiere su rutina doméstica de la profesional? ¿Cómo?

3. ¿Cuáles son las cosas que ella ha perdido? ¿Qué simbolizan?

4. ¿Qué simbolizará el crucigrama a que se refiere Castellanos?

5. ¿Cómo puede una pastilla ordenar el mundo?

Comparaciones

¿Cree Ud. que este poema presenta de una manera realista la vida de la mujer que tiene «doble» jornada? ¿Tendrá una contraparte en la mujer estadounidense? Explique.

JUDITH ORTIZ COFER (1952–)

Esta conocida artista nació en Puerto Rico, pero se mudó al continente cuando era niña. Durante su niñez hizo viajes familiares frecuentes entre la Isla y New Jersey, los cuales proveían la inspiración para sus temas predilectos de migración, adaptación y el papel de la mujer en ambas culturas. Otros libros recientes de Ortiz Cofer incluyen *The Latin Deli: Prose and Poetry* (1995) y *Woman in Front of the Sun* (2000). Nuestra selección fue extraída de su *Silent Dancing: A Partial Remembrance of a Puerto Rican Childhood* (1990), traducido al español en 1997 por Elena Olazagasti-Segovia. Ortiz Cofer es titular de la cátedra Franklin de inglés y *Creative Writing* en la Universidad de Georgia.

 ## Quinceañera

Pregunta: ¿Qué debe hacer una muchacha para que los jóvenes anden detrás de[1] ella?

Respuesta: Irse delante de ellos.
—Adivinanza puertorriqueña

Tenía quince años cuando fui a Puerto Rico por última vez siendo una niña. La próxima vez que visitara la Isla sería de recién casada, años más tarde. Ese último verano que formé parte de la tribu matriarcal de mi madre aprendí unas cuantas cosas sobre lo que significa convertirse en mujer en Puerto Rico.

De pequeña, la casa de mi abuela había parecido un laberinto de maravillas, con su colección de cuartos sin ton ni son,[2] pocas puertas que cerraban con llave y el bullicio[3] constante de tías, tíos y primos. A los quince años, resentida por haber sido arrancada otra vez de mi ambiente de New Jersey —sobre el cual yo pensaba que estaba empezando a triunfar con mi creciente dominio de sus reglas— me sentía sofocada por la multitud de familia en la casa de Mamá. Era un lugar donde pedir intimidad se consideraba de mala educación,[4] donde la gente te preguntaba adónde ibas si tratabas de salir de un cuarto, donde una adolescente era vigilada a cada minuto por las mujeres que actuaban como si se llevara una especie de bomba de tiempo en el cuerpo que pudiera estallar en cualquier minuto; y peor, constantemente se te advertía[5] acerca de tu comportamiento[6] frente a los hombres: no cruces las piernas así cuando haya un hombre en el cuarto, no andes por ahí en tus pijamas, nunca interrumpas sus

[1] anden... estén interesados en
[2] sin... sin motivo
[3] ruido, alboroto
[4] de... falta de cortesía
[5] aconsejaba, enseñaba
[6] manera de conducirse

conversaciones. No importaba[7] si los hombres eran mis tíos, mis primos o mi hermano. De alguna manera mi cuerpo, con sus nuevos contornos y sus nuevos poderes biológicos, lo había cambiado todo: medio mundo se había vuelto ahora una amenaza o se sentía amenazado por su potencial para el desastre.

La devastación causada por los cuerpos femeninos se me hacía evidente en todas partes ese verano. Uno de mis tíos, recién casado, todavía vivía en casa de Mamá con su esposa encinta[8] a quien había que tratar con exasperante finura. Ella pedía cosas extrañas para comer y todo el mundo se mataba[9] por conseguírselas, por miedo a que se enfadara[10] y tuviera un parto difícil. Lloraba por cualquier cosa, tomaba siestas al mediodía y todo el mundo andaba de puntillitas[11] hablando en susurros.[12] Era evidente para mí que ella lo estaba pasando requetebién,[13] aprovechándose de un embarazo perfectamente normal para actuar como una inválida.[14] Cuando me quejé con mi madre en privado, aprendí que la mujer tenía derecho a reclamar atención cuando estaba esperando su primer hijo; la vida se pondría más que difícil más adelante.

Al otro lado de la calle vivía una joven madre menos afortunada. Nora era unos cuantos meses mayor que yo. Me acordaba de ella de la escuela en los últimos meses que había pasado en casa de Mamá. Ella siempre parecía más madura que las otras muchachas y no en balde.[15] Tenía toda una tropa[16] de hermanitos y hermanitas en la casa a los cuales tenía que cuidar mientras su madre trabajaba el último turno en una fábrica. Oí decir que había dejado la escuela en el primer año, para fugarse con un hombre que le doblaba la edad. Él nunca se casó con ella y ella regresó a la casa encinta y luciendo agotada[17] y desanimada.[18]

A menudo, sentada en el balcón de la casa de Mamá aquel verano para escaparme del caos en el interior, veía a Nora salir de la casa de vez en cuando.[19] Solía cargar a su hijo en la cadera mientras barría con una mano o trabajaba en el huerto. ¿Tendría sólo dieciséis años? Su cuerpo estaba hinchado en una forma anormal, sus movimientos eran lentos, como si no tuviera energía ni voluntad. Me repugnaban[20] su apariencia y su letargo.[21] Sentía una rabia inexplicable cuando la veía.

Todos los días Mamá se levantaba a las cinco a trabajar en la casa. Se había dedicado al hogar desde que pudo andar, y como una autómata programada de por vida, siguió una rutina de trabajo y autosacrificio hasta su vejez. A pesar de ser la figura dominante en su casa —todas las decisiones prácticas que cualquiera de sus ocho hijos y su esposo tomaran tenían que ser aprobadas por ella— hasta el día de hoy ella cree que sobre todo, el trabajo redime[22] la vida de una mujer: las manos ocupadas todo el tiempo, trabajando, trabajando, trabajando para los otros. Mamá se daba a sí misma y les daba a los otros poco tiempo libre. Sólo los pequeños estaban exentos de las tareas. Eran los únicos a quienes se les permitía perder tiempo: todos los demás tenían que estar ocupados mientras estuvieran en presencia de ella. Esta ética del trabajo se aplicaba a mí especialmente, debido a que en su opinión era una quinceañera y se me entrenaba para las exigencias de la feminidad y el matrimonio.

[7]No... No era importante
[8]embarazada
[9]se... hacía grandes esfuerzos
[10]enojara
[11]de... con la punta de los pies
[12]en... en voz baja
[13]muy bien
[14]persona con impedimentos físicos
[15]en... sin motivo
[16]muchedumbre
[17]muy cansada
[18]sin energía
[19]de... a veces
[20]causaban asco
[21]inactividad, lentitud
[22]hace válida

No era que Mamá apoyara el matrimonio como la única opción de la mujer; era todo lo que a ella se le había enseñado a esperar para sí misma, para sus hijas y, ahora, para sus nietas. Si una mujer no se casaba, se metía a monja o entraba a «la vida», de prostituta. Desde luego había algunas profesiones que una mujer podía practicar —enfermera, maestra— hasta que encontrara un hombre para casarse. El peor destino era quedarse sola (por esto entendía quedarse sin hijos, en vez de sin marido) en la vejez. Mamá nunca en su vida había estado sola. Aún ahora, cuando es una anciana, llena la casa de bisnietos siempre que es posible. Para ella la soledad significa la negación de la vida.

Y así el verano de mis quince años en Puerto Rico me resistí a aprender a cocinar alegando[23] que me mareaba[24] en el calor de la cocina. Por suerte había tantas cocineras disponibles en la casa que no me echaron de menos;[25] sólo me pusieron en ridículo.

Todavía disfrutaba de escuchar a las mujeres hablando de su vida y todavía me deleitaban[26] y memorizaba los cuentos de Mamá, pero para entonces empezaba a reconocer el subtexto de las insinuaciones sexuales, a detectar el sarcasmo y a encontrar las claves escondidas para sus verdaderos sentimientos de frustración en el matrimonio y en la vida estrictamente limitada de las mujeres en Puerto Rico.

Ese verano me cortejaron y me dieron serenatas en un estilo que me parece que prácticamente ha pasado de moda. Era 1967 y el resto del mundo parecía estar precipitándose[27] de cabeza al futuro. Sin embargo, en este pueblo los jóvenes se llenaban los bolsillos con vellones[28] para que cuando sus muchachas favoritas pasaran por la bodega céntricamente situada pudieran tocarles canciones de amor en la vellonera.[29] Cada pareja sabía cuál era «su canción» después de muchas repeticiones. Sin chaperona o en la compañía de sus amigas, a la muchacha se le informaba de que se mantuviera reservada, que no mirara directamente al muchacho que por lo general se paraba a la entrada de la tienda. Si se trataba de un muchacho tímido, se le quedaba mirando fijamente a su amada; si era valiente, cantaba acompañado del disco, ocasionando la inmensa diversión y los bulliciosos comentarios de los otros hombres en la tienda. Era un emocionante ritual de hacer la corte,[30] tanto elegante como descarado,[31] para el cual yo no tenía preparación, ya que la versión del piropo[32] que había en Paterson, los gritos, los silbidos y la poesía callejera a la que los hombres latinos someten a las mujeres, era radicalmente diferente de este dramático y romántico galanteo llevado a cabo sin torpeza[33] y sorprendentemente aceptado por los adultos como parte de la carga de tener hijos adolescentes.

El arreglo era, por fin lo comprendí, que no podía haber comunicación directa entre la muchacha y el muchacho a menos que se tratara de amores en serio; de ser así, el muchacho les pediría permiso a los padres de la muchacha para visitarla y escoltarla (en grupos solamente) a los bailes, etc. Las parejas, desde luego, violaban esta regla lo más frecuentemente que podían.

Aprendí lo que se debe y lo que no se debe hacer en el juego por observación directa. A pesar de que tenía pocas amigas íntimas en el pueblo, tenía un

[23]aduciendo, argumentando
[24]me... turbaba
[25]me... notaron mi ausencia
[26]producían placer
[27]lanzándose, arrojándose
[28]monedas de 5 centavos
[29]tocadiscos con monedas
[30]hacer... cortejar, galantear
[31]sin vergüenza
[32]alabanza para seducir
[33]falta de elegancia

tío que era sólo seis meses mayor que yo, y una tía, su hermana, que estaba en el último año de escuela secundaria, los dos enamorados ese año. Ambos me usaban de parachoques[34] y de pretexto para ver a los objetos de su amor. Recuerdo una vez cuando mi tío me ofreció enseñarme a montar en bicicleta. Todos estaban sorprendidos de que me lo ofreciera ya que su actividad favorita era el béisbol y apenas se le veía el pelo[35] en casa. Mi madre aceptó el ofrecimiento y un día salimos por el pueblo: yo iba de pasajera y él pedaleaba[36] frenéticamente. Cuando llegamos al campo se paró para recobrar el aliento y para explicarme que íbamos a recoger a otras personas para ir a una merienda junto al río. Me dio instrucciones para que cuando paráramos la próxima vez frente a una casa, yo fuera a la puerta y preguntara por Carolina. Él se mantendría fuera de la vista. No tardé mucho en entender su plan. Yo era su pantalla.[37] Él tenía una cita con la muchacha a quien no le permitirían salir con un muchacho, pero si yo me hacía pasar por su compañera de clase, era posible que la dejaran.

Fue un día divertido según las otras parejas se nos unieron y yo recibí muchísima atención de un muchacho negro de nombre Wilson, quien, como yo, estaba sirviéndoles de pantalla a su hermana y a su amigo. De regreso, mi tío se sintió obligado a darme una lección en la bicicleta. Por desgracia, perdí el control en lo alto de una loma[38] y me precipité en un matorral.[39] Él venía detrás de mí gritándome que usara los frenos, pero en mi pánico se me había olvidado que estaban en el manubrio.[40] La bicicleta quedó guayada[41] y doblada, y yo recibí chichones[42] y magulladuras[43] que no pude esconder por mucho tiempo de la vigilancia de mi madre.

No hubo más viajes en bicicleta para mí después de ese incidente, pero las bicicletas continuaron desempeñando una parte importante en mi desarrollo ese verano.

Los muchachos del pueblo usaban las bicicletas como su contrapartida en los Estados Unidos usaban los carros deportivos. Pasaban corriendo frente a las muchachas que estaban persiguiendo; hacían proezas[44] e imprudencias[45] en ellas, pero mayormente se paseaban de arriba para abajo por la calle de la casa de las muchachas que habían escogido con la esperanza de divisarlas o de que precavidamente[46] les hicieran un saludo con la mano. Esto solía suceder al atardecer, después de la comida, cuando se acababan los sudorosos partidos de béisbol, cuando los hombres habían terminado el día; después de que se habían lavado el polvo del campo de juego en el baño y se habían aplicado colonia y brillantina[47] *Brillcream* generosamente.

En casa de Mamá los adultos tenían paciencia cuando mi tío, mi tía y yo monopolizábamos los baños y los tocadores por varias horas. Entonces mi tío se montaba en su vehículo ligeramente arañado[48] y se iba a «ver a su mujer», quien estaría haciendo lo que mi tía y yo nos estábamos preparando para hacer: emperifollándonos[49] nada más que para sentarnos en el balcón, con la esperanza de que los otros se quedaran en la sala a mirar las novelas. Era casi seguro que lo harían, puesto que las telenovelas puertorriqueñas

[34]cubierta, encubrimiento
[35]apenas... casi no se le veía
[36]movía los pedales de la bicicleta
[37]encubridora, distractora
[38]elevación en el terreno
[39]lugar con maleza
[40]parte de la bicicleta donde se ponen las manos
[41]estropeada
[42]bultos producidos por un golpe
[43]contusiones
[44]acciones valerosas
[45]acciones sin cautela
[46]con cautela
[47]brillo para el pelo
[48]raspado, rayado
[49]arreglándonos, adornándonos

[50]completamente llena
[51]deseada, ansiada
[52]relación de novios
[53]brillante
[54]caballeros heroicos

creaban hábito tanto entre los hombres como entre las mujeres. A diferencia de las telenovelas que pasaban durante el día en los Estados Unidos, las novelas eran miniseries intensas cargadas de una historia de amor extremadamente dramática, repleta[50] de traiciones, corazones destrozados, hijos rebeldes, madres sufridas y padres apuestos, hasta un final feliz, predecible pero espléndido. Son episódicas: perder el capítulo de una noche es como no sentarse en la cama al lado de un hijo enfermo o llegar tarde a la boda de la hija. Los personajes de estas novelas forman parte de las conversaciones diarias. En algunas ocasiones me daba trabajo mantener a los personajes de los cuales Mamá hablaba con gran emoción separados de los parientes que apenas conocía.

Pero el amor verdadero era más importante que las penurias de los desgraciados enamorados de las novelas, aunque el contraste entre los encuentros apasionados de los actores y los diálogos líricos, y el dar vueltas en silencio de los jóvenes en sus bicicletas parecen casi absurdos al recordarlos. Pero la emoción de ver aparecer al fondo de la calle a la persona anhelada[51] no se podía comparar con ningún melodrama de televisión.

El novio de mi tía estaba a punto de formalizar las relaciones. Él también iba a entrar en el último año de escuela secundaria. Pronto sería un trabajador. Iba a aprender a guiar un camión. Estaba aprendiendo mecánica en la escuela. Sus planes eran conseguir un trabajo de chofer de largas distancias y de mecánico para un negocio americano. Entonces le pediría que se casara con él. Los dos lo sabían, sin embargo disfrutaban de los últimos días de su inocente noviazgo.[52] Ella estaba radiante y me apretó la mano con fuerza en el balcón a oscuras tan pronto lo vio pasar despacio, sin darse prisa, casi deteniéndose en su lustrosa[53] bicicleta. Era erótico este encuentro de las miradas, el delicado balanceo del joven en su máquina. Le apreté la mano. Sabía lo que estaba sintiendo. Pronto mis dos paladines[54] estarían ejecutando sus danzas acrobáticas para mí también.

Sí, yo tenía dos admiradores: uno negro, otro blanco, los dos guapos. Wilson, a quien había conocido en mi desafortunada excursión con mi tío, me había estado tocando canciones en la bodega. Trataban de amores imposibles, puesto que yo era una «americanita», no sólo de piel clara, sino residente del norte. Me iría en unos cuantos meses. Me ponía *Paloma blanca* y cualquier otra canción que mencionara la palabra «blanca» o tratara el tema del abandono. Era un hermoso muchacho color ébano, cuyo encanto era bien conocido en todo el pueblo. Hasta a las mujeres mayores les parecía atractivo, un hecho que preocupaba a mi madre. Ella me advirtió que Wilson era «muy maduro» para su edad. Se limitó a decirme: —No le des demasiadas esperanzas—. Al principio, por haber vivido el antagonismo entre los negros y los puertorriqueños en Paterson, pensé que ella estaba actuando movida por el prejuicio contra el color del muchacho, pero pronto me di cuenta de que la raza no tenía nada que ver con su preocupación (por lo menos era lo que me daba a entender); era que acababa de enterarse de que Wilson estaba desarrollando rápidamente la reputación de mujeriego[55] y tenía miedo de que violara los límites del decoro[56] si yo le daba la oportunidad.

Por poco siento la tentación de hacerlo, estimulada por sus palabras de advertencia, pero me había enamorado perdidamente de Ángel Ramón, el otro muchacho. Tenía pelo rizo,[57] ojos verdes y una sonrisa tímida. No decía nada, no me ponía discos en la bodega, pero su intensa mirada me ordenaba que lo amara. Rompí las reglas del decoro con él a la primera oportunidad y eso le puso fin al idilio.[58]

Una tarde estaba sola en el balcón; mi tía se había ido a hacer no sé qué cosa con mi madre y Mamá. No recuerdo quién más estaba en casa, pero nadie me estaba vigilando. Esperé hasta que Ángel Ramón me clavó los ojos encima[59] y me arriesgué.[60] Me levanté de la silla y le hice señas para que me siguiera al jardín de la parte de atrás. Con cara de susto,[61] maniobró su bicicleta hacia la entrada. Estaba casi oscuro y lo que estábamos haciendo era peligroso. Esperé detrás de la casa, con el corazón latiendo[62] violentamente y con la espalda contra una pared de cemento frío. Cuando lo vi doblando la esquina, lo llevé de la mano hacia las sombras. Entonces me di vuelta y levanté la cara para recibir un beso. Cerré los ojos y sentí su aliento[63] y el sudor frío de la mano que yo todavía estaba agarrando, pero cuando le ofrecí mis labios para que me besara, se apartó y se fue.

Ángel Ramón desapareció de mi vecindario después de mi atrevimiento. Estaba abrumada,[64] pero no se lo podía decir a nadie por temor a que me castigaran. Ni siquiera mi tía hubiera aprobado tal descaro de mi parte. Recé por tal que Ángel Ramón no regara[65] la historia por el pueblo y me avergonzara. Más tarde me di cuenta de que él no podía decir nada tampoco: su hombría estaba en juego, había rechazado[66] los favores de una mujer, aunque no era más que un beso lo que le había ofrecido. Si se enteraban, se habría convertido en blanco del acoso malsano[67] de los otros muchachos por su cobardía. Yo había cometido un error terrible, había roto las reglas del juego, y había ahuyentado[68] a mi dulce admirador. Cuánto apartó a este muchacho de las mujeres este imprudente acto mío, no lo sé; por suerte, el verano estaba llegando a su fin y podría regresar a climas más frescos —menos pasión y más lógica.

De vuelta en la ciudad, mientras bregaba[69] con la lucha diaria del amor y la vida «al estilo americano» a veces pensaba en lo pausado[70] que es el amor en el trópico; la sensualidad de permitir que tu corazón marque su propio ritmo; cómo se permite que el amor florezca como un rosal bien cuidado. Era una época lírica. Pero no me he olvidado de Nora tampoco, ni de lo muertos que se le veían los ojos, puesto que no tenía visión del futuro. La bebé que llevaba en la cadera ya pucde tener sus propios hijos, y Nora, si llegó a pasar de los treinta, estará cargando a sus nietos. Todavía pienso en ella cuando pienso en mi verano de quinceañera y las muchas direcciones que la vida de una mujer puede tomar, con la palabra «amor» como la única señal que se ve en la encrucijada.

[55] don Juan
[56] recato, honestidad
[57] rizado, ensortijado
[58] romance
[59] me... me miró fijamente
[60] me... corrí el riesgo
[61] miedo
[62] palpitando, agitándose
[63] respiración
[64] preocupada gravemente
[65] esparciera, desparramara
[66] resistido
[67] acoso... persecución enfermiza
[68] hecho huir
[69] luchaba
[70] lento

Para verificar su comprensión

Identifique brevemente a los siguientes personajes.

1. Nora

2. Mamá

3. la tía y su novio

4. Wilson

5. Ángel Ramón

Interpretación de la lectura

1. ¿Cómo cambia el mundo para Ortiz Cofer al cumplir los quince años?

2. En su opinión, ¿cuál es la función de Nora en esta memoria de la autora? ¿Por qué dice Cofer que «sentía una rabia inexplicable cuando la veía»?

3. Comente la importancia del matrimonio para la Mamá. ¿Qué piensa Ortiz Cofer de esto? ¿Y Ud.?

4. Describa la costumbre del cortejo que comenta Ortiz Cofer. ¿Cómo difiere de la de Nueva Jersey? ¿Cómo rompió Ortiz Cofer las reglas del decoro? ¿Qué piensa ella de las dos costumbres? ¿Y Ud.?

5. ¿Por qué se refiere la autora a su verano de quinceañera como una «encrucijada»? ¿Lo ve Ud. así?

Actividades en la red

1. Busque en la red información acerca de la institución del compadrazgo en América Latina y comparta los aspectos más importantes con la clase.

2. Realice una investigación sobre la familia profesional urbana en un país latinoamericano, en términos de educación, tipo de vivienda, profesión, estilo de vida, número de hijos, aspiraciones y preocupaciones.

3. Utilizando la red, calcule el porcentaje de niños en América Latina que no tienen hogar fijo y relacione esa cifra con las proyecciones de la población de menores para el año 2010.

Resumen

En este capítulo sobre la familia hemos visto que…

- la familia latinoamericana se debate entre la tradición y el cambio.
- es actual la vigencia de los valores tradicionales históricos de la familia extensa.
- persiste el patriarcado en la institución de la familia.
- el respeto que se le da a la figura de la madre es destacable.
- los valores familiares se encuentran en transición, particularmente en la familia nuclear urbana.
- la mujer ha tenido un mayor acceso al mundo del trabajo desde mediados del siglo XX.
- el número de madres solteras tanto en la ciudad como en el campo es creciente.
- hay un aumento de la pobreza infantil y del número de niños que no tienen hogar fijo.
- el efecto del consumismo en los jóvenes de todas las clases sociales es considerable.

Lecturas recomendadas

Allende, Isabel. *Los cuentos de Eva Luna.* Ed. Kenneth M. Taggart y Richard D. Woods. New York: McGraw-Hill, 1995.

Amadeo Gely, Teresa. *Aspectos de la familia, el hogar y la mujer puertorriqueña.* Madrid: Imprenta Samarán, 1972.

Berruecos, Luis. *El compadrazgo en América Latina.* México: Instituto Indigenista Interamericano, 1976.

Bock, E. Wilbur, Sugiyama Iutaka, and Felix M. Berardo. "Maintenance of the Extended Family in Urban Areas of Argentina, Brazil and Chile." *Journal of Comparative Family Studies* 1 (1975): 31–45.

Bolton, Ralph. *Conflictos en la familia andina.* Lima: Centro de Estudios Andinos, 1975.

Gutiérrez de Piñeda, Virginia. *Familia y cultura en Colombia.* Bogotá: Coediciones Tercer Mundo y Departamento de Sociología, Univ. Nacional de Colombia, 1968.

Guy, Donna J. *Sex and Danger in Buenos Aires: Prostitution, Family, and Nation in Argentina.* Lincoln: Univ. of Nebraska Press, 1991.

Hareven, Tamara K. *Families, History, and Social Change: Life-Course and Cross-Cultural Perspectives.* Boulder, Colo.: Westview Press, 2000.

Huston, Perdita. *Families As We Are: Conversations from Around the World.* New York: Feminist Press at the City University of New York, 2001.

Jelin, Elizabeth, ed. *Family, Household, and Gender Relations in Latin America.* London: Kegan Paul International; Paris: UNESCO; New York: Routledge, 1991.

Journal of Family History. (Special issue on *The Latin American Family*), vol. 3 (1978).

———. (Special issue on *The Latin American Family in the Nineteenth Century*), vol. 10 (1985).

King, Marjorie. "Cuba's Attack on Women's Second Shift, 1974–1976." *Latin American Perspectives* 4 (1977): 27–37.

Kinzer, Nora Scott. "Sociocultural Factors Mitigating Role Conflict of Buenos Aires Professional Women." In *Women Cross-Culturally, Change and Challenge.* Ed. Ruby Rohrlich Leavitt. The Hague: Mouton, 1975.

Leñero-Otero, Luis. *Beyond the Nuclear Family: Cross-Cultural Perspectives.* London: Sage Publications, 1977.

———. *Investigación de la familia en México: presentación y avance de resultados de una encuesta nacional.* 2d ed. México: Instituto Mexicano de Estudios Sociales, 1971.

———. *Sociocultura y población en México. realidad y perspectivas de política.* México: Editorial Edicol, 1977.

Nuttini, Hugo G., Pedro Carrasco, and James M. Taggart, eds. *Essays on Mexican Kinship.* Pittsburgh: Univ. of Pittsburgh Press, 1976.

Osorno Cárdenas, Marta Cecilia. *La mujer colombiana y latinoamericana.* Medellín: Impreso Marín, 1974.

Randall, Margaret. *Cuban Women Now: Interviews with Cuban Women.* Toronto: Women's Press, 1974.

———. *Women in Cuba: Twenty Years Later.* New York: Smyrna Press, 1981.

Regin, Claude. "Sex Equality in Cuba." *The Washington Post,* 4 August 1974, p. F10.

Rosen, Bernard C. *The Industrial Connection: Achievement and the Family in Developing Societies.* New York: Aldine, 1982.

Smith, Raymond T., ed. *Kinship, Ideology and Practice in Latin America.* Chapel Hill: Univ. of North Carolina Press, 1984.

Solari, Aldo, and Rolando Franco. "The Family in Uruguay." In *The Family in Latin America.* Ed. Man Singh Das and Clinton J. Jesser. New Delhi: Vikas, 1980.

Yorburg, Betty. *Family Realities: a Global View.* Upper Saddle River, N.J.: Prentice Hall, 2002.

Zetina Lozano, Guadalupe. "El trabajo de la mujer y su vida familiar." In *Mujeres que hablan.* Ed. María del Carmen Elú de Leñero. México: Instituto Mexicano de Estudios Sociales, 1971.

CAPÍTULO **SEIS**

La educación

Estas niñas asisten al Centro Educativo Nuevo Mundo
en Guayaquil, Ecuador.

Introducción

El sistema tradicional

Tradicionalmente, la educación en América Latina ha sido elitista, humanista, privada (en su mayor parte católica) y se ha basado en modelos europeos, especialmente en los franceses (ver Capítulo dos). Esta orientación ha reflejado clara y fielmente la estricta estratificación social que ha caracterizado a América Latina a través de toda su historia. Además, los valores aristocráticos encarnados en el sistema expresan hábitos culturales y sociales que se han formado a través de los siglos y que son, por lo tanto, muy resistentes al cambio. Por esto, el proceso de acomodación de las instituciones y los valores jerárquicos a las necesidades democratizantes del mundo moderno es arduo, vacilante e inconsistente.

Es un proceso plagado de contradicciones, luchas políticas e ineficiencias burocráticas. El sistema educativo en América Latina es fuertemente centralizado y tanto las escuelas privadas como las públicas son administradas por el estado. Por lo general, existen dos sistemas paralelos de educación: el privado, para la gente acomodada, y el público, para la gente de menores recursos. Este último es seriamente inadecuado, especialmente en las áreas rurales. Ningún sistema sirve a la mayoría de la gente pobre de la ciudad o del campo. Como puede imaginarse, la burocracia es enorme, pesada e incapaz de responder debidamente a las necesidades locales o a las sugerencias de reforma. El ritmo de cambio en la estructura educacional varía mucho porque depende de numerosos factores —desde el estado de la economía y la política nacionales hasta la eficacia de la iniciativa reformista de individuos y grupos pequeños. Por lo tanto, el ritmo de cambio en países como Argentina, Uruguay y Chile es muy diferente al de los más pobres y menos alfabetizados, como Haití, la República Dominicana y Bolivia; sobre todo, depende de la explosión demográfica, la cual frustra y amenaza cancelar toda posibilidad de progreso con su tasa[1] media de crecimiento anual del 2,3% para América Latina.[a]

[1]*rate*

---

[a]Para establecer comparaciones, la tasa de crecimiento para Guatemala es el 2,9%; para Cuba es el 0,9%; y para los EE. UU. es el 1,0%. *Statistical Abstract of Latin America*, vol. 30 (Los Angeles: UCLA Latin American Center Publications), 1993, pp. 103–104.

El positivismo

En el pasado hubo tentativas destacadas para modernizar el sistema educativo, pero siempre resultaron inaplicables o insuficientes para la realidad del momento. Por ejemplo, durante la segunda mitad del siglo XIX, el positivismo europeo proporcionó el ímpetu necesario para que países como Chile, México y Brasil incorporaran al currículum materias como la ingeniería civil y las matemáticas modernas, especialmente la geometría. El positivismo hizo hincapié en el cultivo del intelecto para conocer el mundo material, en contraste con el énfasis eclesiástico tradicional en el reino espiritual. Los positivistas creían que así se podía obtener el orden y progreso sociales e, inclusive, la perfección humana. Esta visión fue abrazada con entusiasmo por muchos liberales latinoamericanos como camino a un futuro estable, moderno y, sobre todo, seglar.[2] Los positivistas mexicanos, por ejemplo, querían despojar la Iglesia de su control firme sobre la educación y abrir paso a la educación «científica» moderna. Aunque hubo reformas importantes y aunque la Iglesia perdió su mando exclusivo sobre la educación, el carácter fundamentalmente elitista, humanista y privado de ésta seguía intacto como testimonio profundo del fuerte arraigo de las estructuras y los valores tradicionales, y del obstáculo, casi infranqueable,[3] del sistema rígido de clases sociales.

[2]que no tiene órdenes clericales
[3]insuperable

La reforma universitaria

En el siglo XX observamos varias tentativas de reformar el sistema vigente y una fuerte presión para modernizarlo y democratizarlo. Éstas adquirieron influencia con el crecimiento acelerado de la clase media, para quienes la educación es de suma importancia (ver Capítulo dos). El ejemplo más destacado es la famosa Reforma Universitaria, que tuvo sus comienzos en 1918 entre el estudiantado de la Universidad de Córdoba, Argentina. Tenía como meta la participación de los estudiantes en la administración de la universidad, el llamado «cogobierno», y el derecho de destituir[4] a los profesores que los estudiantes consideraran incompetentes y que usaran sus puestos como sinecuras[5] hereditarias. Muchos de estos estudiantes, conscientes de su posición privilegiada como universitarios, sentían una responsabilidad ante los problemas nacionales. A su parecer, no podían seguir aceptando una educación arcaica, aristocrática y estrictamente especializada cuando la situación nacional reclamaba una preparación moderna, democrática y amplia. De este movimiento crítico datan la moderna politización de la universidad y el concepto de «autonomía universitaria», o sea, de autogobierno y libertad teórica de la intervención estatal. Este principio ha sido violado repetidamente desde fines de los sesenta del siglo pasado, con el ejemplo más notorio de la Universidad Centroamericana, donde militares salvadoreños asesinaron

[4]separar de su cargo
[5]empleos fáciles y bien remunerados

a siete sacerdotes jesuitas y a sus dos empleadas domésticas en noviembre de 1989. A pesar de tales represalias,[6] desde la década de los veinte del siglo XX, los universitarios han llegado a ser una fuerza poderosa, capaz de influir directamente en la política nacional.

[6] represiones

La politización de la universidad

La actividad política de los estudiantes se concentra en las universidades estatales, las cuales han crecido enormemente desde 1945. No es raro que los estudiantes activistas pierdan clases y exámenes por participar en una manifestación o campaña electoral. Muchos críticos dicen que la universidad estatal se ha convertido en un sitio de tantos conflictos políticos que ha causado la partida de profesores y estudiantes serios, y que ha dañado gravemente la calidad de la educación. Otros dicen que la politización es saludable para el intercambio y la expresión abierta de ideologías diferentes, y que sirve como un freno[7] contra los abusos de las autoridades gubernamentales. Sea como sea, un resultado de esta situación es una rivalidad aguda entre la universidad estatal —la cual es gratis y teóricamente abierta a casi todo estudiante que tenga su título secundario— y la privada —que cobra matrícula,[8] mensualidades y derechos de exámenes; es más selectiva y, en su mayor parte, católica.

[7] contención, algo que restringe
[8] inscripción

La educación técnica

Otro cambio significativo, que data más o menos del año 1945, es la fundación por todo el continente de escuelas secundarias y universidades técnicas. Una de las más famosas, el Politécnico de Monterrey, México, atrae a estudiantes de todas partes. Las escuelas técnicas tienen como propósito dar a los estudiantes entrenamiento en ocupaciones prácticas, como la agronomía y la ingeniería industrial, para que puedan prepararse para responder a los problemas socioeconómicos urgentes del país. Estas escuelas proveen una alternativa al currículum secundario humanista tradicional, que pone énfasis en materias como historia, literatura y filosofía, y que ahora sirve principalmente como preparatorio para la universidad. Otro propósito notable de la educación técnica es el de extender la preparación y otros beneficios de la instrucción a un público más amplio. Las escuelas técnicas, tanto a nivel universitario como secundario, ofrecen no solamente una preparación para una carrera, sino un vehículo valioso de movilidad vertical. Aunque no califican como escuelas técnicas, debe mencionarse también el papel educativo crucial de las ONGs en los últimos cuarenta años, cuyos frecuentes talleres sobre temas tan variados como la aplicación de insecticidas orgánicos o la autoestima de la mujer, hacen un aporte valioso a la educación de los adultos tanto en el campo como en la ciudad.

Las campañas de alfabetización

Tal vez las innovaciones más destacadas no se vean en la educación formal sino fuera de la sala de clase estructurada: en las campañas de educación y alfabetización rurales que se han llevado a cabo en ciertos países (ver Capítulo tres). Por ejemplo, en México, uno de los objetivos principales de la Revolución era la alfabetización de la gente marginada y su incorporación a la vida nacional. José Vasconcelos, escritor, intelectual y Ministro de Educación entre 1920 y 1924, inició un programa ambicioso mediante el cual se construyeron más de mil escuelas rurales y se enseñaron materias tan variadas como el castellano y los clásicos de las literaturas griega y romana.

Otra campaña muy famosa, en la década de los sesenta del siglo pasado, fue la del conocido educador brasileño Paulo Freire. A través de su programa, Freire quería alfabetizar a los pobres y, a la vez, concientizarlos con respecto a sus derechos civiles. Aunque la hostilidad del gobierno puso un fin abrupto a sus esfuerzos, la filosofía educacional de Freire ha sido una inspiración para campañas subsiguientes, como las de Cuba y de Nicaragua, y ha representado una de las influencias fundamentales en la teología de la liberación (ver Capítulo siete).

El tercer ejemplo es el cubano. En los primeros años de la revolución, el gobierno de Fidel Castro organizó una campaña extraordinaria de alfabetización rural que dependía de la dedicación e idealismo de los jóvenes, muchos de los cuales tenían sólo 12 ó 13 años de edad. Aunque es muy difícil encontrar estadísticas confiables,[9] se estima que entre 1961 y 1962 la tasa de analfabetismo adulto se redujo aproximadamente del 20% hasta menos del 5%. El programa de «seguimiento», o sea, la continuación de la instrucción al nivel primario para los adultos ya semialfabetizados, contribuyó en gran manera a consolidar los logros del esfuerzo inicial y a hacer más factible la meta revolucionaria de dar a cada cubano el equivalente de una educación de sexto grado.

Las dificultades actuales: el ejemplo de Bolivia

Los cambios e innovaciones mencionados son considerables, pero, desafortunadamente, insuficientes, y la educación en América Latina tiene actualmente dificultades extremas. En los países más pobres, como Bolivia, hay muy pocas escuelas, escasos maestros, aún menos maestros preparados (a veces no han alcanzado un nivel más avanzado que el que están enseñando), y hay muy pocos caminos transitables para que los alumnos, maestros o inspectores del estado lleguen a las escuelas. En 1988, sólo había 41.642 kilómetros de caminos en todo el país. De éstos, sólo el 4,2% estaba pavimentado. En el campo, los supervisores viajan en *jeep,* pero todavía no alcanzan a visitar muchos lugares que no son accesibles mediante vehículo alguno.

[9] dignas de crédito

Aunque Bolivia tiene una población en su mayor parte rural, las oportu- ¹⁰niega
nidades educacionales en el campo son casi inexistentes. Ninguna exageración
es suficiente para mostrar el obstáculo fundamental que representa el desequilibrio pronunciado entre la educación en la ciudad y la del campo.[b] También
hace falta motivación entre los campesinos para asistir a la escuela (cuando ésta
siquiera existe). Los padres necesitan que sus hijos les ayuden con su trabajo
en el campo y es casi imposible convencerles del valor futuro abstracto de la
educación cuando todo lo concreto a su alrededor inmediato lo desmiente.[10]
Sería muy raro que un niño boliviano de una zona rural completara la primaria y sería casi imposible que completara la secundaria —en primer lugar,
porque casi no hay escuelas a este nivel en el campo, y en segundo, porque si
las hay son privadas y hay que pagar.

El caso boliviano no es aislado; se repite en Haití, donde el analfabetismo
llega al 51,4%, y en muchos otros lugares.[c] Para 1981, aun en Venezuela, un
país relativamente adelantado, el 23,5% de la población mayor de 15 años era
analfabeto.[d]

El problema radical: el ejemplo de El Salvador

El problema radical de la educación en América Latina proviene de la anti- ¹¹civil, interna
gua estratificación de clases y de los valores sociales. La educación es todavía
para los de las clases alta y media y sólo esporádicamente para el resto. Este
problema antiguo se ha agravado actualmente con la explosión demográfica
que ejerce presión sobre los recursos limitados del estado y que amenaza arrui-
nar todas las mejoras que se han puesto en marcha. Tomemos el ejemplo de
El Salvador, un país no atípico en donde se ha sufrido de guerra intestina,[11]
dictadura, invasiones extranjeras, subdesarrollo económico, dependencia del
monocultivo y división social rígida entre una oligarquía poderosa y una
mayoría pobre. En 1980, el 30,2% de la población mayor de 10 años nunca
había asistido a la escuela, mientras que el 60,7% no había completado la

---

[b]En Ecuador, por ejemplo, la asistencia oficial en áreas urbanas es el 76%, mientras que
la rural es solamente el 33%. *The World Almanac and Book of Facts 1994* (Mahwah,
N.J.: Funk & Wagnalls, 1993) p. 759. Además de la discrepancia entre la educación rural
y la urbana, existe una discrepancia de género. En Bolivia, por ejemplo, entre los mayores de 15 años, el analfabetismo entre los hombres es del 7,9%, mientras que el de las
mujeres es del 20,6%. *SALA, 2001*, págs. 182–185.
[c]En Nicaragua, por ejemplo, la tasa de analfabetismo es del 35,7%, en Guatemala, del
31,3%. *SALA, 2001*, págs. 182–185.
[d]Para propósitos comparativos, el alfabetismo de Uruguay y Argentina es del 97%. La
tasa de los EE. UU. es también del 97%. *SALA, 2001*, págs. 182–185, y *WORLD
ALMANAC 1994*, pp. 756, 770, 823.

---

primaria. La guerra civil (1977–1992) hubiera imposibilitado cualquier tentativa de mejorar el sistema educacional. Es que El Salvador presenta por añadidura una división notoria, aun en términos latinoamericanos, entre la minoría rica y la mayoría pobre. De modo que, hasta ahora por lo menos, al gobierno de El Salvador le han faltado tanto la voluntad como la capacidad de proveer aun lo más mínimo en cuanto a una accesibilidad más amplia al sistema educativo.

Dificultades y posibilidades

Los ejemplos de Bolivia y El Salvador son representativos de los problemas serios que existen en grados diferentes por toda América Latina, los cuales podemos resumir así: (1) las tentativas de reforma contrarrestadas por la explosión demográfica; (2) con excepción de Cuba, el desequilibrio notorio entre las oportunidades educacionales en la ciudad y en el campo; (3) la poca preparación de muchos maestros, especialmente los rurales; (4) la falta seria de escuelas secundarias públicas; (5) la politización de la universidad estatal y la represión del gobierno; (6) la centralización ineficiente y excesiva de la educación y (7) la estratificación social perpetuada por un sistema todavía en su mayor parte elitista.

Pero el cuadro educacional no es del todo pesimista. Son influyentes e inspiradores los esfuerzos democratizantes de grupos, individuos e incluso de gobiernos para: (1) difundir más ampliamente los beneficios de la educación; (2) reformarla para que responda a las necesidades sociales de la actualidad; (3) hacerla una fuerza positiva activa en la construcción nacional y (4) comunicar, a través de ella, valores humanitarios de igualdad, como las lecturas de este capítulo muestran. Los deseos y tentativas de reforma y democratización educacionales deben yuxtaponerse a los obstáculos ya discutidos para proporcionar un enfoque balanceado sobre el tema muy complejo de la educación en América Latina.

SONYA RENDÓN (1942–)

Sonya Rendón, nacida y criada en Ecuador, completó su educación en los EE. UU. Realizó el sueño de su vida cuando ella y su colega, Patricia McTeague, fundaron el Centro Educativo Nuevo Mundo en Guayaquil en 1978. De sus comienzos desfavorables en una sala de la casa familiar con unos veinte estudiantes, esta empresa ha crecido sorprendentemente. Ahora

Sonya Rendón, codirectora de
Nuevo Mundo.

tiene varios edificios propios, una secundaria además de la primaria original, aproximadamente 2.165 estudiantes y una larga lista de espera.

Nuevo Mundo es un tributo a la dedicación individual y a la perseverancia, a pesar de la escasez de medios financieros y de los obstáculos que proporciona el letargo de la burocracia estatal. Es, además, un modelo de innovación social. En las siguientes entrevistas, realizadas en 1985, 1995 y 2002, la directora habla de la misión peculiar de este centro educativo.

 ## Entrevista con Sonya Rendón (I)
Nuevo Mundo: un experimento educativo modelo

Pregunta: Sonya, ¿nos puede hablar un poco de la misión de Nuevo Mundo? [1]salida
Es lo que me parece tan distintivo del Centro.

Respuesta: Claro, de acuerdo. Cuando desde hace mucho tiempo pensamos en crear este Centro Educativo, queríamos hacer algo diferente de lo que se había hecho hasta ahora. En primer lugar, teníamos como objetivo central el que los chicos (y chicas, porque somos una escuela mixta) que de allí salieran fueran personas que pudieran compartir valores con todos los círculos sociales existentes en el Ecuador. Para nosotros esto es muy importante. Es decir, nosotros no estamos educando a una élite para seguir manteniendo diferencias sociales, sino que quisiéramos crear un grupo social que a su egreso[1] pudiera internarse para cambiar esta situación social existente en el Ecuador y cambiar un poco el mundo. De allí viene el nombre de Nuevo Mundo. Allí también va su misión de cambiar un poco la estructura social actual.

²dirigida
³puesto en práctica
⁴costear, pagar

P: Es una misión muy noble. ¿Cuál es su inspiración?

R: Pues, Cristo y su Evangelio. Nuestra escuela es una escuela católica. Generalmente, cuando escuchamos esta palabra pensamos que tiene que estar regentada² por sacerdotes, por una comunidad religiosa o por religiosas. En nuestro caso es algo totalmente diferente; en el Ecuador yo diría que somos muy pocos los colegios que nos dedicamos a la educación religiosa sin pertenecer a una comunidad religiosa. Somos lo que llamamos cristianos comprometidos, y de ahí viene nuestra inspiración.

P: ¿Cómo se ve en la práctica la misión social del Centro?

R: Por nuestra dedicación tanto a la educación del niño pobre como a la del niño rico, algo muy raro para una escuela privada en América Latina. Los niños que se educan en la mañana son aquella clase social que puede pagar una pensión alta y los niños que estudian en la tarde son la clase social de escasos recursos que pagan una pensión nominal. Pero Nuevo Mundo es una sola entidad. Para nosotros, es un solo cuerpo y todos los estudiantes son de la misma importancia. Por esto nosotros manifestamos a nuestros profesores que el mismo interés debe ser desplegado³ hacia ambos grupos, y que tan pronto un año un profesor puede estar trabajando en la mañana en cuarto grado como al año siguiente en primer grado en la escuela de la tarde. Para nosotros es muy importante que el profesor aprecie, quiera y tenga este deseo de sacar ambos grupos adelante, dándoles lo mejor de sí.

P: ¿Qué piensan los padres pudientes de tener que subvencionar⁴ la educación de los niños pobres de la tarde?

R: Pues, al principio hubo una reacción bastante negativa porque no existía ningún precedente para tal cosa tan atrevida, porque en el Ecuador la conciencia de clase tiene una historia larga y penosa.

Es verdad que tuvimos cierta resistencia por parte de los padres. «¡Cómo, mi hijo Fulano de Tal va a estar con el hijo de la cocinera ocupando el mismo local!» Los padres de los niños de la tarde son pobres de verdad. Son víctimas del subempleo y la mayoría vende frutas, periódicos, botellas para mantenerse, mientras sus mujeres trabajan como domésticas. Sí tuvimos cierta resistencia. Pero ahora ya esto ha sido superado y la cosa va adelante. Poco a poco, a través de muchas reuniones y conferencias, nosotros pudimos hacerles conscientes a los padres de que como cristianos estamos en la obligación de dar al que no tiene. Dar al más necesitado. No sólo en el dar económicamente sino de dar su tiempo, su persona, para venir y conocer cómo es el Nuevo Mundo de la tarde. Nosotros hemos logrado que un grupo bastante significativo de madres de clase media forme una asociación que se llama Asociación de Madres de Familia de Fundación Nuevo Mundo (Fundación Nuevo Mundo es el nombre de la escuela de la tarde). Ellas se han organizado para visitar los hogares de Durán (el barrio de donde vienen los niños de la tarde) para dar clases o charlas o reuniones de educación para la fe y de aspectos generales de cuidados familiares.

P: ¿Cuidados familiares? ¿En qué consisten?

R: Yo diría consejería. De cómo mantener mejor un hogar, cómo ayudar a hacer que el presupuesto[5] familiar se trabaje mejor. En todo caso darle a estas familias, madres, un sentido de orgullo de ser madres, de ser mujeres, de tener un hogar; de darles aquella esperanza de que por ser mujeres ellas algún día pueden ser dueñas de su propio destino y que no tienen que estar bajo el yugo del hombre con quien conviven.

Es tratar de darle a la mujer otro sentido de dignidad para ella y su familia.

P: ¿Las madres de Durán también participan en la escuela?

R: Sí. Las dos clases se reúnen para cierta actividad a nivel madres de familia, pero también las madres de familia de la tarde han formado su propia asociación para ayudar a sus propios hijos. Ellas están muy satisfechas con la obra que se realiza, ya que lo típico es que tú mandas a tu hijo a la escuela y te olvidas del niño. Nuevo Mundo quiere ser una entidad que se adentra no solamente en el niño sino en la familia, en el hogar.

P: ¿Y los padres? ¿También participan?

R: Terminemos de hablar primero de las madres de familia de la mañana. Decía que unas estaban asignadas para trabajar en Durán, otras están como ayudantes de cátedra en la escuela de la tarde. Ayudantes de las maestras. Otras se encargan de conseguir lonche[6] adicional que les damos a los chicos en la tarde. ¿Por qué dices adicional? Porque nosotros damos a los chicos de la mañana y tarde un *lunch,* pero notamos que nuestros niños en la tarde, en muchos casos su comida principal era el *lunch* que se les daba en la escuela. Entonces cuando llegaban estos niños, a lo que llegaban era a dormir porque estaban tan débiles que no podían concentrarse para captar todo lo que tenían que aprender en un día.

Algunas de estas madres en la mañana se pusieron en acción y consiguieron de diferentes entidades que regalaran leche, pan, y ellas mismas se fijaron una cuota mensual para ayudar a este lonche extra que sería dado apenas lleguen los chicos para ponerlos fuertes. El horario es de 7:00 a.m. a la de 1:30 de la tarde. A la 1:30 mientras los unos salen, los otros entran para quedarse hasta las 6:00 de la tarde. Muchas horas y mucha necesidad de madres voluntarias como puedes imaginar. Hay otras madres que se dedican a conseguir fondos[7] para la Fundación N.M.

Ahora, de parte de las madres de la tarde, no podemos pensar que por ser madres de escasos recursos se encuentren totalmente inutilizadas; por el contrario, son mujeres que a pesar de que tienen que trabajar dos trabajos (porque trabajan como domésticas, luego regresan a sus casas a hacer sus quehaceres),

[5]*budget*
[6]almuerzo
[7]dinero

[8]den gratis
[9]cuatro… suma, resta, multiplicación y división

se dan tiempo para también ayudar en su propia asociación. Alguna ayuda como ayudante de cátedra, pero a los niños dentro de su mismo ambiente o en su mismo barrio. También ellas hacen comidas criollas para poder obtener fondos para la escuela. Las madres de familia de la mañana han conseguido que muchas tiendas donen[8] ciertos artículos que son de fácil venta dentro de estos barrios pobres. Entonces las madres de nuestros niños de la tarde se encargan de estas ventas, de vender a precios muy razonables, y el producto de esta venta viene a ser parte de los fondos que utiliza la Fundación N.M. para subsistir. Son poquitos, son mínimos, pero digamos, en este caso el valor monetario no interesa tanto como el valor que tiene la integración de estas mujeres y su propia conciencia de su desarrollo como personas. Una de las obras que realizan las madres de la tarde es que ellas conocen que en ciertos sectores de la población donde hay niños de Nuevo Mundo, sus madres no saben leer ni escribir. Entonces muchas de ellas han donado su tiempo para poder ayudar a estos niños cuando regresan del colegio. Estamos también tratando de crear una especie de centro para aquellas madres analfabetas que quieran aprender lo rutinario de la lectura, escritura y las cuatro operaciones básicas.[9] El problema que se nos presenta es que el tiempo de estas madres de la tarde es tan limitado porque tienen tanto que hacer que no se encuentra muchas veces el suficiente espacio de tiempo para introducir estos conocimientos.

Ahora, volviendo a tu pregunta inicial, sobre la participación de los padres. En América Latina es un fenómeno muy común que el padre de familia, el varón, no participe tanto en la educación de sus hijos. En el Ecuador, por lo general, el padre viene al principio, conoce el colegio y luego dice, está bien, tú, mujer, haz todo lo que se necesite. Pero aquí, yo diría, hemos querido iniciar una nueva modalidad. En primer lugar, nosotros no aceptamos a ningún alumno cuyos padres, papá y mamá, no se acerquen formalmente a participar en las actividades que Nuevo Mundo programa. Además de esto, nosotros hemos tratado de integrar al padre de familia como participante activo en otras actividades de tipo social y deportivo. Por ejemplo, hemos llamado a algunos padres para que sean los entrenadores de los equipos de fútbol, básquet, vóley de nuestros niños, y en esto hemos obtenido una respuesta muy entusiasta por parte de ellos. Se reúnen los sábados y ellos son los que llevan a los chicos a jugar con los otros colegios.

P: ¿Puede hablarnos un poco acerca del currículum de la escuela? ¿Qué hacen los niños en un día típico?

R: Bueno, en un día típico los niños siguen el programa que nos ha dictado el Ministerio. Este día típico tiene matemáticas, actividades de lenguaje, estudios sociales, ciencias y actividades prácticas que vienen a ser algo así como trabajo manual, canto, etcétera, etcétera. Cuando ingresan los niños todos se forman en fila. Tenemos una iniciación que es ponerlos en la presencia de Dios, de agradecer por el día, los niños hacen sus oraciones, sus peticiones, e inmediatamente pasamos al trabajo. Tenemos diez minutos de receso en la mitad de la mañana y veinte al mediodía. Esto para la escuela de la mañana. También, dentro de estas actividades incluimos el programa de inglés, que en todas las escuelas este programa *no* es común. Hay pocas escuelas que tienen este programa de enseñanza bilingüe, es decir, que hora y media se dedican los niños de la mañana solamente a aprender un idioma extranjero, en este caso inglés. Nosotros les hemos prometido a los padres de familia que al final de la secundaria los chicos saldrán con la capacidad suficiente como para tomar un test de TOEFL[10] que es requerido en los EE. UU. para ingresar a cualquier universidad. Deben poder salir bien sin tener que hacer un estudio adicional del inglés. Nos quedan seis años para preparar a estos chicos en el idioma inglés. Bueno, luego de esto, de que los chicos almuerzan, tienen su hora de *lunch,* las dos últimas horas generalmente están dedicadas a actividades prácticas porque debido al calor y no teniendo aire acondicionado, pues se hace pesada la mañana y la tarde. Las actividades prácticas generalmente están programadas para esas horas.

P: El programa de inglés, ¿es tanto para los chicos de la tarde como para los de la mañana?

R: Para la tarde tenemos inglés, pero no tan concentrado. La razón de esto es por las horas, el número de horas. El número de horas en la que los chicos vienen al colegio en la tarde no nos permite incluir en el programa la misma

[10]*Test of English as a Foreign Language*

Centro Educativo Nuevo Mundo, Guayaquil, Ecuador.

[11] remediar

cantidad de tiempo, porque éstas en realidad son actividades que están además del programa de español. Entonces los chicos de la tarde tienen inglés, un poquito. Tres veces a la semana. Pero ya cuando ellos terminen su primaria, los chicos de la tarde, los que están preparados para la secundaria, pues se les dará una oportunidad de poderse preparar en el idioma, y los que van al colegio técnico, allí empezaremos a darles el lenguaje técnico que muchos textos tienen.

P: ¿El currículum de Nuevo Mundo muestra la influencia del currículum estadounidense?

R: No, yo diría que más europeo. Digamos, un chico en la primaria e incluso en la secundaria tiene muchas materias. En la primaria estudia, en cuanto al idioma nacional, gramática como tal, ortografía, caligrafía, composición, dictado. Allí son cinco materias. Cada una por separado. Luego en estudios sociales tiene historia, geografía, cívica, urbanidad; dentro de ciencias naturales, las ciencias naturales como tal, educación para la salud, asociación de clases; en actividades prácticas, dibujo, trabajo manual, algo de electricidad; y además de todo esto, en matemáticas tiene aritmética, geometría y sistema métrico, son por lo menos tres materias. Entonces son cuatro áreas perfectamente divididas.

P: El aspecto bilingüe de Nuevo Mundo debe ser muy atractivo para los padres, ¿verdad?

R: Claro que sí, es uno de los aspectos más atractivos. Por lo general, los colegios no tienen programa bilingüe y los padres tienen que pagar una escuela adicional por la tarde para que puedan sus hijos tener este segundo idioma. En Nuevo Mundo lo tienen todo, pero más importante, somos el único colegio en Guayaquil que enseña el idioma extranjero por niveles. Generalmente, se trabaja el libro, 1 para primer grado. El libro 2 para segundo grado. Nosotros no. Hemos ideado un sistema en que el niño toma un examen cuando ingresa y se puede cubrir hasta tres niveles dentro de un año. Entonces un niño de cuarto grado puede estar en el nivel 12, por ejemplo.

P: Sonya, yo sé que Nuevo Mundo es un lugar muy especial. Pero seguramente tiene que tener sus problemas. ¿Puede decirnos cuáles son sus dificultades más serias y si éstas son en cierta medida típicas de las que confrontan otros educadores en el Ecuador?

R: En mi opinión, uno de los problemas más grandes que confrontamos como directoras de Nuevo Mundo en cuanto a la primaria es la preparación del profesorado en sí mismo, la falta de preparación que nosotros tratamos obviamente de suplir[11] por medio de conferencias, seminarios. Y el hecho de que no hay la obligación de que el profesor de primaria tenga otra educación que su secundaria especializada, eso hace, pues, que esto sea realmente un grave problema. Nuestros profesores no están preparados tanto como nosotros quisiéramos que estén. Otro problema serio típico es que no mucha gente de la clase media desea ser profesor por condiciones económicas, que no paga bien, que no es una profesión muy apreciada. El profesorado viene de la clase media baja en general. Cuando se oyen comentarios de gente de clase media, o media alta, y oyes a una joven que quiere ser profesora, sus padres luchan a brazo partido[12] para que no suceda esto. «¿Cómo vas a desperdiciarte[13] siendo maestro?» En América Latina ahora hay mucha posibilidad; el campo para la mujer está recién comenzando a abrirse. Ahora la mujer asiste a la universidad, trabaja como psicóloga clínica tal vez, trabaja en un banco; muchos campos se abren para la mujer ahora, que por supuesto pagan absolutamente más.

P: ¿Qué ocurre con las escuelas públicas a nivel primario? ¿Puede hablarnos de los obstáculos que éstas confrontan?

R: Yo diría que una de las dificultades es que cuando un profesor es asignado a una escuela que está fuera del perímetro[14] urbano y en el que él no puede ser constantemente vigilado, muchas veces, si el profesor no tiene la verdadera vocación de maestro, falta cuando quiere y va cuando quiere. Sí, hablo en serio. Otro problema es que en muchas ocasiones el estado trata de dar el material, pero no llega a todas partes. Sea porque no haya la cantidad suficiente o porque cuando llega a las manos que deben distribuirlo no se hace esta distribución y se pierden las cosas misteriosamente, pero se dan casos en que las escuelas no tienen suficiente material. Se han visto casos en que va el profesor pero no hay ni siquiera tiza. Es que los materiales didácticos ejercen una poderosa influencia en que el chico no puede estudiar como debería ni desarrollarse como debería si falta lo esencial. Francamente, las dificultades son muchas, sobre todo en las áreas rurales.

P: Pero a pesar de todo, me parece bastante optimista en cuanto a la educación en el Ecuador. ¿Es verdad?

R: Pues, diría que mi filosofía hacia la vida es optimista. Claro que hay problemas de sobra,[15] pero todo es cuestión de no perder la perspectiva. Por eso, lo que tratamos nosotros en Nuevo Mundo, es hacer *un poco,* concentrarnos en lo que podemos hacer en nuestra pequeña parte de la República. Encarado así, todo parece menos abrumador,[16] ¿no?

[12]a... con mucho vigor
[13]gastar o emplear mal tu vida
[14]contorno, área
[15]de... de más, en demasía
[16]pesado, molesto

Para verificar su comprensión

Escoja la respuesta más apropiada.

1. La misión distintiva de Nuevo Mundo es
   a. social.
   b. académica.
   c. familiar.

2. Nuevo Mundo es diferente de la gran mayoría de escuelas católicas porque está dirigida por
   a. sacerdotes.
   b. cristianos comprometidos.
   c. el Estado.

3. Los padres de la escuela de la mañana se resistían a que vinieran por la tarde los niños de Durán porque éstos
   a. tenían enfermedades contagiosas.
   b. eran pobres.
   c. estaban atrasados en sus estudios.

4. El currículum diario del estudiante
   a. contiene muchas asignaturas.
   b. es muy avanzado.
   c. es muy tradicional.

5. Generalmente, el nivel de participación familiar en la escuela es
   a. bajo.
   b. mediano.
   c. alto.

6. Para ayudar dentro de la comunidad de Durán, algunas madres de la tarde
   a. estudian en casa.
   b. venden cosas en el barrio.
   c. lavan y planchan ropa.

7. El programa de inglés de Nuevo Mundo
   a. le da poca flexibilidad al estudiante para aprender a su propio ritmo.
   b. es, para muchos padres, el atributo más positivo.
   c. es casi exclusivamente para los niños de la tarde.

8. Según Rendón, el problema más serio que enfrentan los educadores de la primaria en Ecuador es la falta de
   a. materiales didácticos.
   b. dedicación del profesorado.
   c. preparación de los maestros.

Interpretación de la lectura

1. ¿Qué piensa Ud. de la misión de Nuevo Mundo? ¿Le parece excepcional? Explique.

2. En su opinión, ¿por qué no se mezclan en los dos turnos de clases los niños de la mañana y los de la tarde?

3. ¿Cree Ud. que los padres acomodados en los EE. UU. se resistirían a una iniciativa semejante a la de las directoras de Nuevo Mundo? ¿Por qué?

4. ¿Qué le parece el programa curricular de Nuevo Mundo? ¿y el día típico?

5. ¿Por qué la profesión de profesor es tan menospreciada en partes de América Latina? ¿Cree Ud. que en los EE. UU. se la subestima de la misma manera?

Comparaciones

1. Compare la educación por la cual luchó Domitila Barrios de Chungara (ver Capítulo cinco) con la que recibe el niño de la tarde en Nuevo Mundo. ¿Cómo sería la vida de Barrios de Chungara ahora si se hubiera educado en Nuevo Mundo?

2. ¿Son comparables las asociaciones de madres de familia con las asociaciones PTA en los EE. UU.? ¿Cuáles son sus semejanzas y diferencias?

Temas escritos

1. Rendón insiste en que la asistencia a Nuevo Mundo sea una cuestión familiar. Usando lo que Ud. ya ha leído del Capítulo cinco, ¿por qué será tan fuerte este deseo?

2. Compare lo que dice Rendón sobre los problemas educacionales de Ecuador con lo que hemos leído de Ricardo Pozas y de Charles David Kleymeyer y Carlos Moreno (ver Capítulo tres), de Carolina María de Jesús (ver Capítulo tres) y de la introducción a este capítulo con respecto a Bolivia y El Salvador. ¿Hay ciertos puntos en común en los problemas? ¿en las soluciones?

 ## Entrevista con Sonya Rendón (II)

Bueno, realmente han pasado varios años desde la primera vez que conversamos y ciertamente dentro de Nuevo Mundo se han operado muchos cambios que en su mayoría son positivos, y algunos que han sido dolorosos, pero que tenían que hacerse. En lo físico, hemos construido otros edificios, prácticamente desde que se inició el colegio hemos construido un edificio cada año y medio. Es muy difícil, en el sentido de que siempre estamos solicitando préstamos al banco o renegociando las antiguas amortizaciones.[1] También es verdad que los padres de la mañana cada año nos ayudan con algo específico para el progreso del colegio. Por ejemplo, en algún año ellos hicieron todo el adoquinamiento[2] de patios, otro nos donaron el equipamiento de la biblioteca, etcétera.

Un cambio que tuvimos que hacer debido a problemas legales es que ahora la Fundación Nuevo Mundo es una institución y Nuevo Mundo de la mañana es otra, legalmente hablando. Así cuando tú quieres que un profesor vaya de la escuela de la mañana a la de la tarde, tienes que tener un contrato legal. Antes no había esta diferenciación; nos hemos tenido que dividir porque el estado nos lo ha exigido, ya que la Fundación se mantiene con contribuciones. Es una institución sin fines de lucro.[3] Pero, el proyecto sigue siendo uno solo en otros respectos. Por ejemplo, los dos grupos de maestros van juntos a todas las sesiones de mejoramiento para el profesorado. Todos los maestros nos reunimos para celebraciones de festividades, cumpleaños, etcétera.

En este año tenemos una población estudiantil en la mañana de 1.400 estudiantes, de preescolar hasta los sextos cursos o lo que en términos americanos equivale a un *senior.*

En la tarde llegan a 764 alumnos. Los dos grupos han crecido. En la mañana hemos llegado a una situación en que no esperamos ya más crecimiento. Es necesario tener un límite. Si seguimos creciendo más de lo que hemos proyectado, entonces llegaría a ser una escuela o colegio muy impersonal y se crea una situación difícil para los estudiantes y para los padres, porque no conoces a nadie, nadie te conoce a ti, eres un número más. Por esa razón, preferimos mantenernos donde estamos. En cambio, la comunidad educativa de la tarde, Fundación, tiene que crecer más, por lo menos en unos 200 alumnos para llegar a 950 o a 1.000. Hemos estado creando un grado más cada año, lo cual quiere decir que hay dos grupos para cada grado: dos primeros, dos segundos, etcétera. Hasta ahora tenemos dos grupos hasta segundo grado de secundaria. Entonces si tú cuentas cuando ya todo esté completo de dos cursos paralelos, yo anticipo que habrá el incremento indicado anteriormente.

La Fundación está hasta este momento saliendo adelante con dificultad. Gracias a Dios, como tú ya sabes, tenemos la participación y la ayuda de muchas personas. Hay un grupo de madres de familia de la mañana que son las voluntarias de Fundación. Ellas buscan becas[4] para los chicos fuera del colegio, o sea en diferentes empresas. También recibimos directamente donaciones particulares, algunas de tu tierra, los EE. UU. Pero llega el momento en que esta ayuda no es suficiente. Entonces el colegio mismo, por medio de la directiva,[5] ha tomado la iniciativa de escribir una carta anual a los padres de familia que matriculan a sus hijos en nuestro colegio matutino[6] pidiéndoles ayuda. La respuesta ha sido muy buena y generosa. Pienso que lo que está sucediendo

[1]pagos de cuotas de un préstamo
[2]piso de adoquines (bloques)
[3]sin… que no tiene como objetivo ganar dinero
[4]ayuda financiera
[5]comisión, grupo que dirige
[6]de la mañana

[7]reducir, disminuir
[8]separación
[9]tipo
[10]se... van, se dirigen
[11]recibir

es que cada vez el padre de familia de la mañana se da cuenta de que tiene que abrir sus ojos a una realidad social que es tan obvia. Esa realidad es que nosotros, como ecuatorianos, tenemos que ayudar a nuestra propia gente. Tenemos que darnos más a ellos, y aminorar[7] las distancias entre clases sociales. Tenemos que lograr este acercamiento mutuo, ¿no? El otro día leía, en uno de los periódicos locales, un artículo cuyo título era «La brecha»,[8] en que el comentarista ecuatoriano decía que si no nos decidíamos a ser grandes, la brecha de nuestra pobreza sería cada vez más honda, más ancha, ingobernable. La única forma de lograr desarrollo, creo yo, es a través de la educación, y eso cuesta dinero.

Mantenemos una comunicación periódica con nuestros padres. En una de nuestras cartas compartimos con ellos la noción de lo que es la justicia social: por qué se debe ayudar a la escuela de la tarde, porque somos, de una manera, quizá indirecta, responsables de la situación en que se vive el día de hoy. Luego de esta carta inicial, hay siempre personas que están delegadas para que el día de matrícula de los alumnos de la mañana, estén en sitios claves para que llamen a los padres de familia y les hablen sobre el proyecto de Fundación Nuevo Mundo. Hay respuesta —son pocos los que dicen: «No, no me interesa.» Los padres están palpando que en la Fundación hay una obra valiosa que se está haciendo y que es muy real.

Por otro lado, en la secundaria, los *juniors* tienen que prestar un año de servicio social para la Fundación. ¿Qué quiere decir eso? Sencillamente que los jóvenes aprenden a dar y a darse, que todos los días por la tarde un grupo de alumnos se queda para desarrollar tareas de variada índole.[9] Unos trabajan como ayudantes de las maestras de preescolar o de primaria; otros, los alumnos más distinguidos en inglés, pasan a ser profesores para los grados menores bajo la dirección de un profesor de inglés voluntario, quien les explica y les da las directrices de cómo debe darse el curso. Otros se trasladan[10] a la vecina población de Durán donde se piden prestadas las aulas de una escuelita de escasos recursos y allí los estudiantes ayudan a los niños de esa comunidad en sus tareas escolares y práctica de deportes.

Más o menos hace tres años nuestro radio de acción se amplió más cuando entramos a colaborar con el Padre Diego Ronan en un programa llamado Rostro de Cristo, el cual consiste en proporcionar la oportunidad de observar más de cerca lo que es y cómo vive una comunidad de escasos recursos en el Tercer Mundo. Hemos construido en medio de esa comunidad una casa que puede acoger[11] hasta veinte visitantes, los que permanecen allí por espacio de ocho o catorce días viviendo como viven los pobres del Tercer Mundo. Hemos recibido a varios grupos de universitarios de los EE. UU. en este programa que ha tenido éxito, y fruto del cual es el grupo de los voluntarios que tenemos hoy trabajando en la Fundación. Chicos y chicas norteamericanos que dejan sus sueños de futuro en suspenso y se vienen a pasar un año de su vida con los más necesitados.

Añadido[12] a este programa siempre ha estado en nuestra mente y corazón la promoción de la mujer, esta mitad de la humanidad que es olvidada y discriminada en el Tercer Mundo. Por esta razón, y para que ella tenga un medio de subsistencia que provenga[13] de su propio trabajo dignificado, hemos abierto una guardería para niños. Su nombre: «María Celeste», *María* por la Virgen y *Celeste,* tú sabes que es por la Abuelita Celeste,[a] mujer que ha inspirado en muchos de nosotros el tener grandes ideales. Apenas hemos comenzado y quisiéramos tener muchas manos y espacios para servir a mayor número de niños.

Últimamente el espíritu, que es vida, no nos deja descansar. Te digo que a veces podemos estacionarnos en un sitio pensando que ya *casi* hemos llegado a la meta de lo que creemos que podemos hacer. Entonces se presenta un amigo que te dice: «Eh, amiga, qué cómoda te ves. Ven, quiero que veas algo.» Una vez embarcada[14] en el carro ya no hay regreso. Donde llegas ves una escuelita miserable abandonada a su suerte, con un profesor para atender seis grados y cien niños ávidos[15] por aprender. ¡Te fregaste![16] (Perdona la expresión, lo digo en el buen sentido.) Regresas y ya no puedes vivir ni dormir tranquila y entonces ahí nos tienes colaborando con Cerro Redondo, Durán. Los comprometidos en esta labor son los profesores, los *juniors* de la Fundación Nuevo Mundo y dos o tres voluntarias que van todos los días. Para mí, servir en favor de la comunidad es mejor que escribir una tesis, porque tú vas a estar escribiendo todo el tiempo en el colegio y a cada momento. Pero, ponerte en contacto directo con las necesidades de los hermanos desposeídos[17] es una gracia que no se nos concede todos los días.

Yo diría que la situación en el Ecuador sigue igual que antes, con un alto analfabetismo, del 10%. Tal vez lo que habría que hacer es darle un reajuste a todo el sistema educativo, en todas las estructuras de educación. La reforma educativa debe basarse en la idea de que la comunidad debe estar involucrada en el colegio y el colegio en la comunidad. Debe darse más énfasis a que dentro de los colegios la sociología no sea una materia teórica sino que se estudien las realidades del país y del medio ambiente. Nuestra educación no ha puesto énfasis en el desarrollo del pensamiento, en el aprecio de las artes, en la creatividad. En consecuencia, nuestro sistema educativo adolece[18] de rigidez, de memorismo,[19] de falta de creatividad, de atrasos con los últimos inventos de la comunicación y la informática. El profesor en el Ecuador en pocas instituciones es reconocido como profesional. Por esta razón el colegio que lo contrata tiene que tener un rubro especial para perfeccionamiento docente.[20] Te digo que en este caso eso no es gasto sino una buena inversión.

Creo que todavía podemos hacer más en cuanto a darles más preparación y estímulo a nuestros maestros. La preparación del docente es un proceso permanente. Tiene que incluir la formación de valores y no solamente en su campo de especialización. Ha habido la intención muy concreta de hacer crecer

12Agregado
13se origine
14instalada
15deseosos, ansiosos
16¡Te… ¡Te metiste en la trampa!
17que no tienen nada
18sufre
19aprendizaje basado en la memoria
20relacionado con la enseñanza

---

[a]Nombre cariñoso que los estudiantes le pusieron a la madre de Sonya Rendón.

al profesorado en cuanto a su visión global de lo que es ahora ser responsable por nuestro planeta, no solamente por su materia. Pienso que este nuevo concepto se ha comenzado a diseminar en el Ecuador por medio de varias fundaciones, como Natura,[b] Nuevo Mundo, Centro del Muchacho Trabajador.[c] Concientización es lo que necesitamos. Hay que buscar las agencias, los medios, que coayuden en la educación con visión que llegue mucho más allá de los límites de la escuela, ¿no? Y con proyección hacia el siglo XXI.

Lo que es más importante para nosotros es la formación del ser humano. Entonces en ese sentido estamos buscando nuevas maneras de llegar a los chicos y a los padres. La Consejería[21] es una de ellas; los chicos han encontrado un nicho al que ellos pueden acudir en momentos de angustia ya que a veces, con sus padres, no tienen suficiente acercamiento. Entre los problemas que afrontamos hoy con la juventud está el del alcohol y las drogas. Nuestros alumnos no están libres de estas influencias. Es doloroso que haya muchos padres que no hayan logrado establecer buenas relaciones con sus hijos para ayudarlos en este gravísimo problema del consumo de licor a tan temprana edad.

¿Puedes tú creer que haya padres que les temen a sus hijos? Pues sí, los hay. Presionados por una sociedad de chiquillos que dictan lo que hay que hacer o no hacer, los jóvenes de hoy salen a sus fiestas a partir de las once de la noche y llegan a sus casas a las cinco de la mañana, y no siempre en el mejor estado. Al ser interrogados, los padres de familia dicen: «¿Qué puedo hacer, si él/ella me dice que yo soy el anticuado,[22] que los padres de sus amigos son comprensivos y modernos?» Realmente se lucha más con los padres permisivos que con los jóvenes que tienen aún el espíritu moldeable.

En cuanto a los estudiantes de la mañana, el 80% va a la universidad después de graduarse en Nuevo Mundo. Están bien preparados, de modo que los estudiantes pasan sus exámenes preuniversitarios sin dificultad. Es importante también el [hecho de] que casi todos nuestros graduados tienen una buena formación espiritual y han desarrollado su autoestima. El 20% restante está trabajando en una variedad de instituciones como bancos, colegios, oficinas, etcétera.

En Guayaquil se han implementado varios centros de educación superior aparte de las universidades clásicas que ya teníamos. Algunos de éstos son *junior colleges* que tienen su conexión con universidades en los EE. UU. Otros son subsidiarios de universidades latinoamericanas, como es el caso de la Escuela de Comunicación de Mónica Herrera, que es chilena, y otros son netamente nacionales. Así, realmente existe en el momento actual en Ecuador una

[b]Organización nacional que se ocupa del medio ambiente.
[c]Originalmente fundada en Quito por las Hermanas de la Caridad (BVM [*Blessed Virgin Mary*]) para los muchachos limpiabotas del vecindario, este centro provee ahora una variedad de servicios.

mayor oportunidad para que el estudiante escoja, de acuerdo a su inclinación, aquella carrera que le va a permitir desarrollarse convenientemente.

Nosotros, luego de tener las especializaciones en secundaria que son fisicomatemáticas, quimicobiología y estudios sociales, nos dimos cuenta de que con estas carreras, por lo único que pueden optar los chicos es la universidad, porque estas carreras no son carreras terminales. Entonces decidimos implementar otra nueva especialización que se llama informática.[23] Con ésta nosotros preparamos a los chicos que piensan ir a la universidad para que salgan con una experiencia tal, que puedan inmediatamente ingresar a trabajar en empresas, en el comercio o en la banca, además de que también pueden continuar con esta preparación sus estudios en ingeniería de sistemas en cualquier universidad.

Hemos construido un edificio cuyo segundo y tercer pisos son centros de cómputos. El primer año tuvimos catorce alumnos en esta especialización, los siguientes hemos tenido veintiséis alumnos, y si no aceptamos más es porque queremos hacer un excelente trabajo. La informática es el futuro. Con Fundación Nuevo Mundo la cosa fue diferente, pues ni nuestro presupuesto nos permitía, ni nuestro objetivo había sido darles a los chicos un bachillerato[24] completo. Pensábamos que luego del noveno grado los chicos podrían desempeñar[25] alguna labor como corte y confección,[26] o tal vez poner un pequeño negocio de abarrotes[27] o algo por el estilo.[28] Éste era el pensamiento hasta que se abrió la especialización de informática. Pronto analizamos que ellos también podrían estar en condiciones de obtener un bachillerato que les permitiera trabajar en seguida. Entonces, sin mucho pensar, ni, peor, calcular costos, dijimos: «Bueno, lancémonos[29] al río que alguien nos va a tirar una boya[30] por allí.» Fue una belleza, porque ninguno quería irse del colegio. ¡Les dijimos que podían quedarse sin tener la más mínima garantía de poder cumplir con nuestra promesa! Sin embargo, hoy en 1995 muy orgullosamente tenemos que compartir la alegría de que en enero de 1996 tendremos nuestra primera promoción de alumnos graduados en Fundación Nuevo Mundo.

Dentro del ambiente nacional, Nuevo Mundo funciona como una institución privada. Tenemos que cumplir con lo que el Ministerio dice con respecto al currículum, aunque últimamente, ciertamente se ha apoyado el cambio y la reforma curricular de acuerdo a la realidad de cada escuela. La Supervisora de Educación viene cada tres meses a evaluar el proceso de aprendizaje y apoyar la labor educativa.

Creo que la idea de formar un nuevo concepto de institución en la que se forman y educan «hermanadamente»[31] los que tienen mayores ingresos como los más necesitados está comenzando a llamar a la conciencia de algunos colegios e instituciones que ven este modelo como uno que ayudará a que nuestro país vaya caminando paso a paso hacia el verdadero desarrollo. Creo que estos ideales están en la mente de todos los que son verdaderamente educadores y forjadores[32] de un Nuevo Mundo.

[23]ciencias de computación
[24]título de escuela secundaria
[25]realizar
[26]corte… arte de cortar y elaborar prendas de vestir
[27]artículos de primera necesidad, especialmente comestibles
[28]por… semejante
[29]arrojémonos
[30]cuerpo que flota en el agua y que se usa como señal en el mar
[31]como hermanos
[32]creadores, fundadores

Para verificar su comprensión

¿Cierto o falso? Indique si cada afirmación es cierta (C) o falsa (F). Si es falsa, corríjala según la lectura.

1. _____ Nuevo Mundo y Fundación Nuevo Mundo han tenido que separarse por razones legales.

2. _____ Las directoras quieren que la escuela de la mañana siga creciendo.

3. _____ Las directoras de Nuevo Mundo les escriben una carta anual a los padres de los estudiantes.

4. _____ Ahora, hay menos preparación y seminarios para el profesorado que antes.

5. _____ El nuevo Departamento de Consejería ha sido bien recibido por los estudiantes.

6. _____ La especialización en informática es sólo para los estudiantes que piensan ir a la universidad.

Interpretación de la lectura

1. ¿Por qué es tan importante que la directiva de Nuevo Mundo se mantenga en comunicación con los padres?

2. ¿En qué consiste el servicio que prestan los *juniors?* ¿Qué piensa Ud. del servicio como requisito?

3. ¿En qué consiste el «reajuste a todo el sistema educativo» que recomienda Rendón?

4. ¿Cómo explica Ud. el éxito del programa de informática?

Comparaciones

1. ¿Cuáles son los cambios más significativos que han ocurrido en Nuevo Mundo? ¿Qué piensa Ud. de ellos? ¿Sugeriría Ud. otros?

2. En su opinión, ¿se ha mantenido Nuevo Mundo fiel a sus metas de reducir las distancias sociales, formar a la persona y forjar nexos entre escuela, familia y comunidad? Refiérase a las das entrevistas.

Entrevista con Sonya Rendón (III)
Epílogo

Quisiera comenzar diciendo que me alegro de ser parte chiquitita de este proyecto y de tener esta oportunidad para pensar en cómo hemos evolucionado en Nuevo Mundo desde la última edición del libro.

Creo que siempre hay nuevos retos que se desarrollan de la misma interacción con los estudiantes y sus padres. Por ejemplo, en la Fundación muchas veces las madres de familia dicen, «¿Cómo alimento mejor a los chicos si no tengo trabajo o mi marido no gana lo suficiente?» Derivado de esa necesidad nosotros creamos dos guarderías donde se reciben niños desde los nueve meses hasta los cinco años. Allí reúnen más o menos un promedio de 60–65 niños en cada una de ellas y los chicos van teniendo su educación de acuerdo a sus etapas de crecimiento. Tenemos un doctor que los visita y las madres de familia saben que su hijo está bien cuidado y que cuando ella regresa de su trabajo, se lleva a su casa a un niño que ha sido educado y alimentado. Es una ayuda directa a la mujer que quiere promocionarse o que es la única gente de hogar, porque muchas veces hay el abandono del esposo, eso es muy común, y entonces la mujer, o pide caridad en la casa de sus padres, o ve cómo le hace para trabajar. Pedir caridad en la casa de sus padres es terrible porque no hay espacio. Pero por otro lado, una vez que estas mujeres tienen trabajo, uno ve cómo su autoestima va creciendo y se va fortaleciendo, y la mujer va creyendo en sí misma. Eso es uno.

También hemos abierto en los últimos meses un taller de costura, se llama «Sofía», por «sabiduría». Ya tenemos un taller que funciona en el colegio para ayudar. De esa gente que trabaja allí, mandamos uno o dos para que sean los profesores de la comunidad de Durán, del nuevo taller Sofía. Entonces allí se juntan como 20 mujeres en la mañana, 20 en la tarde, a aprender lo básico de costura. Es precioso ver que en seis semanas, ya están cortando sus propios moldes,[1] cosiendo, aprendiendo a coser a máquina. Una institución llamada *Children International* nos donó dos máquinas industriales, entonces para la mujer es muy importante aprender a trabajar en estas máquinas porque muchos almacenes emplean gente para confeccionar ropa para vender a almacenes.

Ahora estamos hablando de la posibilidad de formar una cooperativa dentro de Sofía para que la gente piense vender su costura a la misma comunidad y puedan empezar a hacer las propias; eso está *in the works* de ser conseguido en los próximos meses. Es de ver la felicidad de las mujeres al final de cada curso cuando pueden exhibir su ropa de niños, su pantalón.

Otro proyecto que se abrió en este año para ayudar a mantener la Fundación fue una panadería que persigue dos propósitos: ser en algún momento un centro de enseñanza para la comunidad pobre de cómo hacer pan o *pastry,* o digamos que ellos puedan emplearse una vez que aprendan en otras panaderías. Ya hemos capacitado a dos panaderos de Durán. Esta panadería se llama Juandru porque el padre Juan Drury la construyó, entonces le puse Juandru. El Centro Educativo Nuevo Mundo de la mañana es el principal cliente, todos los panes que se usan en el colegio para hacer los lonches y dar de comer a profesores y estudiantes, vienen de nuestra panadería, ya no compramos pan fuera. El segundo propósito es ser un beneficio para la comunidad, porque para servicio de ellos también vendemos el pan a un precio muy módico[2] para sus bolsillos; entonces, la comunidad de Durán compra el pan allí. Es una ayudita.

Una de las cosas que deseo mencionar es el compromiso[3] creciente de nuestras madres de la mañana. Tenemos un grupo de más o menos 70 voluntarias, pero activas, activas, unas 45. Son las que actualmente mantienen totalmente el centro médico. Gracias a ellas, tenemos tres padres de familia de la mañana que son voluntarios en el centro médico, un oftalmólogo,[4] un dentista y un psicólogo. También tenemos un pediatra, para verlo hay que pagar un dólar, algo mínimo. Con la ayuda de la Curia,[5] que está poniendo un programa de boticas[6] populares, acabamos de abrir una botica porque la experiencia es que va al doctor la gente, pero no tiene dinero para comprar la receta.[7] Entonces, en esta botica se les vende genéricos en primer lugar; en segundo lugar, si se ve que ellos no están en condiciones, se les regala la medicina. Algunas de las medicinas son naturales, como aguas aromáticas, agua de eucalipto para el resfrío, agua del manzanillo[8] para el dolor de barriga.

Este grupo de madres ya tiene su propio manual de lo que es ser un voluntario en Fundación Nuevo Mundo; están registradas como ONG y van a trabajar todos los días desde las 7:00 de la mañana hasta las 2:00 de la tarde. Pienso que la motivación es la toma de conciencia de que hay que hacer por los demás, que no nos podemos quedar durmiendo hasta las 11:00 de la mañana en nuestras sábanas de seda, que hay una responsabilidad social que cumplir. Hay mucha inquietud espiritual por parte de esas personas que dicen, «Bueno, yo tengo todo. ¿Pero allí termina?» Es un deber disminuir la gran brecha entre pobres y ricos; es un deber que no tiene espera, es urgente.

Respecto a lo que tú me preguntabas, si creo que alguna vez los chicos de la mañana se van a mezclar con los chicos de la tarde: pues, tenemos en la mañana 1.200 estudiantes, nos hemos mantenido estables a pesar de los múltiples problemas por los que ha pasado el Ecuador, pero asimismo la comunidad en la tarde es una comunidad que si tú abrieras las puertas no entrarían 1.200 sino 4.000. Lastimosamente,[9] tenemos que tener un límite por los recursos económicos que tenemos, porque estudian los chicos en el mismo sitio que los chicos de la mañana, entonces el espacio físico también es limitado. Tenemos allí 780 chicos, desde primero de básica, que antes se llamaba preescolar, chicos de cinco años, hasta terminar el *high school,* a los 17 o 18 años. Tenemos 6 promociones, o sea 6 de la tarde que se han graduado de *high school.* Tenemos contacto con estos chicos y los que estuvieron en informática tienen

[2]moderado
[3]obligación contraída
[4]especialista de los ojos
[5]organismo de la Iglesia católica
[6]farmacias
[7]prescripción
[8]manzanilla, camomila
[9]Lamentablemente

puestos muy buenos porque, a pesar de no haber hecho universidad, lo que aprendieron les ha dado la posibilidad de ganar un buen sitio en el comercio. El inglés lo usan también; es muy necesario, a pesar de que la escuela de la tarde no es bilingüe. Por medio del programa «Rostro de Cristo» los voluntarios que van al Ecuador por un año son los profesores de estos chicos de la tarde, ellos tienen el lujo de tener *native speakers*. Vienen de Notre Dame, Fairfield University, Boston College, University of Texas, algunos *high schools* y varios otros grupos, incluso de *college teachers*. Primero, hacen visitas cortas de diez días; después, muchos estudiantes optan por servir a la Fundación por un año. Viven en completa simplicidad en una casa en Durán, comparten mucho con la comunidad y trabajan como profesores en Fundación Nuevo Mundo. Muchos regresan para visitarnos después; es hermoso.

Por espacio físico no podemos, pero si hubiera espacio físico, creo que las diferencias son muy grandes para poder integrar todavía la comunidad de la mañana y la tarde. Uno está tratando de trabajar en la conciencia del ser humano de que todos somos iguales, pero es muy fuerte esto de la condición social económica, las diferencias se agrandan, entonces los chicos menos pudientes se van a sentir muy mal en un ambiente donde hay demasiadas cosas, y viceversa. Tenemos un proyecto de un chico estudiando en la mañana en informática, le va muy bien, sus compañeros lo han aprendido a apreciar, pero ése ha sido un *token,* una muestra de que a lo mejor se podría lograr, pero que costaría mucho tiempo y mucha concientización sobre todo, no tanto por los chicos, diría que más por los padres de familia, porque sí hay discriminación, lastimosamente. «¿Dónde vive Fulano de Tal? ¿Qué familiares?» Los chicos se juntan muy bien para deportes, son amigos para muchas actividades de espiritualidad, se mezclan mañana y tarde y están muy bien, pero intercambio de actividades sociales sobre todo, no tanto en el colegio, no creo que resultaría. Creo que los adultos tenemos muchos prejuicios que son difíciles de romper.

Tenemos un programa de espiritualidad para los chicos y chicas, pero también tenemos talleres, charlas, diálogos con padres que se brindan a lo largo del año lectivo,[10] el tema de responsabilidad social es uno, también el de la formación espiritual para padres. Para los estudiantes, se tocan temas de interés a los jóvenes, por ejemplo, cómo entablar amistad con el sexo opuesto, o educación sexual. Tenemos una materia, Educación para la Vida, que les da a los chicos una formación no solamente de materias, sino de lo que van a encontrar en el mundo. Nosotros preparamos estos materiales en nuestro Departamento de Bienestar Estudiantil, donde nos reunimos para ser generadores de buenos resultados, y de allí sale el programa. De hecho, este año el Ministerio de Educación llamó a un representante de nuestro Departamento de Educación para la Vida porque ya quieren lanzar el programa a todos los colegios. Los estudiantes mismos tienen *input* porque ellos escogen de una lista de temas sugeridos y en los últimos años de *high school* no tenemos clase per se de espiritualidad, sino algo que se llama «Jornadas». Escogemos al estudiante

[10] escolar

y todo un día es dedicado al desarrollo de un tema específico o que ellos han desarrollado o nosotros, y nos ha dado buenos resultados.

Otra cosa valiosa que experimentamos es el programa de Desarrollo de Habilidades de Pensamiento.[a] Lo sugirió el Ministerio de Educación, pero el Ministerio no lo tenía; sólo tenía el título. Pero comenzamos a investigar porque nos parecía interesante. Mi hermano, que trabaja en el Tecnológico en Monterrey (México), me dijo que allí lo tienen, que lo da la educadora venezolana, Doctora Margarita Amestoy de Sánchez, y que el programa está en todos los colegios de Venezuela. En uno de los viajes que hice a México me fui a conocer a la doctora, una mujer encantadora, y decidimos implementar este programa en todo nuestro colegio: día y tarde, profesores, administradores, todo el mundo fue capacitado. No es otra cosa sino tener una metodología de aprendizaje con base en procesos: de observación, comparación, relación, hasta que llegues a lo que se llama juicios y puedes hacer tus propias decisiones.

Toda nuestra enseñanza ahora está basada en procesos. Es increíble cómo cambiaron los chiquillos, nosotros ya no tenemos un profesor que da cátedra, sino que es un profesor que va construyendo con el estudiante su clase con bases muy participativas. Todo lo que los chicos traen como experiencia previa es base para la clase. Damos la materia desde el cuarto grado de primaria, donde el programa se llama Aprende a Pensar, y luego, en la secundaria, Desarrollo de Habilidades de Pensamiento.

Este programa ha tenido repercusiones en sus padres también. Por ejemplo, los chicos ya no aceptan de sus padres un «no» sin razón. «Papá, ¿permiso para ir a tal parte?» «No.» «Pero, ¿por qué, papá?» «Porque digo yo que no.» El chico: «A ver, papá, vamos a hacer un análisis. En esta línea vamos a poner las cosas positivas y las negativas del permiso o la negación.» Entonces, los papás terminan diciendo «Uuuuyyy», porque el «no» autoritario ya no es aceptable, sino algo razonado con base en buenos criterios. Eso lo hemos aplicado en la mañana y en la tarde. Cuando se gradúan y van a la universidad, regresan y nos comentan: «Para mí, el examen de ingreso fue pan comido.[11] Era DHP.» DHP quiere decir «dos horas perdidas». Se han dado cuenta de que lo que estábamos haciendo era el desarrollo de su pensamiento. De hecho, fuimos los primeros en el Ecuador que trajimos este programa.

Éstas son algunas de las novedades[12] en Nuevo Mundo. Pero tenemos dificultades también. Sigue siendo una dificultad conseguir buenos profesores. En Ecuador es un profesional mal pagado, no reconocido en toda su valía. Hay muy pocos que optarían por una carrera de la enseñanza si es que no hay el estímulo de un buen sueldo. Los que se dedican a ello son gente que tienen mucha vocación o son gente que «como no puedo surgir[13] en mi profesión, bueno, voy a ser profesor o profesora». Ésa es una de las dificultades.

[11]pan… muy fácil
[12]noticias, cambios
[13]manifestarme, salir adelante

---

[a]*Development of critical thinking skills*

Hay también el aspecto económico, creo que el neoliberalismo ha influido en esto. Nuestros países son pobres o en «vías de desarrollo», como dicen, pero no estamos en vías de desarrollo, estamos en vías de retroceso.[14] Es porque mucho de lo que generamos como país tiene que irse a un sistema que consume nuestros ingresos en el pago de la deuda externa, donde hay multinacionales que tienen el monopolio de todas las industrias ecuatorianas, y nos asfixian. Es difícil salir de una dependencia tan grande porque toda nuestra incipiente tecnología, incipiente industria, está comprometida con los grandes. Todo está condicionado a la manera que quieren que nosotros hagamos negocio con el más fuerte, todas las multinacionales que de alguna manera se dice que ayudan pero, en realidad, buena parte de los ingresos que ellos reciben son a costa del trabajo y de las ventas que hacen en los países pobres. Es duro decirlo, pero eso es la realidad. Si tú tienes que pagar más del 40% y pico[15] de todo el ingreso nacional en una deuda externa que está por demás pagada, entonces ¿qué te queda a ti para funcionar internamente en el campo social? Poquísimo para la educación, poquísimo para la salud y menos para el desarrollo tecnológico. Todo va con los países que te condicionan; entonces los préstamos siguen haciéndose cada vez más grandes. ¿Cuándo va eso a parar?

Pues, aquí entra la educación, es un factor de concientización. ¿Cómo puede Nuevo Mundo tener un impacto en todo lo que está pasando a escala tan enorme? ¿Cómo puede la educación influir en la globalización? Creo que en un modelo micro, micro, podemos ver que a lo mejor Nuevo Mundo quiere ser un proyecto de solución al problema, que estamos tratando de hacer ver al estudiante cuál es la realidad, crear conciencia de país y de la persona. Estamos diciéndole al estudiante, «tú y el chico de la tarde son iguales, tienen los mismos derechos a una buena educación». Queremos asimismo presentar a los chicos con experiencias, llevarlos a sitios donde de otra manera sus padres o sus comunidades nunca los llevarían para que ellos vean y observen. Entonces, poco a poco, la mentalidad va cambiando, y los chicos dicen, «existe otra cosa diferente de lo que es mi casa, mi ambiente chiquito y cerrado». Esto tanto para los chicos de la mañana como los de la tarde. Cuando el chico de la tarde viene a un colegio bien puesto como está Nuevo Mundo, para ellos es como ir a Disneyworld, y se va creando conciencia. El chico de la mañana va cobrando[16] conciencia también; conciencia social sobre todo. Siempre les digo a mis estudiantes de la mañana y de la tarde: «Algún día de aquí tiene que salir el nuevo presidente de la República del Ecuador, tienen que salir los nuevos ministros con una nueva conciencia de lo que es hacer país». Mucha gente dice: «No me quiero meter en política», pero la política es necesaria, tenemos que estar allí metidos para lograr un cambio.

Otro gran problema es el consumismo. La gente es valorada por lo que tiene y no por lo que es. Es otro reto que tenemos los colegios, de ir generando esa conciencia de que es el ser humano lo que importa, lo que tú tienes en la mente, en el espíritu, no en el banco, pero esto es algo difícil de romper porque estamos inmersos en un sistema vicioso y falta la idea de equilibrio. Hay

[14]marcha atrás
[15]y... cantidad pequeña
[16]tomando, adquiriendo

un dicho en mi país, «Ni mucho que queme al santo, ni tan poco que no lo alumbre»;[17] nos hace falta el término medio.

[17]Ni... ni mucho, ni poco

La educación tiene que enfrentar la realidad que vivimos porque, yo creo, con Pablo Freire, cuya pedagogía ha tenido una gran influencia en mi vida, que educación es concientizarse, despertarse, y es la base para todo progreso.

Interpretación de la lectura

1. ¿Cómo ilustran los recientes cambios en Nuevo Mundo la convicción de Rendón de que casa, escuela y comunidad están íntimamente entrelazadas? ¿Cree Ud. que es cierta esta convicción de Rendón? ¿Podría dar ejemplos de su propia experiencia?

2. ¿Cuáles son los problemas económicos y sociales que enfrenta Nuevo Mundo? Según Rendón, ¿cuál es el papel de la educación en la solución —o dismunición— de dichos problemas? ¿Concuerda Ud. con la perspectiva de Rendón? Explique su respuesta.

¿Está Ud. de acuerdo?

«La educación es concientizarse, despertarse, y es la base de todo progreso.»

PAULO FREIRE (1921–1997)

Paulo Freire, renombrado educador brasileño que enseñó en las Universidades de Chile y Harvard, en el Centro Internacional de Documentación (CIDOC) de Cuernavaca, México, y que trabajó para la UNESCO, ganó fama mundial al comienzo de los sesenta del siglo XX por su programa de alfabetización en Brasil y por su filosofía educativa de concientización.[a] Fue

---

[a]En término «concientización» viene del portugués *concientização,* usado primero por Freire y después traducido al inglés como *consciousness-raising*. En inglés, la expresión ha llegado a ser un *cliché* por haberse aplicado a una gran variedad de situaciones sociales; por eso, si podemos encarar el término dentro de su contexto original, de un despertar activo responsable de la realidad individual y colectiva, cobrará más fuerza como concepto y proceso radicales.

un exiliado político por muchos años, desde antes del golpe militar de 1964 hasta 1979, porque las autoridades consideraban que su campaña en el noreste era subversiva, radical y hasta comunista. Irónicamente, el gobierno civil del presidente José Sarney (1985–1989) recurrió a Freire para su asesoramiento[1] sobre el actual plan gubernamental de alfabetización, Movimiento Brasileño de Alfabetización (MOBRAL).[b]

[1]ayuda y guía especializadas
[2]que producen energía o fuerza

Freire tenía una visión del mundo humanista e igualitaria. En ella, la educación cumple una función crítica. Es, para Freire, la llave para la liberación del pobre de su condición de oprimido, y del poderoso, de la suya de opresor.[c] En la pedagogía de Freire, el instructor y el estudiante dialogan con base en palabras «generadoras»,[2] como «hambre» o «trabajo»; o sea, palabras centrales en la vida del estudiante. El propósito es que, mediante el diálogo, el hombre «alfabetizándose» descubra que es un ser humano consciente, que es el autor de su propia vida y que puede obrar para cambiarla. Es central en la pedagogía de Freire la necesidad de que el individuo se sienta responsable de su vida, que tome conciencia de lo que es y de lo que puede ser. Solamente así puede actuar para «ser más». En el proceso de concientización, el oprimido se encarga de «aprender a escribir su vida». Las palabras generadoras traen el diálogo, autoconocimiento y autoestima; éstos traen la concientización y, por último, la politización.

Los dos fragmentos que siguen provienen de su influyente libro *Pedagogía del oprimido*. En ellos Freire habla de los componentes del proceso y de cómo el ser humano se libera a través de él. En el primer trozo, Freire delinea tres problemas que enfrenta el oprimido: (1) vencer la tendencia a convertirse en opresor también; (2) conquistar el miedo que siente a la libertad y (3) acudir a la llamada colectiva de la concientización. En el segundo segmento, Freire hace un postulado con respecto a la acción política: para ser auténtica tiene que ser *con* los oprimidos y no *para* ellos.

[b]El analfabetismo es un grave problema nacional en Brasil, así como en la mayoría de los países de América Latina, donde la crisis educativa es solamente una manifestación de una crisis social más amplia, relacionada con el empleo, la vivienda y la salud pública, y empeorada por el crecimiento y el desequilibrio demográficos. A causa de este crecimiento, aun cuando el porcentaje de analfabetismo está disminuyendo, el número absoluto de personas analfabetas está aumentando. Freire ya había reconocido las dimensiones del problema desde hace más de un cuarto de siglo; en los últimos años, MOBRAL las reconoció también.
[c]«Opresor» y «oprimido» son otros términos que requieren explicación contextual. Mientras que en los EE. UU. estas palabras llevan connotaciones ideológicas específicas y son algo dogmáticas, en América Latina comúnmente se emplean para describir una realidad histórica concreta.

Guía de prelectura

Infiriendo de lo que ya sabemos de Freire, identifique las frases que podrían ser suyas. Si se equivoca más de una vez, lea la introducción nuevamente.

1. A través de la educación, se consigue la libertad.

2. La revolución social es inevitable.

3. La igualdad es la base de todo.

4. Los oprimidos son irresponsables.

5. Los opresores tienen que ser castigados.

6. La pedagogía debe imponer una nueva realidad.

7. La concientización tiene un fin político colectivo, además del fin de autoconocimiento.

Pedagogía del oprimido (*fragmentos*)

I.

Nuestra preocupación, en este trabajo, es sólo presentar algunos aspectos de lo que nos parece constituye lo que venimos llamando «La Pedagogía del Oprimido», aquella que debe ser elaborada *con* él y no *para* él, en tanto hombres o pueblos en la lucha permanente de recuperación de su humanidad. Pedagogía que haga de la opresión y sus causas el objeto de reflexión de los oprimidos, de lo que resultará el compromiso necesario para su lucha por la liberación, en la cual esta pedagogía se hará y rehará.

El gran problema radica en cómo podrán los oprimidos, como seres duales, inauténticos, que «alojan» al opresor en sí, participar de la elaboración, de la pedagogía para su liberación.[d] Sólo en la medida en que se descubran «alojando» al opresor podrán contribuir a la construcción de su pedagogía liberadora. Mientras vivan la dualidad en la cual ser es parecer y parecer es parecerse

---

[d]En otras palabras, el oprimido lleva al opresor dentro de sí mismo. Para el oprimido, ser hombre quiere decir ser opresor, porque ésta es la realidad que ha vivido y éste es el único modelo de comportamiento que tiene. En este esquema, ser libre significa simplemente ser su contrario, ser opresor. Esta identificación con su contrario es individualista además de contradictoria, e imposibilita el desarrollo de la conciencia grupal, de clase. La pedagogía de Freire trata de superar esta identificación errónea.

---

con el opresor, es imposible hacerlo. La pedagogía del oprimido, que no puede ser elaborada por los opresores, es un instrumento para este descubrimiento crítico; el de los oprimidos por sí mismos y el de los opresores por los oprimidos, como manifestación de la deshumanización.

Sin embargo, hay algo que es necesario considerar en este descubrimiento, que está directamente ligado[3] a la pedagogía liberadora. Es que, casi siempre, en un primer momento de este descubrimiento, los oprimidos, en vez de buscar la liberación, en la lucha y a través de ella, tienden a ser opresores también, o subopresores. La estructura de su pensamiento se encuentra condicionada por la contradicción vivida en la situación concreta, existencial en que se forman. Su ideal es, realmente, ser hombres, pero para ellos, ser hombres, en la contradicción en que siempre estuvieron y cuya superación no tienen clara, equivale a ser opresores. Éstos son sus testimonios de humanidad.

Esto deriva, tal como analizaremos más adelante, con más amplitud, del hecho de que, en cierto momento de su experiencia existencial, los oprimidos asumen una postura que llamamos de «adherencia» al opresor. En estas circunstancias, no llegan a «admirarlo», lo que los llevará a objetivarlo, a descubrirlo fuera de sí.

Al hacer esta afirmación, no queremos decir que los oprimidos, en este caso, no se sepan oprimidos. Su conocimiento de sí mismos, como oprimidos, sin embargo, se encuentra perjudicado[4] por su inmersión en la realidad opresora. «Reconocerse», en antagonismo al opresor, en aquella forma, no significa aún luchar por la superación de la contradicción. De ahí esta casi aberración: uno de los polos de la contradicción pretendiendo, en vez de la liberación, la identificación con su contrario.

En este caso, el «hombre nuevo» para los oprimidos no es el hombre que debe nacer con la superación de la contradicción, con la transformación de la antigua situación, concretamente opresora, que cede su lugar a una nueva, la de la liberación. Para ellos, el hombre nuevo son ellos mismos, transformándose en opresores de otros. Su visión del hombre nuevo es una visión individualista. Su adherencia al opresor no les posibilita la conciencia de sí como persona, ni su conciencia como clase oprimida.

En un caso específico, quieren la Reforma Agraria, no para liberarse, sino para poseer tierras y, con ésta, transformarse en propietarios o, en forma más precisa, en patrones de nuevos empleados.

Son raros los casos de campesinos que, al ser «promovidos» a capataces,[5] no se transformen en opresores, más rudos con sus antiguos compañeros que el mismo patrón. Podría decirse —y con razón— que esto se debe al hecho de que la situación concreta, vigente, de opresión, no fue transformada. Y que, en esta hipótesis, el capataz, a fin de asegurar su puesto, debe encarnar,[6] con más dureza aún, la dureza del patrón. Tal afirmación no niega la nuestra —la de que en estas circunstancias, los oprimidos tienen en el opresor su testimonio de «hombre».

Incluso las revoluciones, que transforman la situación concreta de opresión en una nueva en que la liberación se instaura[7] como proceso, enfrentan esta manifestación de la conciencia oprimida. Muchos de los oprimidos, que, directa o indirectamente, participaron de la revolución, marcados por los viejos mitos de la estructura anterior pretenden hacer de la revolución su revolución privada. Perdura en ellos, en cierta manera, la sombra testimonial del antiguo opresor. Éste continúa siendo su testimonio de «humanidad».

El «miedo a la libertad»[c] del cual se hacen objeto los oprimidos, miedo a la libertad que tanto puede conducirlos a pretender ser opresores también, cuanto puede mantenerlos atados al *status* del oprimido es otro aspecto que merece igualmente nuestra reflexión.

Uno de los elementos básicos en la mediación opresores-oprimidos es la *prescripción*. Toda prescripción es la imposición de la opción de una conciencia a otra. De ahí el sentido alienante de las prescripciones que transforman a la conciencia receptora en lo que hemos denominado como conciencia «que alberga»[8] la conciencia opresora. Por esto, el comportamiento de los oprimidos es un comportamiento prescrito. Se conforma en base a pautas ajenas a ellos, las pautas de los opresores.

Los oprimidos, que introyectando[9] la «sombra» de los opresores siguen sus pautas, temen a la libertad, en la medida en que ésta, implicando la expulsión de la «sombra», exigiría de ellos que «llenaran» el «vacío» dejado por la expulsión, con «contenido» diferente: el de su autonomía. El de su responsabilidad sin la cual no serían libres. La libertad, que es una conquista y no una donación, exige una búsqueda permanente. Búsqueda que sólo existe en el acto responsable de quien la lleva a cabo. Nadie tiene libertad para ser libre, sino que, al no ser libre lucha por conseguir su libertad. Ésta tampoco es un punto ideal fuera de los hombres, al cual inclusive, se alienan. No es idea que se haga mito sino condición indispensable al movimiento de búsqueda en que se insertan los hombres como seres inconclusos.

De ahí la necesidad que se impone de superar la situación opresora. Esto implica, el reconocimiento crítico de la *razón* de esta situación, a fin de lograr, a través de una acción transformadora que incida[10] sobre la realidad, la instauración de una situación diferente, que posibilite la búsqueda de ser más.

Sin embargo, en el momento en que se inicie la auténtica lucha para crear la situación que nacerá de la superación de la antigua, ya se está luchando por el ser más. Y, si la situación opresora que genera una totalidad deshumanizada

[7]establece
[8]hospeda, aloja
[9]internalizando
[10]actúe

---

[c]Este miedo a la libertad también se instaura en los opresores, pero como es obvio, de manera diferente. En los oprimidos, el miedo a la libertad es el miedo de asumirla. En los opresores, es el miedo de perder la «libertad» de oprimir.

---

y deshumanizante, que alcanza a quienes oprimen y a quienes son oprimidos, no será tarea de los primeros que se encuentran deshumanizados por el sólo hecho de oprimir, sino a los segundos aquellos oprimidos, generar de su *ser menos* la búsqueda del *ser más* de todos.

Los oprimidos, acomodados y adaptados, inmersos en el propio engranaje[11] de la estructura de dominación temen a la libertad, en cuanto no se sienten capaces de correr el riesgo de asumirla. La temen también en la medida en que luchar por ella significa una amenaza, no sólo para aquellos que la usan, para oprimir esgrimiéndose[12] como sus «propietarios» exclusivos, sino para los compañeros oprimidos, que se atemorizan con mayores represiones.

Cuando descubren en sí el anhelo[13] por liberarse perciben también que este anhelo sólo se concretiza en la concreción de otros anhelos.

En tanto marcados por su miedo a la libertad se niegan a acudir a otros, a escuchar el llamado que se les haga o se hayan hecho a sí mismos, prefiriendo la gregarización[14] a la convivencia auténtica. Prefiriendo la adaptación en la cual su falta de libertad los mantiene a la comunión creadora a que la libertad conduce.

Sufren una dualidad que se instala en la «interioridad» de su ser. Descubren que, al no ser libres, no llegan a ser auténticamente. Quieren ser, mas[15] temen ser. Son ellos y al mismo tiempo son el otro yo introyectado en ellos como conciencia opresora. Su lucha se da entre ser ellos mismos o ser duales. Entre expulsar o no al opresor desde «dentro» de sí. Entre desalienarse o mantenerse alienados. Entre seguir prescripciones o tener opciones. Entre ser espectadores o actores. Entre actuar o tener la ilusión de que actúan en la acción de los opresores. Entre decir la palabra o no tener voz, castrados en su poder de crear y recrear, en su poder de transformar el mundo.

Éste es el trágico dilema de los oprimidos, dilema que su pedagogía debe enfrentar.

Por esto, la liberación es un parto.[16] Es un parto doloroso. El hombre que nace de él es un hombre nuevo, hombre que sólo es viable en la y por su superación de la contradicción opresores-oprimidos que, en última instancia, es la liberación de todos.

La superación de la contradicción es el parto que trae al mundo a este hombre nuevo —ni opresor ni oprimido— sino un hombre liberándose.

II.

La acción política, junto a los oprimidos, en el fondo, debe ser una acción cultural para la libertad, por ello mismo, una acción con ellos. Su dependencia emocional, fruto de la situación concreta de dominación en que se encuentran, y que a la vez, genera su visión inauténtica del mundo, no puede ser aprovechada a menos que lo sea por el opresor. Es éste quien utiliza la dependencia para crear una dependencia cada vez mayor.

[11]mecanismo
[12]usando de ciertos medios como arma
[13]deseo vehemente
[14]sociabilidad superficial
[15]pero
[16]nacimiento

Por el contrario, la acción liberadora reconociendo esta dependencia de los oprimidos como punto vulnerable, debe intentar, a través de la reflexión y de la acción, transformarla en independencia. Sin embargo, ésta no es la donación que les haga el liderazgo por más bien intencionado que sea. No podemos olvidar que la liberación de los oprimidos es la liberación de hombres, y no de «objetos». Por esto, si no es autoliberación —nadie se libera solo— tampoco es liberación de unos hecha por otros. Dado que éste es un fenómeno humano no se puede realizar con los «hombres por la mitad», ya que cuando lo intentamos sólo logramos su deformación. Así, estando ya deformados, en tanto oprimidos, no se puede en la acción por su liberación utilizar el mismo procedimiento empleado para su deformación.

Por esto mismo, el camino para la realización de un trabajo liberador ejecutado por el liderazgo revolucionario no es la «propaganda liberadora». Éste no radica en el mero acto de depositar la creencia de la libertad en los oprimidos, pensando conquistar así su confianza, sino en el hecho de dialogar con ellos.

Es preciso convencerse de que el convencimiento de los oprimidos sobre el deber de luchar por su liberación no es una donación hecha por el liderazgo revolucionario sino resultado de su concientización.

Es necesario que el liderazgo revolucionario descubra esta obviedad[17] que su convencimiento sobre la necesidad de luchar, que constituye una dimensión indispensable del saber revolucionario, en caso de ser auténtico no le fue donado por nadie. Alcanza este conocimiento, que no es algo estático o susceptible de ser transformado en contenidos para depositar en los otros por un acto total, de reflexión y de acción.

Fue su inserción lúcida en la realidad, en la situación histórica, que lo condujo a la crítica de esta misma situación y al ímpetu por transformarla.

Así también, es necesario que los oprimidos, que no se comprometen en la lucha sin estar convencidos, y al no comprometerse eliminan las condiciones básicas a ella, lleguen a este convencimiento como sujetos y no como objetos. Es necesario también que se inserten críticamente en la situación en que se encuentran y por la cual están marcados. Y esto no lo hace la propaganda. Este convencimiento, sin el cual no es posible la lucha, es indispensable para el liderazgo revolucionario que se constituye a partir de él, y lo es también para los oprimidos. A menos que se pretenda realizar una transformación *para* ellos y no *con* ellos —única forma en que nos parece verdadera esta transformación.

Al hacer estas consideraciones no intentamos sino defender el carácter eminentemente pedagógico de la revolución.

Si los líderes revolucionarios de todos los tiempos afirman la necesidad del convencimiento de las masas oprimidas para que acepten la lucha por la liberación —lo que por otra parte es obvio— reconocen implícitamente el sentido pedagógico de esta lucha. Sin embargo, muchos, quizás por prejuicios naturales y explicables contra la pedagogía, acaban usando, en su acción, métodos que son empleados en la «educación» que sirve al opresor. Niegan la acción pedagógica en el proceso liberador, mas usan la propaganda para convencer.

Desde los comienzos de la lucha por la liberación, por la superación de la contradicción opresor-oprimidos, es necesario que éstos se vayan convenciendo que esta lucha exige de ellos, a partir del momento en que la aceptan, su total responsabilidad. Lucha que no se justifica sólo por el hecho de que pasen a tener libertad para comer, sino «libertad para crear y construir, para admirar y aventurarse. Tal libertad requiere que el individuo sea activo y responsable, no un esclavo ni una pieza bien alimentada de la máquina. No basta que los hombres sean esclavos, si las condiciones sociales fomentan[18] la existencia de autómatas, el resultado no es el amor a la vida sino el amor a la muerte.»

Los oprimidos que se «forman» en el amor a la muerte, que caracteriza el clima de la opresión, deben encontrar en su lucha, el camino del amor a la vida que no radica sólo en el hecho de comer más, aunque también lo implique y de él no puede prescindir.[19]

Los oprimidos deben luchar como hombres que son y no como «objetos». Es precisamente porque han sido reducidos al estado de «objetos», en la relación de opresión, que se encuentran destruidos. Para reconstruirse es importante que sobrepasen el estado de «objetos». No pueden comparecer[20] a la lucha como «cosas» para transformarse después en hombres. Esta exigencia es radical. El sobrepasar este estado, en el que se destruyen, al estado de hombres, en el que se reconstruyen, no se realiza *a posteriori*. La lucha por esta reconstrucción se inicia con su autoreconocimiento como hombres destruidos.

La propaganda, el dirigismo,[21] la manipulación, como armas de la dominación, no pueden ser instrumentos para esta reconstrucción.

No existe otro camino si no el de la práctica de una pedagogía liberadora, en que el liderazgo revolucionario, en vez de sobreponerse a los oprimidos y continuar manteniéndolos en el estado de «cosas», establece con ellos una relación permanentemente dialógica.[22]

Práctica pedagógica en que el método deja de ser como señaláramos en nuestro trabajo anterior, instrumento del educador (en el caso, el liderazgo revolucionario) con el cual manipula a los educandos[23] (en el caso, los oprimidos) porque se transforman en la propia conciencia.

En verdad, señala el profesor Alvaro Vieira Pinto, el método es la forma exterior y materializada en actos, que asume la propiedad fundamental de la conciencia: la de su intencionalidad. Lo propio de la conciencia es estar con el mundo y este procedimiento es permanente e irrecusable.[24] Por lo tanto, la conciencia en su esencia es un «camino para», algo que no es ella, que está fuera de ella, que la circunda y que ella aprehende por su capacidad ideativa. Por definición, continúa el profesor brasilero, la conciencia es, pues, método entendido éste en su sentido de máxima generalidad. Tal es la raíz del método,

[18]promueven
[19]abstenerse
[20]presentarse
[21]la manipulación, sobre todo política, del pobre
[22]que se basa en el diálogo
[23]los que reciben educación
[24]que no se puede rechazar

así como tal es la esencia de la conciencia, que sólo existe en tanto facultad [25]descubrirla
abstracta y metódica.

Dada su calidad de tal, la educación practicada por el liderazgo revolucionario se hace cointencionalidad.

Educadores y educandos, liderazgo y masas, cointencionados hacia la realidad, se encuentran en una tarea en que ambos son sujetos en el acto, no sólo de desvelarla[25] y así conocerla críticamente, sino también en el acto de recrear este conocimiento.

Al alcanzar este conocimiento de la realidad, a través de la acción y reflexión en común, se descubren siendo sus verdaderos creadores y recreadores.

De este modo, la presencia de los oprimidos en la búsqueda de su liberación, más que pseudoparticipación, es lo que debe realmente ser compromiso.

Para verificar su comprensión

Escoja la respuesta que mejor complete la frase.

1. _____ El oprimido tiende a convertirse en opresor porque no tiene otro/a

2. _____ La «prescripción» es una forma del (de la)

3. _____ El oprimido teme la liberación porque significa un(a)

4. _____ El liderazgo revolucionario no debe dejarse seducir por el/la

5. _____ La liberación es como un parto porque crea un nuevo (una nueva)

6. _____ Hay que encarar al oprimido como

7. _____ El oprimido tiene que liberarse a sí mismo y al (a la)

8. _____ El fundamento del proceso pedagógico es el/la

a. control.
b. diálogo.
c. propaganda.
d. modelo.
e. sujeto.
f. riesgo.
g. opresor.
h. ser.
i. objeto.

Interpretación de la lectura

1. A su parecer, ¿puede tener éxito una pedagogía basada en una igualdad completa? Explique.

2. ¿Qué piensa Ud. de la idea de Freire de la educación como compromiso con la liberación? ¿Le parece realista? ¿romántica? ¿Aplicable en la mayoría de los casos o sólo en ciertas circunstancias?

3. ¿Por qué cree Ud. que se critica como «subversivo» o «comunista» a quien quiere trabajar con los analfabetos? ¿Le daría Ud. la misma denominación? ¿Por qué?

Comparaciones

1. Si Fabiano (ver Capítulo dos) se hubiera concientizado en el programa de Freire, ¿se habría podido defender ante el maltrato al que lo somete su patrón?

2. En su opinión, ¿se ve la filosofía pedagógica de Freire en los programas sociales dirigidos por Miriam Lazo en Nicaragua (ver Capítulo dos)? Explique.

Tema escrito

¿Por qué cree Ud. que hay tanto analfabetismo en América Latina? ¿Qué importancia tendrá en los ámbitos urbano y rural el desequilibrio en la distribución de la población? ¿Qué conexión existirá entre ésta y ciertos factores como la raza y la etnicidad? ¿Qué relación tendrá con la tradición aristocrática ibérica? ¿la religion católica? ¿la historia colonial?

Para investigar

Haga una investigación sobre los programas de educación en Brasil, Cuba y Nicaragua, comparando sus logros y sus fracasos.

ALÍPIO CASALI (1947–)

Este respetado educador es el coordinador del Programa de Estudios Graduados en Educación de la Pontifícia Universidade Católica de São Paulo, en la cual recibió su doctorado en educación, con especialización en filosofía y administración educacionales. Es además coordinador general del convenio entre la Pontifícia y el Instituto Pedagógico de Mozambique; convenio que estableció el primer programa de posgrado en educación en dicho país africano. En la entrevista que sigue, grabada en 1985 y con epílogo de 1995, el doctor Casali abarca muchos temas. Habla de la historia y la misión social muy particular de la Pontifícia, una de las universidades más respetadas de América Latina. Relata también las difíciles relaciones con el gobierno militar (1964–1985), incluso la censura y la violación de la autonomía universitaria. Describe los programas especiales de la Pontifícia, el currículum y el estudiante típicos. A través de la entrevista, se nota claramente un firme optimismo y una fe en el futuro, a pesar de los tremendos problemas actuales —sociales, políticos, económicos, demográficos— que dificultan la lenta marcha de la educación en Brasil y América Latina. En el Epílogo II, de 2003, Casali se dirige a lo que él considera dos retos para la universidad provocados por la globalización: la estrechez de preparación para los profesionales y la creciente homogeneización cultural. El profesor Casali es el autor de *Elite Intelectual e Restauração da Igreja* (Petrópolis, Vôzes, 1995), *Empregabilidade e Educação: Novos caminhos no mundo do Trabalho* (São Paulo, EDUC, 1997) y «Paulo Freire: o educador na história», publicado en la revista *Educação, Sociedade e Culturas* (Lisboa, 1998).

Alípio Casali, educador brasileño.

Entrevista con Alípio Casali (I)
La Pontifícia Universidade de São Paulo: educación y compromiso social

[1]práctica
[2]torre... *ivory tower*

Pregunta: Alípio, ¿puede Ud. hablarnos un poco sobre la misión de la Pontifícia Universidade Católica de São Paulo?

Respuesta: Cómo no, con mucho gusto. Diría yo que toda universidad tiene una doble misión: debe al mismo tiempo tener algo que decir y hacer con respecto a los grandes problemas de la humanidad —misión universal— y algo que decir y hacer con respecto a los problemas más concretos de su tiempo y lugar más próximo —misión local. Lo específico de la universidad es, sin duda, la producción y reproducción del saber (a través de la enseñanza y la investigación). Pero debe siempre preguntarse: «¿Para qué? ¿Para quién cumplirá esta misión?» Por eso toda universidad tiene una misión político-social, aunque solamente implícita. Nosotros intentamos explicitar nuestra misión político-social. Queremos ser agentes de cambio científico, sí, pero también de cambio político-social.

P: ¿Podría identificar las raíces históricas de este proyecto de la universidad?

R: Nuestra orientación actual tiene sus raíces en la famosa conferencia en Buga, Colombia, en 1967, adonde fueron todos los líderes de las universidades católicas de América Latina.[a] La nueva orientación delineada en el documento que salió de la conferencia era muy progresista y éramos una de las primeras instituciones en ponerla en práctica. Una razón principal para nuestra adopción tan clara y abierta de la misión social es que nuestro canciller, Dom Paulo Evaristo Arns, es una persona muy progresista, y él quería que la Pontifícia fuera una universidad verdaderamente *latinoamericana* —involucrada en los problemas de nuestro tiempo y de nuestro lugar, una orientación de praxis[1] y no de torre de marfil.[2] La decisión de articular nuestra universidad como entidad a los principales problemas sociales de nuestro país fue mucho más que una reforma; ¡fue una revolución dentro de la universidad! Desde entonces ha sido muy clara nuestra misión: queremos trabajar para una sociedad nueva; eso es lo que queremos.

P: ¿Qué pensaron las otras instituciones de su decisión de convertirse en una universidad comprometida?

R: Diría que había una división aguda entre las que estaban en favor y las que estaban en contra. El ambiente era muy polarizado en términos de instituciones,

---

[a]Esta conferencia fue una toma colectiva de conciencia sobre el deber social de la universidad católica, influida por la teología de la liberación.

pero en términos personales, tuvimos el apoyo de la gran mayoría de los profesores.

P: ¿Hubo represalias por parte del gobierno militar?

R: Fueron duras las represalias; fueron tiempos muy difíciles. Comenzando en el 75 y el 76, las autoridades querían hacer un ejemplo de nosotros. Todas las otras universidades tuvieron una «censura interna», o sea que ellos mismos se censuraron. Pero nosotros tuvimos el «tratamiento especial» de la agencia de seguridad interna. Por ejemplo, varias veces la policía asistió a mis clases. De vez en cuando me preguntaban: «¿Sabe Ud. quién soy yo? ¿Para quién trabajo? ¿Sabe que doy información a la policía sobre sus clases y actividades?» Fue una experiencia tremenda para mí, muy difícil; yo no entendía lo que estaba pasando.

A veces, también, arbitrariamente arrestaban a uno de nosotros, los ponían en la cárcel, investigaban su historia personal, y ¡sólo por causa de sus ideas, de lo que pensaba, nada más! Por muchos años tuve que esconder mis libros en diferentes lugares, no en mi casa. Tuve que ir a distintos sitios para estudiar. Estaba absolutamente prohibido cualquier libro que tuviera algo que ver con el marxismo. Yo usaba algunos textos prohibidos en mis clases. Por ejemplo, usé durante dos años un texto de Paulo Freire, claro está, anónimamente, sin escribir su nombre. Los estudiantes nunca podrían comprarlo. Otro texto de Freire que usé vino de su *Educación como práctica de la libertad,* pero solamente una parte porque era demasiado peligroso usarlo todo porque era claramente subversivo. Para mediados de los setenta, todas las universidades estaban muy controladas, pero la nuestra en particular.

P: ¿Qué hicieron los profesores en ese clima de represión?

R: Muchos se fueron. Muchos de los mejores intelectuales del Brasil, particularmente en ciencias sociales. A muchos otros se les prohibió enseñar o dar conferencias. Se fueron para Chile hasta 1973 cuando el gobierno de Allende fue derrocado y el de Pinochet vino al poder, y entonces tuvieron que salir de Chile. Fueron a Panamá, a Costa Rica, México, muchos fueron a México. Salieron muchos de mis amigos. Yo era políticamente independiente y por esto no estaba en ninguna de las listas infames.³ Pero nuestras relaciones con el gobierno empeoraron en el 76 y el 77 porque nosotros comenzamos a contratar a los profesores de otras universidades a los que se les prohibió la enseñanza. Por esto y por otros problemas entre nuestros estudiantes y las autoridades, en 1977 nuestra universidad fue invadida por la policía.

P: ¿Violaron abiertamente el principio de autonomía?

R: En absoluto. La policía vino a la universidad porque estaban «interesados», fue lo que dijeron, «interesados» en arrestar solamente a unos cuantos líderes. Pero, de hecho, formaron un círculo total alrededor de la universidad y arrestaron a unos 2.000 estudiantes y profesores. Estuve allí. Fui arrestado también. Nos golpearon. Fue una experiencia muy triste experimentar tanta violencia, y ¡sin haber hecho nada! Solamente porque tú piensas, tú quieres un mundo nuevo, tú quieres justicia. La violencia esa noche fue tremenda. Devastaron la universidad, las salas de clase, las puertas, los archivos, las ventanas. Muchos estudiantes resultaron heridos. Después, la policía puso en libertad a los que no estaban en la lista. Pero para decirte qué es tener tu nombre en aquella lista, si solamente uno de mis estudiantes, por cualquier motivo, me hubiera señalado como subversivo, yo también habría estado en ella.

P: Todo esto habrá tenido un efecto escalofriante en las discusiones en la sala de clase, ¿no?

R: Claro que sí, y no solamente en la clase; afectó todo. Comencé yo a censurarme, o sea, a internalizar la censura. Teníamos miedo todo el tiempo. Si tú estabas hablando con tus colegas, tomando un trago en un bar, y hacías cualquier crítica al gobierno, volvías la mirada para ver si había un informante que te podía denunciar. Fue un tiempo tremendamente difícil. Afortunadamente, después de 21 años de dictadura, volvimos en 1985 a un gobierno civil.

P: Alípio, cambiando un poco de tema, puede decirnos algo sobre el sistema de educación en el Brasil, tanto el privado como el público?

R: Bueno, en el Brasil es muy diferente de los EE. UU. Las universidades públicas son absolutamente libres de gastos de matrícula. Sólo hay que pagar el cuarto y la comida, la cual es muy barata, si se compara con los precios en los EE. UU. Las universidades privadas son diferentes. Allí, los estudiantes tienen que pagar. A simple vista, uno diría bueno, los estudiantes pobres están en la universidad pública y los ricos en la privada. Pero, la verdad es casi lo contrario. Y, ¿por qué? Puesto que las universidades públicas son gratis, la demanda de cupos⁴ es altísima. Hay mucha más gente que quiere asistir de lo que hay vacantes. Entonces, seleccionan solamente a los mejores. Y ¿quiénes son los mejores? Los que tienen una buena y calificada educación primaria y secundaria. Y esa clase de educación no se da en las escuelas públicas sino en las privadas. Así que los que terminan la secundaria y que son los más preparados son los que vienen del sistema privado.

P: Entonces, ¿van del sistema secundario privado a la universidad pública?

R: Sí, están tan bien preparados que son elegidos para ingresar a la universidad pública. Entonces están libres de no tener que pagar nada.

P: Ya veo que es muy diferente de lo que uno pensaría. Dígame, ¿también tienen muchos estudiantes excelentes las universidades privadas?

R: Oh, sí, pero permíteme trazar una distinción entre dos clases de instituciones privadas, algo que es también diferente de los EE. UU. Primero, tenemos las universidades confesionales o religiosas, en su mayoría católicas, pero también hay algunas protestantes, como las de los metodistas que son muy progresistas y con quienes llevamos muy buenas relaciones. El otro bloque de institución privada es

⁵recobrarlos,
recuperarlos
⁶alarmantes

el comercial. Es como un negocio para la gente que usa la universidad como una inversión, para ganar dinero. Cuando me refiero a las universidades privadas, me refiero a las de la primera categoría, y sí, tienen estudiantes buenos pero sin tantos recursos como los de la universidad pública, por lo general.

P: Volviendo a la meta social de la Pontifícia, ¿cómo pone en práctica su misión, su tarea de contribuir a la creación de una nueva sociedad?

R: Bueno, te voy a poner unos ejemplos concretos de lo que estamos haciendo. Primero, tenemos programas de extensión, como el del Amazonas o el del Vale da Ribeira, Allí nos dedicamos al estudio del medio ambiente, de los conflictos sociales, de la explotación económica de nuestros recursos naturales y de cómo rescatarlos⁵ antes de que el «desarrollo» los destruya totalmente. La protección del Amazonas —se estima que ya el 30% de sus recursos ha sido destrozado— es un proyecto urgente.

Éste es un ejemplo de nuestros programas de extensión. También tenemos varios institutos para estudios urbanos, afrobrasileños, estudios sobre la violencia doméstica y sobre la educación popular. Es que estamos comprometidos con los desaventajados. En el Instituto para la Educación Popular, estudiamos la situación de los niños que han dejado el sistema escolar. Es la gran mayoría; solamente en São Paulo, el 80% de los niños deja la escuela después del segundo año de la primaria. He trabajado en esta área. Es difícil para los padres pensar en la educación cuando están luchando diariamente para encontrar trabajo y qué comer. Dejan a los niños encerrados en la casa todo el día y muchas veces un niño de siete años será responsable de sus hermanitos. Sí, te recuerda a Domitila.ᵇ Sabes que ella ha estado aquí, nos ha visitado, y que Moema Viezzer, la educadora que le ayudó a contar su historia, es amiga y colega mía. De todas maneras, estos institutos son para los niños y adultos analfabetos. Por lo menos el 30% de nuestra población es totalmente analfabeta y muchos son semialfabetizados, pueden leer lo más básico. Nuestros estudiantes hacen su *field work* en esta área; reciben crédito académico y tienen que pagar. Les gusta el programa y se sienten muy bienvenidos. Muchos de nuestros estudiantes trabajan además en las comunidades de base que son muy abiertas y hacen un trabajo muy valioso con los pobres.

Nuestro Instituto PROTER es una organización cooperativa para los pequeños agricultores —productores y vendedores de verduras, por ejemplo. Estamos tratando de organizarlos para cooperar entre sí y salir mejor dentro del sistema económico. Que yo sepa, el gobierno no sabe de este programa.

Otro ejemplo de nuestra misión en la práctica es nuestro Instituto para el Estudio de las Relaciones entre los Géneros. El tema principal de este instituto es la violencia contra el niño y la mujer. Creo que es el primer instituto de este tipo en América Latina. Nuestros investigadores están estudiando los récords de la policía para ver las estadísticas sobre la violencia familiar. El primer estudio salió recientemente y los resultados son chocantes,⁶ y estos casos son solamente

---

ᵇVer en el Capítulo cinco la historia de esta mujer extraordinaria.

los que llegaron a la policía. Nuestro problema administrativo ahora es cómo integrar este instituto, y los otros, a la rutina normal del área académica de la universidad.

Bueno, éstos son únicamente unos ejemplos específicos de cómo estamos practicando nuestra misión. Claro que sabemos que el sistema educacional no puede producir una sociedad justa mientras el sistema económico subyacente⁷ se base en la desigualdad. Y no somos tan idealistas como para pensar que la universidad puede llevar a cabo la revolución económica. Pero podemos concientizar y tratar de hacer lo mejor dentro de nuestro marco, hacer lo que podamos para minimizar las distinciones de clase y de raza. Estamos tratando de dar prueba de nuestra dedicación al cambio social mediante trabajos interdisciplinarios dentro de las comunidades y de hacer todo esto dentro de un proceso que es, en sí, democrático. Creemos que no solamente nuestros fines sino también nuestros procesos tienen que ser democráticos.

P: Alipio, ¿cómo son los estudiantes de la Pontifícia? ¿Comparten la visión que Ud. nos ha descrito?

R: Pues sí y no, pero la mayoría sí. Algunos de nuestros estudiantes vienen de familias ricas. A veces, pasan por tres o cuatro años sin darse cuenta de lo que nos rodea. No es tan fácil para ellos; no están acostumbrados a una realidad nueva. No le hacen caso y no se concentran en nada excepto en sacar su título. Son muy tradicionales en este respecto y no tienen interés alguno en nuestros fines sociales. Dicen: «Sabemos que la gente aquí es comunista y subversiva, pero si salimos con su título tendremos más oportunidades en el mercado.» Ves que tenemos *standards* muy altos y también una conciencia social. La universidad tiene que retener su prestigio académico sin perder contacto con sus raíces en el pueblo. Pero, volviendo a tu pregunta, la mayoría de nuestros estudiantes comparte nuestra visión. Éstos típicamente estudian de noche y trabajan de día. Son jóvenes, pero casi todos trabajan. Algunos estudian tiempo parcial y trabajan tiempo parcial, lo cual es muy difícil porque hay muchos requisitos que completar y algunos programas se ofrecen solamente de tiempo completo. El currículum es establecido por el gobierno y nosotros no lo podemos cambiar sin perder la aprobación oficial. Hemos discutido repetidas veces si la aprobación vale la pena o si debemos renunciar a ella y establecer nuestro propio currículum. No creo que dañe a nuestros estudiantes en el mercado porque estamos entre las mejores universidades del país.

En cuanto a la vida estudiantil, no hay mucha porque no tenemos el espacio. Tenemos un lugarcito para el baloncesto y vóley, pero ni siquiera tenemos el espacio para una cancha⁸ de fútbol. Tenemos aproximadamente 18.500 estudiantes, de los cuales solamente el 20% es de tiempo completo.

P: ¿Nos puede describir un poco el currículum que sigue un universitario típico?

R: Sí, comienzan el primer año más o menos a los dieciocho años y siguen un año de lo que llamamos cursos básicos. Sea lo que sea su programa eventual, el primer año todos siguen filosofía, antropología, comunicaciones (verbales y no verbales), psicología y metodología científica. Estos cinco cursos básicos, más dos de su especialización. Por ejemplo, para el que quiere especializarse en psicología, tendrá cinco asignaturas más dos que vienen de la psicología. Son siete los cursos para el primer año. Después del primer año, tienen dos años más de lo que llamamos «formación profesional» y después van para sus programas específicos, su especialización. Sí, es muy especializado. Los últimos tres años el estudiante sigue exclusivamente cursos en su especialización.

P: En los EE. UU., como Ud. sabe, las universidades están en una situación económica bastante apretada.[9] ¿Es así también para la Pontifícia?

R: Tenemos una situación dificilísima en términos de finanzas. Estamos tratando de reducir los gastos pero es casi imposible reducirlos más. El 85% de nuestro ingreso[10] viene de lo que pagan los estudiantes. Nuestros gastos de matrícula para un año son $600, muy barato, ¿verdad? Sí, para los EE. UU., pero no para nosotros. Para nuestros estudiantes es mucho y tienen que comprar sus libros también, los cuales en el Brasil son muy caros. No hay ayuda financiera del Estado, nada. La universidad misma en los últimos cinco años ha tratado de acumular un fondo con sus propios recursos, un sistema de préstamos para los estudiantes. Después de que se gradúan, los estudiantes pagan sus préstamos, ayudando así a los otros. Es una manera de tratar de retener a los estudiantes, de ayudarlos para que no tengan que dejar sus estudios.

P: Alípio, a la luz de los muchos obstáculos que enfrenta diariamente, incluso el problema crónico de fondos insuficientes, ¿cómo encuentra fuerzas para seguir en la lucha? ¿Qué le anima para seguir adelante?

R: Creo que es la esperanza de una sociedad más justa. No sé cuánto tiempo tomará, pero sé que llegará un día —la justicia económica y social, la democracia. Ya tenemos más posibilidades con el retorno a un sistema civil. Creo también que nuestra universidad tiene un rol muy importante que jugar en alcanzar este fin. Y yo tengo un papel, mi contribución que hacer, dentro de la universidad. Esto es lo que me anima y lo que me da esperanza.

[9] estrecha, limitada
[10] dinero, fondos

Para verificar su comprensión

¿Cierto o falso? Indique si cada afirmación es cierta (C) o falsa (F). Si es falsa, corríjala según la lectura.

1. _____ La misión específica de la Pontifícia es sobre todo académica.

2. _____ La conferencia en Buga, Colombia, en 1967 dio una orientación progresista a la Pontifícia.

3. ____ Durante las décadas de los sesenta y setenta muchos intelectuales se fueron al extranjero porque allí consiguieron puestos más lucrativos.

4. ____ Casali tuvo que ir a distintos lugares a estudiar para eludir a la policía.

5. ____ La invasión de la Pontifícia en 1977 produjo un impacto tremendo en la comunidad universitaria.

6. ____ No hay muchas diferencias entre las universidades privadas y las públicas en Brasil.

7. ____ A diferencia de las de los EE. UU., la universidad pública en Brasil no cobra gastos de matrícula.

8. ____ Casali cree que el sistema educacional puede, por sí solo, producir una sociedad justa.

Interpretación de la lectura

1. ¿Qué piensa Ud. del activismo político del universitario latinoamericano?

2. ¿Cree Ud. que en algunos casos se justifica la censura? ¿Por qué? ¿Cómo reaccionaría Ud. si alguien le dijera lo que le es o no le es permitido leer? ¿Por qué?

3. ¿Qué le parece el estudiante típico de la Pontifícia? ¿Conoce Ud. a muchos estudiantes similares en los EE. UU.?

4. En su descripción de algunos de los programas e institutos que dan prueba de la conciencia social de la Pontifícia, Casali pone énfasis en la necesidad de vencer la injusticia y la desigualdad social. ¿Cómo funcionan los ejemplos que él nos da para que se logre algún día este fin?

5. ¿Cree Ud. que son compatibles los estándares académicos altos y una fuerte conciencia social? ¿Por qué sí o por qué no?

Comparaciones

1. ¿Cree Ud. que se puede establecer una comparación entre la misión de la Pontifícia y la de Nuevo Mundo? Compare la misión de estas dos instituciones con la de las escuelas y universidades norteamericanas que Ud. conoce. ¿Encuentra Ud. más semejanzas o más diferencias entre ellas? ¿A qué se deben las diferencias, a su parecer?

2. La tradición latinoamericana es de compromiso político estudiantil. ¿Existe esta tradición en los EE. UU.? ¿Cómo explicaría Ud. las diferencias entre las dos tradiciones?

3. En su opinión, ¿por qué usó Casali en sus clases de educación los textos de Paulo Freire? ¿Puede Ud. comparar la pedagogía de Casali con los principios por los que aboga Freire en el fragmento de *Pedagogía del oprimido?*

4. Los estudiantes en la Pontifícia, y en otras universidades latinoamericanas, comúnmente cursan un programa muy especializado. ¿Piensa Ud. que es preferible la preparación especializada o la general? ¿Por qué?

Tema escrito

En los últimos treinta y cinco años, el principio de la autonomía universitaria ha sido violado por los gobiernos de México, Argentina, Uruguay, Brasil, Chile, Costa Rica, El Salvador y Guatemala, entre otros. Compare los aspectos socioeconómicos y políticos que tienen en común estos países y trate de relacionarlos con el activismo político de los universitarios. ¿Cuál será la causa principal de la politización de la universidad? ¿De la represión oficial? ¿Conoce Ud. instancias en los EE. UU. en que la universidad haya sido ocupada por la fuerza?

Entrevista con Alípio Casali (II)
Epílogo I

Estamos en 1995, diez años después. Tengo muchas cosas que comentar y relatar. Estoy muy consciente de que estamos pasando por un tiempo de intensos cambios, un tiempo de tensión entre lo que puede y debe ser conservado y lo que puede y debe ser transformado. En 1985 Brasil estaba en transición política, dejábamos atrás en la historia la dictadura militar y reconstruíamos, día a día, la democracia. En la Pontifícia Universidade Católica de São Paulo, donde yo era vicerrector (1984–1988), a pesar de las enormes dificultades económicas internas, buscábamos realizar un proyecto de universidad de calidad científico-académica y político-social, un proyecto radicalmente democrático de universidad, con todo el significado que «democracia» debe tener.

Pero los problemas económicos fueron sofocantes.[1] El Estado rehuso[2] subvencionar nuestros proyectos porque éramos, jurídicamente hablando, una universidad «privada». Sin embargo, nosotros manteníamos que cumplíamos una

[1]agobiantes
[2]se negó a, no quiso

función pública con nuestro proyecto y pensábamos que el Estado debería costear al menos una parte de tal proyecto. Políticamente hablando, la cuestión no era tan sencilla. De hecho, una universidad «privada» es una contradicción en términos. Toda universidad debe ser necesariamente pública en el ejercicio de sus funciones, objetivos y medios. La lógica del mercado (mercado económico y mercado ideológico), entretanto, crea y sostiene universidades «privadas», que se apropian³ del patrimonio científico cultural de la humanidad y lo manipulan según intereses no universales. Aun las universidades estatales frecuentemente acaban subordinándose a intereses que no son públicos. Nuestro proyecto en la Pontifícia con la aprobación del Gran Canciller, el Cardenal Dom Paulo Evaristo Arns, era decisivamente de interés público; por esto podría y debería ser costeado por el Estado. El *impasse* nos forzó a elevar la matrícula del estudiantado para mantener la universidad en funcionamiento. Fue una medida impopular. A pesar de esto, todavía fue insuficiente para permitir salarios satisfactorios para los profesores. El resultado fue que los sectores conservadores de la universidad, explotando estas insatisfacciones, fueron elegidos y asumieron el poder en la Pontifícia. Su conservadorismo redujo drásticamente las iniciativas de carácter político-social que habíamos implantado. «Una universidad debe ocuparse exclusivamente de lo académico ciéntifico», decían. E hicieron esto de la manera más estricta.

1988. Una profesora de la Pontifícia, una mujer, de un partido de izquierda (Partido de los Trabajadores), de familia pobre, oriunda⁴ de una de las regiones más pobres del país, sorprendentemente ganó las elecciones municipales y logró el cargo de alcalde de la ciudad de São Paulo: Luiza Erundina. Montó su equipo de gobierno con muchos profesores de la Pontifícia. Paulo Freire fue designado Secretario Municipal de Educación. Yo fui nombrado Secretario Municipal de Negocios Extraordinarios y Jefe del Gabinete del Alcalde. Los desafíos eran inmensos: gobernar una ciudad de 11 millones de habitantes, en una dirección política nueva, democrática y popular —la ciudad más rica y, al mismo tiempo, [con] la mayor concentración de pobres y miserables del país. Paulo Freire, por ejemplo, con su equipo de profesores de la Pontifícia, confrontó la pesada máquina de la Secretaría de Educación. Realizó cambios profundos: agilizó la administración, colocándola al servicio prioritario de los más excluidos y negados del sistema. Introdujo la participación de estudiantes, padres y educadores en la dirección de las escuelas. Implantó programas de formación permanente de los docentes. Reformó el currículum y el sistema de evaluación. Los resultados fueron extraordinarios. En las otras Secretarías Municipales, acontecían⁵ procesos similares. La marca de lo social entró en la historia de la ciudad. La Pontifícia cumplía indirectamente su vocación político-social de vanguardia crítica y transformadora.

1995. El Brasil reencontró la democracia, por lo menos la democracia formal. En un contexto internacional de hegemonía neoliberal, esto no significa mucho. La globalización de la economía, el «minimalismo» del Estado, la idolatría del mercado, la falsa utopía negativa del «fin de la Historia» (profetizada por Fukuyama),[a] imponen dramáticos desafíos sociales. La exclusión social de dos tercios de la población mundial ya no es vista con preocupación ética. Ya ni se le considera una «disfunción» de los sistemas económico-políticos. Al contrario, es vista ahora como un producto programado y previsto, como inherente en la lógica de la modernidad. En el Brasil, hay 33 millones de pobres y miserables, en una población de 150 millones. Son 6 millones de niños en edad escolar que están fuera de la escuela.

[6]*gangs*

La dirección actual de la Pontifícia, de perfil nuevamente progresista, ha tratado de rescatar el perfil de la universidad comprometida con lo social. Uno de los programas más expresivos es el de Educación Popular, ahora en operación. Es un programa que considero ejemplar: la universidad va al encuentro de los niños de la calle, en sus propios ambientes, y simultáneamente trae a estos niños para el ambiente de la universidad. Se desarrollan innúmeras actividades culturales, de alfabetización. Un subprograma específico cuida a los jóvenes en situaciones todavía más extremas: los involucrados con la violencia, en las pandillas[6] de la calle. Ese programa busca articularse con el currículum formal de la universidad: los estudiantes del curso de Pedagogía adquieren allí una parte práctica de su formación. Algunos de ellos se han convertido en «educadores de la calle». Este programa está articulado también con programas similares en otros países, [como] en África, particularmente en Mozambique y Cabo Verde.

Así es que en los cursos posgraduados en Educación (Maestría y Doctorado), seguimos asumiendo nuestra responsabilidad política, social y cultural de la manera más específica de trabajar que tiene una universidad: enseñando y haciendo investigaciones de calidad sobre los graves problemas de nuestro tiempo y de nuestro lugar. Desde 1993 soy el coordinador de estos cursos de maestría y doctorado y tenemos el privilegio de tener a Paulo Freire en nuestro equipo. De vuelta a la universidad, él escribe libros, participa en seminarios y dirige investigaciones. La marca de nuestro trabajo no podría ser otra; encarar la educación desde el punto de vista de los más excluidos.

Interpretación de la lectura

1. ¿Piensa Ud. que la Pontifícia se ha mantenido fiel a su doble misión académica y social en la última década? Explique.

2. ¿Por qué dijo Casali que el proyecto, o la misión, de la Pontifícia se cumplió indirectamente en el gobierno municipal de São Paulo al ser elegida alcaldesa Luiza Erundina en 1988?

---

[a]Francis Fukuyama, autor del controvertido libro, *The End of History and the Last Man*. New York: The Free Press, 1992.

---

3. ¿Por qué critica Casali el neoliberalismo y lo que él denomina «la idolatría del mercado»? ¿Qué tienen que ver con la educación?

4. ¿Cuáles son algunos de los programas actuales que describe Casali para promover el compromiso social de la Pontifícia?

5. A su parecer, ¿cuáles serán las ventajas y las desventajas de encarar la educación desde el punto de vista de los más excluidos?

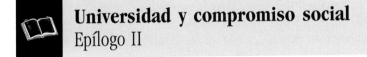

Universidad y compromiso social
Epílogo II

Pontifícia Universidade Católica de São Paulo—
Marzo, 2003

La tercera edición de *Tradición y cambio* me ofrece la rara oportunidad de demarcar, casi veinte años después, un brevísimo análisis de los desafíos que se les presentan a las universidades latinoamericanas en el contexto contemporáneo.

En 1985, en la entrevista original, había ya señalado el doble desafío que se les presenta a las universidades: responder simultáneamente a una misión universal y a una local. En el caso de la Pontifícia Universidade Católica de São Paulo, el asumir su misión local, en los años 70 y 80, consistió principalmente en resistir el obscurantismo ideológico del régimen militar y al mismo tiempo innovar, realizando proyectos educativos afirmativos de inclusión social.

En 1996, en el Epílogo I, señalé cómo la misión local de esta Universidad se concretó, entre otras formas, unos años después, mediante una marcada y decisiva presencia de la Universidad en el gobierno de la ciudad de São Paulo. La alcaldesa de la ciudad (1989–1992) era una profesora de la Universidad y muchos de nosotros, los profesores, fuimos a trabajar con ella en el gobierno. Algunos bromeaban, diciendo que éramos una «Univer-cidade» (*Univer-city*). El educador Paulo Freire (entonces profesor en nuestro departamento) también participó directamente en este proceso. Esa presencia continuó: hoy (2001–2004) la Alcaldesa es una ex alumna nuestra. Otra vez, una mujer. Otra vez, muchos de nuestros profesores están allí. El compromiso político-social tiene el mismo perfil: del Partido de los Trabajadores. Es el mismo partido que llegó a la Presidencia de la República del Brasil, en la persona de su líder principal, Lula (Inácio «Lula» da Silva): pobre, migrante, no completamente instruido, trabajador, líder sindical.

Estamos en 2003. El Brasil se reencontró con el Brasil. La mayoría de los historiadores y analistas concuerdan en que el país entró en una nueva era de su historia. El proyecto neoliberal fue claramente rechazado en las recientes elecciones presidenciales. El país ya no soporta la tragedia social de sus millones de excluidos (excluidos de la tierra, del trabajo, de la escuela, de la vivienda, de la salud, de los bienes culturales…). Se espera que el gobierno de Lula realice un profundo cambio social en el país. Se espera que el liderazgo de Lula lleve el país a ejercer un nuevo papel en el bloque latinoamericano, con repercusiones en África y Asia. Hay un gran consenso de que el gobierno reúne todas las condiciones para hacerlo. Están los que dicen que hasta podrá ser conveniente al sistema mundial ese desvío de rumbo hacia lo social. Podría reequilibrar el sistema, pero lo importante para nosotros es que se trata de un desafío ético urgente.

Naturalmente, en tal contexto, la importancia política de las instituciones de la sociedad civil en el país cambió de perspectiva. Ahora la Universidad ya no es predominantemente un lugar de resistencia. Debe ser predominantemente un lugar de articulación positiva, propositiva, proactiva, de proyectos sociales, culturales y políticos, aparte de su tradicional función científica.

Veo en ese contexto dos retos muy concretos para las universidades. Ambos son provocados por acontecimientos emergentes de la globalización. El primero deriva de una nueva condición del mercado de trabajo. Las grandes corporaciones económicas han estado, en los últimos años, invirtiendo en gran forma en las universidades particulares, exclusivas, específicas. Su diagnóstico es que los profesionales egresados de las universidades convencionales llegan tan mal formados al mercado que precisan ser enteramente reformados por la empresa para la cual van a trabajar, dentro del perfil específico, exclusivo de los intereses de la empresa. Esas instituciones formativas se llaman «universidades corporativas», como si ese nombre no fuera desde el principio una contradicción en términos y no siguiera siendo una contradicción en la práctica. Una universidad debe ser en esencia una institución comprometida con la universalidad, la ciencia, la diversidad, la crítica; no cabe dentro de los estrechos límites de los intereses económicos e ideológicos del mercado. Por eso, frente a ese «modelo de profesional» se plantea el desafío a las universidades verdaderas: formar un profesional no solamente competente para ser una pieza especializada eficiente en el sistema productivo, sino también, y principalmente, para ser un ser humano completo, un ciudadano pleno, competente para contribuir al desenvolvimiento de la vida social, política y cultural de su sociedad y del mundo.

El segundo reto tiene que ver con la creciente homogeneización cultural, de la cual forma parte esa estrechez del perfil de los profesionales. Por lo general, el perfil de los que están en la universidad no corresponde al perfil de los que están en la sociedad. Por eso, las políticas afirmativas de la diversidad cultural (género, etnicidad, religión, condición física y mental, orientación sexual) se presentan como uno de los mayores desafíos éticos para la universidad contemporánea. Lo que es propio de la universidad es esto: ser en la práctica un lugar de universalidad, de diversidad, de crítica. Solamente así podrá contribuir a que los seres humanos puedan vivir y realizarse en todo el esplendor de su vida, en libertad, en justicia, en paz.

La Pontifícia Universidade Católica de São Paulo trata de responder positivamente a esos retos, lo cual mantiene el espíritu y la fuerza de lo que emprende. De ese modo cumple simultáneamente su misión local y universal.

Es también así que se exhorta a que se comprometan todos sus profesionales universitarios.

Interpretación de la lectura

1. En su opinión, ¿qué quiere decir Casali con «el Brasil se reencontró con el Brasil»? ¿En qué sentido fue rechazado en 2003 el neoliberalismo con la elección de Inácio «Lula» da Silva a la presidencia? Como resultado, ¿qué esperanzas tiene Casali?

2. ¿Qué son las «universidades corporativas»? ¿Qué piensa Casali de ellas? ¿Y Ud.?

3. ¿Qué quiere decir Casali con «homogeneización cultural» y por qué constituye un reto para la Universidad?

4. ¿Qué tienen que ver las universidades corporativas y la homogeneización cultural con la globalización? ¿Concuerda Ud. con la perspectiva de Casali. ¿Por qué?

5. Mientras que la misión local de la Pontifícia es fluida, ya que responde a las fluctuaciones en la realidad social, su misión universal de ser «un lugar de universalidad, de diversidad, de crítica» siempre queda igual. ¿Piensa Ud. que son necesarias estas dos misiones? ¿Por qué? En su experiencia, ¿también es así la universidad estadounidense?

6. Casali señala importantes cambios políticos y económicos que han influido en la misión local de la Pontifícia a través de los años. ¿Puede Ud. tomar un ejemplo ilustrativo de cada una de las tres lecturas y comentarlo?

CARLOS TÜNNERMANN BERNHEIM (1933–)

Carlos Tünnermann Bernheim, antiguo embajador de Nicaragua en los EE. UU., es un educador muy respetado que ha dictado conferencias en muchos países y ha escrito prolíficamente sobre la universidad en América Latina. Entre sus obras más conocidas se incluyen *Sesenta años de la reforma universitaria* (1978), *De la universidad y su problemática* (1980), *La educación superior en el umbral del siglo XXI* (1996) y *Universidad y sociedad: balance histórico y perspectivas desde Latinoamérica* (2002). El Dr. Tünnermann ha sido rector de la Universidad Autónoma de Nicaragua, presidente de la Unión de Universidades de América Latina (UDUAL) y consejero especial de la

Carlos Tünnermann Bernheim, antiguo embajador de Nicaragua en los EE. UU. y uno de los principales creadores de la Campaña de Alfabetización Nacional.

UNESCO para América Latina y el Caribe. Escribe además una columna para *El Nuevo Diario* de Managua.

En esta sección se ofrecen tres lecturas. La primera proviene de una conferencia pronunciada por Tünnermann en la Universidad Centroamericana en Managua en 1979. En ésta, el entonces Ministro de Educación relata el desastroso legado educativo somocista y describe esperanzadamente el nuevo plan educativo sandinista, del cual él mismo es el autor principal, y la ya famosa Cruzada Nacional de Alfabetización, que se efectuó entre el 23 de marzo y el 23 de agosto de 1980.[a] Tünnermann proviene del famoso «grupo de los doce»: un grupo de nicaragüenses distinguidos que, desde su exilio en San José, Costa Rica, fomentaron y dieron apoyo a la revolución sandinista. Por su experiencia, Tünnermann está singularmente capacitado para opinar tanto sobre la

---

[a]En cuanto a las cifras sobre el programa, es preciso reconocer que son casi todas muy discutibles. Por ejemplo, si se dice que la tasa de analfabetismo se redujo del 50,35% al 12,95% como resultado de la Cruzada y que fueron alfabetizadas aproximadamente 400.000 personas, se entiende que estas cifras, en efecto, nos proporcionan una guía útil, una idea general sobre el tema, pero no se les puede tomar al pie de la letra. Tünnermann Bernheim, Carlos. *Hacia una nueva educación en Nicaragua* (Managua: Ministerio de Educación, 1980), págs. 138–139.

Relacionado con lo anterior, hay que apreciar que las interpretaciones del término «alfabetizado» son muchas y variadas. Para algunos, un individuo está alfabetizado después del primer grado, para otros, después del segundo y para otros más, después del sexto. En todos los casos, se trata de un nivel de alfabetización apenas funcional en el cual el gran peligro es volver, por desuso, al analfabetismo total, lo cual es una realidad actual —resultado de la lamentable situación política y económica del país.

triste herencia educacional como sobre la reconstrucción nacional proyectada en 1979.[b] Tünnermann comienza haciendo un repaso de la situación en que dejaron al país la dictadura de Somoza y la revolución que la derrocó.

La segunda lectura es una entrevista realizada en 1986 en la época más difícil de la guerra de los contras, la cual produjo las condiciones de «educación de sobrevivencia» que comenta Tünnermann.

La tercera selección es una breve posdata en la que el renombrado educador reflexiona sobre el tema de la educación en la Nicaragua de fin del siglo XX.

_____

[b]Para apreciar mejor este fragmento, hay que imaginar la euforia y el entusiasmo colectivos que irradiaban del ambiente nacional en esta época, sólo poco tiempo después de la entrada triunfante de los sandinistas a Managua, en julio de 1979. También hay que tener presente el carácter internacional y el efecto vivificante de la Cruzada Nacional de Alfabetización. La UNESCO le dio su apoyo oficial formalmente y, además de los miles de jóvenes nicaragüenses, participaron voluntarios de, entre otros países, Cuba, España, Costa Rica, Uruguay y Chile. Tünnermann, pág. 138.

Guía de prelectura

Lea los primeros tres párrafos de la conferencia y escoja la respuesta más apropiada.

1. _____ El primer gran reto para Nicaragua es

2. _____ Antes, la educación rural

3. _____ El antiguo sistema condenaba al niño campesino a

a. apropiada para el campesino.
b. el analfabetismo.
c. ir a la ciudad si quería terminar su educación.
d. el hambre.
e. seguía los programas urbanos.
f. trabajar mientras seguía sus estudios.

I. Conferencia en la Universidad Centroamericana
La nueva política educativa (*fragmento*)

Ahora, pues, tenemos ahí el primer gran reto: la existencia en Nicaragua de una mayoría que no sabe leer ni escribir. Éste es un reto que no es solamente para el gobierno, sino para todos los nicaragüenses. Éste es un reto para todos nosotros, para el hombre nuevo que no puede estar tranquilo mientras sepa que la mayor parte de sus hermanos están fuera de la cultura letrada, fuera del alfabeto.[c] Encontramos también, simultáneamente, junto a esos altos índices, el abandono completo por parte del gobierno de Somoza en los planes de la alfabetización y en la educación de adultos; los programas que existían no eran encaminados a combatir a fondo el problema, sino a simular[1] una preocupación que estaba lejos de cumplir.

En la educación rural nos encontramos con que la educación, en primer lugar, trataba de querer resolver los problemas educativos del campo con los esquemas[2] de la ciudad, y, por otra parte, no daba ninguna vinculación a esta educación con otras actividades de la productividad, salvo en algunos programas recientes y muy superficiales. No se vinculaba a esta escuela rural con los programas de desarrollo tal como debe ser realmente una educación rural. Así nos encontramos con que el 90% de las escuelas rurales sólo tenían un maestro y que el 81% de estas escuelas rurales no tenían más que un aula. Y que cuando había un solo maestro, este mismo maestro tenía que impartir[3] los tres grados, con el sistema de multigrado.

Nos encontramos, además, con que las escuelas realmente completas en las zonas rurales no pasan de un 1%, o sea, el sistema ya condenaba al niño campesino a no llegar siquiera a completar su escuela primaria, salvo que emigrara a los centros urbanos. En consecuencia, el sistema educativo ya establecía una diferencia para el niño según que naciera en la ciudad o en el campo, y eso tenemos que cambiarlo completamente en la futura Nicaragua que ahora estamos construyendo.

El hecho de haber nacido en el campo no será ya una *capitis diminutio*[4] como lo era en el pasado, cuando por nacer en una choza el niño campesino tenía que hacer un gran esfuerzo para superar las condiciones adversas, porque los servicios educativos que le daba aquel Estado eran tan deficientes que ya lo estaba condenando de hecho al analfabetismo. Y ¿por qué?, porque para la explotación en el campo, era mejor, incluso, que el campesino fuera analfabeto, porque para llamarlo a cortar café o para cortar algodón no se necesitaba que supiera leer y escribir y el sistema no requería de él más que eso: la mano de obra iletrada y barata que sirviera únicamente para cortar el café y el algodón.

Ahora que tenemos una reforma agraria y que casi el 30% de la tierra cultivable está en poder del Estado, ésta va a pasar también a las manos de los campesinos. Ahora que vamos a tener formas asociativas de propiedad en el

[1]representar fingiendo o imitando
[2]programas, líneas generales
[3]dar clase a
[4]*capitis...* desventaja seria (*latin*)

[c]Como muestra de su compromiso con la alfabetización en sus trece primeros meses en el poder, el gobierno sandinista triplicó el presupuesto dedicado a la educación. Recuerde que los ambiciosos planes de educación nacional no contaban con las serias dificultades subsiguientes con el gobierno de los EE. UU., ni podrían haberse imaginado el gasto tremendo de vidas y de recursos que ocasionaría la guerra de los contrarrevolucionarios, o «contras», apoyados por la administración estadounidense del presidente Ronald Reagan. De resultas, esta nación paupérrima tuvo que destinar cada vez más fondos al presupuesto militar, en perjuicio de la educación.

campo y cooperativas, nuestro campesino debe ser una persona que tenga aprobado por lo menos el sexto grado y, si es posible, más. Ello es necesario para que se integre a estas propiedades asociativas y forme parte de las cooperativas. Para que aprenda cálculo, para que sepa manejar una contabilidad[5] por lo menos elemental, para que conozca las mil maneras de negociar sus productos. Cómo va a conseguir los fertilizantes y hacer sus gestiones ante las distintas dependencias[6] del Estado. Necesitamos incorporar al campesino al proceso productivo y hacerlo consciente del mismo. Vincular toda su educación rural con la reforma agraria.

El sistema educativo anterior era totalmente deficiente en cuanto a su productividad. De cada 100 niños que comenzaban la escuela primaria, sólo 21 la terminaban. Es decir, sólo 21 niños llegaban a sexto grado. Y en el campo, de cada 100 sólo 5 terminaban el sexto grado; 95 niños no llegaban siquiera al sexto grado. Había sólo 21 en todo el país como promedio. En las zonas urbanas el índice de aprobados[7] era de 35 niños de cada 100.

Sabemos que en Nicaragua el 76% de nuestros niños sufren algún grado de desnutrición y un niño desnutrido en el aula no tiene capacidad para poner atención suficiente. Un niño que llega sin desayunarse y muchas veces sin alimentarse normalmente, con carencias[8] de proteínas y de todo tipo, por tendencia natural no pone atención, le fastidia la clase y trata de escaparse de ella. Por eso tenemos que ligar también esta reforma educativa con programas de nutrición, con programas de educación en salud, tenemos que ligarlos con el desayuno escolar, con el almuerzo escolar, y ya estamos en contacto con los organismos que nos van a permitir comenzar, en este mismo año, con proyectos pilotos para cubrir estas deficiencias, por lo menos en dos departamentos: Estelí y Masaya, dos ciudades que fueron muy castigadas durante la guerra. Tenemos los convenios[9] con CARE para llevarlos a cabo, pues tenemos que plantearlo como un programa global, no solamente como un problema educativo, pues como decía, es antipedagógico exigirle al niño que llegue a la escuela en esas condiciones.

Nos encontramos también con las formas en que estaba distribuida la matrícula en educación. En nivel medio, por ejemplo, siendo éste un país de economía agropecuaria, observamos que menos del 1% de los jóvenes se encontraban estudiando una carrera técnica de tipo agrícola y, solamente el 1%, en una carrera de tipo técnico industrial. En cambio, el 65% estaba en el ciclo básico y el 17% en el ciclo de secundaria. Entonces comprobamos que la orientación para el trabajo no correspondía a las necesidades reales del país, sino que seguía prevaleciendo el concepto de la secundaria o la enseñanza media como antesala[10] de la universidad, como único canal para ir a buscar un grado superior.

Podríamos seguir mencionando todas las otras deficiencias que encontramos, como por ejemplo, que el 35% de los locales escolares de primaria ni siquiera eran propiedad del Estado, sino que eran arrendados.[11] A esto agreguemos los daños sufridos por la guerra y nos encontramos con que suman 50 millones de córdobas,[12] causados por los bombardeos indiscriminados de la aviación genocida somocista que destruyó hospitales, iglesias, escuelas, sin distingos.

[5] *system of bookkeeping*
[6] agencias
[7] estudiantes que se graduaron
[8] falta o privación
[9] acuerdos
[10] preparación previa
[11] alquilados
[12] unidad monetaria de Nicaragua

Tenemos que superar eso para luego entrar a lo que va a ser el plan educativo del gobierno que comprende, además de estas reformas de objetivos y de contenidos, el establecimiento de la educación primaria y secundaria gratuita y obligatoria. Porque además de otorgar a los estudiantes una preparación científica que los va a capacitar para el trabajo, les otorgaremos también el conocimiento pleno de la realidad nicaragüense.

La educación va a ser un área prioritaria de nuestro gobierno, por ello estamos pidiendo que el año próximo sea declarado el Año de la Educación y que su rubro[13] sea duplicado. En estos momentos es, aproximadamente, de 350 millones de córdobas, pero esperamos que se duplique en el próximo presupuesto porque tenemos que crear escuelas en todas partes del país.

Tenemos que «sembrar»[14] escuelas, porque ésa sería la palabra indicada, se trata de «sembrar» la educación en toda el área nacional, para que se produzca el hombre nuevo en todos los rincones y Nicaragua sea convertida en una gran escuela. Todos vamos a ser sujetos de educación, ya sea que enseñemos o que aprendamos, porque cuando se inicie la Cruzada Nacional de Alfabetización estamos dispuestos a movilizar a todos los nicaragüenses en esta tarea que va a ser un reto para todos.

Es obligación de que cada uno de los nicaragüenses enseñe al que no sabe leer ni escribir. Y queremos organizarla en forma de brigadas de voluntarios; llevar a los muchachos al campo y llamarles combatientes[15] para que se vayan a enseñar con gran mística[16] y una mejor disciplina. Vamos a pedirles a los maestros, profesores, amas de casa, profesionales, a todos, que den parte de su tiempo para la alfabetización nacional, porque el reto es nada menos que alfabetizar a 500.000 nicaragüenses en el curso del próximo año.

En los colegios privados, se dice claramente que en el plan de desarrollo habrá una reglamentación en el sentido del cumplimiento de los planes nacionales. Esto también es extensivo a los colegios bilingües donde deben cumplirse estrictamente los planes nacionales. Si por encima del plan nacional quieren ellos dar otras clases adicionales, idiomas o de otro tipo de culturas, podrán hacerlo, pero tienen que cumplir de previo, con el plan nacional. Y los niños nicaragüenses que asistan a estos colegios binacionales o bilingües, tienen que seguir el bachillerato nicaragüense, porque no vamos a seguir permitiendo esos enclaves educativos donde se daba una educación y una cultura totalmente desarraigada y hasta antinacionalista.

Porque al nicaragüense tenemos que formarlo con nuestra propia cultura, con nuestra propia educación cuyos lineamientos son distintos a los intereses de las grandes metrópolis. Estamos en conversación con los representantes de esos colegios para hacerles ver que los niños nicaragüenses tendrán que cumplir con el programa de estudios que establezca el Ministerio de Educación y no con planes y programas elaborados en otros países, porque eso no es consecuente[17] con nuestra nacionalidad ni con los propósitos nacionalistas del pensamiento sandinista.

[13]título
[14]esparcir, divulgar
[15]soldados de un ejército
[16]espíritu
[17]no… no guarda correspondencia

En julio de 1986, tuvimos la muy buena fortuna de poder hablar con el embajador Tünnermann para que nos diera su visión retrospectiva sobre la educación en la revolución, y para que nos pusiera al día sobre los logros y los inconvenientes de la educación en Nicaragua.

Pregunta: Pronto se celebra el séptimo aniversario de la revolución sandinista. Serán también siete años desde que dio una charla en la Universidad Centroamericana sobre el futuro de la educación en Nicaragua. En ella, habló de la necesidad de «sembrar» escuelas y de convertir Nicaragua en «una gran escuela». ¿Cómo juzgaría lo que ha pasado en los últimos siete años en cuanto a esta meta educativa? ¿Puede darnos su opinión desde la doble perspectiva de «antes» y «después»?

Respuesta: Claro que sí. La Campaña de Alfabetización fue un gran éxito; sobre todo porque fue una gran escuela para el país. Toda Nicaragua se puso en función de enseñar y casi más de 400.000 nicaragüenses aprendieron a leer y escribir en los cinco meses que duró la campaña, y cerca de unos 90.000 estudiantes, profesores y particulares se dedicaron a enseñar. Pero la campaña no solamente enseñó a leer y a escribir, sino que permitió que el alfabetizador conociera mejor su país y conociera también la realidad del campo nicaragüense —la situación en la que el campesino había vivido por tantos años, por siglos. La campaña también nos dejó una experiencia: cómo hacer movilizaciones masivas en función de proyectos sociales. De allí que al año siguiente organizamos las Jornadas[18] Populares de Salud, que nos permitieron también una movilización masiva del pueblo; vacunar[19] a los niños contra una serie de enfermedades epidémicas que antes producían una gran mortalidad infantil, y hemos logrado erradicar el polio y disminuir la incidencia del sarampión. Hemos hecho también campañas para la erradicación de la malaria, de la hepatitis. Con esto, la Cruzada Nacional de Alfabetización fue la primera gran experiencia para otros proyectos que después se hicieron; incluso hoy día, la organización de la defensa sobre la base de las Milicias Populares, la participación del pueblo en la defensa, pues tiene sus antecedentes en toda esta organización, en la Campaña de Alfabetización.

P: Carlos, ¿qué significa para Ud. la alfabetización «concientizadora»?

R: Nosotros siempre dijimos que nosotros compartíamos la afirmación de Paulo Freire: «La alfabetización no es un fenómeno pedagógico con implicaciones políticas, sino un fenómeno político con implicaciones pedagógicas.» Es decir, toda alfabetización se da en un contexto político. La misma

[18]Programas
[19]inmunizar

decisión que toma un país de alfabetizar a sus iletrados tiene que estar respaldada por una *voluntad política*. Por eso es que, por ejemplo, en las dictaduras no se llevan a cabo campañas de alfabetización, porque no les interesa. No quieren concientizar. La dictadura somocista, por ejemplo, tenía al pueblo nicaragüense reducido a la ignorancia, porque cuanto más ignorante fuera el pueblo, mejor para sus propósitos. Entonces, se requiere, en primer lugar, para iniciar una campaña, una clara decisión política. En segundo lugar, cuando se aprende a leer y escribir, se adquiere una conciencia mayor; entonces el campesino que aprende a leer y escribir es un ciudadano más consciente de los problemas, pues ya puede participar en la actividad política con mayor conocimiento de su realidad. No puede ser manipulado tan fácilmente. Entonces, la Campaña de Alfabetización fue también una preparación para las elecciones [de 1984] porque así el pueblo estuvo mejor preparado para participar en ellas. De allí que tuvimos un alto nivel de participación en las elecciones que tuvieron lugar en noviembre del 84. La tasa de participación fue una de las más altas que se ha dado en América Latina. Participó casi un 80% de la población habilitada para votar.

P: En el pasado, en cuanto a la educación secundaria, Ud. ha criticado la distribución de la matrícula y los altos aranceles[20] de algunos colegios como antinacionalistas. ¿Qué quiere decir con esto? ¿Todavía piensa igual?

R: Bueno, primero hay que recordar que antes de la revolución, la educación secundaria era un fenómeno puramente urbano; no había educación secundaria accessible para el campesino. Al campesino lo que la dictadura le recetaba[21] era el analfabetismo. Por eso, primero teníamos que ampliar la educación primaria y secundaria; para eso la hicimos absolutamente gratuita a nivel del Estado. Es decir, toda la educación impartida por el Estado, desde la preescolar hasta la superior, es ahora gratuita. Por otra parte, a los colegios privados les regulamos los aranceles, para que no fueran un simple negocio sino que ganaran justo para sobrevivir y tener la posibilidad de capitalizar un poco, pero no un negocio que fuese una explotación de los padres de familia. Por otra parte, varios colegios privados laicos[22] cuando vieron que ya no era negocio, no quisieron seguir adelante; entonces nos cedieron sus colegios y los transformamos en colegios públicos y los hicimos gratuitos. A algunos colegios religiosos que también querían proyectarse[23] más, congregaciones religiosas con sensibilidad social y que trabajaban en barrios pobres y cobraban aranceles muy modestos, les propusimos: «Bueno, ¿quieren ser Uds. una institución gratuita? Pues les vamos a pagar nosotros todos los gastos. El colegio va a seguir siendo de Uds., bajo la misma orientación cristiana, con sus mismos profesores, pero nosotros les vamos a pagar a Uds. para que sea colegio gratuito.» Fue así como más de treinta congregaciones religiosas firmaron convenios con nosotros para transformarse en colegios gratuitos.

[20]tarifas
[21]prescribía
[22]seglares
[23]extender su alcance

Es así como hoy día, digamos, la educación secundaria se ha ampliado, la revolución ha hecho cuarenta y un institutos nuevos en todo el país. Se ha ampliado sobre todo en ciudades pequeñas para que el niño campesino pueda tener acceso a la educación secundaria; es decir, hemos llevado la enseñanza secundaria a pequeñas ciudades de 4.000, 5.000 habitantes que están más accesibles al niño campesino. Entonces, hemos logrado ampliar la educación secundaria. En total la revolución ha logrado duplicar la matrícula en todos los niveles. En números gruesos hemos pasado de 500.000 a casi un millón de niños. En los dos últimos años, se ha tenido que limitar mucho el avance, por la guerra de agresión, porque estamos destinando la mitad del presupuesto nacional a la defensa. Hay zonas de guerra donde se ha tenido que detener la educación de adultos, porque, por ejemplo, ha habido más de cien maestros de educación de adultos que han sido maltratados, secuestrados[24] o asesinados; más de cincuenta escuelas destruidas, colectivos de educación de adultos disueltos.[25] No se ha podido construir escuelas nuevas. Nos vemos obligados a limitar los programas sociales.

P: ¿Cómo evaluaría la educación universitaria? ¿Cuál es su fuerza principal? ¿su debilidad principal? ¿Difiere de lo que era hace siete años?

R: La educación universitaria, la debilidad que tiene, podríamos decir, es que hay muchos jóvenes que están en el Servicio Militar; entonces, eso nos ha afectado en cuanto que hay estudiantes que tienen que interrumpir sus estudios. La educación universitaria debe ordenarse mejor. Para eso hemos creado el Consejo Nacional de Educación Superior, a fin de eliminar duplicaciones costosas de programas. Todas las universidades forman parte del Consejo hoy día, de un solo sistema, y se fueron cerrando escuelas que eran duplicaciones innecesarias. Hemos fortalecido, en cambio, las áreas donde había más necesidad (medicina, ingeniería, agricultura, educación). Hemos establecido la educación superior gratuita, toda, incluso la que ofrece la Universidad Centroamericana, de los padres jesuitas. Para eso el Estado paga todos los gastos de la universidad de los jesuitas. ¿Por qué? Porque la universidad de los jesuitas, al ser parte integral del sistema universitario, ofrece algunas carreras que no ofrece la Universidad Nacional. Además, se ha creado la Universidad Nacional de Ingeniería solamente para las ramas de ingeniería; la Escuela de Agricultura se ha transformado en la Universidad de Ciencias Agropecuarias.

P: Carlos, para terminar, ¿puede decirnos cuáles han sido los obstáculos principales a la reforma educativa en Nicaragua? ¿Se pueden superar?

R: En este momento, el más grande y más grave es la situación de guerra de agresión que vivimos, porque nos distrae, nos interrumpe, nos hace mandar jóvenes al servicio militar, en fin, una serie de dificultades que resultan también en deficiencias básicas, como falta de tinta para mimeógrafos, esténciles para mimeógrafo; lo que tenemos ahora es una gran escasez. Nosotros

[24]llevados por la fuerza
[25]perdidos, abolidos

veníamos trabajando con el concepto de «educación en pobreza», es decir que sabíamos que todo lo que íbamos a hacer, lo teníamos que hacer tomando en cuenta que somos un país pobre, y usando los recursos del medio y la imaginación. Pero ahora hemos tenido que pasar a algo más, ya no a una «educación en la *pobreza*», sino a una «educación de *sobrevivencia*». *Tenemos que sobrevivir,* el sistema educativo *tiene* que sobrevivir mientras terminamos con la guerra. Entonces, la dificultad mayor es la agresión, porque si no, ya estaríamos implementando los planes que teníamos para mejorar la calidad de la educación y luego transformar la estructura y el sistema educativo para dar al pueblo una nueva educación. Con esto soñamos mientras luchamos para sobrevivir.

III. Epílogo

A casi diez años de la entrevista anterior, el panorama que ofrece Nicaragua es muy diferente.

La Revolución no fue derrotada militarmente por la contrarrevolución, pese a los más de 1.000 millones de dólares en ayuda de todo tipo que el gobierno estadounidense de Ronald Reagan le proporcionó, y las grandes limitaciones que significó para la población nicaragüense el bloqueo económico y comercial que impuso a Nicaragua el gobierno de los EE. UU.

La Revolución fue derrotada, principalmente, por sus propios errores: un servicio militar promovido brutalmente, que diezmó a la población joven o la obligó a huir del país; una planificación económica excesivamente centralizada; un proceso de estatización[26] de la propiedad rural y del comercio de los productos agrícolas que contradecía las costumbres ancestrales de nuestros campesinos; la arrogancia y autosuficiencia de algunos de sus principales dirigentes, etcétera.

No fue así sorprendente que en las elecciones de febrero de 1990 el pueblo nicaragüense votara por el cambio, dando las espaldas a un proceso revolucionario que se había propuesto, en sus años iniciales, la hermosa empresa de edificar una sociedad más justa y más fraterna, y que pese a sus errores había alcanzado importantes logros en los campos de la educación, la salud, la democratización de la propiedad y la organización popular.

Para quienes de buena fe, y por una profunda convicción cristiana, participamos en el proceso revolucionario, lo más decepcionante fue el abuso cometido, en los días finales del proceso, por algunos dirigentes y funcionarios del gobierno sandinista, al apropiarse indebidamente de empresas y propiedades del Estado, en lo que popularmente ha sido designado como la «piñata», lo cual representó un tremendo baldón[27] para una revolución que se había

[26]nacionalización
[27]deshonra, vergüenza

caracterizado por la más escrupulosa honradez en el manejo de los caudales[28] públicos. Fue dilapidar[29] el más precioso caudal de la Revolución: su capital moral.

Sin embargo, cabe reconocer que la democracia de la cual ahora disfruta el pueblo nicaragüense debe mucho a la Revolución, que puso fin a la horrenda dictadura de más de cuarenta años de la familia Somoza y dio al mundo el ejemplo de un proceso revolucionario que llegó al poder por la vía de las armas y, luego, entregó ese poder en acatamiento[30] a la voluntad popular, expresada en las elecciones de 1990, las más honestas en la historia del país.

En el campo de la educación, las dificultades que ya existían en 1986, producto de la guerra, se agudizaron en los años siguientes y se tradujeron en el repunte[31] del analfabetismo y el incremento en el número de niños que no asiste a la escuela, principalmente en las zonas rurales. Posteriormente, el nuevo gobierno no consideró tarea prioritaria la educación de adultos ni los esfuerzos para dar continuidad a la alfabetización. Por tal motivo, en la actualidad la tasa de analfabetismo en el país puede andar cercana a un 35%. Además, más de 100.000 niños no asisten a la escuela, por lo que incrementarán el número de analfabetos.

El sistema educativo, en general, presenta muchos problemas, siendo los más graves la elevada tasa de repetición (el 33%) que se observa en la enseñanza primaria y el alto nivel de empirismo del magisterio en los niveles primario y medio. También son altas las tasas de deserción (el 15,5%) y reprobación[32] (el 43%) en la primaria, todo lo cual revela una fuerte deficiencia interna del sistema y un bajo nivel de calidad.

Los salarios del magisterio siguen siendo muy bajos (alrededor de $100 al mes), por lo cual cada año abandonan la profesión docente cerca de 2.000 maestros de primaria, según cifras del Minsterio de Educación.

La educación secundaria y universitaria ha dejado de ser gratuita. La asignación global que el Estado proporciona a la educación representa solo el 11% del presupuesto nacional.

Por otra parte, como consecuencia de la ejecución de los planes de ajuste macroeconómico, destinados a combatir la inflación, en general las políticas sociales han sufrido recortes en su financiamiento. Nicaragua es uno de los países más empobrecidos de América Latina, producto tanto de los errores económicos de la Revolución como de la aplicación de políticas neoliberales, que sólo favorecen a un sector muy reducido de la sociedad. La tasa de desempleo abierto o encubierto[33] es de casi un 50% de la población económicamente activa. El 70% de la poblacion vive en situación de pobreza.

Nicaragua necesita urgentemente consolidar su democracia política y reactivar su economía, pero sin olvidar los imperativos éticos que provienen de una mayor equidad y solidaridad social. Para todo esto, debe declarar como tarea prioritaria el esfuerzo educativo, que es el factor clave del desarrollo económico y social.

[28]fondos
[29]derrochar, malgastar
[30]aceptación de
[31]aumento
[32]fracaso en los exámenes de promoción de un grado a otro
[33]sin declarar

Para verificar su comprensión

A. Conferencia en la Universidad Centroamericana

Conteste con una o dos frases breves.

1. Según Tünnermann, ¿por qué no le importaba al gobierno anterior la educación del campesino?

2. Para Tünnermann, ¿por qué es necesario que el campesino se eduque?

3. ¿Qué rol juega la desnutrición en la deserción escolar? ¿Qué remedio propusieron los sandinistas?

4. ¿Qué critica Tünnermann en cuanto a la distribución de la matrícula en la secundaria?

5. ¿Por qué sería un acto revolucionario el establecimiento de la educación primaria y secundaria gratuita y obligatoria?

B. Entrevista con Carlos Tünnermann Bernheim

Elija la respuesta más adecuada.

1. Según Tünnermann, en los últimos siete años, en Nicaragua ha habido _____ cambios en cuanto a la educación.
   a. muy pocos
   b. muy grandes

2. De muchas maneras, la Campaña de Alfabetización fue _____ para las elecciones de 1984.
   a. un obstáculo
   b. una preparación

3. En Nicaragua, la «educación en la pobreza» fue _____.
   a. una realidad lamentable
   b. una pedagogía fatalista

4. «La educación de sobrevivencia» fue _____ difícil que la «educación en la pobreza».
   a. más
   b. menos

5. Toda la educación estatal, en todos los niveles, fue durante el gobierno sandinista _____.
   a. más cara que nunca
   b. completamente gratis

6. El gobierno reguló los aranceles de los colegios privados para que fueran _____.

   a. negocios más lucrativos

   b. instituciones más democráticas

7. El obstáculo más grande para la educación en Nicaragua en 1986 fue

_____.

   a. la guerra de agresión

   b. la ignorancia de los campesinos

Interpretación de las lecturas

1. En su opinión, ¿por qué será de suma importancia la educación para el gobierno revolucionario, considerando especialmente que nunca había tenido prioridad en los gobiernos anteriores?

2. ¿Por qué dice Tünnermann que la Campaña de Alfabetización hizo posible otras «movilizaciones masivas en función de proyectos sociales»? ¿Cuáles son algunos ejemplos?

3. ¿Por qué fue tan importante para el éxito de la Campaña de Alfabetización la creación de una «mística»?

4. Para Tünnermann, ¿cuál es la mayor debilidad de la educación universitaria? ¿Y para Ud.?

5. Uno de los logros principales de la campaña fue en el área de la educación secundaria. Comente sobre esto pensando tanto en los fines revolucionarios igualitarios como en los educativos.

6. ¿Cómo explica Tünnermann la derrota de la revolución sandinista? ¿Cuál fue el papel de los EE. UU. en esa revolución?

7. Si tiene Nicaragua ahora un gobierno democrático, ¿por qué está aumentando la tasa de analfabetismo en el país?

8. ¿Cree Ud. que el esfuerzo educativo es «el factor clave del desarrollo económico y social»? Explique.

Comparaciones

1. Imagínese Ud. una reunión entre Tünnermann y Rendón. ¿Tendrían intereses y problemas en común? ¿Podrían ayudarse el uno al otro?

2. Compare lo que aboga Freire con lo que dice Tünnermann sobre la «alfabetización concientizadora». ¿Se puede ver aquí la influencia de Freire? ¿Cómo?

3. Establezca una comparación entre la actitud de Tünnermann hacia el campesino y la de Miriam Lazo. ¿A qué se deben las semejanzas?

4. ¿Cree Ud. que hay cierta afinidad ideológica y pedagógica entre Casali y Tünnermann? ¿Tendrán algo que ver sus vivencias bajo una dictadura? ¿sus experiencias como administradores académicos? ¿como intelectuales en países pobres?

5. Varios estudios recientes han enfocado el grado alarmante de analfabetismo adulto en los EE. UU., tanto en la ciudad como en el campo. ¿Podrían los educadores estadounidenses aprender de la experiencia nicaragüense de los últimos años? Explique su respuesta.

6. Si Ud. tuviera que proponer un plan para la reconstrucción del sistema educativo nicaragüense, ¿cómo proyectaría ese plan? ¿Qué haría Ud. primero y por qué? ¿Cuál sería su principio orientador? ¿Cómo conseguiría fondos, materiales, maestros, conocimientos? ¿En qué diferiría su plan del de los sandinistas?

¿Está Ud. de acuerdo?

«La alfabetización no es un fenómeno pedagógico con implicaciones políticas, sino un fenómeno político con implicaciones pedagógicas.»

LARISSA ADLER DE LOMNITZ (1932–)

Como ya sabemos (ver Capítulo cuatro), De Lomnitz trata las relaciones sociales como recurso económico a través del intercambio recíproco de servicios, favores y apoyo moral. En su libro, escrito entre 1987 y 1989 —durante los últimos años de la dictadura del General Pinochet en Chile—, pero publicado en 1998, la investigadora y su colega Ana Melnick estudian el efecto de las políticas neoliberales y del ajuste estructural a la deuda nacional en un sector de la clase media comúnmente asociado al proceso de modernización: los profesores de educación básica y media. Las autoras enfatizan sus estrategias de supervivencia basadas en las redes sociales y alegan que la pérdida de estatus y autoestima de los profesores debe ser considerada también como parte de la deuda nacional: una deuda más social que económica. De Lomnitz y Melnick han colaborado en otro libro, *Cultura política chilena y los partidos de centro: una explicación antropológica* (1998), traducido al inglés en el año 2000 por Bárbara Robledo.

 ## Conclusiones

La puesta en marcha del modelo neoliberal —aplicado en Chile en las condiciones políticas derivadas del gobierno militar— afectó a los profesores en tres aspectos básicos: sus condiciones de trabajo, sus recursos sociales y la representación simbólica de su papel en la sociedad.

1) En el primer punto, la salida de los profesores del sector público al sector privado, en el sentido de que quedaron adscritos a las leyes laborales de ese sector (las cuales a su vez sufrieron un cambio negativo), los colocaron en una situación de inseguridad en el empleo. Se ven obligados a negociar individualmente sus contratos de trabajo, siguiendo las leyes del mercado. Debido a los despidos masivos, ha entrado a competir en este mercado un verdadero «ejército de reserva», lo cual ha deprimido[1] los sueldos de los profesores, obligándolos a trabajar en dobles y hasta triples jornadas, sin posibilidades de ofrecer resistencia, ya que se habían restringido los medios de defensa gremial que —a través de negociaciones colectivas (no individuales)— pudieran establecer escalas y niveles de salarios. Fuera de eso, se estimuló el crecimiento de la educación privada (escuelas particulares subvencionadas); vale decir, la educación como negocio. En este sentido, los «administradores» de la educación (tanto municipales como particulares subvencionados) se vieron favorecidos por la ampliación de las jornadas (horas de clases) y el número de alumnos por curso.

Para los profesores esto significó la imposibilidad de preparar sus clases y de acrecentar[2] o mantener la calidad de la educación. En este aspecto importa también señalar que los cursos de perfeccionamiento son ahora pagados, y que pocos profesores tienen acceso a ellos.

A todo esto se suma el que la rebaja del gasto social afectó básicamente a la clase media, a la cual pertenece este sector (ya que se centró en los grupos de extrema pobreza), reduciéndose sus posibilidades en salud, vivienda y educación para sus hijos.

En suma, las condiciones de trabajo de los profesores se vieron deterioradas por falta de estabilidad en el trabajo, la disponibilidad (posibilidad de traslado arbitrario), deterioro de los salarios, con pérdida de la antigüedad y de

[1] rebajado, disminuido
[2] aumentar

los aumentos trienales,[3] aumento de horas de clase y de número de niños por curso, indefensión[4] desde el punto de vista gremial.

2) En lo que respecta a los recursos sociales y su uso, la pérdida de la estabilidad hizo que —en relación con el pasado (no importa cuán precaria haya sido antes su situación económica)— se tenga que recurrir a miembros muy cercanos y de mucha confianza de la familia, para pedir favores relacionados directamente con la supervivencia física (vivienda, comida, préstamos, etcétera). Esto se asemeja más a las redes de supervivencia encontradas por De Lomnitz entre los marginados de México, los cuales enfrentaban la inseguridad crónica de empleo e ingresos a través de un sistema de seguridad social basado en sus propias redes familiares y vecinales. Esas redes de intercambio eran necesariamente pequeñas debido a los pocos recursos de que disponían sus miembros y, por lo mismo, los favores servían para atender necesidades urgentes y constantes: pequeños préstamos, comida, alojamiento, cuidado de niños, datos de empleo. Este mismo tipo de favores es el que hemos encontrado en el presente estudio y referidos básicamente al mismo tipo de red: familiar cercano, amigo íntimo. Esta circunstancia perturba[5] a los profesores, como se puso de manifiesto en las entrevistas. Los profesores hablaron con desgano[6] de este tipo de ayuda y de los favores recibidos, debido a la calidad de éstos.

Ahora bien, en los años 70, si bien la gente recurría también a familiares y amigos en las emergencias, las redes eran más amplias; su base estaba en la amistad y la confianza, elemento que debía forzosamente estar presente, incluso en relación con los parientes; los favores eran mayoritariamente de tipo burocrático. En una palabra, en 1970 esta clase contaba con organizaciones gremiales para expresar sus demandas y con acceso a los partidos políticos y, a través de ellos, a la Administración Pública. Ya fuera por ser la persona funcionario[7] público, o por ser amigo o correligionario[8] de partido de uno de ellos, el hecho es que contaba con recursos que podía intercambiar y mantener activa su red de intercambio. Y al mismo tiempo, conservar su *status* de clase media, materializando sus símbolos: empleos burocráticos, tipo de vivienda y de educación, etcétera. Ninguno de los profesores entrevistados mencionó ese tipo de contactos o de favores; sin embargo, suponemos que el sistema de intercambio sigue operando, pero que es otro segmento de la clase media el que tiene acceso a él.

El uso de estas redes era considerado normal; y más que normal, se percibía como fruto de una ideología positiva de altruismo y solidaridad. La gente hablaba con orgullo de los favores otorgados, asociándolos a cualidades positivas expresivas de amistad y generosidad. Un buen amigo era aquél que hacía favores y que, al solicitar uno, se preocupaba de no poner en situación embarazosa al amigo requerido. Se calificaba de «mal amigo» al que, pudiendo hacer favores, no los hacía. En suma, el sistema era el reflejo de una solidaridad de clase. En el estudio sobre profesores, este tipo de red está ausente por completo. La amplitud de la red y lo intercambiado definirán los diferentes sectores de la hetereogénea clase media.

[3] cada tres años
[4] falta de defensa
[5] trastorna, inmuta
[6] falta de deseo o gusto
[7] empleado público con alta jerarquía
[8] compañero

El ideal de una sociedad es que primen[9] principios universalistas de apoyo a sus miembros, que hagan innecesario el uso de redes sociales para acceder a los servicios del Estado; cuando eso no sucede, el individuo recurre a sus redes sociales; éstas representan la unidad básica de solidaridad en todas las sociedades; significa enfrentar la vida en colectivo (familia, amigos, partidos) y no como individuo, solo. *Yo tengo mi grupo que vela por*[10] *mí y yo tengo que velar por mi grupo.* A nivel macro, el Estado Benefactor (responsable, compromisario,[11] integrista) es el que más se basa en esa ideología de responsabilidad frente al colectivo. Los cambios introducidos en Chile a partir de 1973 implicaron no sólo la implantación de un modelo económico, sino un cambio ideológico en lo que se refiere a la responsabilidad del Estado, poniendo el acento en la responsabilidad personal, en el individualismo. Este cambio se refleja en cierta medida en lo que dicen los profesores y constituye una segunda razón para evitar hablar de la necesidad de pedir favores. (Una necesidad que se impone, pese a los esfuerzos que despliegan por salir airosos[12] en la nueva situación que enfrentan en el mercado laboral). Ellos hablan desde la perspectiva de hoy, en que «valerse por sí mismo»[13] es lo importante y lo que confiere valor a las personas; reconocer una necesidad de ayuda los incomoda, ya que les resta valor.

3) En lo que respecta a la representación simbólica de su papel, el efecto del modelo económico sobre los profesores se manifestó con todo su peso al trasladar las escuelas a las municipalidades y pasar el profesor a depender del «patrón» alcalde. En esta relación se materializa la debilidad de su posición como asalariado;[14] con él negocia y tiene que acatar sus instrucciones aún si no son idóneas[15] desde el punto de vista educacional; percibe que no puede manifestar su descontento por temor a perder su puesto. Así, al deterioro de las condiciones de trabajo, se agrega, incluso como consecuencia, la pérdida de estatus del «profesor». Cuando prima la noción de «tanto vales, tanto eres», se refuerza en el maestro la sensación de que su papel es poco apreciado por la sociedad. En el triángulo educacional formado por el administrador, el educando y el educador, el lado más débil es el del educador: el administrativo es el que manda sin apelación;[16] el niño aporta al sistema la subvención que el Estado paga por él; el profesor, en cambio, significa un gasto y es reemplazable.

Se comprenderá cómo afecta esto al profesor, si se piensa que él siempre se percibió a sí mismo como parte de un conjunto de servidores del Estado, responsables por la transmisión de valores colectivos al tener en sus manos la formación de legiones de niños. El sistema pone en cuestionamiento esa entrega, al sacarlo de ese conjunto y volverlo un individuo que, aislado, enfrenta al mercado, y al atomizar el concepto de educación, variando sus contenidos y calidad de acuerdo a los medios que se tiene. Antes, este concepto estaba unificado por la orientación del Ministerio, y había instancias de participación del gremio en la formulación de las políticas educacionales. En todos estos años, en los sucesivos cambios

[9] predominen
[10] que… cuida de
[11] que complace obligaciones o necesidades
[12] con éxito honorable
[13] valerse… tener mérito propio, salir adelante solo
[14] empleado que recibe un salario
[15] adecuadas, apropiadas
[16] lugar a protesta o cuestionamiento

habidos en materia de política educacional, los profesores han quedado excluidos. Por tanto, «la mística de ser profesor» ha sufrido un rudo golpe y la autoestima se ha visto resentida.

La conclusión final es que, en los tres aspectos analizados —condiciones de vida y de trabajo, recursos sociales y representación simbólica de su papel— el balance para los profesores es decididamente negativo. Y abundaremos[17] en el tema remarcando que las pérdidas sufridas se ven reflejadas en las reivindicaciones que hoy reclama este sector por intermedio de su gremio, el Colegio de Profesores.

Los aportes de este estudio al tema son dos: primero, la comprobación de que uno de los sectores más representativos de la clase media ha sido gravemente afectado por las políticas de ajuste, consecuencia de la crisis originada por la deuda externa y que, por lo tanto, debe ser considerado como uno de los más importantes acreedores[18] de la *deuda social;* y segundo, la noción de que hay otras variables —fuera de las económicas mensurables— que se relacionan con el tema de la sociabilidad y con el ámbito de lo simbólico: dignidad, autoestima, respecto las cuales es menester[19] también tomar en cuenta al hablar de *deuda social.*

Finalmente, digamos que hay elementos de juicio suficientes como para concluir que algunos segmentos de la clase media han sufrido el impacto del modelo económico más que las clases trabajadoras, las cuales no han visto esencialmente amenazada su posición en el tejido[20] social.

[17]insistiremos en, agregaremos más
[18]personas a las que se les debe algo
[19]necesario
[20]el… la trama

Para verificar su comprensión

Identifique brevemente los siguientes términos.

1. _____ neoliberalismo
2. _____ despidos masivos
3. _____ organizaciones gremiales
4. _____ el «patrón alcalde»
5. _____ «valerse por sí mismo»
6. _____ «tanto vales, tanto eres»
7. _____ deuda social
8. _____ representación simbólica de los profesores

a. el valor de uno se mide por el salario
b. ser independiente
c. reducción drástica del papel del estado en la economía y énfasis en la privatización
d. su autoimagen y visión de su papel social
e. pérdida de trabajos
f. la pérdida de autoestima, relaciones personales, autonomía personal que resulta del ajuste estructural
g. el funcionario local que reemplaza al estado como jefe
h. sindicatos

Interpretación de la lectura

1. ¿Cómo se produjo la inseguridad en el empleo de los docentes que comenta De Lomnitz?

2. ¿En qué manera difieren las redes de asistencia de los años 70 de las de hoy?

3. ¿Cómo ha contribuido el nuevo modelo económico a un cambio ideológico en cuanto a la responsabilidad del Estado?

4. Según De Lomnitz y Melnick, ¿cómo les resta valor a los profesores el énfasis en el individualismo de hoy?

5. ¿Por qué dicen las autoras que hay que considerar la deuda social junto con la deuda externa para juzgar los efectos de las políticas de ajuste en este sector de la clase media?

6. En una ocasión, Gabriela Mistral dijo lo siguiente: «Según como sea la escuela, así será la nación entera.» Si es verdad lo que dijo, ¿cómo será la nación de Chile si sus políticas educacionales continúan según las líneas descritas por De Lomnitz y Melnick?

Actividades en la red

1. Consulte en la red el Informe sobre el Desarrollo Humano publicado por la ONU en 2003 para encontrar el número de niños en América Latina en edad de escolarización primaria no matriculados en el año 2000.

2. En el mismo Informe, busque información sobre la alfabetización de adultos en México en el año 2000, prestando particular atención a las diferencias regionales.

3. Infórmese sobre la misión educativa, el número de estudiantes y las especializaciones del cuerpo docente del conocido Instituto Tecnológico y de Estudios Superiores de Monterrey, México, y comparta sus observaciones con sus compañeros de clase.

4. Haga un estudio sobre la campaña de alfabetización nacional de Cuba (1961) o de Nicaragua (1980), incluyendo sus metas, logros y fallas.

Resumen

En este capítulo sobre la educación hemos visto que…

- el efecto de las divisiones de clase social en el sistema de educación latinoamericano es penetrante.
- en gran parte de América Latina impera una incapacidad por parte del sistema de educación estatal de proveer una educación adecuada para los jóvenes del país.
- existe un aumento rápido del número de niños que no asisten a la escuela.
- hay una gran disparidad entre la educación en la ciudad y en el campo.
- se ha hecho un énfasis en la educación técnica como preparación para el futuro.
- existe una gran proliferación de programas de educación privada y/o informal que se fundamentan en una metodología interactiva y un compromiso social.
- pondera un deseo de educar para promover el bien común, como en las campañas de alfabetización y la educación para adultos.
- las políticas neoliberales han tenido un gran impacto en la reducción del nivel económico del profesorado y el acceso del estudiante de escasos recursos a la educación estatal.

Lecturas recomendadas

Albó, Xavier. *Idiomas, escuelas y radios en Bolivia*. Sucre, Bolivia: ACLO-UNITAS, 1981.

Albornoz, Orlando. «Oposición estudiantil en América Latina.» En *Sociología de la educación*. 4th ed. Caracas: Ediciones de la Biblioteca, Univ. Central de Venezuela, 1981.

Blutstein, Howard I. *Area Handbook for Honduras*. Washington, D.C.: U.S. Government Printing Office, 1971.

Cafferty, Pastora San Juan, y Carmen Rivera-Martínez. *The Politics of Language: The Dilemma of Bilingual Education for Puerto Rico*. Boulder, Colo.: Westview Press, 1981.

Casali, Alípio. *Elite Intelectual e Restauração da Igreja*. Petrópolis: Editôra Vozes, 1995.

5 años de educación en la revolución, 1979–1984. Managua: Ediciones Ministerio de Educación, 1984.

Castro, Cláudio de Moura, y Daniel Levy. *Myth, Reality and Reform: Higher Education Policy in Latin America.* Washington, D.C.: Inter-American Development Bank, Distributed by The Johns Hopkins University Press, 2000.

Cuba, una gran escuela. La Habana: Ministerio de Relaciones Exteríores, Dirección de Información, 1965.

Cummings, Richard L., and Donald A. Lemki. *Educational Innovations in Latin America.* Metuchen, N.J.: Scarecrow Press, 1973.

Education in Latin America. Washington, D.C.: Latin American Documentation, 1975.

Farrell, Joseph P. *The National Unified School in Allende's Chile: The Role of Education in the Destruction of a Revolution.* Vancouver: Univ. of British Columbia Press with York University Centre for Research on Latin America and the Caribbean, 1986.

Freire, Paulo. *Education for Critical Consciousness.* New York: Seabury Press, 1973.

———. *Pedagogy of Hope: Reliving Pedagogy of the Oppressed.* New York: Continuum, 1994.

———. *Politics of Education: Culture, Power and Liberation.* Mount Hadley, Mass.: Bergin & Garvey, 1985.

Frondizi, Risieri. *La universidad en un mundo de tensiones, misión de las universidades en América Latina,* Buenos Aires: Paidós, 1971.

Gómez Tejera, Carmen y David Cruz López. *La escuela puertorriqueña.* Sharon, Conn.: Troutman Press, 1970.

Haussman, Fay, and Jerry Haar. *Education in Brazil.* Hamden, Conn.: Archon Books, 1978.

Havinghurst, Robert J. *La sociedad y la educación en América Latina.* Buenos Aires: EUDEBA, 1970.

Kane, L. *Popular Education and Social Change in Latin America.* London: Latin American Bureau, 2001.

Kozol, Jonathan. *Children of the Revolution.* New York: Delacorte Press, 1978.

La Belle, Thomas J., ed. *Education and Development: Latin America and the Caribbean.* Los Angeles: UCLA Latin American Center Publications, 1972.

———. *Nonformal Education and Social Change in Latin America.* Los Angeles: UCLA Latin American Center Publications, 1976.

Maier, Joseph, and Richard Weatherhead, eds. *The Latin American University.* Albuquerque: Univ. of New Mexico Press, 1979.

Mazo, Gabriel del. *La reforma universitaria y la universidad latinoamericana.* Resistencia, Argentina: Univ. Nacional del Nordeste, 1957.

Miller, Valerie Lee. *Between Struggle and Hope: the Nicaraguan Literacy Crusade.* Boulder, Colo.: Westview Press, 1985.

Morales-Gómez, Daniel A., and Carlos Alberto Torres, eds. *Education, Policy, and Social Change: Experiences from Latin America.* Westport, Conn: Praeger, 1992.

1982 Statistical Yearbook, Annuaire Statistique. New York: United Nations, 1985.

Orgaz, Jorge. *Reforma universitaria y rebelión estudiantil.* Buenos Aires: Ediciones Libera, 1970.

Puiggrós Adriana. *Imaginación y crisis en la educación latinoamericana*. México: Alianza Editorial Mexicana: Consejo Nacional para la Cultura y las Artes, 1990.

————. *Neoliberalism and Education in the Americas*. Boulder, Colo.: Westview Press, 1999.

Ribeiro, Darcy. *La universidad nueva*. Buenos Aires? Editorial Crencia Nueva, 1973.

————. *El dilema de América Latina; estructuras del poder y fuerzas insurgentes*. 10th ed. México: Siglo XXI, 1982.

————. *Configuraciones histórico-culturales americanas*. 2d ed. Buenos Aires: Calicanto, 1977.

Sánchez-Albornoz, Nicolás. *The Population of Latin America: A History*. Trans. W. A. R. Richardson. Berkeley: Univ. of California Press, 1974.

Sexton, James D. *Education and Innovation in a Guatemalan Community: San Juan de la Laguna*. Los Angeles: UCLA Latin American Center Publications, 1972.

Silvert, Kalman H. y Leonard Reissman. *Education, Class and Nation, the Experiences of Chile and Venezuela*. New York: ELSEVIER, 1976.

Solari, Aldo, ed. *Poder y desarrollo en América Latina*. México: Fondo de Cultura, 1977.

————. «Educación y desarrollo de las élites: sistema de enseñanza secundaria.» En *Elites y desarrollo en América Latina*. Ed. Seymour Martin Lipset y Aldo Solari. Buenos Aires: Paidós, 1967.

————, and Rolando Franco. "Equality of Opportunity and Elitism in the Uruguayan University." *Northsouth* 4, 11 (1981): 1–16.

Stromquist, Nelly P., ed. *Women and Education in Latin America: Knowledge, Power, and Change*. Boulder, Colo.: Lynne Rienner Publishers, 1992.

Torres, Carlos Alberto, y Adriana Puiggrós, eds. *Latin American Education: Comparative Perspectives*. Boulder, Colo.: Westview Press, 1997.

Tünnermann Bernheim, Carlos. *De la universidad y su problemática*. México: UNAM, 1980.

————. *Sesenta años de la reforma universitaria*. Ciudad Universitaria, Costa Rica: Educa, 1978.

————. *Pensamiento pedagógico de Sandino, material para alfabetizadores*. Managua: Ministerio de Educación, 1983.

La universidad en la década del 80. Santiago de Chile: CPU, 1975.

Vázquez, Josefina Zoraida. *Nacionalismo y educación en México*. 2d ed. México: El Colegio de México, 1975.

Waggoner, George R., and Barbara Ashton Waggoner. *Education in Central America*. Lawrence: Univ. of Kansas Press, 1971.

CAPÍTULO **SIETE**

La religión

El sincretismo religioso resalta en esta foto de feligreses indígenas en el sur de México.

269

Introducción

La dimensión del tema

....

De todos los temas presentados aquí, la religión es, sin duda, el más contro-vertible, porque pone de manifiesto la gran tensión entre tradición y cambio en América Latina. El debate religioso no sería tan polémico si se restringiera únicamente a la teología o a la disciplina de la Iglesia, pero incluye también el papel social de la institución misma y el de cada uno de sus feligreses.[1] Lo que ha ocurrido en América Latina en los últimos cuarenta y cinco años repre-senta un cambio de raíz en la interpretación del mensaje cristiano, lo cual da como resultado acciones concretas conformes a esta nueva interpretación. Y esto afecta todo: lo individual y lo colectivo, lo privado y lo público.

[1]miembros

El contexto histórico

....

Para apreciar el significado conmovedor y profundo de este cambio, es preciso referirse al contexto histórico. Asimismo, cualquier consideración de la religión en América Latina tiene que destacar el papel preponderante de la Iglesia que sostiene, nominalmente por lo menos, la adhesión del 90% de los habitantes de la región. Los conquistadores españoles que llegaron con la cruz y la espada tenían una doble misión: ganar tierras y riquezas para la corona y almas para la Iglesia. Ambas misiones marcharon juntas y se efectuaron con fuerza san-grienta. La iglesia española estaba altamente estructurada y era militante en su misión de convertir al infiel e implantar la doctrina católica.

La situación en Brasil era un poco diferente. Los portugueses no le daban tanta importancia a Brasil como los españoles le daban a la América Española porque no creían que Brasil tuviera mucha riqueza que ofrecerles. Tampoco existía en Portugal el mismo ardor militante de conquista de almas que existía en España; es así que toda cuestión religiosa en Brasil se consi-deraba con menos rigidez. La jerarquía religiosa en Brasil era menos orga-nizada que la de las posesiones españolas y el poder eclesiástico era siempre inferior al poder político, especialmente al del *fazendeiro,* o hacendado.[2] A pesar de todas estas diferencias, la Iglesia en ambos territorios era, en general, una institución poderosa, conservadora y privilegiada y estaba estre-chamente ligada al estado, tanto en la época colonial como en la nacional. Por ejemplo, en Ecuador, durante el llamado «período teocrático» (1860–1895), el presidente Gabriel García Moreno unió el estado a la Santa Sede,[3] defendió el catolicismo, limitó la ciudadanía a los católicos practicantes,

[2]terrateniente
[3]Santa... Vaticano

otorgó a la Iglesia el control absoluto de la educación y, en 1873, dedicó la República al Sagrado Corazón de Jesús.

La opción por los pobres

La posición histórica que se señaló comenzó a deshacerse sólo recientemente, desde la década de los sesenta del siglo XX.[a] Muchos religiosos, los mismos beneficiarios del arreglo tradicional, se han lanzado a cambiarlo para defender a los desafortunados, a los humildes, quienes constituyen la gran mayoría de la población de América Latina y del globo. Ésta es la discutida «opción por los pobres». Ahora la relación entre el Estado y la Iglesia es, a menudo, la de adversarios en vez de aliados, aunque muchos clérigos, tanto sacerdotes como obispos, todavía se oponen a esta «opción». En muchos casos, las consecuencias para los que han desafiado el «sistema» han sido drásticas: desde la desaprobación del régimen político hasta la censura, el castigo, la tortura e incluso la muerte. Henos[4] aquí ante una confrontación entre dos visiones del mundo diametralmente opuestas: una quiere mantener a toda costa el orden establecido, y la otra quiere nada menos que revolucionarlo. Últimamente, en América Latina, como en otras partes, se ha observado un resurgimiento del conservadurismo doctrinal. Es una reacción en contra de lo que, para algunos, son los excesos de la teología de la liberación y de la iglesia popular.

[4]Nos encontramos

La Iglesia como contrafuerza

¿Por qué esta opción tan dramática y peligrosa por parte de muchos clérigos y laicos de la Iglesia? Las razones son múltiples y varían de lugar en lugar, pero es posible aislar algunas corrientes que se entrecruzan.

[5]organizaciones de obreros para defensa de sus intereses

1. *La amenaza del comunismo:* Muchos religiosos que temían la influencia de los sindicatos[5] urbanos y rurales querían proveer una fuerza cristiana contra lo que percibían como un peligro comunista, especialmente en vista del triunfo del comunismo en Cuba. Es útil recordar aquí que el deseo de evitar «otras Cubas» fue una razón fundamental para la creación de la Alianza para el Progreso durante la presidencia estadounidense de John F. Kennedy. Esto nos da una idea de lo generalizado que era el miedo al comunismo.

2. *La creciente atracción de las ceremonias indígenas y africanas:* Éstas satisfacen una necesidad de expresión que no se encuentra ni se

---

[a]En México, el poder de la Iglesia fue drásticamente reducido por la Revolución Mexicana, 1910–1917; en Cuba, por la Revolución de 1959 y el marxismo subsiguiente.

tolera dentro de la Iglesia oficial. El catolicismo latinoamericano es
sincrético: combina creencias y ritos precolombinos y africanos con
los cristianos. A pesar de la fuerza aniquiladora[6] de la conquista,
todavía existen prácticas religiosas no solamente sincréticas, sino vir-
tualmente inalteradas por las creencias cristianas. Ahora, en vez de
censurar el «primitivismo», algunos religiosos están tratando de
comprenderlo y apreciarlo.

[6]destructora

3. *El protestantismo:* Prohibido en el pasado y visto con desconfianza en
el presente por parte de la Iglesia oficial, con la cual se encuentra en
competencia, el protestantismo está creciendo significativamente en
América Latina. La Iglesia se ve rivalizando con las actividades religiosas, caritativas y educativas de los misioneros y evangelistas protestantes. Éstos representan las denominaciones principales, tales como
los metodistas, presbiterianos, bautistas y episcopales; las sectas fundamentalistas de los «renacidos»; los Mormones, los Testigos de
Jehová y los pentecostales, quienes atraen principalmente a la gente
de los barrios pobres.[b]

Para contrarrestar la pérdida de grupos menospreciados por la
Iglesia hasta muy recientemente, había que prestarles atención y
ofrecerles una alternativa al comunismo, al fetichismo o al
protestantismo.

La Iglesia como defensora del pobre

Estas consideraciones sobre el porqué del cambio en la Iglesia son bastante
negativas, por ser de autodefensa e interés propio. Pero hay otras consideraciones más positivas.

1. *El ecumenismo religioso y el abrazo a los humildes del mundo:* Estos
factores, encarnados en las personas y en los discursos de los papas
Juan XXIII y Pablo VI, en el Concilio Vaticano II (1962–1965), en
las Conferencias Episcopales de Medellín (1968) y de Puebla (1979),

---

[b]Se estima que la población pentecostal/carismática de América Latina llega,
aproximadamente, al 10%, pero en algunos países alcanza un nivel de adherentes
mucho mayor.

    25,4% en Chile

    15,8% en Guatemala

    15,6% en Brasil

SALA (2001), pág. 310 y *SALA* (1994), págs. 346, 347. Véase también David Stoll, *Is Latin
America Turning Protestant?* (Berkeley: Univ. of California Press, 1990) y David Martin,
Tongues of Fire: The Explosion of Protestantism in Latin America (Oxford and Cambridge:
B. Blackwell, 1990). El punto de vista de Angelina Pollak-Eltz es sumamente interesante:
El pentecostalismo en Venezuela (Caracas: Univ. de Santa Rosa de Lima, 2000).

---

dieron un *enorme* ímpetu y sanción episcopal a la acción social, por su enfoque en la justicia social y la responsabilidad cristiana. Un ejemplo concreto es la Universidade Pontifícia de São Paulo (ver Capítulo seis) y su compromiso activo.

[7]pobres

2. *El ambiente general de la década de los sesenta del siglo XX:* Este ambiente favorecía y casi exigía atención urgente a ciertas cuestiones de justicia social, ya fueran de racismo en los EE. UU. o de pobreza en América Latina.

3. *El poder del cambio de conciencia:* Este factor operaba —y sigue operando— en los que se han dedicado, con tanto riesgo personal, a servir y defender a los desheredados.[7] Es sorprendente que la Iglesia, antes tan íntegramente asociada con el *status quo* social, se haya animado a examinarse y reorientarse. Pero lo extraordinario es que este cambio haya sido tan extenso y profundo, especialmente considerando las numerosas represalias que ha desencadenado.

Héroes y mártires

La reciente concientización de la Iglesia tiene sus mártires, como el cura revolucionario de Colombia, Camilo Torres Restrepo y el arzobispo de El Salvador, Oscar Romero, asesinado en 1980 mientras celebraba misa. También tiene sus héroes, como el campeón brasileño de la justicia social, Dom Helder Câmara, y sus participantes en gobiernos revolucionarios, como el ex Ministro de Cultura Ernesto Cardenal, uno de los cuatro sacerdotes que ocuparon puestos en el gabinete del antiguo gobierno sandinista de Nicaragua, a pesar de la censura del Vaticano. Además de estas figuras internacionalmente conocidas, la toma de conciencia ha tocado a números incontables de personas anónimas por medio de los millares de «comunidades de base» que existen en América Latina.

Las comunidades de base

Estas «comunidades de base» consisten en grupos de personas dedicadas al estudio e interpretación de la Biblia, desde los profetas del Antiguo Testamento y los libros de Éxodo y Job, hasta los libros del Nuevo Testamento, de una manera que vincula el mensaje cristiano con la vida del pobre y con la lucha colectiva por la justicia social. Tales comunidades, influenciadas por el ecumenismo y el estudio bíblico al estilo protestante, requieren no solamente el liderazgo de los sacerdotes ordenados, sino el de las religiosas y los laicos de ambos sexos. Aunque por una parte se ha criticado últimamente a las comunidades de base por caer en la rigidez y el dogmatismo —errores que ellos mismos rechazaban—, por otra parte se les ha acusado de estar controladas por la Iglesia oficial. Sea como sea, podría decirse que el momento histórico de las comunidades de base originales ya pasó, y vemos que otros grupos —como los de estudios bíblicos para parejas o adolescentes— han surgido para responder a otras necesidades. A pesar de esto, tanto las comunidades de base de la primera etapa como las que comenzaron a reorientarse durante los años noventa manifiestan el mismo enfoque en lo social, o sea, en el individuo como miembro de una comunidad.

La teología de la liberación: proponentes y oponentes

El nuevo movimiento también ha hecho contribuciones teológicas, como la discutida «teología de la liberación», formulada de manera sistemática por el famoso sacerdote peruano Gustavo Gutiérrez en su obra pionera *Teología de la liberación* (1972). La teología elaborada por Gutiérrez parte de una conciencia activa, comprometida ante la injusticia, degradación y pobreza históricas, el triste legado de siglos de explotación y dependencia. Esta situación, según Gutiérrez, reclama que los cristianos actúen en este mundo concreto en que viven, y que obren en solidaridad con los pobres. Gutiérrez hace un llamado al cristianismo para subvertir el orden establecido, literalmente, cambiarlo desde abajo, para lograr la justicia. Es un mensaje político y comunitario, a diferencia del mensaje tradicional, que es más bien espiritual e individualista.

La teología de la liberación utiliza el evangelio para defender y devolver su dignidad de seres humanos a los desafortunados y para criticar a ambas jerarquías, la eclesiástica y la civil. Como puede imaginarse, tal postura tan subversiva ha ocasionado críticas severas. Sus detractores critican a los liberacionistas por ser románticos, deludidos, o aun peor, comunistas, por los puntos comunes que se encuentran entre el marxismo y la teología de la liberación. La displicencia[8] del Vaticano sobre este mismo punto se vio en el otoño de 1984, cuando el brasileño Leonardo Boff y el salvadoreño Jon Sobrino, ambos teólogos de la liberación, fueron llamados a Roma para dar explicaciones ante un tribunal investigador. Otros adversarios dicen que la teología de la liberación es poca teología y mucha liberación, o sea, que es un movimiento social y político que no tiene base ni meta religiosas. Aún más, otros críticos enfocan el socavamiento[9] de la autoridad eclesiástica establecida, de la doctrina de la Iglesia y de las enseñanzas en contra del control de la natalidad, el aborto y el divorcio. Para estas personas, la misma existencia de la institución más importante de la Tierra, la Santa Iglesia Católica, está amenazada por la erosión de la autoridad y disciplina lícitas. El Vaticano, buscando una manera de controlar lo que son, a su parecer, excesos

[8]indiferencia, desagrado
[9]debilitación

políticos de la nueva teología, pero sin abandonar su conciencia y camino sociales, declaró en los ochenta su aprobación del «amor de preferencia por los pobres». Mediante esta nueva terminología se esperaba evitar la connotación política asociada con la frase «opción por los pobres». Observando la mayoría de las críticas se nota la creencia de que la Iglesia no debe inmiscuirse[10] en la política y, en particular, que los religiosos no deben ocupar ningún puesto político. Esta creencia mantiene que la religión y la política son y deben ser dos ámbitos distintos y que es contra la voluntad de Dios mezclarlas.

[10]mezclarse, entremeterse

Contrastes antípodas[11]

....

Los textos que se presentan a continuación tratan varios aspectos de la religión en América Latina, incluyendo la teología de la liberación, el protestantismo, la celebración del Día de los Muertos y el vudú, el cual es parecido a la santería en el Caribe y la macumba o umbanda en Brasil. Mientras se enfoca la tensión explosiva que existe en varios lugares entre una Iglesia reformada en muchos aspectos y un sistema sociopolítico opresivo, es importante recordar que en otras partes las prácticas primitivas y animistas de antaño siguen inmunes todavía a la revolución cristiana que ha estallado a su alrededor. Así que en América Latina se puede identificar por lo menos cuatro categorías principales de religión: (1) el animismo antiguo, regularmente sincrético de los indígenas y los negros; (2) el catolicismo tradicional; (3) la teología de la liberación (tanto la católica como la protestante) y (4) el fundamentalismo de algunos grupos evangélicos. Dicho de otra forma, abarca toda la gama desde el sincretismo del indio humilde Juan Pérez Jolote (ver Capítulo tres) hasta el extremismo de Jimmy Swaggart y la «iglesia electrónica». Tal es el cuadro de tradición y cambio en su absorbente y controvertido aspecto religioso.

[11]diametralmente opuestos

CAMILO TORRES RESTREPO (1929–1966)

El colombiano Camilo Torres Restrepo fue sacerdote y profesor de sociología en la Universidad Nacional de Colombia. Sintió una angustia profunda por la situación de los marginados y se dedicó, como sociólogo y como religioso, a su liberación social y política. Su trabajo se caracteriza por una radicalización progresiva al ser repetidamente repudiadas sus críticas a la jerarquía eclesiástica y sus tentativas de reforma política dentro del «sistema». Forzado por su extremismo a renunciar a su puesto universitario y al sacerdocio, Torres se hizo guerrillero, creyendo que no había más remedio

Camilo Torres Restrepo, sacerdote revolucionario.

que la violencia armada. Siempre mantuvo que «el amor al prójimo»[1] era la base fundamental del cristianismo y de su programa político y que tenía que seguir este mandato dondequiera que lo llevara. Las lecturas siguientes ilustran el radicalismo cristiano y político de Torres, que lo llevó a una muerte violenta a manos del ejército colombiano a la edad de 37 años.

En la primera lectura, Torres responde a varias preguntas sobre el comunismo y el clero hechas por un periodista de *La Hora* de Bogotá; en la segunda, Torres explica a los cristianos por qué se sintió compelido a seguir el camino de la revolución.

[1]los demás, los otros

📖 ¿Comunismo en la Iglesia? (*fragmento*)

Pregunta: ¿El clero colombiano peca de[2] comunista o de anticomunista?

Respuesta: El clero colombiano ciertamente no peca de comunista. El comunismo tiene un sistema filosófico incompatible con el cristianismo, aunque en sus aspiraciones socioeconómicas la mayoría de sus postulados no riñen[3] con la fe cristiana.

Para decir que peca de anticomunista, se necesitaría hacer una investigación sobre las pastorales,[4] los escritos, los sermones de nuestros obispos y sacerdotes. Sin embargo, mi impresión personal es que el comunismo ha sido considerado como el principal mal de la cristiandad en nuestra época. Éste es un enfoque poco teológico y poco científico.

[2]peca... es culpable de ser
[3]están en desacuerdo
[4]comunicaciones oficiales de la Iglesia con instrucciones o exhortaciones

Poco teológico, porque el principal mal de la cristiandad es la falta de amor, tanto dentro de ella misma como respecto de los no cristianos, incluyendo a los comunistas. Por la falta de un amor eficaz traducido a las estructuras temporales[5] en una forma científica por parte de los cristianos ha surgido el comunismo como una solución con todos sus aciertos[6] y sus errores.

Desde el punto de vista científico, la posición del cristiano no debe ser anti sino en favor del bien de la humanidad. Si este bien no se puede realizar sino cambiando las estructuras temporales sería pecaminoso[7] que el cristiano se opusiera al cambio. Solamente la crítica discriminada y científica del comunismo, en vista a la realización de este bien, puede justificar no una posición anticomunista, sino una posición científica que implique rechazo de todo lo que sea anticientífico.

P: ¿Según su juicio, la actitud del clero colombiano ante los problemas sociales requeriría una revisión?

R: En general, yo creo que la actitud del clero colombiano ante los problemas sociales sí requiere una revisión. Esta revisión se podría resumir así:

1. Preocupación por el bienestar de la humanidad más que por preservarla del comunismo.

2. Descartar la beneficiencia ocasional y paternalista como forma habitual de acción.

3. Concentrar los esfuerzos en la formación de un laicado[8] capaz de transformar las estructuras temporales desde su base, atacando así el origen de los problemas sociales.

P: ¿El clero colombiano tiene mentalidad capitalista?

R: Para poder juzgar de la mentalidad de un grupo social, se requeriría un análisis bastante profundo. Sin embargo, yo considero que el clero colombiano por lo menos en la impresión que deja ante la opinión pública aparece con una mentalidad más feudal que capitalista y, en el mejor de los casos, con una mentalidad netamente capitalista.

La mentalidad feudal se caracteriza fundamentalmente por el deseo de posesión, haciendo caso omiso[9] del lucro, de la productividad y del servicio a la comunidad.

La mentalidad capitalista por el deseo del lucro, sin considerar el servicio de la comunidad.

Ante la opinión pública el clero colombiano aparece como un grupo con deseo de posesión. En las esferas jerárquicas más altas y principalmente en los sectores urbanos, creo yo que aparece como un grupo con deseo de lucro. La opinión pública colombiana me parece que no tiene conciencia de que la Iglesia gaste dinero en servicio de la comunidad.

P: ¿El comunismo debe ser puesto fuera de la ley?[10]

[5]estructuras… gobiernos nacionales
[6]éxitos
[7]relacionado con el pecado
[8]católicos laicos
[9]haciendo… prescindiendo, omitiendo
[10]puesto… declarado ilegal

R: Desde el punto de vista teórico creo yo que la mejor arma para combatir las ideas son las ideas; la mejor arma para combatir los movimientos políticos es mostrar una mayor eficacia en el uso del poder. Por lo tanto, las disposiciones legales en contra de ideas o de movimientos políticos son, en mi concepto, una demostración de debilidad ante ellos.

Sin embargo, si en un país se consideran de hecho los comunistas excluidos de los cargos públicos, del derecho a ser elegidos, se excluyen de las cátedras universitarias y en muchas ocasiones, pierden el derecho de estudiar y de trabajar, sería una posición menos hipócrita declararlos oficialmente fuera de la ley que conservar una legalidad aparente, puramente táctica para disfrazar ese estado de cosas con un ropaje democrático a fin de evitar que los adversarios capitalicen la mística que les daría la ilegalidad y el hecho de ser considerados como víctimas.

Mensaje a los cristianos

Las convulsiones producidas por los acontecimientos políticos, religiosos y sociales de los últimos tiempos posiblemente han llevado a los cristianos de Colombia a mucha confusión. Es necesario que en este momento decisivo para nuestra historia los cristianos estemos firmes alrededor de las bases esenciales de nuestra religión.

[11]gastaran

Lo principal en el Catolicismo es el amor al prójimo.

«El que ama a su prójimo cumple con la ley» (San Pablo, Romanos 13:8).

Este amor, para que sea verdadero, tiene que buscar la eficacia. Si la beneficencia, la limosna, las pocas escuelas gratuitas, los pocos planes de vivienda, lo que se ha llamado «la caridad», no alcanza a dar de comer a la mayoría de los hambrientos, ni a vestir a la mayoría de los desnudos, ni a enseñar a la mayoría de los que no saben, tenemos que buscar medios eficaces para el bienestar de las mayorías.

Esos medios no los van a buscar las minorías privilegiadas que tienen el poder, porque generalmente esos medios eficaces obligan a las minorías a sacrificar sus privilegios. Por ejemplo, para lograr que haya más trabajo en Colombia, sería mejor que no se sacaran los capitales en forma de dólares y que más bien se invirtieran[11] en el país, en fuentes de trabajo. Pero como el peso colombiano se desvaloriza todos los días, los que tienen dinero y tienen el poder nunca van a prohibir la exportación del dinero, porque exportándolo se libran de la devaluación.

Es necesario, entonces, quitarles el poder a las minorías privilegiadas para dárselo a las mayorías pobres. Esto, si se hace rápidamente, es lo esencial de una revolución.

La Revolución puede ser pacífica si las minorías no hacen resistencia violenta.

La Revolución, por lo tanto, es la forma de lograr un gobierno que dé de comer al hambriento, que vista al desnudo, que enseñe al que no sabe, que cumpla con las obras de caridad, de amor al prójimo no solamente en forma ocasional y transitoria, no solamente para unos pocos, sino para la mayoría de nuestros prójimos.

Por eso la Revolución no solamente es permitida, sino obligatoria para los cristianos que vean en ella la única manera eficaz y amplia de realizar el amor para todos. Es cierto que «no hay autoridad sino de parte de Dios» (San Pablo, Romanos 13:1). Pero Santo Tomás dice que la atribución concreta de la autoridad la hace el pueblo.

Cuando hay una autoridad en contra del pueblo, esa autoridad no es legítima y se llama tiranía. Los cristianos podemos y debemos luchar contra la tiranía. El gobierno actual es tiránico porque no lo respalda sino el 20% de los electores y porque sus decisiones salen de las minorías privilegiadas.

Los defectos temporales de la Iglesia no nos deben escandalizar. La Iglesia es humana. Lo importante es creer que también es divina y que si nosotros, los cristianos, cumplimos con nuestra obligación de amar al prójimo, estamos fortaleciendo a la Iglesia.

Yo he dejado los deberes y privilegios del clero, pero no he dejado de ser sacerdote.

Creo que me he entregado a la Revolución por amor al prójimo. He dejado de decir misa para realizar ese amor al prójimo en el terreno temporal, económico y social. Cuando mi prójimo no tenga nada contra mí, cuando haya realizado la Revolución, volveré a ofrecer la Misa si Dios me lo permite. Creo que así sigo el mandato de Cristo:

«Si traes tu ofrenda al altar y allí te acuerdas de que tu hermano tiene algo contra ti, deja tu ofrenda delante del altar, y anda, reconcíliate primero con tu hermano, y entonces ven y presenta tu ofrenda» (San Mateo, Mateo 5:23–24).

Después de la Revolución los cristianos tendremos la conciencia de que establecimos un sistema que está orientado sobre el amor al prójimo.

La lucha es larga, comencemos ya...

Para verificar su comprensión

¿Cierto o falso? Indique si cada afirmación es cierta (C) o falsa (F). Si es falsa, corríjala según la lectura.

1. _____ Torres encuentra ciertas metas en común entre el comunismo y el cristianismo.

2. _____ Para Torres el problema principal de la Iglesia es su enfoque poco teológico y poco científico.

3. _____ El «amor eficaz» no debe incluir a los pobres.

4. _____ El clero colombiano sufre de una actitud paternalista hacia los pobres.

5. _____ No es deseable formar un laicado dedicado al cambio social.

6. _____ El clero colombiano aparece como un grupo poco interesado en el lucro.

7. _____ Es preferible poner el comunismo fuera de la ley a fingir que éste existe libremente.

8. _____ La base cristiana esencial es el amor para con los otros.

9. _____ Precisamente por su fe cristiana, Torres se ve obligado a seguir el camino de la revolución.

10. _____ Torres no encuentra autoridad doctrinaria o bíblica para su decisión.

Interpretación de la lectura

1. ¿Según Torres, cómo debe cambiar la actitud del clero colombiano?

2. ¿Por qué dice que la mentalidad del clero es capitalista «en el mejor de los casos»?

3. Torres critica la jerarquía eclesiástica por estar totalmente desarticulada de la realidad que vive el pueblo y aboga por la creación de un laicado activo. ¿Cómo se relacionan estos conceptos? ¿Cómo respondería el episcopado a esta sugerencia? ¿Por qué?

4. ¿Encuentra contradictorio que Torres critique la caridad? ¿Por qué?

5. En su *Mensaje a los cristianos,* ¿qué quiere decir Torres con «medios eficaces»? ¿Los considera Ud. de tanta importancia? ¿Por qué?

6. ¿Cree Ud. que pueden reconciliarse el amor al prójimo y la revolución violenta?

Tema escrito

Haga una investigación sobre el argumento del libro *Common Sense* de Thomas Paine, invocado muy a menudo como justificación de la guerra revolucionaria de los EE. UU., y de las fuentes de autoridad a las cuales apela Torres para explicar su posición.

Para comentar

¿Cómo debería ser la relación entre la religión y la política? ¿Deben mezclarse las dos? ¿Pueden separarse?

¿Está Ud. de acuerdo?

1. « …la mejor arma para combatir las ideas son las ideas.»

2. « …la Revolución no solamente es permitida, sino obligatoria para los cristianos que vean en ella la única manera eficaz y amplia de realizar el amor para todos.»

DOM HELDER CÂMARA (1909–1999)

Dom Helder Câmara, quien fue arzobispo de Recife y Olinda en el noreste de Brasil, fue también una de las figuras más destacadas de la «nueva iglesia». Su pasión por el evangelio lo llevó a denunciar la injusticia social, política y económica, y a dedicarse a mejorar la vida del pobre, en cuyo rostro él veía la cara de Cristo, desfigurada por el hambre. Câmara, como Camilo Torres, predicaba el amor al prójimo y la urgencia de combatir la injusticia. A diferencia de Torres, Câmara rechazó la violencia armada y optó por la presión moral basada en el amor y en los ejemplos de Jesucristo, Mahatma Gandhi y Martin Luther King. Repudiando tanto el capitalismo como el comunismo, Câmara creía que sólo el ecumenismo religioso podía efectuar el cambio social necesario para aliviar «las injusticias que hoy oprimen a dos tercios de la humanidad». En la siguiente entrevista por el argentino Juan José Rossi vemos los tremendos problemas sociales que confrontaban Câmara y sus semejantes.

Entrevista con Dom Helder Câmara
(fragmento)
Iglesia y desarrollo

Pregunta: Dom Helder, desearía conocer algunos aspectos de su vida como arzobispo: ¿qué hizo cuando llegó a Recife?

Respuesta: Llegué a la capital del noreste «en desarrollo» en 1964. Mi arquidiócesis tiene la responsabilidad de ser la capital de esta región, pero como diócesis es pequeña; prácticamente se limita a la capital y alrededores. Al llegar me informaron que «era costumbre» que el arzobispo se sacara una foto oficial para mandar a todas las parroquias, casas religiosas y colegios. Yo contesté: «No, si quiero hacerme conocer iré personalmente», y eso es lo que hago. Voy todo lo que puedo a mi pueblo. Si bien es necesario establecer una cierta jerarquía en los trabajos ésta no sacrifica ni la venida del pueblo a nuestra casa ni mi ida a la casa del pueblo. En mi contacto con la gente no olvido los modernos recursos de comunicación social. Cada domingo tengo un programa de TV y puedo asegurarle que, a pesar de andar bastante por la parroquia, las palabras que más escucho de la gente son las siguientes: «Dom Helder, yo lo conozco a Ud. por la TV.» Siento y palpo[1] que aunque me presente en templos repletos y multiplique mis visitas por los barrios, es evidente que el programa de TV me pone más en contacto con el noreste entero.

P: ¿A quiénes recibe en su casa?

R: Establecí el día de mi llegada que nuestra casa estaba abierta a todos sin excepción. Eso de vez en cuando trae sospecha, trae un poco de inquietud, pero gracias a Dios he podido mantener la disposición de declarar que las puertas y el corazón están permanentemente abiertos. Recibo tanto a católicos como a no católicos, a pobres y ricos, patrones y operarios[2] porque tengo mucho recelo de que a veces de tanto trabajar con pobres uno termina por odiar a los ricos; de tanto trabajar con operarios, se termina por odiar al patrón. Creo que no cabe odio en el corazón de un cristiano, menos todavía en el corazón de un pastor.

P: ¿Vive pobremente?

R: Al respecto Ud. sabe mejor que yo que la verdadera pobreza es el desapego[3] interior. Yo puedo vivir en la miseria y no ser pobre de corazón, mientras que a pesar de ser difícil, pueda vivir en un aparente lujo, riqueza, confort, y al mismo tiempo ser desapegado. Le advierto que puede haber un triunfalismo[4] en la pobreza. Es necesario, pues, evitar el orgullo de ser pobre. No es porque yo vista una sotana[5] más simple sin las insignias de obispo, y no es porque vendí mi coche que soy más pobre que mis hermanos.

P: ¿No tiene automóvil?

[1] percibo
[2] obreros
[3] indiferencia
[4] sentido falso de superioridad
[5] vestidura que usan los eclesiásticos

R: Tuve, pero en realidad no lo necesito porque no puedo caminar diez metros sin que alguien se ofrezca a llevarme. Algunas personas piensan que esta actitud es demagógica, pero considero importante que un obispo tenga contacto con el pueblo. No hace mal a nadie, por ejemplo, esperar de vez en cuando en una fila de ómnibus. Allí uno se entera cuánto cuesta la carne, los porotos,[6] el azúcar... , y también que en esta tierra hay numerosas familias que no se pueden dar el lujo de dos comidas por día. Conozco familias que cenan café con pan. Todo esto lo sé por las visitas que realizo a las familias, pero también aprendo mucho aguardando el ómnibus. También tomo taxi si es necesario; en ese sentido no tengo ningún complejo. Más aún, si llega un amigo y me lleva en su coche «último modelo» no me siento mal y no creo que voy a quedar contaminado, no tengo miedo de los ricos, no tengo miedo de nadie. Creo que el miedo es uno de los grandes males de nuestro tiempo.

P: ¿Qué entiende Ud. por condición infrahumana de vida?

R: Le respondo con hechos. Cuando se nace y se vive en Buenos Aires no es fácil entender exactamente lo que signifique condición infrahumana de vida. Esto tal vez parezca una expresión vacía o exageración demagógica; pero cuando se vive en Recife, a cinco minutos de cualquier lugar de donde nos encontramos, es posible ver con los propios ojos y tocar con las propias manos lo que es condición infrahumana de vida. Imagínese a una persona que viva en una casa que no merezca el nombre de casa, que se vista con ropas que no merecen el nombre de ropas, que no tenga alimentos y le falte un mínimo de condiciones de educación, de trabajo... Es evidente que esa criatura[7] no deja de ser criatura humana, pero está de tal modo en un nivel infrahumano que más parece un cactus que un hijo de Dios. Cuando se vive en un nivel así la inteligencia y la libertad son lujos: ¡Allí no se quiere nada! Lo normal es que en esa situación la inteligencia y la voluntad estén embotadas.[8] Ud. no imagina hasta qué punto la herencia de la miseria deja marcas en la criatura humana. Marcas de servilismo y de fatalismo. Por ejemplo, ¿cómo puede ser que un hombre que depende absolutamente de un señor pueda tener actitudes diferentes a las del esclavo? ¿Cómo podrá pensar, discutir e inclusive hablar con libertad... ? Duele ver cómo caminan a veces los pobres habitantes del medio rural: marcha de esclavos, mirar de esclavos, hablar de esclavos. Si no hay medio de cambiar las estructuras sociales aquella criatura termina pensando que todo es así, que no hay remedio, que «quem nasceu pra vintém não chega a tostão» (es decir, que quien nació para centavos no llegará a pesos). Es aquella convicción de que unos nacieron para ser pobres y otros para ser ricos. La frase «Dios lo quiere así» encierra toda una problemática religiosa que deberíamos analizar.

P: Frecuentemente se critica a la Iglesia el fomentar una resignación cristiana que lleva al hombre a adoptar una actitud pasiva ante la miseria y la pobreza. De acuerdo a su criterio: ¿existe una resignación cristiana? ¿En qué consiste?

R: La Iglesia no es «el opio del pueblo». Debemos probar con hechos que la religión no es alienada ni alienante sino que ella pretende encarnarse como

[6]frijoles
[7]criatura, ser humano
[8]debilitadas

Cristo. Cuando se trata de enfrentar realidades precarias,[9] como por ejemplo el problema de la alfabetización, soy de los que piensan que no basta una mera solución técnica sino que es preciso ir más lejos, es preciso abrir los ojos, colocar a la creatura de pie y despertar la iniciativa suscitando[10] líderes y enseñando a trabajar en equipo. Enseñar a no esperar todo del gobierno. En una palabra, es necesario conciencializar,[11] es decir, despertar la conciencia. Esto muchas veces es interpretado como actitud de subversión y de marxismo. En muchos lugares, tanto en América como en Europa, se entiende que quien hace «asistencialismo», quien vive dando dólares y víveres[12] es una persona extraordinaria, ¡es un santo!, mientras que a quien considera que no se puede permanecer en un mero «asistencialismo» sino que se debe alentar[13] la promoción humana ayudando a los hijos de Dios a salir de la miseria y de la injusticia, es considerado filocomunista o subversivo. La pobreza es tolerable pero la miseria es una afrenta[14] a la creatura humana y una injuria[15] al Creador. La miseria es antihumana y anticristiana. Debemos luchar, pues, para que las creaturas se libren de la miseria lo más rápido posible. ¿Esto significa dejar de lado la resignación cristiana y consecuentemente empujar a la liberación sangrienta? ¡No! Yo uso mucho la palabra «revolución», pero para mí no significa lucha armada, no significa sangre ni odio. Revolución es cambio radical y rápido en el que juega un rol decisivo la fuerza de las ideas. Creo en la fuerza de las ideas, de lo contrario no habría o no existirían grandes publicaciones, no habría radio, no habría TV, no habría grandes universidades. De hecho son las ideas las que conducen al mundo. Lo que uno solo no puede, lo podemos unidos. En lo que se refiere a la resignación insisto en que es necesario rever toda la problemática religiosa. Por ejemplo, esto de atribuir la culpa a Dios: «Dios lo ha hecho así. Unos nacen pobres, otros nacen ricos.» Veo, por ejemplo, en el noreste brasileño —donde hay una irregularidad muy grande en las precipitaciones pluviales— que cuando hay sequía el pueblo se aferra[16] a Dios, a los santos y a la Virgen para pedir lluvia. Si se prolonga la sequía, ellos resignadamente ven en ello un castigo de Dios y cuando llueve ven en ello una gracia de Dios. ¡Claro que yo sé que Dios existe y que en definitiva Él tiene la última palabra!, pero Dios creó al hombre a su imagen y semejanza. Dios quiere que el hombre domine la naturaleza. ¡Dios ha hecho al hombre cual[17] creador! Tenemos que predicar la religión en el noreste brasileño en el sentido de hacer ver a los hombres lo que es culpa de nuestra desidia,[18] de nuestra incapacidad, lo que es pecado nuestro, lo que debemos superar. Tenemos que vencer a la naturaleza cumpliendo una orden que el propio Dios nos diera.

P: ¿Qué piensa de la superstición en América Latina?

R: En cuanto a la superstición, en gran parte es necesario lograr entenderla. Por ejemplo, cuando llego a Río de Janeiro, una de las grandes ciudades de América Latina… ¡encuentro macumba,[19] tanto sincretismo religioso… Ahora bien, primero es necesario acercarse y ver cuántas veces en un patio está el

[9]inseguras
[10]promoviendo, entrenando
[11]concientizar
[12]alimentos
[13]dar ánimo a
[14]ofensa
[15]ofensa
[16]agarra con fuerza
[17]como
[18]negligencia
[19]religión afrobrasileña

[20]punto culminante
[21]romperle, abrirle
[22]catequismo
[23]afirma

«Padre Santo» cercado por las «Hijas de Santo»[a] y sentir el ritmo bárbaro, el tan-tan de vudú; y ver el alcohol, la borrachera… , y el auge[20] de la escena al «Padre de Santo» tomar un gallo vivo y con los dientes rasgarle[21] el pecho arrancándole el corazón. Todo aquello puede parecer muy bárbaro, pero es necesario entender a nuestro pueblo, primitivo en todo: primitivo en el amor, en el odio, en su fe. Tenemos que empezar por conocer a nuestro pueblo y amar a nuestro pueblo y poco a poco transformarlo.

P: ¿No cree Ud. que, en parte, la causa de la superstición y el fetichismo es la predicación y la catequesis[22] mal encaradas?

R: Sí, tiene su parte de culpa según lo que entendamos por predicación. La predicación en cuanto evangelización no es solamente completar el anuncio hablado de Cristo, sino ayudar a los hombres a salir de su situación infrahumana para que lleguen a un nivel más digno de los hijos de Dios. Si esos hombres permanecen en la miseria es muy fácil comprender esa mezcla de cristianismo con ritos bárbaros, de cristianismo con fatalismo. En consecuencia debemos trabajar para que la creatura humana supere la miseria. Por lo tanto hay una actitud a asumir y en consecuencia vienen las discusiones. Se constata[23] cómo algunos teóricos del pensamiento están lejos de la realidad. A veces nuestros mayores teólogos me dan la impresión de vivir en aquella parte de la luna que fue fotografiada hace poco tiempo. Es necesario que se encarnen en la realidad. Por ejemplo, ellos empiezan a discutir diciendo: «Tenemos que hacer primero la humanización y después la evangelización.» ¡No tenemos que hacer nada primero!, sino que debemos hacer todo a la vez, sin preguntarnos lo que viene primero y lo que viene después. Todo junto. ¡No me vengan con estas distinciones, muy clásicas pero muy teóricas, teóricas por de más!

P: ¿La Iglesia puede intervenir en política? ¿En qué forma debe hacerlo?

R: En el sentido en que la política es un bien común la Iglesia no se puede desinteresar de ella. Evidentemente, otra sería mi respuesta si pensáramos en términos de política partidaria. En estos casos la Iglesia debería estar cada vez más independizada. Aclaremos que cuando me refiero a «Iglesia» me refiero no solamente a la Iglesia jerárquica sino también a los laicos. Es evidente que a través de nuestros laicos debería haber una presencia cristiana en los partidos políticos, al menos en todos los partidos democráticos donde la justicia y la dignidad humana sean respetadas. Me gusta pensar en la presencia cristiana a través de nuestros laicos. Ahora bien, la jerarquía como Iglesia no debe identificarse con ningún partido. Que los cristianos participen, está muy bien. Pero, la Iglesia como tal no debe adherirse a ningún sistema económico, a ninguna escuela literaria y tampoco a

---

[a]Padre Santo es el hombre que entra en contacto con las semidivinidades, siendo el responsable de la iniciación de los misterios. Hijas de Santo son las mujeres iniciadas en el vudú y que toman parte activa en las ceremonias. Santo se refiere al conjunto de divinidades o semidivinidades que constituyen el mundo de los espíritus y que son invocados por los participantes de las macumbas.

ningún partido político. En ese sentido desearía que los partidos en cuya denominación figura la expresión «católica», «cristiana», se liberaran de la misma, porque podría parecer que están identificados con la Iglesia. No hay ninguna actividad humana capaz de agotar la realización cristiana y, gracias a Dios, es así, de manera que «en la casa de mi Padre hay muchas moradas»[24] y dentro de todos los partidos puede haber una presencia cristiana que me parece muy saludable.

P: ¿Debe la Iglesia incitar a los pobres a la revolución para librarse del hambre y de la injusticia?

R: La Iglesia, sin provocar odios, debe hablar y tener el coraje de hablar incluso delante del poder público y de las autoridades; no como quien se juzga exento de culpa, porque, por ejemplo, en todo el pasado hay graves errores. En América Latina, nosotros como Iglesia no podemos quedarnos afuera, como si no fuéramos responsables de la formación de algunos errores. Pero nos cabe, sin aire de superioridad y sin pretender ser maestros, recordar los principios cristianos. Me agrada mucho aquel gesto de Juan XXIII de presentar los principios cristianos en su forma humana, de tal modo que todos los hombres de buena voluntad puedan entender lo que hay de común; porque el cristianismo es de tal modo la respuesta a las grandes inspiraciones humanas que termina por ser comprendido por todos los hombres de buena voluntad. En este sentido tenemos la obligación de hablar. Recuerdo con entusiasmo aquella simplicidad con que llegó Pablo VI a la ONU.[25] Entregó a alguien su capa no demostrando intención de quedarse en el lugar más alto. Aceptó incluso hablar de pie delante de los embajadores del mundo. Él no tenía el monopolio de la verdad, no iba a «enseñar»; él iba como peregrino[26] de la paz. Éste es el gran ejemplo para los obispos del mundo entero.

Yo no hablo en nombre de los obispos, hablo en mi nombre personal. Cada vez creo menos en la violencia; la violencia engendra la violencia, el odio engendra el odio. Para mí en Brasil sería muy fácil incitar a la violencia y pregonar[27] la rebelión porque conmigo no pasaría nada. Es muy difícil prender[28] a un obispo en el Brasil; pero, los más pequeños sufrirían las consecuencias. Serían tenidos por comunistas y tratados en forma muy violenta. De hecho no creo en la violencia, no creo en el odio. Por eso el trabajo se hace mucho más difícil, porque se trata de abrir los ojos de la gente y al mismo tiempo contenerlos. Es urgente un trabajo simultáneo: abrir los ojos y realizar las reformas. Si los poderosos quieren de hecho liberarse del radicalismo del odio, que no tengan la menor ilusión: no hay fuerza que detenga la rebelión humana. Lo que nosotros podemos conseguir es ganar tiempo para que los oprimidos abran los ojos.

P: Sus palabras hacen pensar que Ud. se ocupa más bien de política y desarrollo que de religión.

R: Puede parecer extraño que un obispo esté abordando problemas que parecen socioeconómicos y políticos, pero la verdad es que no hay divisiones en la creatura humana. Estas dicotomías están superadas. En el hombre existe una unidad fundamental; hasta la vieja escolástica dice que existe una unidad sustancial en la creatura humana. Antes se hablaba en la diócesis de un millón

[24]residencias, hogares
[25]Organización de las Naciones Unidas
[26]*pilgrim*
[27]predicar, proclamar
[28]poner en la cárcel

de almas. Yo prefiero hablar de miles o millones de criaturas humanas. Además, [29]salvado
me apresuro a decirle que ciertas personas de vez en cuando se escandalizan
de la insistencia con que hablo del desarrollo, pareciéndoles que me preocupo
más de lo social que de la «evangelización», pero lo que sucede es que yo
incluyo dentro de la expresión «desarrollo» no sólo el desarrollo económico
sino todo desarrollo humano. Digo más aún: para mí el hombre es «hombre
redimido»,[29] e imagen de Dios, de modo que cuando me refiero al desarrollo
del hombre incluyo la palabra de Cristo que dice: «Vengo para que tengan
vida y la tengan en abundancia», es decir, la vida divina.

Para verificar su comprensión

Escoja la respuesta que mejor complete la frase.

1. Cuando llegó a Recife como nuevo arzobispo, Dom Helder
   a. hizo circular una foto oficial.
   b. mandó a la gente a que asistiera a misa.
   c. se dio a conocer con la gente personalmente.

2. Las puertas de la casa de Dom Helder están abiertas
   a. a todos sin excepción.
   b. sólo a los operarios.
   c. sólo a los patrones.

3. Para Dom Helder, la miseria es
   a. una afrenta al Señor.
   b. un hecho permanente.
   c. una realidad tolerable.

4. En cuanto a la superstición, Dom Helder cree que
   a. es un primitivismo bárbaro.
   b. la Iglesia es parcialmente responsable.
   c. es necesario entenderla.

5. Dom Helder cree que la Iglesia
   a. debe adherirse estrictamente a asuntos sacramentales.
   b. tiene que interesarse en la política.
   c. tiene que aliarse con los demócratas cristianos.

6. La Iglesia no debe incitar a los pobres a la revolución, sino
   a. mandar emisarios a la ONU.
   b. reconocer su obligación de hablar abiertamente.
   c. enseñarles sus errores a los líderes políticos.

7. Dom Helder está
   a. totalmente opuesto a la violencia.
   b. dispuesto a admitirla bajo ciertas circunstancias.
   c. renunciando a la violencia por razones tácticas.

8. Para Dom Helder, la palabra «desarrollo» incluye

   a. lo económico.

   b. lo humano.

   c. lo económico y humano.

Interpretación de la lectura

1. Dom Helder dice que debido a condiciones infrahumanas el ser humano parece más «un cactus que un hijo de Dios». ¿Qué querrá decir con esto? Y Ud., ¿piensa igual? ¿Por qué?

2. ¿Cree Ud. como Dom Helder que la frase «Dios lo quiere así» encierra toda una problemática religiosa social? ¿Por qué?

3. ¿Por qué dice Dom Helder que el rechazo de la violencia hace el trabajo mucho más arduo?

4. ¿Qué significa la palabra «revolución» para Dom Helder?

5. ¿Cree Ud. que Dom Helder se ocupa más de la política que de la religión? ¿Por qué?

Comparaciones

1. Establezca una comparación entre la pedagogía de Paulo Freire (ver Capítulo seis) y la teología de Dom Helder. ¿Cree Ud. que las dos se fundamentan en el amor al prójimo que tanto le importaba a Torres?

2. ¿Se puede hacer una comparación entre las observaciones que hace Dom Helder ante la desigualdad y las contradicciones que hace resaltar Vallejo en su poema «Un hombre pasa» (ver Capítulo dos)? ¿Cómo?

3. ¿Cree Ud. que la siguiente cita de Dom Helder puede aplicarse a la vida y actitud de Fabiano, el campesino brasileño del segundo capítulo?

«Duele ver cómo caminan a veces los pobres habitantes del medio rural: marcha de esclavos, mirar de esclavos, hablar de esclavos. Si no hay medio de cambiar las estructuras sociales aquella creatura termina pensando que todo es así, que no hay remedio... »

¿Está Ud. de acuerdo?

1. «La violencia engendra la violencia, el odio engendra el odio.»

2. « ...no hay fuerza que detenga la rebelión humana.»

VICTORIO ARAYA GUILLÉN (1945–)

El costarricense Victorio Araya Guillén es Profesor de Teología y Método Teológico en el Seminario Bíblico Latinoamericano. Con una amplia experiencia en la vida de la iglesia protestante en América Latina, ha tenido la oportunidad de participar en muchos cursos, encuentros ecuménicos y seminarios sobre teología y la «opción por los pobres». Araya obtuvo su doctorado en teología en la Universidad Pontifícia de Salamanca y es autor de varios libros y artículos, entre ellos *Fe cristiana y marxismo* y *El Dios de los pobres*. Tuvimos la buena fortuna de conocer al doctor Araya durante su estadía como profesor visitante en el Northern Baptist Theological Seminary en Lombard, Illinois, en 1985, y después, de retomar nuestra conversación en Costa Rica en 1993 y de finalizarla en 1995.

En la primera de dos cálidas y absorbentes entrevistas, Araya habla del protestantismo en América Latina, tanto del clásico o establecido como del fundamentalista, y de la influencia preponderante de cierto tipo de protestantismo conservador de origen estadounidense.

En la segunda, el reconocido teólogo reflexiona sobre la dirección y la problemática de la teología latinoamericana de la última década. En el proceso, toca diversos temas centrales, tales como el estado actual de la teología de la liberación, el neoliberalismo económico y el fenómeno del pentecostalismo en América Latina.

Victorio Araya Guillén, teólogo
metodista costarricense.

Entrevista con Victorio Araya Guillén (I)
El protestantismo en América Latina

Pregunta: ¿Cuál, en su opinión, es el papel actual de la religión en la cultura latinoamericana?

Respuesta: Bien, a mí me parece que al hacer un análisis de la realidad latinoamericana, tenemos que tomar en cuenta varios factores; entre ellos el elemento religioso es muy, muy importante. Podemos decir que el pueblo latinoamericano participa de una doble condición —la de ser creyente y oprimido. Hoy día estamos asistiendo a un hecho muy importante y es que la experiencia de fe ya no se está viviendo como resignación o como simple consuelo, sino como elemento de protesta. Es a partir del evangelio que estamos tomando conciencia de que la situación que se vive en América Latina es contraria al evangelio; la fe se está convirtiendo en un elemento liberador, o sea de movilización de la conciencia hacia formas por las cuales se afirme la vida. Por eso es necesario para nosotros decir que quienes hagan un análisis de la realidad latinoamericana y omitan el elemento religioso están perdiendo un punto, no solamente importante, sino determinante de nuestra cultura como cultura latinoamericana.

P: Victorio, en otras ocasiones ha hablado de la llegada del cristianismo a América Latina ligado a un proyecto colonial. ¿Qué quiere decir con esto?

R: Bien, hay que hacer una distinción muy importante; hay dos vertientes[1] del cristianismo que existen en América Latina —el catolicismo y, en menor escala, un 10% o 12%, el protestantismo. Hay algo muy significativo y es lo siguiente: en América Latina nos encontramos con una paradoja. Y es que tanto el cristianismo católico como el cristianismo protestante llegaron a América Latina respaldados por dos proyectos coloniales distintos. Uno fue el proyecto ibérico, España-Portugal, siglo XVI, y el otro fue el proyecto anglosajón, en la mitad del siglo XVIII y todo lo que es el siglo XX. Esto ha configurado dos tipos distintos de mentalidad. Hay una cosa muy paradójica; es la siguiente: el catolicismo durante muchos años en América Latina estuvo ligado al poder, a la tradición, al viejo orden medieval que los conquistadores españoles quisieron recrear en América Latina, sobre todo cuando ya el feudalismo desaparecía en Europa. Y siempre se le criticó por eso. Pero en las últimas décadas ha venido resurgiendo una veta[2] muy evangélica y profética dentro del catolicismo, y como que ha hecho una opción por la gran mayoría del pueblo latinoamericano pobre. Por eso ha habido tantos mártires sacerdotes dentro de la iglesia católica en los últimos veinte años. En tanto que en el protestantismo en general se ha dado el fenómeno al revés. El protestantismo irrumpe[3] en América Latina en el siglo pasado muy ligado a los ideales de la democracia, la libertad, en lucha contra el autoritarismo, buscando formas más

[1] direcciones
[2] vertiente
[3] surge

avanzadas de vida. Pero, ¿qué pasó? Hoy en día nos encontramos con una encrucijada muy difícil y es que el protestantismo cada vez más en América Latina está llegando a jugar un rol bastante ideológico. ¿Por qué? Porque ser protestante se ha entendido como ser defensor de EE. UU., o se ha identificado el evangelio con el *American way of life*. En el protestantismo existe un sector popular hoy día, pero tiene todo un marco religioso e ideológico, que en vez de ser un factor de liberación de su situación real, más bien es como un factor de legitimación o resignación.

P: Me parece que la palabra «ideológico» quiere decir muchas cosas. ¿Puede Ud. elaborarla un poco más?

R: Sí, pongamos, por ejemplo, la experiencia del pentecostalismo, que tiene una visión muy transmundana[4] en la cual se dice: sí, yo en esta tierra soy pobre, no tengo educación, no tengo trabajo, pero Dios está con nosotros y Él ha prometido un día que nosotros tendremos la vida eterna, una mansión gloriosa allá en el cielo con la presencia definitiva de Dios. Junto a esta actitud fatalista surge otra, la visión anticomunista de muchos protestantes. Te pongo un caso muy concreto. Por ejemplo, en Costa Rica, mi país, hoy día hay más de 90 grupos de protestantes. Es mucho para un país con dos millones y medio de habitantes, que tiene el mismo tamaño del estado de Illinois. El crecimiento del protestantismo es fenomenal. Pero el problema es que lleva consigo una gran dependencia de EE. UU., no meramente económica sino ideológica también. Hay un gran tono antisocial que en un lenguaje más sutil dice que la tarea de la Iglesia no es ayudar a los pobres, sino anunciar que el hombre es pecador, que Cristo murió por nosotros y que si tú no te arrepientes, te vas a condenar. Existe un problema muy serio en el protestantismo latinoamericano. Ciertamente vive un gran crecimiento numérico y de recursos —escuelas, templos, hospitales, emisoras,[5] programas de televisión y los servicios más diversos con niños, con mujeres, con ancianos— pero el mensaje que ofrece es el mensaje de un evangelio muy, muy reducido a unas partes de la Biblia.

P: ¿Y qué de los otros grupos protestantes que están elaborando un evangelio más amplio, más comprometido con el pueblo y sus luchas?

R: Pues, hay otros sectores de la Iglesia que están abriendo perspectivas, aunque son muy cuestionados. Yo diría que hasta en cierta medida, perseguidos internamente por las autoridades eclesiásticas. Nosotros mismos, como Seminario Bíblico, hemos sido prácticamente expulsados del seno de la Federación de Iglesias Evangélicas de Costa Rica, y el argumento que ellos utilizan es que en el fondo, el Seminario Bíblico como escuela de teología o de formación de pastores en alguna medida está comprometido con la teología latinoamericana de la liberación. Y esto se vincula con el evangelio social, y quiere vincularse con un tipo de ética muy amplia, con el divorcio, etcétera. Claro, en el seno de la Alianza hay mucho temor y mucha ignorancia y su reacción es muy fuerte. Han condenado públicamente la teología de la liberación.

[4]fuera del mundo
[5]estaciones transmisoras de radio

P: Y en cuanto a la mujer, ¿es que la mujer suele encontrarse más en casa, digamos, en la iglesia protestante que en la católica?

R: Bueno, en América Latina con respecto a la mujer, hablamos de doblemente oprimida, en el sentido que a un tipo de dominación o explotación económica se le sobreañade[6] otra: en razón de su sexo llega a ser discriminada y dominada. En las iglesias es una cosa muy curiosa. Hay una gran base humana femenina; en la iglesia protestante donde yo estoy colaborando, la mayoría son mujeres. Lo triste es que muchas iglesias protestantes no están preparadas para aceptar un papel activo y creativo de la mujer en la iglesia. Se parece en mucho a la iglesia católica. Y es interesante que quienes dan esa pelea contra la participación de la mujer son pastores y misioneros.

P: Un momento, Victorio. Creo que esto merece más explicación. ¿Está diciendo que el papel reducido de la mujer en la iglesia protestante en América Latina se debe al misionero de EE. UU.?

R: Pues, en gran medida, sí. El problema es que el misionero en general que va de EE. UU. a Costa Rica o a América Latina lleva un tipo de mentalidad que es muy conservadora. No ha ido a un *college* o a una universidad (más bien eso lo ven como parte del liberalismo, el modernismo, el humanismo), sino que llega con lo que llamamos nosotros una mentalidad de *Bible College*. Allí estudian miles de personas que van luego al campo, con una mentalidad muy tradicional. Todo eso repercute[7] en la vida de la Iglesia y un ejemplo de eso es el caso de la mujer. Por ejemplo, se toman pasajes bíblicos literalmente, unilateralmente; se dice que la mujer no puede estar en eminencia, que la tarea primaria es del varón. Incluso se ataca la idea de más libertad para la mujer señalándose que hoy día se quebranta[8] el principio bíblico de que la mujer esté sujeta a la autoridad del esposo. Todo eso se utiliza muchísimo. Nosotros tenemos una profesora en el seminario que estuvo luchando en una iglesia «bíblica» por la ordenación y no se la concedieron. La iglesia metodista tiene una postura más abierta. Sin embargo, en Costa Rica la iglesia metodista fue establecida en 1917 y recién en enero de 1985 ha ordenado la primera pastora. Esperamos que para la segunda no pasen otros cincuenta, sesenta años.

P: Victorio, ¿nos puede hablar un poco del desarrollo histórico del protestantismo en América Latina?

R: Sí, claro. En América Latina digamos que se suelen distinguir tres momentos del protestantismo. Uno es el protestantismo de misión histórica, cuando llegaron los metodistas, los presbiterianos, luteranos, ese tipo de misión. Luego hubo un segundo momento que es el momento de lo que se llaman las «misiones de fe», así literalmente. Estas misiones están ligadas al fundamentalismo con una postura antiintelectual, anticiencia, que da peleas por tesis como la inerrancia[9] de la Biblia, por una confesión de evangelio muy ligada a ser redimido de la culpa del pecado. En un tercer momento llega el movimiento pentecostal, que en pocos años se convierte mayoritariamente en la base del

[6]impone
[7]causa un efecto
[8]pierde la fuerza
[9]infalibilidad

protestantismo latinoamericano, tanto que se dice que de cada cinco protestantes tres son pentecostales. Últimamente, hay un cuarto momento que puede ser llamado la ofensiva neoconservadora. Está vinculada con todo el fenómeno protestante de EE. UU.: las grandes «transnacionales religiosas» y «la iglesia electrónica».

P: Otra vez, la dependencia ideológica, ¿verdad?

R: Pues, bien, en muchos grupos que hoy día han cobrado mucha fuerza en EE. UU., como el *Moral Majority,* gentes de tales grupos se lanzan en una santa cruzada a salvar a América Latina del comunismo y del liberacionismo. Allí hay de todo: pentecostalismo, fundamentalismo e incluso misioneros en el interior de iglesias históricas,[10] como la metodista, presbiteriana, bautista, menonita. Se llevan a cabo campañas de «sanidad divina», así como suena; son compañas en los pueblos, anunciando grandes milagros y que Dios está sanando a la gente del cáncer, etcétera. Este nuevo tipo de mentalidad está ligado a mucho poder económico que hace campañas masivas con todo ese tipo de apelación que lo llamo de la «sanidad divina», y claro que tienen un enorme trasfondo ideológico muy conservador, en lo moral y en lo sociopolítico. Hay un rechazo de las universidades, de las ciencias, de la filosofía. Estos predicadores dicen que «nuestra ciencia es Cristo, nuestro médico es Dios». Claro, en un pueblo oprimido, con una enorme crisis económica, con enormes problemas de vivienda, de salud, de falta de trabajo, de pan, ofensivas como éstas apelan, pues ofrecen seguridad y consuelo.

P: ¿Nos puede hablar un poco de los Testigos de Jehová y su popularidad creciente en América Latina?

R: Sí, sí, por supuesto, porque es realmente un fenómeno importante. Si analizamos su esquema teológico, uno de los elementos que más afirman es que este mundo es del diablo y, por lo tanto, la política y todas las estructuras económicas son del diablo. Por lo tanto un buen Testigo de Jehová tiene que rechazar y no participar. En la experiencia histórica de un pueblo, este tipo de mentalidad provoca una enorme desmovilización en las personas, porque en vez de ayudarlos a tomar conciencia de su realidad, los saca para hacerles pensar en el reino abstracto que viene... O cuando un Testigo te dice: «Dios está interesado en tu vida, Dios va a construir en el futuro la felicidad perfecta, un mundo donde no habrá guerra, donde habrá paz, donde el león comerá con el cordero, donde seremos eternamente jóvenes, donde triunfará el amor, la fraternidad.» Ese tipo de religión lo que hace es que consuela pero no transforma. Una cosa impresionante, que es lo más triste, es la extracción social humilde de los Testigos de Jehová. Vienen de los sectores más populares. Yo veo como la Biblia puede ser utilizada para crear un sistema de interpretación que va paradójicamente en contra de lo que la misma Biblia dice, porque ellos predican una interpretación literal del texto bíblico.

P: Hasta ahora, Ud. se ha dedicado a describir la postura cerrada, defensiva y «anti» por parte de muchos grupos protestantes. ¿Puede Ud. hablarnos ahora

[10] tradicionales, no fundamentalistas

de la postura abierta, participativa y «pro» de la que hablan los liberacionistas católicos? ¿Ésta se ve también entre los protestantes?

[11]regalo
[12]vencidos, derrotados

R: Claro que sí. En ambos vemos el movimiento de las comunidades eclesiales de base, que son comunidades de oración, de una lectura profética de la palabra de Dios, de una vivencia de la fe como experiencia liberadora, de un descubrir en medio de estas circunstancias el don[11] de la vida de Dios, de esto que llamamos nosotros el Dios de los pobres, como aquel que está con los que sufren, con los humillados, con los aplastados.[12] Ese tipo de reflexión se ha convertido en una fuerza realmente subversiva en el buen sentido de la palabra, o sea, que *desde abajo* está levantando, generando una fuerza con un potencial tremendamente liberador por la fuerza del Espíritu.

Para verificar su comprensión

¿Cierto o falso? Indique si cada afirmación es cierta (C) o falsa (F). Si es falsa, corríjala según la lectura.

1. _____ El protestantismo en América Latina se identifica con el *American way of life.*

2. _____ El protestantismo en América Latina es mayormente progresista en cuanto a las cuestiones sociales.

3. _____ La Federación de Iglesias Evangélicas de Costa Rica señala con orgullo la afiliación del Seminario Bíblico.

4. _____ Los misioneros norteamericanos han sido generalmente de una mentalidad abierta.

5. _____ Dentro de poco tiempo el movimiento pentecostal será el grupo protestante más numeroso.

6. _____ La «iglesia electrónica» difundida por satélite, representa un «bombardeo ideológico».

Interpretación de la lectura

1. Explique la «doble condición» del pueblo latinoamericano que señala Araya.

2. ¿Cuáles son los dos proyectos coloniales y religiosos? ¿Qué paradoja menciona Araya al respecto?

3. ¿Qué significa la palabra «ideológico» para Araya? ¿Y para Ud.? ¿Cuáles son algunos ejemplos del marco ideológico a que se refiere Araya?

4. Según Araya, ¿qué les pasa a los grupos protestantes que muestran un compromiso social?

5. ¿Hay más igualdad para la mujer en la iglesia protestante que en la católica, según Araya?

6. ¿Cuáles son los reparos[13] que hace Araya con respecto a muchos de los misioneros estadounidenses que van a América Latina? ¿Está Ud. de acuerdo?

7. ¿Cómo se ve, según Araya, la dependencia ideológica en la historia y en la actualidad del protestantismo en América Latina?

8. ¿Qué opina Araya de la «ofensiva neoconservadora» en general? ¿de los Testigos de Jehová? ¿Qué piensa Ud. de esto?

[13]objeciones
[14]Ponga

Comparación

Sintonice[14] el programa del evangelista Jimmy Swaggart (o el de otro «tele-vangelista») en la televisión. Luego imagine una conversación entre Araya y este representante de la «iglesia electrónica» sobre la misión social de la cristiandad. ¿Se entenderían en algo?

Tema escrito

Haga una investigación sobre los Testigos de Jehová comentando la relación entre sus creencias y su «quietismo», o fatalismo, ante el cuadro social.

 ## Entrevista con Victorio Araya Guillén (II)

Quizá podríamos comenzar por la teología. Efectivamente, el hecho de que el proyecto socialista del este europeo se quebró, el hecho que también hubo crisis en la teoría del marxismo, y más cercano a nosotros, lo que sucedió en Nicaragua con la crisis de la Revolución, donde se decía que la teología de la liberación estaba en el poder, ha llevado a decir a muchos que a la utopía de la liberación también le tocó morir. Algunos dicen que así como se derrumbó[1] el muro de Berlín, lo cual es ciertamente muy positivo, así también se derrumbó la teología de la liberación.

La experiencia mía me lleva a la convicción de que la teología de la liberación no ha tenido la intención de ser un modelo de reflexión teológica que

[1]cayó

se mantuviera por encima o al margen de las contradicciones sociales. Así no fue como nació. Nació ligada a problemas muy concretos. Yo creo que en ese sentido no debe desaparecer. Lo que quiero decirte es lo siguiente: aunque es cierto que el mundo ha cambiado radicalmente, sin embargo, desgraciadamente, el hecho histórico-social de la pobreza para la mayoría de los latinoamericanos no ha cambiado. Quiero decir que en vez de avanzar en los niveles de salud, de vivienda, de educación, más bien hemos decrecido.[2] Según un informe de la Comisión Económica para América Latina (CEPAL), unos 20 millones de personas de un total de 31 millones de centroamericanos viven en la pobreza y, de ellos, 13 millones son indigentes.

Un ejemplo dramático de esto se vio cuando presenciábamos en la televisión el conflicto armado del Golfo Pérsico, con tal tecnología que parecía un juego de Nintendo, ¿verdad? Sin embargo, estalla una epidemia de cólera en América Latina que es una epidemia del siglo pasado, o sea que aparece una epidemia que se suponía que 100 años después ya debería estar erradicada. Aparece por causa de la pobreza, por no tener la población acceso a fuentes seguras de agua, ¡y esto en los finales del siglo XX! ¿En qué mundo estamos viviendo? Un mundo con una tecnología sofisticada altamente militarizada, y con situación de pobreza cada vez más aguda en términos de la no satisfacción de las necesidades básicas. El fenómeno del cólera fue de *toda* América Latina, no un hecho aislado en un país.

Se está agudizando[3] la situación de los pobres. Si la teología latinoamericana de la liberación intentó repensar la fe cristiana, releer la Biblia a partir del desafío de la pobreza, hoy más que nunca esa reflexión profética es necesaria. Se pudo haber muerto el marxismo, pero los pobres, bueno, allí están, y su situación es un desafío permanente para la fe cristiana, porque la pobreza es fruto de la injusticia y la falta de solidaridad.

Bueno, yo pienso que en estos años un problema muy serio se ha planteado para nuestros países. Está muy ligado a la crisis que se dio en nuestras economías con el problema de la deuda externa. Cuando estuve en Chicago en el 85 apenitas[4] se comenzaba a hablar del tema. Ya ese mismo año tuvimos la primera gran reunión latinoamericana sobre el tema de la deuda externa. Al acumular esa deuda de miles y miles de millones de dólares, en un país tan pequeño como el mío, Costa Rica, se fue dando todo un esfuerzo en la economía que estaba en función de pagar la deuda. Había que exportar, producir, no para comer mejor, había que producir para pagar la deuda. Pagar o comer era el dilema.

Entonces, ¿qué pasó? Vinieron todas las políticas de «ajuste estructural», de austeridad, que afectaron especialmente las áreas sociales: la salud, la vivienda, la educación, porque había que pagar la deuda. Claro, encima teníamos la injusta y desigual repartición de la riqueza y de los mecanismos que rigen la economía occidental, mecanismos creados por los países que controlan la economía. Nuestros gobiernos no han podido dar atención a la satisfacción del bienestar social de las mayorías que, por el contrario, se sigue deteriorando.

[2]disminuido
[3]profundizando, haciendo más difícil
[4]recién (de *apenas*)

⁵a... a través de
⁶se mueve
⁷acumula para sí, monopoliza
⁸contribución

En este sentido una reflexión teológica cristiana sobre la justicia, la solidaridad, la defensa de la vida de los pobres, la defensa de los derechos humanos, sobre las prioridades de la economía, la ecología, eso no ha perdido actualidad ni vigencia —al contrario, ¡es cada día más necesaria!

Durante la pasada época de la guerra fría, la confrontación este-oeste dificultó mucho el debate sobre la pobreza. Ahora, al desaparecer esa guerra ideológica ello nos permite concentrarnos más en la contradicción norte-sur. Creo que lo que estamos confrontando es que, a lo largo de[5] cuatro o cinco siglos, el mundo occidental ha impuesto en el mundo un modelo económico caracterizado por una lógica de exclusión de las mayorías. En este banquete no pueden participar todos, porque no es posible, no hay ganancias suficientes para todos. Los EE. UU., Japón y Europa tienen el control económico, político, militar, tecnológico de las comunicaciones. Ellos imponen su modelo de vida sobre el resto del mundo.

En una reunión en la ciudad de Oxford, en 1992, hablé de las naciones que ya no cuentan, que son «desechables». Hablé de la idolatría en torno a la cual gira[6] el capital, en el sentido de que la riqueza y la acumulación del capital se constituye en el valor fundamental de la economía de mercado. Para eso hay que matar la naturaleza, sacrificar la vida de los pobres. Si mañana no tenemos árboles, no importa. Lo importante es hoy, la ganancia es para ahora. Consumimos como si fuéramos ya la última generación. Este pensamiento ha hecho mucho daño porque nos ha llevado a una economía sacrificial, es decir, que exige sacrificios, y en un sentido muy literal, o sea la muerte de los pobres y de la naturaleza. La naturaleza tardó millones de años en formar la capa de ozono. Nosotros, en menos de 200 años ya le hemos hecho un hueco de más de 1.000 kilómetros. No pensamos que el daño que le hacemos a la naturaleza es contra nosotros mismos.

Vivimos, cada vez más, en un mundo dividido, pero no en partes iguales, sino en una parte muy pequeña, y dos terceras partes que ya no van a contar porque ya de allí no se saca nada, no hay ganancia. El Programa de las Naciones Unidas para el Desarrollo (PNUD) ha señalado que el 20% más rico de la humanidad acapara[7] el 82,7% de los recursos del planeta, mientras que el 20% más pobre lucha contra la muerte para poder subsistir con apenas el 1,4%.

¿Qué tiene que ver con esto la teología de la liberación? Imagínate que en el año 1600, cuando estaba comenzando la revolución científica moderna, la humanidad se calculaba en 500 millones. Hoy en el siglo XX, ¡500 millones es el número de personas en condiciones de pobreza extrema! Frente a la lógica de la exclusión es donde la teología latinoamericana con toda esa reflexión-acción sobre el don de la vida, la dignidad y valor de la persona humana, debe ser un aporte,[8] una buena noticia. En los últimos años he utilizado mucho como ilustración las palabras de una religiosa chilena: «En mi país hay un modelo económico, un 'milagro económico', que lo disfrutan 6 millones de chilenos. Pero resulta que en mi país somos 11 millones de personas.» El Evangelio, lo más subversivo que puede decir es que los 5 millones de personas que no cuentan también existen, ellos no pueden ser excluidos como si fueran cosas. ¿Qué tipo de modelo económico, de valores, de cultura, es aquel que lleva a establecer esas exclusiones, que más que numérica, es una exclusión de la vida?

Es una forma de idolatría porque el valor supremo es el mercado. El mercado es intocable. En el vocabulario de los economistas, cuando se habla del mercado, parece que están hablando de Dios. Se le atribuyen al mercado una serie de categorías y prerrogativas que antes los teólogos clásicos las aplicaban a Dios —que es omnipresente, omnipotente, que todo lo puede arreglar, que no se le puede tocar porque si se le toca se distorsiona.[9] Esto es lo que han dicho las críticas neoliberales sobre lo que pasó en Nicaragua y en Cuba. Los problemas económicos llegaron por tocar las leyes del mercado. Si se hubieran respetado y se hubiera dejado actuar al mercado, entonces no se repartiría pobreza sino riqueza. Así dicen.

Pero yo digo que hay que tomar el Evangelio amarrado[10] con lo que en la tradición nuestra se llama *la historia de la salvación*. Es decir, a partir de la actuación salvadora de Dios en los diferentes períodos de la historia. Dios por ser creador aparece ligado al tema de la vida, la vida como un don, algo sagrado, algo que tiene que ser respetado siempre como un derecho fundamental. La vida concreta tiene mediaciones materiales: tierra, pan, fraternidad, comunidad, cariño. Esto es importante, pues la vida podría pensarse en sentido muy espiritual, ¿verdad? La práctica histórica de Jesús confirma la defensa que hace a la vida. Así, por ejemplo, tenemos el debate en torno al sábado[11] con las autoridades de su tiempo. ¿Es el ser humano para el sábado o el sábado para el ser humano? Creo que ésta es la gran pregunta hoy día con respecto a la economía: ¿los seres humanos estamos al servicio de la economía o la economía está al servicio de los seres humanos? ¿En dónde están las prioridades? Recordemos con respecto a la conferencia ambientalista de Río de Janeiro en 1992 la renuencia[12] del presidente Bush[a] de firmar los acuerdos. Eso estaba muy ligado a las presiones económicas que lo hacían supeditarse[13] a los intereses de los poderosos.

En América Latina lo sagrado de la vida y el tema de la natalidad a veces entran en conflicto. El gran crecimiento de la población en América Latina es mayormente el crecimiento de población pobre, miserable. Entonces lo que ha pasado aquí, como lo decía una estimable teóloga holandesa que ha trabajado con nosotros en el Seminario, es que la pastoral católica se reviste de un discurso progresista abstracto —estamos por la vida, por la dignidad de la mujer y en contra del imperialismo de los EE. UU., que exige limitar la población como manera de reducir la pobreza. Pero se oponen a las políticas de control de los nacimientos y el uso de métodos modernos de planificación familiar. Lo que hacen con este tipo de pastoral es condenar a miles y miles de mujeres a

[a]George Bush Sr., presidente de EE. UU. (1989–1993)

[9]altera, cambia de forma
[10]ligado, relacionado
[11]*Sabbath*
[12]resistencia
[13]subordinarse

una mayor pobreza, a un mayor sufrimiento, a tener una enorme cantidad de hijos no deseados, porque nuestros países son países donde la religión, como paradigma ético, sigue siendo fundamental, especialmente la religión católica. Afortunadamente en esto la ética protestante ha tenido una postura mucho más abierta.

El peligro para nosotros, los protestantes, es otro: el de asumir una especie de teología del éxito. Si se regulan los nacimientos, si ordenas tu vida, si asumes una ética de trabajo, de austeridad, de esfuerzo, de superación, llegarás a tener éxito y Dios te va a bendecir. Esta idea va ligada más que al Evangelio a una serie de valores de la clase media e individualistas, con muchos afanes de un ascenso social. Creo que desde nuestra última entrevista en el 85, a esta parte, no hemos avanzado mucho. El protestantismo sigue siendo en su gran mayoría muy dependiente ideológicamente de los valores de la cultura norteamericana. Eso se pudo ver manifiestamente en el conflicto del Golfo Pérsico. Hubo una adhesión incondicional a los EE. UU. porque estaba defendiendo a Israel y combatiendo a un enemigo no cristiano, a un gobierno de Satanás. Ese brazo militar era como el brazo de Dios y aquí hubo oraciones para que Dios diera la victoria.

También ahora tenemos programas de televisión locales y por cable que proclaman el evangelio de la abundancia, del éxito económico. Esta idea quieren ligarla al hecho de que somos hijos o hijas de Dios. El pensamiento va así: nuestro Dios es rico y nos ha dado una serie de promesas. Precisamente la pobreza existe porque ciertas personas no son hijos o hijas de Dios, y no pueden reclamar estas promesas. Yo sí puedo reclamar las promesas y Dios las cumplirá si yo le soy fiel, si yo me someto a su voluntad.

Estas personas caen en un enorme triunfalismo en todos los aspectos de su vida concreta. De su visión del mundo como empresa, de sus familias: el divorcio es como algo satánico, o pensar que en la familia haya un hijo que empiece a tener problemas de depresión, o frustración —si fuese homosexualidad o el SIDA, eso es una maldición. Este tipo de evangelio lo han divulgado eficazmente en América Latina los predicadores electrónicos. Eso es verdad tanto en el protestantismo como en el catolicismo, no estamos hablando aquí de diferencias religiosas sino de clase social. Pero para los que tienen cierta posibilidad de *no* ser pobres, creen en la teología del éxito. Los muy pobres no tienen esta mentalidad, tal vez porque socialmente no tienen la posibilidad de avanzar. Ellos viven su experiencia religiosa como una manera de sobrevivir, de acompañamiento, de respaldo, de fortalecer la autoestima.

En toda América Latina el protestantismo ha experimentado un enorme, enorme crecimiento numérico. Por ejemplo, se dice que en Brasil ya hay más de 10 millones de protestantes. Se dice que en Guatemala ya es el 25 ó 30% de la población. En 1916 había en América Latina 368.000 protestantes. En 1991 éramos casi 40 millones. Es un crecimiento tremendo, mayormente dentro de las iglesias pentecostales. Un fenómeno que me parece muy interesante es que en las barriadas pobres, los nuevos movimientos religiosos de línea pentecostal, con su énfasis en hablar en lenguas, en tener visiones, tienen un [14]rezar sentido muy apocalíptico. A veces nosotros los juzgamos como una evasión y, [15]fábrica sin duda, hay mucha manipulación, pero también este fenómeno está muy ligado a la profunda crisis de identidad que se vive y de *mucho* dolor, porque para los pobres la vida es extremadamente dura.

Dentro del pentecostalismo hay contradicciones muy fuertes. Por ejemplo, la mayoría de sus miembros son mujeres. En el caso de la mujer, su autoestima crece mucho en el círculo pentecostal, por el apoyo del grupo, el cariño, la ayuda mutua. Pero por otro lado, se sobreimponen reglas muy duras de conducta —que no se corten el cabello, no usen pantalones, que respeten la autoridad del varón. En la base social de las iglesias participa mucho la mujer, pero en la estructura del poder, nada. Nunca sube al púlpito para predicar, enseñar, dirigir, porque esto está reservado exclusivamente al varón. Si tal vez una mujer tiene un esposo que es alcohólico y le pega, su hermana en Cristo le dice: «Vente para mi casa, vamos a estar contigo, vamos a orar,[14] te vamos a cuidar.» Entonces a esa mujer no le importa lo otro, que su religión le diga que no se corte el cabello.

Creo que un problema con respecto a la interpretación de estos grupos es que la iglesia católica por un lado asume una postura muy apologética —llama a estos grupos sectas, fanáticos, que no tienen vida sacramental, que no tienen vida institucional, no tienen ministros con formación académica. Debes saber que muchas veces el líder pentecostal surge del grupo e incluso puede que sea una persona que era mecánico, o trabajaba en una maquila[15] en Chicago, pero en la comunidad él es el líder del grupo, es alguien. También ha habido cierta confusión porque uno escucha ciertos análisis de tipo político que ven en todo esto una conspiración contra el movimiento popular, pagada por los EE. UU., cosas así. Por estas razones, no se ha visto en el pentecostalismo algunos elementos antropológicos, psicológicos, humanos que están presentes, que son muy importantes y que atraen a muchas personas. No se ha visto el gran desafío pastoral que representan y no se hace el análisis de la crisis de las iglesias protestantes históricas que no llegan con su pastoral a estos barrios pobres.

La pregunta es cómo podrá haber una integración entre esta necesidad de ser persona, de gozar del compañerismo que proveen los grupos pentecostales y luego trascender a un proyecto más allá que ve no solamente mi bienestar, sino el cambio de la sociedad.

Ése es el gran desafío de la teología latinomericana. Quizás hemos fallado porque el agente de pastoral muchas veces llega al grupo con un discurso muy político. La gente no ha venido a la parroquia para hablar de política, porque de eso oye toda la semana. Quiere oír de otras cosas. Quiere cantar y orar. En países como Brasil, Perú, El Salvador, Nicaragua, escuchamos del fenómeno de las comunidades eclesiales de base. Claro está que ahora es un movimiento muy amenazado y controlado por la misma iglesia institucional.

Yo vengo de una generación que allá, en la década de los setenta, soñaba con proyectos y soluciones globales —¡que desaparezca el hambre y el analfabetismo de toda América Latina! Pero la realidad es tan compleja que hoy, más que en grandes proyectos globales, debemos pensar en pequeños proyectos parciales y luchar por ellos. Hacer algo global es como intentar secar el mar, ¿verdad? Yo veo un ejemplo muy positivo en la lucha ecológica y en la lucha por los derechos humanos. Pequeños movimientos que tienen sentido, como lo que hace aquí en Costa Rica la Comisión de Derechos Humanos. Hay que abrir pequeños espacios de participación, colaborar y crear modelos alternativos, como lo que pudo haber sido en su momento la ilusión, la utopía de una revolución popular. Hay muchísimo que podemos y debemos hacer y tenemos que hacerlo porque hoy no sólo está amenazada la vida de los pobres, sino la de todo nuestro planeta, y no tenemos otro.

Para verificar su comprensión

¿Cierto o falso? Indique si cada afirmación es cierta (C) o falsa (F). Si es falsa, corríjala según la lectura.

1. _____ Para Araya, la muerte de la teología de la liberación vino con la muerte del marxismo.

2. _____ La situación de los pobres está vinculada con las políticas de «ajuste estructural».

3. _____ El occidente ha impuesto su modelo sobre el resto del mundo.

4. _____ En América Latina no hay conflicto entre lo sagrado de la vida y el problema de la natalidad.

5. _____ El evangelio de la abundancia conduce al triunfalismo.

6. _____ Para los pobres, católicos y protestantes, la religión es de acompañamiento.

Interpretación de la lectura

1. ¿Qué quiere ilustrar Araya con los ejemplos de la guerra del Golfo Pérsico y la epidemia del cólera en América Latina?

2. Describa la idolatría del mercado que critica Araya. ¿Cómo se relaciona con la «economía sacrificial»? ¿Qué piensa Ud. de las afirmaciones de Araya al respecto?

3. ¿Qué dice Araya sobre la actitud de la pastoral católica y de la protestante con respecto al problema de la natalidad? ¿Concuerda Ud. con lo que él dice?

4. El peligro de los protestantes, según Araya, es asumir una teología del éxito. ¿Qué quiere decir con esto? ¿Ud. lo ve así también?

5. ¿Cuáles son algunas de las contradicciones del pentecostalismo que señala Araya? Según él, ¿por qué atrae esa religión a tantas personas?

Comparación

En las dos entrevistas, Araya señala que el protestantismo en América Latina manifiesta una dependencia ideológica de los valores y la cultura norteamericanos. ¿Cómo sustenta Araya sus apreciaciones? ¿Lo convence a Ud.? Explique.

¿Está Ud. de acuerdo?

1. «Es una forma de idolatría también porque el valor supremo es el mercado. El mercado es intocable.»

2. « ...la pobreza es fruto de la injusticia y la falta de solidaridad.»

JEAN PRICE-MARS (1876–1969)

El intelectual haitiano Jean Price-Mars fue muy conocido por sus trabajos pioneros sobre la etnología haitiana. En sus obras tocó lo histórico, folklórico, racial y psicológico para estudiar y valorar la «negritud» de su cultura. Hombre refinado y de un conocimiento amplio, Price-Mars estudió medicina en París y fue diplomático en Berlín, Washington, París y Santo Domingo. Fue elegido senador de la República, Secretario de Estado de Relaciones Exteriores y director de la Oficina de Etnología de su país.

Su obra más famosa es *Ainsi Parla l'Oncle* (1928), que todavía queda como un clásico inigualado por su estudio profundo del vaudou,[1] una religión sincrética que tiene muchas variantes, como la santería en Puerto Rico y Cuba, y el candomblé y la macumba en Brasil. Todas estas religiones provienen de África y datan de la época colonial. Sus creencias y ritos atraen a mucha gente, especialmente de ascendencia africana, y quedan casi inalterados por el debate candente entre los cristianos que gira en torno suyo.

Al leer sobre el vaudou hay que tener presente unos puntos orientadores: (1) durante la época de la esclavitud, el vaudou se identificaba con

[1] vudú

la sobrevivencia cultural y con cierto desafío al imperialismo del amo europeo y católico; (2) para poder apreciar el vaudou, no sólo en sus aspectos históricos y culturales, sino también en lo que tiene de visión religiosa del mundo, es útil reconocer que para sus practicantes la vida es mística y no racional; o sea, que lo subjetivo y lo objetivo, la causa y el efecto, se mezclan y todos los aspectos de la vida reflejan un aura de misterio. Esta conciencia, según Price-Mars, es «la llave de los *misterios del Vaudou*». (3) El vaudou es, en el fondo, una religión africana y fetichista, a la cual se le han superimpuesto el dogma y el simbolismo cristianos, resultando en un sincretismo en el que predominan los elementos africanos. Éste es el tema que más trata Price-Mars en la lectura que sigue.

Guía de prelectura

Para orientarse en la lectura, lea los primeros dos párrafos y escoja el mejor resumen.

1. El pueblo de Ville-Bonheur es célebre porque es un lugar sagrado tanto para los católicos como para los practicantes del vaudou. Para los peregrinos católicos es el sitio de la aparición de Nuestra Señora del Monte Carmelo, marcado por una simple capilla. Para los fieles del vaudou, la atracción es el hermoso salto de agua donde viven sus dioses, los cuales hacen muchos milagros.

   Tanto los cristianos como los seguidores del vaudou van con la esperanza de experimentar un milagro o ver otra aparición. Las velas que encienden ambos grupos muestran tanto el sincretismo como la mezcla de liturgia e hipos, y el grito «Milagro» que emana de la multitud.

2. El pueblo de Ville-Bonheur es célebre porque es un lugar sagrado tanto para los dominicanos como para los haitianos. Para los dominicanos es el lugar de su adorada gruta, mientras que para los haitianos es el sitio de la Virgen que apareció en el bello salto de agua para espantar a los espíritus del vaudou. Los peregrinos vienen cada año para conmemorar este hecho.

   A pesar de esto, todavía queda mucha de la influencia dañina del vaudou, como se puede ver en los ritos de posesión y el misticismo. Es preciso que el catolicismo produzca muchos milagros más para ganar la fidelidad de los seguidores del vaudou.

Así habló el tío (*fragmento*)

Ville-Bonheur atrae una multitud inverosímil[2] de peregrinos. Se hizo célebre desde el día en que, la República Domincana habiendo cerrado sus fronteras al pueblo de creyentes que acudía todos los años a adorar a la Altagracia[3] en la famosa gruta[4] de Higüey, la devoción haitiana se vertió[5] hacia el humilde caserío donde tuvo lugar la aparición de la bienaventurada[6] del Monte Carmelo. Lo pintoresco del lugar, la impresionante extrañeza del decorado, la magnificencia del salto de agua[7] —todo contribuyó a hacer la peregrinación más y más densa cada año. Pero entonces, su carácter católico se encontró profundamente alterado gracias a la vecindad del salto de agua porque los dioses del Vaudou habitan lo mismo el espacio inmarcesible[8] que la insondable[9] profundidad de las aguas, porque el espíritu, Señor del agua, elige su residencia en cualquier lugar donde brote una fuente y donde se glorifique algún fenómeno hidráulico. Saut-d'Eau[10] no podía ser sino el palacio deslumbrante[11] de alguna entidad divina. Desde entonces una doble corriente mística conduce la multitud hacia Ville-Bonheur en donde los milagros se multiplican en todos los órdenes. Son particularmente frecuentes en ciertos lugares designados por la piedad de los fieles. Es así que no lejos de la humilde capilla, en un palmar[12] que con su sombra calada[13] resguarda[14] unos pequeños manantiales[15] frescos, y durante largos años, hacia el dieciséis de julio, la producción de milagros reviste este sitio de una aureola sagrada.

Fue allí, en efecto, entre las altas pencas,[16] en la cima empenachada[17] de la palma real, que apareció Nuestra Señora del Monte Carmelo, o sea, Nuestra Señora del Carmen, y en lo adelante[18] Virgen de Saut-d'Eau. Ese milagro fue la condición de otros milagros menores. Los sordos oyeron, los ciegos vieron, los paralíticos anduvieron. Pero he ahí que al pie de los árboles, entre las velas de la penitencia cristiana, se prendieron otras velas en iluminación de otros requerimientos, y entre el rocío centellante[19] de la hierba gruesa se multiplicaron las ofrendas alimenticias a los dioses del Vaudou. Y, sin duda, la voz de los peregrinos católicos, en cascadas sonoras, invocaba las gracias de la Virgen, pero también entre los cantos litúrgicos se exhalaron hipos,[20] gemidos, gangosidades[21] volubles de ecolalia[22] que señalaron igualmente las crisis de posesión teomaníaca,[23] los éxtasis del misticismo vaudesco. Y toda esa densa multitud, con los ojos alzados hacia el cielo, estaba cada vez más, en una angustia tan opresiva que bastaba que un pecho más oprimido dejara escapar el grito de «Milagro» ansiosamente esperado por todos para que todos los ojos, en el mismo instante, viesen, en lo alto, la imagen de la Virgen, entre las pencas caladas de las palmas sagradas, en la claridad luminosa del cielo azul. Y el milagro repercutía en olas rompiendo sobre la multitud que se marchaba vociferando, balando[24] el milagro. Y los sordos oían y los ciegos veían y los paralíticos caminaban.

[2]increíble
[3]la Virgen
[4]caverna
[5]derramó
[6]bendita
[7]salto... cascada, caída de agua
[8]inmarchitable, eterno
[9]que no se puede alcanzar su fondo
[10]Saut... Salto de Agua
[11]radiante, brillante
[12]bosque de palmas
[13]con agujeros de adorno
[14]defiende
[15]fuentes
[16]hojas de palmas
[17]adornada con plumas
[18]y... después llamada
[19]*sparkling*
[20]*hiccups*
[21]sonidos con resonancia nasal
[22]repetición
[23]crisis... momentos en que una persona está poseída por el espíritu de un dios
[24]emitiendo voces como las de las ovejas

Y cada vez, el lento desaguar de la multitud se canalizaba hacia la capilla —primera estación[25]—, confundiéndose con el flujo humano que subía por el mismo camino hacia el salto de agua en busca de la otra fase de la devoción. También allí cientos de fieles, desnudos en el enflaquecimiento de sus anatomías flácidas, gastados por la ruina implacable de los años o en el modelado[26] de las carnes jóvenes cuya rica carnación[27] revela la belleza de líneas; allí bajo el látigo eléctrico del salto de agua, tratando de resistir a la tromba[28] masiva precipitada de las alturas, centenares de peregrinos son aprehendidos, todos los años, el dieciséis de julio por los dioses del Vaudou que temporalmente hacen de ellos su presa. De cascadas en cascadas, los poseídos vacilan, caen, ruedan y sus clamores se confunden con el clamor de las aguas y su voz ya nada tiene de humana mientras que en sus carnes transidas[29] tiembla la potencia del dios:

[25]etapa del peregrinaje
[26]manera en que están formadas
[27]forma y color
[28]columna de agua
[29]afectadas por un dolor intensísimo
[30]cuerdas delgadas, lazos
[31]vasijas

> Nec mortale sonans…
> …Jam propiore dei.[a]

Otros prenden velas al pie de los árboles, cuelgan cordelitos[30] y pañuelos de las ramas flexibles. Aunque las ofrendas alimenticias estén puestas en innumerables cacharros[31] a la sombra húmeda de los grandes árboles, Saut-d'Eau y Ville-Bonheur asocian en la misma devoción a millares de peregrinos de los cuales unos son puros católicos, otros almas inquietas en que un catolicismo de

Baile ritual del vudú en Haiti que se asemeja a las ceremonias descritas en la lectura de Jean Price-Mars.

---

[a]O sea que ya no son mortales, sino que son parte del dios.

aparato se extiende sobre la fe del Vaudou, y, en fin, otros que son puros adeptos del Vaudou. La asociación de las dos creencias a veces resulta tan chocante a los ojos de los puros católicos que éstos en ocasiones, manifiestan su cólera con violencia contra todos los paganos que profanan impúdicamente el nuevo santuario de la fe cristiana.

Y de otra parte, la autoridad religiosa ante todo prudente en lo que concierne a la autenticidad de las apariciones milagrosas en los palmares sagrados, tomó en fin el partido de negarlas formalmente y en vista de que la gente se obstinaba, a pesar de todo, a forjar milagros año tras año, en el mismo lugar, resolvió cortar por lo sano[32] todo equívoco dando candela[33] al tronco de varias palmas. El abate[34] L. tomó la iniciativa de esta operación y así se atrajo las maldiciones de los creyentes. Extraña coincidencia: se dice que perdió la razón después de la aventura.

Y los peregrinos atribuyeron su locura a una venganza de los dioses… o de la Virgen. Pero otros palmares tan majestuosos, tan altivos como los primeros mantuvieron la apuesta.[35] Evidentemente la gente persistió en comprobar nuevas apariciones, acaso más evidentes, acaso más bellas que las anteriores debido a la hostilidad de la Iglesia. El abate C., sucesor del padre L., inflamó la lealtad de sus fieles, requirió la ayuda del brazo secular e hizo abatir[36] todas las palmas impostoras. ¡Señor, qué imprudencia! ¡Qué provocación contra todas las fuerzas desconocidas que el común de los hombres teme y en las cuales sitúa la inmanencia[37] de las desdichas que lo afligen!

¿Contra quién va a resolverse la cólera divina?, se preguntaban medrosos.[38]

Y es por lo que la gente, enloquecida por el sacrilegio de abate C., imploró el perdón de las divinidades ofendidas en sordos gemidos y fue al ritmo de las oraciones litúrgicas que se dirigió procesionalmente a la capilla. Con unción[39] solicitó la misericordia de la Virgen. ¿Por qué? Ya no lo sabía. ¿Acaso era para borrar el ultraje[40] del buen pastor que, sin embargo, había actuado en la plenitud de su autoridad sacerdotal? ¿Acaso tenía la oscura intuición de que el abate C., había, con todo, sobrepasado el límite de sus derechos? De cualquier modo, la acción inmediata ordenaba una confesión pública y colectiva de culpabilidad. Y era todo eso lo que la gente exhalaba en sordos gemidos, arrodillada sobre la tierra apisonada[41] del humilde santuario…

Nueva coincidencia. El abate C. se vio afligido, poco tiempo después, de una anquilosis[42] de las extremidades inferiores. ¿No era un milagro más?

[32]cortar… eliminar drásticamente
[33]dando… quemando
[34]eclesiástico de orden menor
[35]mantuvieron… se quedaron
[36]hizo… mandó destruir, cortar
[37]origen
[38]temerosos, con miedo
[39]devoción
[40]injuria, desprecio
[41]compacta
[42]parálisis

Para verificar su comprensión

Escoja la respuesta más apropiada.

1. Nuestra Señora del Carmen también se conoce como
   a. la Virgen de Saut-d'Eau.
   b. Nuestra Señora de la Gruta.
   c. Nuestra Señora del Fenómeno Hidráulico.

2. El éxtasis del vaudou viene con
   a. la droga sagrada libertadora.
   b. las ofrendas alimenticias a los espíritus.
   c. la posesión por los dioses.

3. Muchos fieles son aprehendidos
   a. bajo las cascadas de agua.
   b. de noche cuando no pueden defenderse.
   c. en la capilla.

4. Durante la posesión, los fieles
   a. son librados de la culpa.
   b. emiten sonidos extrañísimos.
   c. reflexionan sobre el significado del acto.

5. A veces los católicos puros
   a. quieren convertir a los paganos.
   b. atacan hasta con violencia a los adeptos del vaudou.
   c. menosprecian las creencias vaudescas.

6. En vez de reconocer los milagros del salto de agua, las autoridades católicas mandaron a
   a. investigarlos más a fondo.
   b. solicitar la opinión del Papa.
   c. quemar las palmas.

7. Ante la repetida persecución por la Iglesia, la gente
   a. imploró el perdón de los dioses insultados.
   b. se convirtió al catolicismo puro.
   c. plantó más árboles.

8. Para la gente, el triste destino de los dos abates fue
   a. una gran lástima.
   b. un milagro más.
   c. una coincidencia.

Interpretación de la lectura

1. ¿Cómo fue alterado el carácter católico de Ville-Bonheur por la presencia del magnífico salto, Saut-d'Eau? ¿Cuáles son algunos de los milagros que han ocurrido en el lugar?

2. ¿Cómo reaccionan algunos católicos ante la «profanación» del santuario? ¿Qué piensa Ud. de esto?

3. ¿Qué les pasó a los dos adates? ¿Cómo interpretaron el incidente los practicantes del vaudou? ¿Y Ud.?

4. ¿Por qué cree Ud. que las autoridades católicas reaccionan tan fuertemente en contra del vaudou? ¿Qué piensa Ud. del vaudou?

5. ¿Cómo explica Ud. la reacción de las autoridades católicas contra el sincretismo? ¿Tendrá el sincretismo una explicación histórico-social? ¿económica? ¿psicológica? ¿Qué piensa Ud. del sincretismo dentro del catolicismo?

Comparaciones

1. Haga una comparación entre el sincretismo religioso expresado en las lecturas de Pozas y de Castellanos (ver Capítulo tres) y el descrito aquí. ¿Qué tienen del cristianismo? ¿de la superstición? ¿del fetichismo?

2. ¿Qué opinaría Dom Helder Câmara de la superstición y el primitivismo del vaudou?

Tema escrito

Utilizando la bibliografía del capítulo, haga una investigación sobre el vaudou en Haití, incorporando tanto sus raíces y funciones culturales como sus ritos y prácticas ceremoniales.

GABRIELA DELGADO (1983–)

Gabriela Delgado es una estudiante de Loyola University en Chicago que está especializándose en biología y español. Tiene un interés especial en las costumbres y tradiciones de su México nativo. Aquí nos describe su costumbre predilecta, la celebración del Día de los Muertos, la cual nos enseña un sincretismo de ritos indígenas y europeos, y expresa la peculiar actitud mexicana frente a la muerte.

El día de los muertos

El ritual de velación[1] de muertos no es una manifestación o exposición de objetos tradicionales. Es más bien la vocación de quienes en un rasgo de creencia pagano-religiosa antigua, la noche del primero de noviembre llevan hasta el lugar donde yace[2] la tumba de sus antepasados[3] la ofrenda que es símbolo de recuerdo y presencia de sus seres queridos fallecidos.[4] Los altares son una representación de profundo respeto en donde se venera a los seres que físicamente ya no existen, pero cuya memoria está muy presente.

Mucha de la gente que visita los altares mexicanos se pregunta el significado de los dulces, las flores, los objetos en general puestos en estos altares. Dice la leyenda indígena que cuando las personas morían se iban al Mictlán, el lugar de los muertos, pero el viaje era muy difícil. Los muertos tenían que atravesar un río muy profundo, escalar montañas y pelear con fieras salvajes. Por eso, cuando moría una persona era enterrada con una ofrenda, que consistía en cuchillos de obsidiana, comida y bebida suficiente para el viaje, un perro que los acompañara, y si el muerto era un personaje importante, lo enterraban con algunos sirvientes.

Durante la época colonial las autoridades religiosas trataron de erradicar[5] esta costumbre. Lo único que consiguieron fue modificarla. La hicieron coincidir con la fiesta religiosa de Todos los Santos, pero en la conciencia de los indígenas quedaron restos de su tradición original. La celebración actual conserva todavía el concepto de que los muertos no mueren, sino que se van a vivir a otro lado y pueden recorrer el camino de regreso si tienen la comida suficiente para soportar la caminata. Por eso se ponen ofrendas en las casas. Ésta es una forma de estimular a los seres queridos para que vengan a visitarlos de vez en cuando. Ésta es una idea que se contrapone a la idea universal de que los muertos asustan.[6] Las personas a quienes amábamos en vida jamás nos habrían hecho daño; la mejor manera de recordarlas es invitándolas a comer lo que a ellos más les gustaba. Debe aclararse que esta tradición se presenta sobre todo en México.

La ofrenda consiste en poner un altar adornado con papel picado[7] y flores de cempasúchil,[8] que es de las pocas que florean en noviembre y tiene un aroma muy especial que guía al muerto hasta su altar. En el altar se coloca la fotografía del familiar y una veladora[9] por cada alma que se espera a comer. La comida depende de la región del país en la que se ponga la ofrenda. En la ciudad de México, generalmente es mole[10] o tamales,[11] dulces típicos de camote[12] o calabaza,[13] tequila, aguas frescas (muy importante, porque los muertos llegan con sed), cigarros o lo que al familiar más le agradara.[14] Se cree que si se prueban los alimentos después de que vinieron las «visitas», ya no saben ni huelen iguales porque el muerto se ha llevado su esencia.

Los «difuntitos»[15] llegan a la casa el primero de noviembre, al pasar el sol por el cenit (las doce de la mañana), guiados por caminos de pétalos de cempasúchil.

[1] *vigil*
[2] está
[3] ascendientes
[4] muertos
[5] eliminar de raíz
[6] provocan miedo
[7] papel… papel con figuras (alegóricas) recortadas
[8] planta con flores amarillas, *marigold*
[9] vela, candela
[10] salsa preparada con chiles, chocolate y otros ingredientes
[11] masa de maíz envuelta en hoja de mazorca, con relleno
[12] tubérculo comestible, *sweet potato*
[13] fruto de formas y tamaños muy variados, *pumpkin*
[14] gustara, complaciera
[15] diminutivo de «difuntos», muertos

A los niños se les pone un pan especial con azúcar pintado de rosa mexicano y juguetes. Éste es un pan demasiado seco y está hecho en forma del contorno de un niño. Los niños y los adultos no bautizados se van a las doce de la noche. Los demás se van al panteón en la tarde del 2 de noviembre. Los familiares los acompañan y aprovechan para adornar las tumbas con velas y flores. Todo lo anterior se desarrolla dentro de las casas y los panteones. Sin embargo, por todas partes hay una fiesta popular donde el mexicano se ríe de la muerte. Los amigos se regalan calaveras de azúcar[16] con sus nombres escritos en la frente, un poco para recordarles a todos que algún día se van a morir.

Por las calles circulan los «entierritos»[17] (todavía se ven en Tláhuac, Xochimilco, Michoacán y muchos pueblos de México): grupos de personas que cargan un ataúd[18] con una calavera de papel y cartón que se levanta cuando la jalan con un cordel. Según mi experiencia, lo más hermoso es ver a la isla de Janitzio en Michoacán cubierta completamente por una sábana blanca. Los niños van de casa en casa pidiendo su «calaverita», que originalmente consistía en pan de azúcar y dulces. Antes, los niños iban gritando de casa en casa «el muerto quiere camote» para que les dieran dulces, pero hoy generalmente se les da dinero.

Por lo demás, hay niños que en nuestros tiempos ya no piden su «calavera», sino que exigen su *Halloween.* En algunos pueblos, como Naolinco, Veracruz; Mixquic, Xochimilco; y Pátzcuaro, Michoacán, todavía existe la costumbre de visitar las ofrendas. Al entrar en las casas se canta una canción y el dueño obsequia a los cantores con tamales y dulces.

También se acostumbra publicar, en todos los periódicos de circulación nacional, las llamadas «calaveras»: versitos satíricos anunciando la muerte de políticos, amigos, profesores o quien sea, exagerando los defectos del aludido. Las siguientes «calaveras» hacen burla de[19] dos políticos mexicanos.

Carlos Salinas[a]
Enojos, sustos y terremotos
provoca Salinas a sus llegadas
viene de infiernos ignotos[20]
y se va en medio de las
mentadas.[21]

Fox[b]
El pan[c] ya nos presentó
su candidato certero;
lleva botas y sombrero[d]
y de nombre Chente[22] Fox.

[16]calaveras… cráneos (huesos de la cabeza) hechos de azúcar
[17]acompañamiento de un cadáver que se lleva a enterrar
[18]caja donde se pone un cadáver para ser enterrado
[19]hacen… ponen en ridículo a
[20]desconocidos
[21]injurias u ofensas que insultan a su madre
[22]apodo derivado de «Vicente»

---

[a]Carlos Salinas de Gortari, presidente de México (1988–1994)
[b]Vicente Fox, presidente de México (2000–2006)
[c]Juego de palabras que se refiere al PAN, Partido Acción Nacional (el partido político de Vicente Fox) y al pan que se come.
[d]En México, al diablo se le representa por lo general con botas y sombrero, pero al estilo de los conquistadores españoles.

Fox, como el zorro,[23] zorrillo[24]
apestoso,[25] todo un macho
y por adentro muchacho,
más muerto será por pillo.[26]

La Parca[27] estrena[28] sus botas
y un cinturón con hebilla,[29]
Fox «pondrá la otra mejilla»
con tal de no verlas rotas.

¡Ay, Fox! Te llevó la Flaca[30]
tomando una Coca-Cola[e]
y dejó tu almita sola
bailando con la calaca.[31]

[23]nombre de un animal (*fox*); referencia al apellido de Vicente Fox
[24]*skunk*
[25]que huele muy mal
[26]astuto, pícaro, a veces ladrón
[27]Muerte
[28]está usando por primera vez
[29]cierre de metal
[30]nombre que se le da a la Muerte
[31]calavera, se refiere a la Muerte

Para verificar su comprensión

Identifique brevemente los siguientes términos.

1. Día de los Muertos

2. Mictlán

3. ofrendas

4. papel picado

5. cempasúchil

6. «entierritos»

7. «el muerto quiere camote»

8. «calaveras» en los periódicos

Interpretación de la lectura

1. Para Ud., ¿cuáles son las características sincréticas del Día de los Muertos?

2. Comente la mezcla de reverencia y burla que caracteriza a esta celebración. ¿Es diferente de la manera norteamericana de tratar la muerte? Explique.

---

[e]Fox era ejecutivo de la Coca-Cola antes de ser presidente.

3. ¿Qué piensa Ud. de la costumbre de escribir «calaveras» satíricas anunciando la muerte de ciertas personas y exagerando sus defectos? ¿Podría Ud. escribir una calavera que se burle de una figura pública estadounidense?

Actividades en la red

1. Lea un artículo en la red sobre Gustavo Gutiérrez, principal exponente de la Teología de la Liberación, y presente una reseña a sus compañeros de clase.

2. Busque información sobre el pentecostalismo en América Latina, señalando los países donde ha crecido más rápidamente en los últimos treinta años.

3. Con otro compañero, escriba un breve informe sobre las creencias básicas de una de las religiones de origen africano en América Latina, como la santería, el vudú, la macumba o la umbanda.

Resumen

En este capítulo sobre la religión hemos visto que...

- la religión siempre ha jugado un papel preponderante en la cultura latinoamericana y en la vida cotidiana de sus pueblos.
- durante casi cinco siglos la iglesia católica ha sido una de las instituciones más poderosas, y a veces la más poderosa, en América Latina.
- todavía hoy atrae el catolicismo tradicional a un gran número de fieles.
- el sincretismo del cristianismo con creencias indígenas y africanas es una de las constantes más importantes de la historia cultural latinoamericana.
- en algunos lugares, hasta la actualidad, las prácticas indígenas y africanas predominan sobre las del cristianismo en el sincretismo religioso.
- la Teología de la Liberación fue sumamente influyente durante las últimas cuatro décadas del siglo XX por su revolucionaria opción por los pobres.
- aunque el protestantismo de las iglesias históricas creció considerablemente durante el siglo XX, éste fue eclipsado por el meteórico aumento de la popularidad del pentecostalismo a partir de la década de los sesenta.
- actualmente, vemos una intensa competencia entre católicos y pentecostales para incrementar el número de adherentes a su denominación.

$\mathscr{L}$ecturas recomendadas

Araya Guillén, Victorio. *El Dios de los pobres.* San José: Departamento Ecuménico de Investigaciones, 1983.

———. «The 500th Anniversary of the European Invasion of Abya-Yala: An Ethical and Pastoral Reflection from the Third World.» En *Portion of the Poor; Good News to the Poor in the Wesleyan Tradition.* Ed. Douglas Meeks. Nashville, Tenn.: Kingswood Books, 1994: 135–146.

Arce Martínez, Sergio et al. *Cristo vivo en Cuba, reflexiones teológicas cubanas.* San José: Departamento Ecuménico de Investigaciones, 1978.

Beozzo, José Oscar, y Luiz Carlos Susin, eds. *Brazil: People and Church(es).* Trans. Paul Burns. London: SCM Press, 2002.

Boff, Leonardo. "Es necesario esta teología." *El País,* 29 April 1985.

———. *Faith on the Edge: Religion and Marginalized Existence.* San Francisco: Harper & Row, 1989.

———. *Jesus Christ Liberator: A Critical Christology for Our Time.* Trans. Patrick Hughes: New York: Orbis Books, 1978.

——— y Virgil Elizondo. *La iglesia popular: Between Fear and Hope.* Edinburgh: T. & T. Clark, Ltd., 1984.

Brown, Robert McAfee. *Gustavo Gutiérrez.* Atlanta: John Knox Press, 1980.

Cabrera, Lydia. *El monte.* Miami: Ediciones Universal, 1975.

———. *Yemayá y Ochún.* New York: Colección del Chicherukú en el exilio, 1980.

Câmara, Dom Helder. *Espiral de violencia.* Salamanca: Ediciones Sígueme, 1970.

———. *Cristianismo, socialismo, capitalismo.* Salamanca: Ediciones Sígueme, 1975.

Candelaria, Michael R. *Popular Religion and Liberation: The Dilemma of Liberation Theology.* Albany: State University of New York Press, 1990.

Carneiro, Edison. *Candomblés da Bahia.* 2d ed. Río de Janeiro: Editorial Andes, 1954.

Cleary, Edward L. and Hannah Stewart-Gambino, eds. *Conflict and Competition: The Latin American Church in a Changing Environment.* Boulder, Colo.: Lynne Rienner, 1992.

Colonnese, Louis, ed. *The Church in the Present-Day Transformation of Latin America in the Light of the Council.* Vol. 2. Bogotá: Conferencia General del Episcopado Latinoamericano, 1970.

Corten, André, y Ruth Marshall-Fratani, eds. *Between Babel and Pentecost: Transnational Pentecostalism in Africa and Latin America.* Bloomington: Indiana University Press, 2001.

Devillers, Carol. "Haiti's Voodoo Pilgrimages." *National Geographic* 167 (March 1985): 395–408.

Eagleson, John, and Philip Scharper, eds. *Puebla and Beyond.* New York: Orbis Press, 1979.

Garrard-Burnett, Virginia, ed. *On Earth As It Is in Heaven: Religion in Modern Latin America*. Wilmington, Del.: Scholarly Resources, 2000.

Gossen, Gary H. y Miguel León Portilla, eds. *South and Meso-American Native Spirituality: From the Cult of the Feathered Serpent to the Theology of Liberation*. New York: Crossroad, 1993.

Gutiérrez, Gustavo. *Teología de la liberación*. Salamanca: Ediciones Sígueme, 1972.

———. *La fuerza histórica de los pobres*. Lima: Centro de Estudios y Publicaciones, 1979.

———. *Destiny of the Present: Selected Writings/Gustavo Gutiérrez*. Maryknoll, N.Y.: Orbis Books, 1999.

Hedstrom, Ingemar. *¿Volverán las golondrinas?: la reintegración de la creación desde una perspectiva latinoamericana*. San José: Departamento Ecuménico de Investigaciones

Helder Câmara. Latin American Documentation Series. Washington, D.C.: United States Catholic Conference, 1975.

Lehmann, David. *Struggle for the Spirit: Religious Transformation and Popular Culture in Brazil and Latin America*. Cambridge, England: Polity Press; Cambridge, Mass.: Blackwell, 1996.

López Trujillo, Alfonso. *Teología liberadora en América Latina*. Bogotá: Ediciones Paulinas, 1974.

Lynch, Edward A. *Religion and Politics in Latin America: Liberation Theology and Christian Democracy*. New York: Praeger, 1991.

Moreno Fraginals, Manuel, ed. *África en América Latina*. México and París: Siglo XXI and UNESCO, 1977.

Murphy, Joseph M. *Working the Spirit: Ceremonies of the African Diaspora*. Boston: Beacon Press, 1994.

Price-Mars, Jean. *Ainsi Parla l'Oncle*. Paris: Imprimerie de Compiègne, 1928.

———. *So Spoke the Uncle*. Trans. Magdaline W. Shannon. Washington, D.C.: Three Continents Press, 1983.

Smith, Brian H. *Church and Politics in Chile: Challenges to Modern Catholicism*. Princeton, N.J.: Princeton Univ. Press, 1982.

Sobrino, Jon. *Christology at the Crossroads*. Trans. John Drury. New York: Orbis Books, 1978.

Swatos, William H., ed. *Religion and Democracy in Latin America*. New Brunswick: Transaction, 1995.

Torres, Carlos Alberto. *The Church, Society, and Hegemony: A Critical Sociology of Religion in Latin America*. Westport, Conn.: Praeger, 1992.

Vuola, Elina. *Limits of Liberation: Feminist Theology and the Ethics of Poverty and Reproduction*. London: Sheffield Academic, 2002.

CAPÍTULO OCHO

*L*a crítica cultural

La convergencia de lo tradicional y lo moderno se ven con nitidez en esta foto de un representante de la tribu Yaulapin de la selva amazónica.

Introducción

El intelectual y el estado

El término «crítica cultural» tiene una connotación muy amplia en América ¹toca
Latina, donde ha constituido una parte integral de la vida intelectual desde hace
siglos. Incluye el análisis de los valores, la sociedad, las instituciones y todo un
estilo de vida. Para muchos latinoamericanos, la actitud crítica ha dado como
resultado la encarcelación o el destierro porque lo cultural frecuentemente roza
lo político y causa conflictos con las autoridades. En otras circunstancias, los
intelectuales sirven como consejeros políticos, embajadores o emisarios culturales, o sea, como representantes oficiales de su gobierno. No es raro que los mismos intelectuales censurados por un régimen político sean después honrados
por otro. Es así como la relación entre el intelectual y el Estado es compleja y
está colmada de altibajos. No obstante, los intelectuales se han empeñado en
presentar sus influyentes observaciones sobre la realidad histórica, política, económica y social de sus culturas nacionales, e inclusive de su continente.

Preocupaciones centrales

La crítica cultural toca todos los aspectos de la vida actual, pero pueden identificarse dos preocupaciones centrales: (1) la búsqueda, el análisis y la definición de la identidad nacional, abarcando temas tan variados como el exilio, el
machismo, el militarismo, la etnicidad, el neoliberalismo y las actitudes hacia
el patrimonio nacional y (2) el encarnizado debate sobre la globalización y el
desarrollo económico y sus efectos en el medio ambiente.

La identidad étnica y cultural constituye un elemento imprescindible en la
definición de la identidad nacional. Forma parte además de un esfuerzo hemis-
férico generalizado por ser moderno sin perder las raíces, sean estas indígenas o
judías, y sea su expresión en guaraní o inglés, según veremos. En todos los grupos minoritarios, desde los caucheros brasileños hasta los feministas mexicanos,
vemos el mismo afán de valorarse a sí mismos y de ser aceptados tal como son
por un *milieu* cultural cada vez más pluralista. Este deseo de autoafirmación ha
adquirido mayor importancia en años recientes por diferentes razones, entre ellas:
(1) la desilusión con otros países que servían de modelos, (2) el activismo a nivel
local que se ha difundido en parte mediante la proliferación de organizaciones
internacionales de apoyo y sus amplios esfuerzos de concientización política y
(3) el deseo de definir y defender la identidad local y nacional frente a las tendencias homogeneizantes de la globalización económica y cultural.

La identidad nacional

La búsqueda de la identidad nacional es sobre todo una tentativa hacia el auto-conocimiento y la autodefinición colectivos. Se caracteriza por estudios de índole psicológica, sociológica e histórica sobre la esencia y los rasgos del carácter nacional. Se supone que existe un carácter nacional y que se lo puede definir —una suposición muy discutible. Se supone también que, una vez descrito con todas sus fallas y virtudes, se pueden efectuar cambios en sus aspectos negativos, siendo éste el foco de atención de muchos ensayistas.

Los estudios sobre el carácter nacional surgieron durante el siglo XX en toda América Latina y tuvieron su apogeo entre la década de los treinta y la de los cincuenta como resultado de muchos factores interrelacionados. Los principales son: (1) la introspección nacional después de la Primera Guerra Mundial, cuando los intelectuales latinoamericanos comenzaron a mirar hacia el interior (a sus propias culturas) en vez de hacia el exterior (a Europa o los EE. UU.) para su inspiración; (2) las nuevas teorías de la psicología, el psicoanálisis y la investigación sociológica y (3) un nacionalismo creciente que se caracterizaba por el deseo de valorar lo nacional en lugar de considerarlo racial y cultural-mente inferior, como habían mantenido o implicado muchas teorías prevale-cientes hasta la década de los treinta. Se nota en particular una preocupación por definirse en sus propios términos y no con una medida importada de Europa o de los EE. UU.

La búsqueda ha sido complicada por la tensión entre el deseo latino-americano de modernidad frente al de autenticidad. Esto se ve en la actitud ambivalente hacia los grupos típicamente representativos de la nacionalidad: por una parte son estimados por ser «genuinos»; por otra, son menospreciados por ser «atrasados» (ver Capítulo tres). La tarea de la consolidación nacional se ha visto complicada también por el exilio y la emigración (ver Capítulo seis): campesinos salvadoreños o indios guatemaltecos huyendo de la violencia; universitarios, profesores, políticos y artistas desterrados por su inconformidad con el régimen político; argentinos y venezolanos de todas las clases sociales que han emigrado para escapar de la inestabilidad econó-mica y política: la ausencia de éstos y otros grupos de personas y sobre todo la situación subyacente que la produjo dificulta la articulación de una identidad nacional coherente.

El machismo

La crítica del machismo se puede considerar como un aspecto de la búsqueda de la identidad, pero es un tema tan amplio que ha merecido consideración aparte. El machismo consiste sobre todo en una postura agresiva, negativa y desconfiada ante el mundo, y en un deseo de hacer prevalecer la voluntad del macho a través de la humillación, verbal o física, del otro. Muchos estudios han comentado la inseguridad radical del macho, quien afirma agresivamente su «yo» para enmascarar un verdadero sentimiento de vulnerabilidad. Este comportamiento netamente antisocial se ve en todas las clases sociales, sólo que su expresión suele ser más sutil en las más altas.

Para seguir existiendo como institución cultural, el machismo depende del mantenimiento de un sistema rígido de papeles sexuales tradicionales. Entre éstos figura el hembrismo, la otra cara de la moneda machista. Consiste en el comportamiento y la autoimagen de la mujer como un ser sumiso, pasivo, dependiente y siempre necesitado de la protección y dirección del hombre. Tanto el hembrismo como el machismo han sido criticados por muchos escritores por causar el enclaustramiento[2] de hombres y mujeres en una camisa de fuerza[3] de papeles sexuales que limitan severamente el desarrollo individual y cultural (ver Capítulo cinco).

[2]encerramiento
[3]camisa… *straightjacket*

El militar

La crítica del papel del militar en la vida pública también está relacionada con la búsqueda de la identidad nacional y la crítica del machismo. Las tres parten de la premisa del análisis racional de la cultura y de la necesidad de la libre expresión de la voluntad individual y colectiva, en este caso, en lo concerniente a la expresión política. La presencia militar en el gobierno es un hecho histórico en América Latina, cuya herencia cultural es mucho más autoritaria que igualitaria (ver Capítulos uno y dos).

Históricamente, el militar ha intervenido a causa de la debilidad del proceso político e institucional, o sea, por la incapacidad de los civiles de gobernar el país, y por miedo a una dirección demasiado comprometida con la reforma social. Las fuerzas armadas, especialmente el ejército, se consideran los guardianes del orden constitucional y de la moralidad pública, de modo que cuando, a su parecer, éstos se encuentran en peligro, recurren a un golpe de estado militar. Así es que el militar se interpone en la política para ordenarla, darle forma, desde *su* perspectiva militar. De ahí proviene gran parte del conflicto, porque su visión muchas veces no coincide con la de los civiles, tanto de los intelectuales como del clero (ver Capítulo siete). Algunos argumentan que la disciplina, la eficiencia y el anhelo de modernidad de la élite militar la capacitan para gobernar. Otros niegan que éstos sean atributos positivos, y en tanto que admiten la debilidad del proceso político legalmente constituido, señalan que esto se debe en parte a que los militares suelen tomar el poder sin dar suficiente oportunidad al sistema civil para constituirse como una fuerza positiva y democrática.

La globalización, el desarrollo económico
y el medio ambiente

Claro está que en América Latina, como en otros lugares, el desarrollo económico ha sido considerado generalmente como la llave mágica a la panacea de la modernidad. Se ha creído que el desarrollo económico produciría un país moderno con una fuerte base industrial, extensos mercados interno y externo, una economía planeada con la participación de los sectores público y privado, y que traería los conocimientos técnicos esenciales para una competencia exitosa en la economía mundial. Otro resultado sería el progreso social: mejoras en la educación, los servicios públicos, los ingresos nacionales e individuales y, en suma, una mejora en el nivel de vida del pueblo. Pero, así como la urbanización no trae infaliblemente consigo empleo o una vida mejor para los pobres, el desarrollo económico no es causa automática del progreso social (ver Capítulo cuatro). Por el contrario, varios estudios mantienen que el desarrollo económico solamente ha agrandado la brecha entre el rico y el pobre, y que las políticas neoliberales de la privatización y la planificación para el beneficio de las grandes y medianas empresas han sido desastrosas para las pequeñas empresas locales y el campesinado. La cuestión es complicada y, como cualquier otra generalización sobre América Latina, varía considerablemente de país en país y hasta de región en región. A pesar de esto, vale decir que tanto entre los intelectuales como entre las clases populares se va adquiriendo la conciencia de que los beneficios del desarrollo y de la llamada «economía global» —de la cual el Tratado de Libre Comercio (1994) y el proyectado FTAA (Acuerdo de Comercio Libre de las Américas) son los mejores ejemplos— traen consigo costos elevados.

Entre los aspectos más importantes del debate ecológico y económico se encuentran: (1) el deseo de controlar los recursos nacionales propios frente a la dependencia económica; (2) la explotación de los recursos naturales para la exportación al exterior, frente al deterioro continuo del precario equilibrio ecológico y (3) la producción de bienes económicos frente a su distribución más equitativa. Con base en estos aspectos existe una desconfianza profunda hacia la influencia preponderante que ejercen las superpotencias económicas, como los EE. UU. y Europa, y las organizaciones financieras internacionales, como el FMI, el BM, y el BID, en el destino económico, político y cultural de América Latina. Algunos dicen que la época de la economía global ya ha anulado toda posibilidad de autonomía local y que es utópico pensar de otra forma. Otros todavía siguen elaborando obstinadamente programas cooperativos a nivel de base, trabajando «con las uñas» para lograr la autosuficiencia económica y cultural de sus pueblos y comunidades y proteger de ese modo la identidad cultural, como pronto veremos.

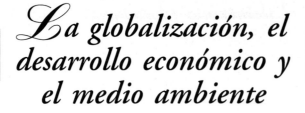

La globalización, el desarrollo económico y el medio ambiente

HOMERO ARIDJIS (1940–)

Como ya sabemos (ver Capítulo cuatro), el medio ambiente es un tema reiterado en la poesía de Aridjis. El poema que se encuentra a continuación —parte de la colección *Tiempo de Ángeles* (1994)— expresa tanto el aprecio de Aridjis por la belleza natural como su alarma ante la destrucción, de la cual el ángel es mudo testigo.

 ## IX, Sobre Ángeles

Durante la noche, los bosques de mi pueblo
aguardan escarchados[1] las luces del amanecer.
Las mariposas monarcas,[2] como hojas cerradas
cubren el tronco y las ramas de los árboles.
Superpuestas una sobre otra forman un solo
    organismo.

El cielo azulea[3] de frío. Los primeros rayos de sol
tocan los racimos[4] de las mariposas entumecidas.[5]
Y un racimo cae, abriéndose en alas.
Otro racimo es alumbrado y por efecto de la luz
se deshace en mil cuerpos voladores.

El sol de las ocho de la mañana abre el secreto
que dormía emperchado[6] en el tronco de los árboles,
y hay brisa de alas, hay ríos de mariposas en el aire.
El alma de los muertos es visible entre los arbustos,
puede tocarse con los ojos y las manos.

[1] con rocío congelado
[2] tipo de mariposa
[3] muestra color azul
[4] agrupadas como uvas
[5] entorpecido el movimiento
[6] como en una percha (*hanger*)

Es mediodía. En el silencio perfecto se escucha
el ruido de la motosierra[7] que avanza hacia nosotros
tumbando[8] árboles y segando[9] alas. El hombre, con sus mil hijos
desnudos y hambrientos, viene gritando sus necesidades
y se lleva puñados[10] de mariposas a la boca.

El ángel dice nada.

[7]aparato para cortar madera
[8]derribando, haciendo caer
[9]cortando bruscamente
[10]cantidad que cabe en el puño, *handful*

Para verificar su comprensión

Las primeras tres estrofas describen la noche y la mañana casi edénicas en los bosques, mientras que la cuarta enfoca abruptamente la destrucción causada por el hombre. Podemos apreciar mejor la progresión y el efecto dramático del poema si consideramos las siguientes preguntas. Tras haberlas leído, empareje cada pregunta con su respuesta.

1. _____ ¿Qué esperan los bosques y las mariposas?

2. _____ ¿Qué efecto producen los primeros rayos del sol?

3. _____ ¿Qué hace el sol de las ocho de la mañana?

4. _____ ¿Qué pasa al mediodía, que se destruye el mundo natural radiante y armonioso?

a. abre el secreto del bosque y hace volar a las mariposas
b. las luces del amanecer
c. se escucha el ruido de las motosierras
d. alumbran y despiertan a las mariposas

Interpretación de la lectura

1. Contraste el tono de las primeras tres estrofas con el de la última. ¿Qué efecto produce en el lector?

2. ¿Qué función sirven las mariposas monarcas en el poema?

3. A su parecer, ¿por qué el hombre «se lleva puñados de mariposas a la boca»? ¿Qué crítica hace el poeta con esta imagen?

4. En su opinión, ¿por qué no dice nada el ángel? Si hubiera hablado, ¿qué habría dicho?

JOSÉ LUTZENBERGER (1926–2002)

La fidelidad del ecólogo brasileño José Lutzenberger, o «Lutz» como lo llamaban comúnmente, al principio ético de Albert Schweitzer de «reverencia hacia la vida» le hizo dejar su puesto lucrativo como ingeniero agrónomo en insecticidas y fertilizantes para dedicarse al trabajo no muy remunerativo de defensa del medio ambiente. Lutz era la némesis del complejo industrial de Brasil, cuyo afán desmedido de modernización e industrialización ha creado una pesadilla ecológica. Lutz, preocupado por las consecuencias ecológicas del crecimiento económico desenfrenado, nos da aquí una perspectiva diferente de la oficial. Los siguientes son fragmentos de una absorbente entrevista entre Lutz y el renombrado economista ambiental estadounidense Herman E. Daly, quien nos presenta a Lutz y plantea los temas.

Últimamente el gobierno brasileño ha adoptado actitudes y políticas más responsables con respecto al desarrollo del Amazonas, las cuales se deben en parte considerable a la presión internacional y al grito de protesta después del asesinato en 1988 de Chico Mendes, el líder de los gomeros[1] amazónicos. No obstante, la destrucción de la selva continúa, y hasta se ha incrementado alarmantemente la incidencia de quemas para la eliminación de los bosques, de modo que las cuestiones aquí tratadas son de más actualidad que nunca.

Lutz creó la Fundación Gaia en 1987, sirvió como Secretario del Medio Ambiente y ganó más de cuarenta premios nacionales e internacionales, incluyendo el Premio Nobel Alternativo (*Right Livelihood Award*), en 1988, en Estocolmo.

[1] *rubber-tappers*

Entrevista con José Lutzenberger (*fragmento*)
Principal ecólogo de Brasil, por Herman E. Daly

Brasil ocupa la mitad de Sudamérica y es, por lo tanto, responsable de la administración de una gran porción del ecosistema de la Tierra. El gobierno brasileño actual parece tener siete modalidades para tratar el ambiente: (1) cavarlo, (2) cortarlo, (3) llenarlo, (4) represarlo, (5) quemarlo, (6) sembrarlo con monocultivos y rociarlo con biocidas[2] químicos, (7) abrumarlo con concentraciones masivas de población.

Este repertorio es en parte una herencia de los portugueses, que vinieron para la explotación rápida y temporaria en vez del establecimiento permanente. Deriva

[2] insecticidas

también de la ideología moderna e importada de growthmania[a] *y de la sociedad de consumidores, ambas posturas enérgicamente exportados por los EE. UU. Sin embargo, hoy día hay muchos brasileños ultrajados por la destrucción sin precedente que está ocurriendo en su país, y están tratando de detenerla. José A. Lutzenberger, un ingeniero agrónomo brasileño de ascendencia alemana que vivía en el estado más meridional de Brasil, Rio Grande do Sul, fue su líder y gurú.*

[3]ecosistemas
[4]serrucho... *chainsaw*
[5]dañoso

Lutz habla aquí sobre lo que está ocurriendo en el Amazonas:
El más complejo y maravilloso de los biomes[3] está siendo quemado, derribado por grandes cadenas arrastradas por enormes tractores; está siendo deshojado por «Agent Orange», etcétera. Comunidades enteras de plantas y animales se están perdiendo irremediablemente, algunas antes de que las hayamos podido catalogar. En su lugar, se están creando vastos monocultivos, que son inherentemente inestables. La mayoría no dura cinco años, y requiere dosis masivas de biocidas y fertilizantes que contaminan los ríos y lagos y matan la vida silvestre.

Las culturas indígenas se están exterminando. Pensamos que «los indios no tienen derecho a detener el progreso». Pero, ¿qué derecho, más que la fuerza bruta, nos permite invadir el mundo del indio con la maquinaria pesada, el serrucho a cadena,[4] y defoliantes químicos rociados por avión? ¿Quién es el verdadero bárbaro? Los norteamericanos tal vez puedan tener una idea del costo de este progreso meretricio[5] a partir de la película *Bye Bye, Brazil...* Tenemos que restringir ambas, la codicia nuestra y la de las compañías foráneas. Tenemos mucho que aprender de las tribus indias que quedan.

Lutz habla sobre la relación entre el poder y la tecnología:
Tenemos un círculo vicioso entre la sofisticación y concentración técnicas por una parte, el poder económico por otra. Cuanto más compleja e integrada la tecnología, cuanto más grande la demanda de capital y la necesidad de manejo burocrático; la tecnocracia, a su vez, demanda y promueve sólo las tecnologías sofisticadas y grandes que concentran aún más el poder económico...

Como ejemplo concreto de este proceso, aunque a un nivel tecnológico más bajo, considere al *caboclo*[b] del Amazonas. Viviendo en la ribera del río, vive en plenitud. Del río saca todo el pescado que puede consumir o secar para su uso posterior; el bosque le da una variedad increíble de frutas todo el año, y hay caza suficiente. Tiene todo el combustible que necesita. Complementa su dieta con plantaciones pequeñas: mandioca, camote, frijoles, maíz y algunas verduras. Tiene unas gallinas, a veces una o dos vacas. El daño que el *caboclo* causa al bosque es mínimo y dentro de su capacidad natural para

---

[a]*Growthmania* es la idea de que el crecimiento económico ilimitado es intrínsecamente un bien.
[b]En portugués, *caboclo* significa persona rural y pobre, por lo usual indio o mestizo.

recuperarse. Ahora, algunos planes de extensión agrícola, entre otras locuras, le están enseñando al *caboclo* los métodos de la explotación avícola[6] «moderna», realmente «fábricas» de pollos y de huevos. Las porciones «balanceadas científicamente» son preparadas en Manaus, a mil kilómetros de distancia, por grandes compañías que usan maíz, trigo y soya importados de los EE. UU., y leche en polvo del Mercado Común. Los pollos para asar y las gallinas ponedoras son híbridos, claro, lo cual quiere decir que el *caboclo* no los puede reproducir. Se queda dependiente de los abastecimientos de alguna compañía multinacional en los EE. UU. Pronto, abandonará sus pollos tradicionales, que están localmente adaptados y son inmunes al contagio. En su fábrica, utiliza medicinas, hormonas, antibióticos, etcétera, que son importados. El que compra el producto del *caboclo* es el mismo que provee todas las materias primas. El pequeño avicultor no tiene absolutamente ninguna influencia sobre el precio en ningún paso de este proceso. Todas las ventajas las tienen las multinacionales; todos los riesgos son del *caboclo*. Claro que esto no es un proyecto para mejorar la producción de comestibles; es un proyecto para crear la dependencia, una infraestructrura para la dominación. Esto es, realmente, lo que significa «desarrollo».

Lutz comenta sobre la acusación de que las preocupaciones ecológicas distraen la atención de los problemas más importantes de la pobreza y la injusticia, los cuales requieren un crecimiento y desarrollo rápidos para solucionarse:
Yo digo que al contrario, es la mitología del crecimiento lo que nos ha permitido posponer cuestiones de justicia distributiva.[7] Mientras exista la fe en el mito del crecimiento eterno del pastel, podemos decir que los que tienen la porción más pequeña del pastel no están mejorándose absolutamente sino relativamente, y que deben esperar pacientemente hasta que crezca más el pastel para poder dividirlo más justamente, porque la redistribución prematura dañaría a los pobres por retardar el crecimiento del pastel. La gente simple cree esto. Hoy en Brasil estamos construyendo una sociedad de consumidores para 20 millones de personas sobre las espaldas de los otros 80 millones o más.

Pero, cuando por fin nos demos cuenta de que el pastel no está creciendo y que no puede continuar creciendo, y que, de hecho, está reduciéndose, entonces ya no podremos evitar la confrontación con las demandas de, por lo menos, justicia mínima en la distribución de los ingresos. Por esta razón, el mito del crecimiento perpetuo es mantenido asíduamente por las mismas personas que ya no lo creen, pero que encuentran que es de interés propio hacer que todos los demás lo crean. La preocupación ecológica y la justicia social son tan inseparables como lo son las dos caras de una moneda.

Lutz habla de los principios éticos necesarios para revertir la destrucción y llegar a una sociedad sostenible:
Primero, debemos detener el proceso de desecración de la naturaleza y la exclusión de nuestro código ético de toda preocupación por cosas no relacionadas o útiles al hombre. Tenemos que adoptar el principio ético y

[6]perteneciente a la cría de aves, pollos
[7]justicia... el reparto equitativo de los bienes materiales

fundamental de Albert Schweitzer de la reverencia hacia la vida en todas sus formas y en todas sus manifestaciones. Segundo, debemos aceptar una visión sinfónica de la evolución orgánica, en la cual el hombre es solamente un instrumento de la orquesta. La idea de una sinfonía enfatiza la cooperación, la armonía y el ajuste mutuo. En una orquesta ningún instrumento es insignificante: todo instrumento es complementario e indispensable para los demás. En esta mutualidad reside la grandeza. Tercero, tenemos que restringir nuestra tecnología. La tecnología dura de hoy, concebida para el interés del poderoso, ha de ceder a una tecnología suave, concebida para el interés del hombre y de la naturaleza. El hombre puede estar predestinado a ser el conductor de la sinfonía, pero solamente si aprende a obedecer sus reglas.

Para verificar su comprensión

¿Cierto o falso? Indique si cada afirmación es cierta (C) o falsa (F). Si es falsa, corríjala según la lectura.

1. _____ Debido a su gran extensión, Brasil tiene una responsabilidad ecológica particular.

2. _____ El régimen brasileño se ha mostrado muy razonable en su política ecológica.

3. _____ La actitud del gobierno es criticada por muchos brasileños.

4. _____ Lutz habla de la pérdida irremediable de muchas plantas y animales de la selva.

5. _____ Lutz no se preocupa por la creación de monocultivos, porque éstos son estables.

6. _____ El indio es culpable de no haber cuidado la tierra.

7. _____ La relación entre el poder económico y la tecnología es un círculo vicioso.

8. _____ Después de la modernización de su vida, el *caboclo* goza de mayor independencia económica.

9. _____ Lutz dice que el mito del crecimiento económico ha desviado la atención de cuestiones de justicia social.

10. _____ Toda sociedad equilibrada tiene que basarse en ciertos principios éticos.

Interpretación de la lectura

1. Según el entrevistador Herman Daly, ¿cuáles son las modalidades del gobierno brasileño para tratar el medio ambiente? ¿Puede Ud. hacer

comparaciones con las del gobierno estadounidense? ¿De dónde viene la actitud del gobierno descrita por Daly?

2. Según Lutz, ¿qué está pasando actualmente en el Amazonas respecto a los ecosistemas y a los indios?

3. ¿Cuál es la vinculación entre la concentración de la tecnología y la concentración del poder? ¿Qué pasa cuando se le enseñan al *caboclo* los métodos científicos de la explotación avícola?

4. ¿Qué quiere criticar Lutz con el ejemplo del «crecimiento eterno del pastel»?

5. ¿Cuáles son los principios éticos que tenemos que adoptar respecto al medio ambiente? ¿Está Ud. de acuerdo? ¿Sirven también para los EE. UU.? ¿Cómo?

Comparaciones

1. ¿Piensa Ud. que el pequeño avicultor *caboclo* de Lutz podría beneficiarse de algunas de las ideas presentadas por Slau y Yurjevic sobre la agricultura urbana (ver Capítulo cuatro)? Explique.

2. ¿Cree Ud. que se podría comparar al hombre que pasa con un pan al hombro del poema de Vallejo (ver Capítulo dos) con el *caboclo* que lleva «un pastel» a cuestas en esta entrevista con Lutz? Explique.

Temas escritos

1. Utilizando la bibliografía del capítulo, realice una investigación sobre las tentativas recientes de desarrollar el Amazonas. ¿Por qué las apoyaba el gobierno brasileño? ¿Cuáles son y serán las consecuencias ecológicas?

2. Lea el libro de E. F. Schumacher, *Small Is Beautiful, Economics as if People Mattered,* (New York: Harper & Row, 1973) y haga una comparación entre las ideas de Schumacher y la siguiente cita de Lutz: «La tecnología dura de hoy, concebida para el interés del poderoso, ha de ceder a una tecnología suave, concebida para el interés del hombre y de la naturaleza».

¿Está Ud. de acuerdo?

«La preocupación ecológica y la justicia social son tan inseparables como lo son las dos caras de una moneda.»

RODRIGO GÁMEZ (1936–)

Esta entrevista nos enseña la importante lección de que la crítica cultural puede resultar en un cambio significativo de valores; en este caso, en lo que concierne al medio ambiente. A menudo se cree que la crítica cultural no es más que el negativismo de ciertos intelectuales. Sin embargo, también puede tener efectos muy positivos. Por ejemplo, en décadas anteriores, Costa Rica, como otros países, explotaba la naturaleza de manera descuidada, pero debido a una larga campaña de educación y concientización, los costarricenses han reaccionado ante la realidad de que los recursos naturales no son ilimitados. Están conscientes de que el beneficio económico a corto plazo —como en el caso de la eliminación de los bosques para el desarrollo de la industria ganadera— es un desastre a largo plazo. En Costa Rica, la crítica cultural ha producido el efecto de capacitar a la gente para que entienda las repercuciones del monocultivo y escape de esta trampa, la cual lleva consigo la dependencia y la destrucción ambiental. Un factor importante que ha facilitado la concientización es que Costa Rica es una nación que valora la educación y que la hace accesible a todos.

Esta sección describe uno de los resultados más fructíferos y concretos de la crítica cultural: la fundación del Instituto de Biodiversidad Nacional

Rodrigo Gámez, científico costarricense.

(INBio), que está llevando a cabo una encuesta de la biodiversidad total del país como parte integral de la política ambiental de la nación. En la entrevista que se presenta a continuación, el doctor Rodrigo Gámez, figura clave en la fundación del INBio y Director General de esta singular institución, nos habla de: (1) los objetivos del INBio, incluso la «gestión social», o sea, la integración de varios sectores de la población en el inventario de la biodiversidad nacional; (2) las circunstancias de la fundación del INBio; (3) el proceso de desarrollo de una amplia conciencia ecológica en Costa Rica; (4) la importancia de la educación y la reeducación a nivel nacional en este impresionante cambio de actitud y de valores.

Por su importante trabajo en beneficio del medio ambiente, el INBio fue merecedor en 1995 del prestigioso premio Príncipe de Asturias en la categoría de Ciencia y Tecnología, y en 1997 del Premio Globo Verde de la Alianza Rainforest. En el año 2000, se inauguró INBioparque, ampliando así el ámbito de acción correspondiente a la «bioalfabetización».

Entrevista con Rodrigo Gámez
La diversidad biológica en Costa Rica

Los objetivos principales del INBio son científicos y sociales a la vez. La ciencia es un instrumento para hacer que la diversidad biológica trabaje para la sociedad costarricense. Nosotros vemos el futuro de este país y sus características naturales muy centrado en lo que sea su relación con la naturaleza. Lograr una sociedad que viva realmente en armonía con la naturaleza y una sociedad en la que la naturaleza sea el fundamento de su bienestar es una visión muy integral del asunto. Entonces, estamos haciendo como primer paso un inventario de la diversidad biológica del país. Para nosotros esto nunca puede ser un ejercicio científico de interés únicamente para unos cuantos individuos.

Por eso es que hemos impuesto un empeño[1] especial en integrar en el proceso del inventario sectores de la sociedad que en la tradición científica nunca se han tomado en cuenta, como los sectores rurales, campesinos, la mujer, los minusválidos,[2] técnicos de laboratorios, y es una participación científica del más alto nivel. En esta materia del conocimiento taxonómico de la diversidad biológica son los mejores científicos. Nosotros creemos que una sociedad conocedora de su diversidad biológica se dará por un proceso en que la sociedad sea copartícipe directa en el proceso de generación del conocimiento. En otras palabras, que la sociedad que supuestamente se va a beneficiar de esa diversidad, y que es la dueña, debe aprender a valorarla como conductora del mismo proceso, con la ayuda externa, pero siendo siempre ella la responsable de conducir el proceso.

[1]dedicación y trabajo
[2]personas físicamente incapacitadas

³distritos políticos,
como los condados

Estamos construyendo una biblioteca. Nosotros usamos mucho esa analogía del bosque como una biblioteca, pero una biblioteca en que no conocemos el nombre del libro, del autor, del contenido, y tenemos que descubrirlo. Entonces estamos catalogando y conociendo. Sabemos que la importancia de la biblioteca no depende del tamaño del edificio, no es el número de volúmenes que contiene, no es el sistema de catalogación que tiene, sino quién está usando esa biblioteca, cuánta gente la está usando, qué beneficios está teniendo para la sociedad.

Una biblioteca presupone la existencia de una escuela, y las escuelas que se encuentran en todos los cantones,³ en todos los pueblitos de Costa Rica, van a enseñar la ecología como parte del currículum. Esto se está dando. Ésos son los aspectos de la gestión social de la que hablábamos en INBio. Lógicamente tenemos que ordenar la biblioteca para que las escuelas puedan usarla. Ya eso está sucediendo en el campo porque los mismos parataxónomosª se encargan de poner esa información en manos de los niños, y los niños rápidamente incorporan a los parataxónomos como instructores en sus escuelas. Hay mucha actividad ya, las escuelas ya usan el parque como aula como en el caso de Guanacaste. Por ejemplo, hay viajes para los estudiantes, no tanto de *field trip* sino de lecciones, parte del curso es en el parque, allí realizan una determinada tarea. Son experiencias vivientes. Es el punto nuestro: ¿cómo van a recompensar los niños después al parque? Con sus votos para preservarlo.

Yo sigo insistiendo en que tenemos que resolver el problema de valores. Por ejemplo, la madera que tiene el bosque es lo que tradicionalmente hemos buscado. Por eso se corta el bosque, pero también para usar el terreno. Hasta ahora esto ha sido más rentable, más que mantener el bosque intacto. Tenemos que luchar por que ese bosque intacto llegue a ser más valioso para la sociedad, por razones económicas e intelectuales. Tenemos que seguir educando a nuestro pueblo; tenemos que desarrollar otros valores.

En este respecto, vemos el gran éxito que está teniendo la educación pública ahora en Costa Rica. Se está adelantando en dos cosas: se le ofrece al estudiante enseñanza bilingüe, inglés-español, y computación. Entonces Ud. va a tener un hijo que, saliendo de la escuela, va a estar manejando además dos idiomas y las computadoras. Es un atractivo tremendo. El Estado se había quedado atrás; por varios años desvió bastante su atención a mantener un sistema educativo de punta. Ahora hay una fundación que está ayudando al Estado para introducir en más de 350 escuelas públicas un sistema de enseñanza que utiliza las computadoras como herramientas para estimular la creatividad y éstas son precisamente las escuelas rurales más remotas y las urbanas más pobres.

¡Hacen maravillas! Estamos ahora desarrollando un proyecto conjunto de una base de datos que les permita a los niños en cualquier parte del país tener

---

ªEl parataxónomo es una persona, hombre o mujer, de extracción rural capacitada para recolectar especímenes biológicos e información para el inventario nacional de biodiversidad.

[4] lo que capta
[5] asequible… al alcance de
[6] tuvo aceptación
[7] comienzo

acceso a la información sobre la diversidad biológica de sus áreas de Costa Rica, pero que sean ellos los que construyan esta base de datos, los que hagan las preguntas de qué es lo que les interesa, qué es lo que quieren saber, que ellos mismos sean copartícipes en el diseño de este proyecto. Los niños via módem van a poder acceder aquí y sacar la información que requieren. Queremos tener imágenes que tengan color, que tengan movimiento, que tengan sonido, porque a los niños les gustan estas cosas. Eso es interacción, eso es el gancho,[4] ¿verdad? Ya después pueden manejar números, textos, pero primero que sea atractivo y muy asequible[5] a ellos. El punto es que hay que poner la información en el formato apropiado al usuario.

Todas estas ideas sobre cómo promover la educación y concientización en materia ambiental no son nuevas. Quizás lo más nuevo de nosotros es que se está haciendo, y es una visión muy integral de las cosas. Si pegó[6] la idea de desarrollar una iniciativa en biodiversidad es porque el campo estaba fértil.

Es interesante cómo el INBio fue creado. Yo le aconsejaba a Oscar Arias[b] en cuanto al medio ambiente; fui prestado por la Universidad al gobierno. Apareció la idea del INBio, de varias conversaciones de cómo vamos a resolver este problema de conocimiento, de desarrollar modelos sustentables de utilización de la biodiversidad.

Primero pensábamos que INBio sería parte de la Universidad, o del gobierno, pero Oscar Arias nos dio mucho estatus, y la recomendación fue de crear una institución privada sin fines de lucro. Oscar nos dijo muy claro: «Cuenten con todo el apoyo político, pero no me pidan dinero, porque no hay.» Las dos principales entidades que ayudaron al INBio al incio, para hacer el arranque,[7] fueron el gobierno de Suecia y la Fundación MacArthur. Fueron los principales promotores del proyecto, dieron los primeros fondos en el 89. Ahora es cuestión de tener proyectos, propuestas y también de tratar de generar nuestros propios recursos.

El involucrarme en desarrollar INBio fue un reto para mí en lo personal. Fue un reto muy importante. Dejé mi carrera científica después de 33 años. Bueno, yo estudié agricultura, no estudié biología porque no había escuela de biología en aquellos años, pero la agricultura me dio una visión muy amplia del mundo y de camino me interesaron sus aspectos más científicos.

Me metí muy rápidamente en cosas de la ciencia, desde que estaba en la universidad donde trabajaba de asistente de laboratorio y tuve buenos tutores y me conecté muy bien. Me gradué y me fui para los EE. UU. con una beca. Hice mis estudios posgraduados en Inglaterra, en Londres, y luego volví a los EE. UU. y trabajé en la Universidad de Illinois. Me dediqué a cosas muy básicas pero muy relacionadas siempre a problemas de producción agrícola. Trabajé en cuestiones de virus de plantas, en eso me especialicé. Eso me llevó a la biología molecular, a la microscopía electrónica y a la biología genética, pero siempre con mucha relación a la agricultura. Tenía una visión muy utilitaria de la naturaleza: hay que hacerla producir, eso es parte de la conservación de los suelos.

---

[b] Presidente de Costa Rica (1986–1990) y recipiente del Premio Nobel de la paz en 1987.

A mi regreso de los EE. UU. tuve la oportunidad de trabajar en un problema centroamericano de mejoramiento de cultivos básicos. De eso aprendí de todos los sistemas de producción tradicionales de maíz y otros granos básicos, inclusive la parte botánica, la parte de los orígenes de los cultivos en Centroamérica, el trabajo con las plantas ancestrales. Me metí mucho en eso, lo viví, hasta el sur de Colombia, y hasta al Perú llegábamos. Fue una experiencia muy linda, por unos diez años a tiempo completo, recién graduado de Illinois. La verdad es que a mí me gustaba mucho el campo.

Pasé de ese enfoque cuando apareció toda la nueva moda de la biología molecular, la genética, y me di cuenta de que yo estaba en la Universidad de Costa Rica en una posición muy favorable para los conocimientos de biología. Entonces hicimos un proyecto muy simpático que fue una investigación con un enfoque multidisciplinario sobre problemas nacionales de la agricultura y de la salud principalmente. No una ciencia por la ciencia, sino una con fines nacionales y con una visión integral, pero ese contacto con Centroamérica me había concientizado mucho del problema ambiental en el área biológica. Yo había tenido el amor por la naturaleza de chiquillo; uno vuelve a sus orígenes, ¿no? Entonces este trabajo en América Central contribuyó mucho a ese proceso de valoración intelectual, que me condujo a la Universidad de Costa Rica, que me condujo finalmente a INBio.

Es una institución muy compleja. Abarca[8] los aspectos del trabajo de los parataxónomos, y todo lo que tiene que ver con el aspecto taxonómico, ligándose a todos los aspectos del manejo de la información, de usos económicos, del uso industrial, comercial y técnico de lo que estamos haciendo. Por otro

[8]Comprende

El bosque tropical Monteverde en Costa Rica.

lado, a lo que vamos, a lo que estamos llegando parcialmente: lo que denominamos la gestión social.

El joven campesino Norman que conociste es un ejemplo típico de lo que hemos ido creando con el programa éste de los parataxónomos. Es simplemente que al ponerle el reto a gente que no ha tenido la oportunidad de educarse, puede desarrollar esa capacidad intelectual que tiene subutilizada en muchísimos casos, porque la gente del campo está haciendo labor de carácter físico principalmente. Pero el trabajo de parataxónomo también conlleva el estímulo intelectual. Estamos todos aprendiendo el lenguaje de la naturaleza. Esto es el gran reto nuestro, ¿verdad?, —que mientras nos «modernizamos» más, perdemos el contacto con la naturaleza.

La ventaja que yo siento que tenemos en Costa Rica es que todavía no está tan distante, todavía estamos relativamente cerca físicamente del mundo natural. Entonces un porcentaje muy grande de la población podemos ser reeducados en eso. Pero esa reeducación es también un proceso en que tenemos que aprender la metodología. Aquí todavía hay un aprecio generalizado por la naturaleza y es creciente.

Tal vez es interesante preguntar, ¿por qué es que eso se da en Costa Rica? Lógicamente tenemos que volver la vista hacia atrás y ver qué es lo que ha sido Costa Rica, particularmente en las últimas dos décadas pasadas, donde se ha tenido cambios muy importantes.

Uno de los cambios más fundamentales se dio en la década de finales de los cuarenta a principios de los cincuenta cuando se abolió el ejército de este país. En esa época Costa Rica tenía un porcentaje de analfabetismo muy alto, alrededor del 40%. Pero en la primera y la segunda administración de Figueres[c] vino una medida muy importante de eliminar el ejército como un costo y dedicarlo principalmente a la educación. Mi padre fue Ministro de Educación de Figueres y manejaba el 43% del presupuesto nacional, en educación. Ha bajado un poco, pero era un porcentaje muy importante. Esa sabiduría de nuestros antepasados ha sido fundamental.

Al final de la administración Figueres, pasamos a una situación en que prácticamente todos los distritos de Costa Rica tienen una escuela primaria y todos los cantones tienen al menos un colegio secundario, y un porcentaje muy alto tienen también colegios técnicos, profesionales. Pasamos ya a un sistema en que la educación secundaria es obligatoria también, hasta el octavo grado. En este momento tenemos el 3% de la población nacional en la universidad. La mayoría no paga matrícula.

Tenemos por otro lado un sistema de seguridad social que nos permite tener un índice de salud muy alto. Podemos superar a algunos países desarrollados en la expectativa de vida, en incidencia de enfermedades contagiosas, estabilidad social, política, no hay temor a la violencia. La calidad de vida es alta.

---

[c]José Figueres, Presidente de Costa Rica (1953–1958) (1970–1974).

Obviamente esta situación de poder dedicarse a cuestiones del medio ambiente no brotó[9] de la nada. Había condiciones muy favorables, porque todos sabemos que no podemos separar la calidad de la vida de una sociedad de la cuestión ambiental. Además se está enraizando[10] mucho el amor a la naturaleza. Todo es parte del proceso educativo.

Mas recientemente, el proceso de conservación en parte fue impulsado por la destrucción del Amazonas y en parte por la destrucción de nuestros bosques en mi generación. En eso soy yo un ejemplo típico de lo que mi generación ha vivido. En mi generación se perdió una tercera parte de los bosques nacionales. De la llegada de los españoles a la época de mi nacimiento, vimos desaparecer una tercera parte de los bosques en el valle central, parte de Guanacaste. Yo vi desaparecer todos los bosques del norte. Era principalmente para el ganado.[11] Lo que no se percibía en ese momento era por un lado ese proceso de desarrollo que se estaba despertando en Costa Rica, el *boom* de la educación, de las expectativas de la vida, la población creciendo. Cuando yo nací, la población nacional era de 450.000 personas y estamos ya sobre tres millones.

Otra cosa, afortunadamente ya eso ha cambiado, era una percepción de que los suelos del valle central son suelos extraordinariamente ricos. Entonces existía una creencia de que la exuberancia de la selva tropical era una indicación de la riqueza del suelo. Pero lo que sabemos nosotros es que lo que se da con un bosque tropical es como una persona que invierte absolutamente todas sus ganancias en la ropa, su vestidura. Esto era en los cincuenta, sesenta y hasta la primera mitad de los setenta. En ese período en América Latina era que el valor de la tierra estaba en relación directa a lo que se denominó «la mejora» y la mejora era la eliminación del bosque.

Ahora es muy interesante ver los periódicos donde anuncian exactamente lo contrario. Pero en aquel entonces la madera no tenía valor; imagínate, más del 60 a 70% de las maderas se pudrieron[12] o se quemaron. Claro que fue muy chocante para nuestra generación ver eso. Lo afortunado en toda la tragedia es que la agricultura y la ganadería que se dieron aquí han sido bastante deficientes. Si nuestros agricultores hubieran sido tan eficientes como los que Uds. tuvieron en los EE. UU., aquí no hubiera quedado nada. Pero lo que nos salvó fue la ineficiencia de esa agricultura.

Es particularmente verdad en Guanacaste donde están los últimos restos de lo que fue el bosque tropical seco que se extendía de México hasta Costa Rica y lo único que queda está en Guanacaste. La baja población y la ineficiencia agrícola ganadera dejó nichos[13] y entonces ahora es impresionante la restauración. La generación de gente sobre 60 ó 70 años recuerda perfectamente bien que alrededor de viveros[14] Ud. debe poner abonos, etcétera. Ellos quieren que sus nietos lo vuelvan a ver.

El INBio no es un «modelo» porque es un proceso de aprendizaje lo que estamos haciendo, es un planificar haciendo. El proyecto es muy ambicioso y el blanco está muy distante, pero es probable que lo alcancemos. En la parte de la conservación de la diversidad biológica hemos hecho bastante aquí en

[9]surgió
[10]estableciendo, echando raíces
[11]*livestock*
[12]descompusieron
[13]huecos
[14]terrenos adonde se trasplantan los árboles

Costa Rica. En la parte ambiental, sobre todo en la parte urbana, desechos, basura, contaminación, en eso estamos atrás. Muy asociado a eso está el muy rápido crecimiento, que desequilibra todo y causa problemas serios. Sí, tenemos mucho que hacer en esta área.

Sobre todo, lo que tenemos que hacer es encontrar usos más sustentables de esta diversidad biológica. Esto es muy fácil decirlo pero muy difícil hacerlo porque cuesta tiempo y muchísimos recursos. La ciencia es muy cambiante. Se desarrolla tremendamente rápido, y las tecnologías que requerimos para resolver nuestros problemas son las tecnologías de punta. No vamos a recoger la tecnología de hace 20 ó 30 años para resolver los problemas que tenemos en el momento. Por eso es que requerimos el apoyo y la enorme colaboración de los países industrializados. La solución de muchos problemas nuestros se puede dar en forma cooperativa. La cooperación internacional, que es muy importante en Costa Rica, no es una cosa únicamente de dinero. Es un asunto también de compartir el conocimiento científico y tecnológico, porque en nuestras áreas protegidas tenemos un recurso biológico tan rico que lo debemos utilizar lo más racionalmente posible por el bien de todos.

Para verificar su comprensión

¿Cierto o falso? Indique si cada afirmación es cierta (C) o falsa (F). Si es falsa, corríjala según la lectura.

1. _____ Los objetivos del INBio son exclusivamente científicos.

2. _____ El futuro del país está centrado en el desarrollo tecnológico y urbano.

3. _____ El bosque tropical es como una gran biblioteca.

4. _____ En Costa Rica, se valora mucho la educación.

5. _____ La cooperación internacional es imprescindible para la solución de problemas ambientales.

Interpretación de la lectura

1. Describa la gestión social que comenta Gámez, o sea, el proceso a través del cual el pueblo participa del inventario biológico.

2. Gámez habla de la necesidad de resolver el problema de valores. ¿Qué quiere decir con esto?

3. ¿Por qué hay en Costa Rica un aprecio generalizado por la naturaleza? ¿Qué es lo diferente que hay en Costa Rica?

4. ¿Cómo ha cambiado la percepción del valor de la naturaleza desde los cincuenta hasta hoy en día?

Comparaciones

1. Notamos en «La feria educativa» (ver Capítulo tres) y en «La agricultura urbana» (ver Capítulo cuatro) un énfasis especial en el medio ambiente. Compare la concientización ambiental presente en esas lecturas con aquélla por la cual aboga Gámez.

2. Gámez pone énfasis especial en la concientización y la educación del pueblo con respecto al medio ambiente. ¿Cree Ud. que esto puede servir a Brasil como ha servido a Costa Rica? ¿O cree Ud. que la concentración del poder y de la tecnología que critica Lutz requiere otra estrategia?

MARINA SILVA (1958–)

Marina Silva es considerada la líder más importante de los caucheros y los pueblos forestales desde la muerte de Chico Mendes, asesinado en 1988 por un «fazendeiro» local. Originariamente *serengueira*[1] ella misma, ejerce actualmente el puesto de senadora federal del estado de Acre en el extremo occidental del Amazonas brasileño. La trayectoria de su traslado desde el remoto *seringal*[2] Bagaço hasta la congestionada ciudad de Rio Branco, la capital de Acre, para un tratamiento médico, cuenta una historia absorbente en la que se nota la

[1]persona que extrae látex del árbol de caucho
[2]área selvática con árboles de caucho

Marina Silva, activista

influencia de la Iglesia, el poder de los programas de alfabetización y la determinación de no rendirse nunca. Silva era amiga íntima de Mendes, con quien participó en varios «empates»: confrontaciones en las que los caucheros, sin armas, se interpusieron entre las motosierras y los árboles en protesta por la deforestación y la pérdida de su hábitat. Silva es mejor conocida por su inmutable defensa del medio ambiente, mismo que quiere preservar al tiempo que lo utiliza, para conseguir el entrenamiento y la tecnología tan necesitados por los pueblos amazónicos. Silva propone planes imaginativos y concretos que buscan el aprovechamiento de los recursos naturales para mejorar la vida. Silva fue nombrada Ministra del Medio Ambiente por el presidente Luiz Inácio «Lula» da Silva en enero de 2003.

El desarrollo económico y la justicia social en el Amazonas

Soy de una familia de ocho hijos vivos. Mi padre es nordestino, de Ceará, como la mayoría de las personas que ocupan el estado de Acre. Vino aquí en 1945, se casó, y mi mamá tuvo once hijos. Tres murieron, un hermano mayor y mis dos hermanas menores, quienes murieron de malaria. Mi mamá se murió muy joven, tenía treinta y seis años. Mi hermana mayor se casó inmediatamente después de la muerte de mi mamá. Me quedé con mi papá, ayudando a cuidar a mis hermanos y trabajando con él en la roza[3] y la siembra. Uno comienza a trabajar a una edad tierna en la floresta. Nací en 1958 y para 1968 estaba trabajando en el *seringal*.

Una vez, cuando mi mamá todavía vivía, salimos de Acre y nos fuimos para Manaus, donde nos quedamos por unos cinco meses, y de allí para Belém, donde permanecimos por casi dos años. Mi papá esperaba que tuviéramos una vida mejor allí, pero no resultó así; al contrario, no pudimos ganar lo suficiente para mantenernos. Entonces mi papá le pidió a mi mamá que volviera con él a su antiguo patrón, el dueño del *seringal* donde habíamos vivido antes. Esto fue una derrota personal muy grande, pero no había otro remedio. El patrón nos mandó los boletos para volver al Bagaço, adonde llegamos terriblemente endeudados. Éramos una familia grande, con ocho niños, mi mamá, mi abuela, una tía, un abuelo, mucha gente, pero no muchos que pudieran trabajar.

Nuestro problema era que la cultura del *seringal* valora al que tiene hijos más que al que tiene hijas. Consideraban a mi papá como un infeliz, tantas hijas y nadie para ayudarlo. Un día mi mamá nos reunió y nos dijo que teníamos que desmentir[4] lo que se decía: que éramos una carga para nuestro papá. Entonces comenzamos a ayudar con las cuentas y a cortar *seringa*.[5] En un año,

[3]limpieza de tierras para plantar
[4]demostrar la falsedad
[5]cortar… extraer látex

con todos trabajando como unos locos, logramos pagar las cuentas y saldar[6] las deudas de nuestro padre. Por ejemplo, los *seringueiros* usualmente cortan una estrada[7] por día; esto es, cortan el área incluida dentro de una vereda circular. Pero cuando yo comencé a trabajar, cortábamos dos por día: mi padre una, y mi hermana y yo otra. Más tarde, comenzamos a cortar tres estradas por día: mi padre una, dos hermanas otra, y mi hermana y yo una tercera. Poco después de eso se murió mi mamá. Tiempo después, me enfermé de malaria y hepatitis y ya no pude trabajar más.

Comencé a sentirme, no sé, muy angustiada. Había una monja en nuestra área, y desde muy jovencita yo había querido a las hermanas. Admiraba a esta hermana y pensaba que quería hacerme monja, lo cual necesitaba que me fuera a la ciudad a estudiar. Ya que estaba enferma, tenía que ir a la ciudad de todos modos para sanarme. Entonces comencé a pedirle permiso a mi papá para salir a recuperarme y estudiar. Pero dejar el *seringal*, la familia, ir sola a la ciudad, eso era algo que no se hacía. Mi hermana mayor ya se había casado y yo era la mayor en casa. Sabía que mi papá me necesitaba, pero, por alguna razón, me dio su permiso, tal vez porque estaba tan enferma. De todos modos salí, aunque mi padre y mi abuelo tenían mucho miedo porque habían oído historias tristes de lo que les pasa a las chicas solas en la ciudad.

Pues, vine aquí a Rio Branco para recuperarme y también a estudiar para monja. Pronto comencé a trabajar en la casa de un primo, cuidando a sus hijos, y entonces estudié con MOBRAL por la noche. MOBRAL es el programa de alfabetización para adultos iniciado por el famoso educador Paulo Freire. Ya sabía un poco de matemáticas, algo inusitado porque en el *seringal* uno tal vez aprendía a leer y escribir un poquito, pero casi nadie sabía de matemáticas. Cuando todavía vivía en el *seringal,* mi papá me dio la responsabilidad de aprender las cuatro operaciones: sumar, restar, multiplicar y dividir para que el patrón no lo estafara cuando le vendía látex.

La goma se vende con cierto porcentaje del peso descontado debido a la cantidad de agua que contiene el látex crudo. Cuando se evapora el agua, la goma pesa menos. Por eso, cuando el patrón compra caucho, siempre le quita el 17% del precio. Si el *seringueiro* no sabe sumar, el patrón se aprovecha de él, diciendo que la *quebra,* el contenido del agua, es más grande de lo que realmente es. Mi papá me encargó de la venta porque, ya que sabía algo de matemáticas, no seríamos engañados, o por lo menos no tanto como los otros.

Pero la verdad es que sabía muy poco y básicamente no sabía leer. Podía identificar algunas palabras aisladas, y cuando tenía trece años comencé a decir la hora y a leer el reloj. Pero todo eso cambió tan pronto como me inscribí en la escuela porque aprendí muy rápidamente, tanto que me cambiaron a un curso de estudio llamado educación integrada, lo cual era el equivalente de cuatro años de primaria en uno. Llegué a Rio Branco, la capital de Acre, en septiembre, me recuperé y me cambié al programa acelerado en diciembre. Éramos cuarenta y seis estudiantes al comienzo, pero para el final del año académico, solamente tres aprobaron, y yo era uno de los tres. Mi nota era solamente cinco y medio, apenas

[6]acabar una deuda
[7]camino, vía

lo mínimo para aprobar, pero lo hice. También hice el *ginásio,* o escuela secundaria, de la misma manera acelerada, por medio de MOBRAL, completando cuatro años en uno. Lo mismo para *o segundo grau,* o escuela media. Normalmente, la secundaria dura cuatro años; la media, tres; y la primaria, cuatro. Todo era muy intensivo, pero estaba decidida a lograrlo.

En 1979 pensaba comenzar la universidad, pero contraje hepatitis de nuevo. Dom Moacyr Grechi, el obispo de Acre, me ayudó enormemente durante esta crisis porque fue un retroceso tanto emocional como físico estar internada en el hospital de nuevo, y estaba muy débil. Como resultado de estas enfermedades, tengo hepatitis crónica y mi salud general es frágil. Bueno, después, pasé dos años y medio como postulante[8] en la Casa Madre Ilesa; allí descubrí que la mía no era una vocación religiosa, aunque la teología de la liberación me apasionaba. Dejé mi entrenamiento religioso atrás y, un año después, en 1980, me casé.

En 1981 me matriculé en la universidad e inicié mis estudios para ser profesora de historia al nivel secundario. También trabajé con algunas de las comunidades de base de la parroquia cercana, Cristo Resucitado. Hice trabajo comunitario, ayudando a los residentes a obtener servicios públicos básicos, como agua, electricidad y alumbrado[9] para las calles. Al mismo tiempo participé en el movimiento estudiantil, el cual en esa década era muy militante y estaba profundamente involucrado en la lucha política.

En 1984 ayudé a fundar la CUT (Central Única de Trabajadores) con Chico Mendes. Había conocido a Chico cuando vivía con las hermanas. Recuerdo cuando tomó un curso de la CPT (Comisión Pastoral de la Tierra), sobre la formación del liderazgo rural. Fue muy controvertido y algunas de las hermanas con quienes vivía condenaban rotundamente[10] la Teología de la Liberación que apoyaba la CPT. Yo también la criticaba bastante al comienzo porque pensaba que mezclaba demasiado la religión y la política. Pero entonces comencé a discutirlo con Chico, y llegué a entender esa relación mucho mejor y a ver lo importante que es poner en práctica su fe. Chico ya era conocido como izquierdista militante, por lo menos ésa era su reputación, pero él también tenía su propia fe. Nos hicimos amigos íntimos durante el proceso de fundación de la CUT, de la cual él fue electo presidente aquí en Acre y yo, vicepresidente. Entonces, comenzamos a trabajar juntos, sobre todo en los *empates.*[11] Muchas personas en Xapuri saben esta historia porque estuvieron allí como partícipes.

En 1985 me hice miembro del PT (Partido de los Trabajadores) porque era el partido que estaba trabajando por la justicia. Chico y yo estábamos entre los fundadores en esta área. En 1986 me hice candidata del PT al nivel federal, y Chico al nivel estatal. Los dos perdimos la primera vez, pero persistimos, y Chico fue electo concejal[12] de Xapuri en 1988, y yo, concejala de Xapuri en 1990; en 1994 fui electa diputada federal.

Mi servicio y mis actividades tienen que ver con cuestiones sociales; es un compromiso que viene de mi propia historia, mi fe y el trabajo que llevé a cabo con Chico durante un tiempo muy tenso y peligroso, el de los *empates.* Los

[8]candidata, solicitante
[9]conjunto de luces
[10]terminantemente, completamente
[11]confrontaciones entre *seringueiros* y hacendados y madereros en cuestiones de deforestación, *stand-offs*
[12]miembro del gobierno municipal

recuerdo como si fuera ayer. El *empate* más difícil para mí fue el de la *fazenda*[13] Bordon, porque fue mi primera experiencia. De súbito[14] allí estás caminando con unas noventa personas, una caminata de seis horas de ida y vuelta. Cuando llegamos a la *fazenda,* los peones estaban derribando árboles. Entonces, Chico, otros líderes y yo comenzamos a hablar con el capataz, tratando de convencerle de desistir. Todos nos extendimos, hombres, mujeres, niños, colocándonos donde los trabajadores estaban cortando, interponiéndonos entre el árbol y la motosierra, esperando así obligarlos a bajar sus motosierras. Estaba aterrada[15] de que no lo hicieran, y no sabía lo que iba a pasar, pero, gracias a Dios, pararon, y tuvimos éxito. Diez días de protestas y marchas siguieron el *empate,* y muchos de nuestros compañeros fueron arrestados.

El *empate* estaba muy bien organizado. Ves que tú no simplemente sales a algún lugar para bloquear la deforestación. No: primero, nos coordinamos cuidadosamente para que en el mismo momento en que estuviéramos en nuestra destinación, Dom Moacyr, los miembros del sindicato en Rio Branco y Brasília, y los abogados que sabían de la ilegalidad de la deforestación también estuvieran diseminando las noticias de la destrucción y del *empate.* Su trabajo era informar al pueblo de lo que significaba la deforestación para las poblaciones tradicionales y para todos. Los *empates* tenían que tener una gran repercusión para ser efectivos, uno no podía tener un *empate* aislado y adelantar la causa.

Otro *empate* difícil fue el de la Cachoeira, donde tuvimos cobertura amplia de los medios de comunicación, así que el público vio claramente la destrucción como también el gran número de policías con armas pesadas, y el contraste con los caucheros que no teníamos armas porque nuestra resistencia era no violenta. Estuvimos nueve días en un estado de alta tensión, pero por fin salimos victoriosos allí también. Tristemente, el costo fue muy grande, porque Darlí, el ranchero que se consideraba el dueño de la Cachoeira, sentía tanto odio por nosotros y por Chico en particular, que mandó que su hijo, Darcí, lo asesinara. Esto fue en 1988. La pérdida de Chico tuvo un impacto devastador en nosotros, nuestro movimiento, y el de los *seringueiros* y pueblos forestales en todos los estados de la región amazónica. Pero teníamos que seguir adelante, no podíamos desistir y echarlo todo a perder.[16]

Poco a poco, hemos seguido adelante, aunque con muchas dificultades. En 1995 hicimos algo muy positivo al colaborar con otros grupos para formar el GTA (Grupo de Trabajo Amazónico), una coalición de varias entidades aquí en el Amazonas que apoyan tres causas: la mejoría económica para los pueblos forestales, la justicia social y la protección del medio ambiente. Para los países del Tercer Mundo, la única manera de desarrollarnos es a través de nuestros recursos de biodiversidad. Tenemos que «comerciar» con ellos, o sea, tenemos que proteger nuestros recursos pero también negociar con ellos, utilizarlos para obtener lo que necesitamos: tecnología y capacitación. Soy parte de una red de personas que está discutiendo este tema y estamos planeando una legislación que nos compensaría por el uso de nuestros recursos. Los terratenientes y madereros poderosos tienen una fuerte representación en el Congreso, por eso es muy difícil promulgar[17] una

[13]hacienda
[14]De... De repente
[15]con terror
[16]echarlo... arruinarlo, malograrlo
[17]publicar formalmente una ley para que se cumpla

legislación que proteja al medio ambiente, pero también hay un número considerable de senadores que están interesados en cooperar con nuestros grupos.

El problema es que necesitamos una ley de acceso a los recursos para protegerlos. Las cosas que tienen los *seringueiros* —insectos, plantas, animales— constituyen un tesoro. Tenemos aquí la mayor parte de la biodiversidad del mundo, como también 30% del agua dulce del mundo. Eso quiere decir que tenemos una responsabilidad enorme hacia la humanidad y el planeta, pero no puede ser exclusivamente nuestra, tiene que ser compartida. Mientras tanto, tenemos que descubrir cuáles de nuestros recursos pueden proveer los medios para mejorar nuestras vidas. Es un proyecto a largo plazo, pero es urgente iniciarlo ahora; si no, perderemos nuestra oportunidad para el futuro, porque no habrá futuro.

Es preciso que el *seringueiro* siga diversificando su producción. Por mucho tiempo producía solamente caucho y nueces del Brasil. Pero hoy está produciendo frutas como *pupunha* y *açaí*,[18] pescado, miel, palmito,[19] y está probando nuevas maneras de utilizar la floresta, como la idea de sistemas agroforestales. Por ejemplo, tenemos las *vilhas de alta densidade,* o comunidades de alta densidad; o sea, pequeñas aldeas localizadas cerca de la ciudad donde han sembrado, digamos, dos hectáreas de árboles de caucho, pero cultivan otros productos también para vender en la ciudad, y la gente allí está viviendo mucho mejor que antes. Nuestra idea siempre es mejorar las condiciones de vida de los pueblos forestales, las cuales son extremadamente precarias.

Algo más por la cual luchamos es las inversiones sociales para mejorar la calidad de vida. Necesitamos escuelas y puestos médicos porque los pueblos tradicionales todavía no tienen acceso a tales derechos de ciudadanía. Las pocas escuelas y puestos médicos que tenemos en los *seringales* de Xapuri, por ejemplo, son el resultado de los esfuerzos del CTA (Centro de Trabajadores del Amazonas), que a través del Proyecto Seringueiro provee educación en la selva. Producen sus propios libros, posters y otros materiales educativos, y capacitan a sus propios maestros en un programa que ha ganado varios premios de organismos internacionales, como la UNESCO. Su trabajo es sumamente interesante y efectivo; su pedagogía, como la de MOBRAL, fue inspirada por Paulo Freire.

Creo que el *seringueiro,* con ayuda, puede modernizarse sin perder su cultura. Si tenemos educación, tecnología e investigación, podemos avanzar sin provocar una ruptura con nuestra tradición forestal. Hay que preservar el bosque para mantener nuestra cultura: ésa es la primera lección que tenemos que llevar a todos. Acre todavía es una de las áreas más preservadas del Amazonas; Rondônia, por ejemplo, ya ha perdido como 20% de su bosque, y nosotros, 8%. Habríamos perdido más si no hubiera sido por nuestra lucha, nuestra historia, nuestros líderes como Chico y el sufrimiento de nuestro pueblo porque resistió la deforestación. Recuerdo lo doloroso que era ser el blanco de una campaña feroz de difamación que me acusaba de estar en contra del progreso, de querer mantener a nuestro pueblo y nuestro país en el atraso y la ignorancia. Todavía continúa, pero ahora sabemos cómo se ve la cara del «progreso» de nuestros detractores.[20]

[18]pupunha… frutas originarias de Brasil
[19]*palm heart*
[20]adversarios que difaman

A pesar de la crítica, seguimos protegiendo el bosque y las prácticas forestales sostenibles. Nuestra idea es vivir del bosque sin destruirlo. Por ejemplo, nuestro plan de manejo consiste en dividir en tres partes, o *estradas* de manejo, un bosque de, digamos, 300 hectáreas.[21] Por diez años se explotaría un lote, extrayendo cierto porcentaje de madera madura. En el bosque, aproximadamente 5% de la vegetación muere anualmente; pues, tú identificas estos árboles maduros y los cosechas. Requiere unos 30 años para que se madure un árbol duro como el cedro o la caoba. Entonces, durante los próximos diez años, explotarás otro lote, y cuando regreses al lote original, los árboles que reemplazaste hace 30 años ya estarán maduros, y así sucesiva y sosteniblemente.

Varias organizaciones nacionales de investigación agrícola y ambiental están estudiando este tema como un modelo para el Amazonas. Tenemos solamente algunos proyectos de demostración ahora, pero creo que va a propagarse por toda la región porque la gente está viendo que realmente funciona. Así enseñamos al pueblo que hay alternativas a la manera pródiga y no sostenible en que se ha cosechado la madera; estamos enseñando que no tenemos que acabar con todo y quedarnos sin nada.

El maderero y el ranchero no están de acuerdo con este acercamiento, pero tendrían que cumplir si fuera la ley. Si tuviéramos un sistema para certificar el origen de la madera para exportación, tendrían que respetar eso también. Si la madera sin un sello[22] de aprobación designado no pudiera ser exportada, entonces los madereros estarían obligados a cumplir con ciertos criterios para poder venderla. Tendríamos que galvanizar la presión pública, tener un sistema riguroso de imposición y reclutar la cooperación de los países importadores para no comprar madera «sucia». De esa manera solamente la madera certificada como «limpia», que haya sido cosechada sosteniblemente, sería vendida. Este cambio masivo ya está en marcha.

El CNS (Consejo Nacional de Seringueiros) y el Ministerio de Reforma Agraria han colaborado para crear proyectos para comunidades extractivas que hacen sus vidas económicamente más viables. Esto es especialmente importante para las poblaciones aisladas. Nuestro plan de manejo forestal propone varias *colocações,* o pequeñas comunidades de familias y un núcleo central que tendría un puesto médico, una escuela y un tipo de agroindustria modesta para procesar la madera y hacer muebles. El núcleo tendría una iglesia, micro empresas y un sistema de radio comunicación. Habría sendas que darían al núcleo y una vereda central que sería un poco más grande, suficientemente ancha para acomodar una carreta. Sería como una aldea.

Hay tantas cosas por hacer. También necesitamos utilizar mejor nuestros ríos, que son los caminos de la selva. Sería de gran ayuda si el gobierno limpiara los ríos de ramas, si tuvieran barcos que atendieran las poblaciones fluviales, barcos con médicos, barcos para transportar bienes, medicinas y personas. El gobierno no debe ver eso como trabajo de caridad, sino como algo significativo para el furturo y estratégicamente importante para el gobierno.

[21]una hectárea equivale a 10.000 metros cuadrados
[22]marca oficial

Soy una persona esperanzada y tengo fe en Dios. No está bien que este magnífico patrimonio que Dios nos dio sea destrozado.[23] Por eso, tengo que hacer algo y tengo que creer que es posible hacer algo. El gobierno ha hecho algunos esfuerzos positivos en coyunturas[24] críticas y ya ha pasado el tiempo en que cualquiera podía entrar y hacer lo que le diera la gana[25] aquí. Hoy, gran parte del problema que yo enfrento es que muchas veces no nos entendemos a nosotros mismos; o sea, las mismas personas que estamos beneficiando con nuestros programas a veces no entienden lo que estamos haciendo; muchas veces esas mismas personas piensan que el progreso significa derribar el bosque. Algunos simplemente cuidan de su propio interés personal, pero creo que no puedes sentarte y no hacer nada para impactar el mundo que te rodea, creo que todos tenemos que hacer algo, aunque nos traiga problemas.

Por ejemplo, se han hecho muchas acusaciones falsas y dolorosas contra mí: que soy subversiva y otras cosas. Pero la que siempre me dolió más es que estaba descuidando a mis hijos, que no los quería porque si los quisiera, no estaría involucrada en la política. Recuerdo una frase de mis estudios religiosos que me ha ayudado mucho en esta situación: «El amor por una persona que no está acompañado por un amor profundo por la humanidad puede ser muchas cosas, pero no es amor». Si amas al prójimo, a tus hijos, tienes que amar a la humanidad también, porque el amor no existe en un vacío.

No es fácil, porque en esta jornada encuentras no solamente a los que están en desacuerdo contigo, sino a los que persisten en tratar de destruirte. Te duele cuando dicen mentiras terribles o cuando estás sujeta a la intimidación y las amenazas. Sufres, pero también tienes que mantenerte firme en lo que crees. A veces pienso que nosotras, las mujeres, queremos que todo se decida por consenso, porque cuando tienes que luchar, enfrentar al adversario en la calle, sufres. Pero, con todo, tienes que enfrentarlo. Al mismo tiempo, tienes que recordar que tus adversarios tienen familias, niños, y que es un equívoco deshumanizarlos.

Vivimos en una época muy interesante. Por ejemplo, la globalización nos asusta, pero tiene algunas características positivas también. Nada es completamente malo, ¿verdad? Creo que podemos, hasta cierto punto, hacer que la globalización nos sirva a nosotros. Por ejemplo, la exclusión social es un problema mundial con billones de seres humanos marginados y exluídos de sus sociedades. Es como si existiera una cultura de seres humanos y otra de los «casi humanos», y ésta es una perversión terrible de la justicia. Antes, colocábamos todas nuestras esperanzas en un líder particular, o un partido político que pensábamos que era poderoso, pero ahora creo que la salida de la injusticia y la exclusión será más sistémica y horizontal. El poder ya no quedará con un solo individuo sino que será esparcido entre grupos de ciudadanos en todas partes del globo, por lo menos creo que puede ser así si trabajamos en esa dirección. Siempre he dicho que el poder necesita ser dividido, y tal vez eso será más posible ahora que en el pasado.

Aprendí tanto de Chico. Era un líder sistémico. Lo que quiero decir con esto es que compartió el poder, la autoridad y la responsabilidad con todos: con

[23]destruido
[24]circunstancias
[25]lo... lo que fuera, cualquier cosa

caucheros e investigadores, con nuestro pueblo y con forasteros, y también conmigo. Para que nuestro trabajo sea efectivo, esto es lo que tenemos que hacer. Es por eso que te digo que tú, como investigadora, puedes ayudarme, y yo también puedo ayudarte. Todos somos flechas y todos somos arcos. A veces soy el arco que propulsa la flecha, y a veces tú lo eres, pero no hay un buen arco sin una buena flecha, y viceversa. Nos necesitamos.

Un poeta brasileño tiene una canción que dice: «Narciso encuentra feo todo lo que no es espejo». Narciso, el dios de la mitología griega, encontró la belleza solamente en su propia imagen; lo que es más, consideró feo todo lo demás. Tal vez el reto más grande para la humanidad sea buscar la diferencia, la persona que nos pueda complementar y transformar, abriendo nuevas posibilidades para mejorar nuestra vida. Por eso es tan importante compartir el poder, la información, las ideas y las culturas, como estamos haciendo aquí.

Para verificar su comprensión

Empareje los siguientes términos con su descripción.

1. _____ *seringal*
2. _____ *empate*
3. _____ MOBRAL
4. _____ *quebra*
5. _____ *fazendeiros*
6. _____ Proyecto Seringueiro
7. _____ madereros
8. _____ ganaderos
9. _____ *vilhas de alta densidade*
10. _____ *estradas* de manejo
11. _____ Chico Mendes
12. _____ madera limpia

a. programa de alfabetización para adultos
b. veredas en el bosque que marcan lotes para su explotación racional planeada
c. confrontación no violenta por parte de los caucheros
d. bosque que contiene árboles de caucho
e. respetado líder de los caucheros, asesinado en 1988
f. cantidad de agua que contiene el caucho crudo
g. madera certificada, cosechada sosteniblemente
h. hacendados
i. dueños de serrerías (*sawmills*) o exportadores de madera
j. ha establecidos muchas escuelas en el bosque para los *seringueiros*
k. dueños de ganado
l. comunidades caucheras establecidas cerca del municipio para mejorar las condiciones de vida del cauchero

Interpretación de la lectura

1. ¿A qué edad comenzó Silva a trabajar en el *seringal?* ¿Por qué? ¿A quiénes valoran más en el *seringal:* a los hijos o a las hijas? ¿Le recuerda esto a otra lectura?

2. En su opinión, ¿por qué ha sido el *empate* una estrategia tan efectiva?

3. ¿Por qué están diversificando su producción los *seringueiros?*

4. ¿En qué consiste la inversión social que propone Silva?

5. Comente el plan de Silva para el manejo sostenible de la selva. ¿Cuáles son sus ventajas sobre la práctica actual? ¿Qué piensan el maderero y el ganadero de su plan? ¿Por qué?

6. ¿Por qué aboga Silva por un proceso de certificación?

7. ¿Qué piensa Silva de la globalización?

8. Comente las dos actitudes hacia el progreso, la de Silva y la de sus detractores. ¿Cuál prefiere Ud.? ¿Por qué?

Comparaciones

1. ¿Cuáles son las críticas que hacen Lutz y Silva del desarrollo económico? En su opinión, ¿son acertadas? ¿Le hacen pensar en la lectura de Câmara (ver Capítulo siete)?

2. ¿Compare los proyectos de Gámez y de Silva. ¿Cuáles son sus metas, semejanzas y diferencias?

3. ¿Cómo expresa el poema de Aridjis las preocupaciones centrales de Lutz y Silva?

4. ¿Piensa Ud. que se podría establecer una comparación entre la *quebra* de que habla Silva y los «impuestos» que agravaron la situación de Fabiano en la selección de Graciliano Ramos (ver Capítulo dos)? ¿Por qué?

5. A su parecer, ¿ilustra el trabajo de Aridjis, Gámez, Lutz y Silva los cambios positivos que la crítica cultural puede efectuar? Explique.

6. ¿Qué tienen en común las visiones del mundo de Silva, Gámez, Lazo, Rendón, Casali, Freire y Câmara? Comente detenidamente las semejanzas y ofrezca algunas observaciones sobre el valor de sus perspectivas.

¿Está Ud. de acuerdo?

«Todos somos flechas y todos somos arcos. A veces soy el arco que propulsa la flecha y a veces tú lo eres, pero no hay un buen arco sin una buena flecha, y viceversa. Nos necesitamos.»

La identidad nacional

GIOCONDA BELLI (1948–)

La poeta nicaragüense Gioconda Belli creció en la época de la dictadura somocista. Su militancia política, primero como universitaria y después como escritora, data de sus experiencias durante sus años de formación. Trabajó con el movimiento sandinista durante la década de los setenta del siglo pasado, exiliándose en Costa Rica en 1975 pero continuando desde el exilio su apoyo a la causa revolucionaria.

Se trata aquí el tema del exilio porque representa la vida, el anhelo y la triste nostalgia de tantos latinoamericanos que, sin quererlo, se encuentran en el extranjero. Su número es elevado y su exilio afecta la consolidación de la identidad y de los proyectos nacionales que tanto preocupan a los críticos de la cultura. También tratamos el tema del exilio en estos poemas de Belli porque nos enseñan el sacrificio que han hecho la mujer y la madre latinoamericanas con la esperanza de que su patria logre la creación de una identidad libre. Los poemas siguientes provienen de la colección *Línea de fuego* (1978) que, con *Sobrevivo* (1978) de su compatriota Claribel Alegría, ganó el prestigioso Premio Casa de las Américas en 1978. Entre sus libros más recientes se incluyen *El ojo de la mujer* (1995) y *El país bajo mi piel: memorias de amor y guerra* (2001).

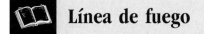 **Línea de fuego**

quien no sabe que a esta altura
el dolor es también un ilustre apellido…
      Mario Benedetti

El tiempo que no he tenido el cielo azul
y sus nubes gordas de algodón en rama,

sabe que el dolor del exilio
ha hecho florecer cipreses[1] en mi carne.
Es dolor el recuerdo de la tierra mojada
la lectura diaria del periódico
que dice que suceden
cada vez más atrocidades,
que mueren y caen presos los amigos
que desaparecen los campesinos
como tragados por la montaña.

Es dolor este moverme en calles
con nombres de otros días, otras batallas,
de otros personajes que no son de mi historia.
Es dolor caminar entre caras desconocidas
con quienes no puedo compartir un poema,
hablar de cosas de la familia
o simplemente despotricar[2] contra el gobierno.

Es dolor llegar hasta el borde,[3]
ver de lejos el lago,
los rótulos[4] en la carretera: Frontera de Nicaragua
y saber que aún no se puede llegar más allá,
que lo más que se puede es empinarse[5]
y tratar de sentir el olor de las flores y campos
y quemas.[6]

Es dolor,
pero se crece en canto
porque el dolor es fértil como la alegría
riega, se riega por dentro,
enseña cosas insospechadas,
enseña rabia
y viene floreciendo en tantas caras
que a punta de[7] dolor
es seguro que pariremos[8]
un amanecer
para esta noche larga.

Yo fui una vez una muchacha risueña

que andaba con su risa
por toda una ciudad que le pertenecía.
Yo fui una vez una mujer poeta
que salía con un poema nuevo,

[1] árboles simbólicos de la tristeza
[2] hablar mal
[3] límite
[4] letreros
[5] ponerse sobre la punta de los pies
[6] fuegos que les prenden a los restos de una cosecha
[7] a... a fuerza de
[8] daremos a luz

como quien sale con un hijo,
a enseñarlo, a gozarlo.
Yo fui una vez la madre de dos niñas preciosas
y andaba segura de mi felicidad,
desafiando al viento y a las cosas.

Ahora,
yo soy una mujer que no conoce la tierra donde vive,
sin amor, sin risa, sin Nicaragua,
soy una poeta
que escribe a escondidas
en oficinas serias y casas de huéspedes,
soy una muchacha que llora
debajo de un paraguas
cuando la muerde el recuerdo,
soy una madre que añora[9] la alegría de sus hijas:
Ahora,
soy un canto de lluvia y de nostalgia,
soy de ausencia.

[9]siente nostalgia de

Para verificar su comprensión

Haga una lista de los efectos del exilio descritos en los dos poemas. ¿Cuáles le parecen ser los más impresionantes?

Interpretación de la lectura

1. En el primer poema, Belli habla del dolor del exilio. Describa Ud. el dolor de «recuerdo», «lectura», «moverse», «caminar» y «llegar hasta el borde», y comente sobre cómo Belli intensifica el dolor en cada estrofa. La última estrofa todavía enfoca el dolor del destierro, pero tiene connotaciones diferentes. Describa este cambio y su significado.

2. En «Yo fui una vez una muchacha risueña», Belli traza un contraste muy llamativo entre la primera y la segunda estrofa. Describa la naturaleza de este contraste. ¿Cree Ud. que Belli comunica vívidamente la experiencia del exilio? ¿Por qué?

Tema escrito

Haga un estudio sobre los exiliados políticos y económicos de América Latina y el tema de la identidad nacional.

OCTAVIO PAZ (1914–1998)

El gran poeta y ensayista mexicano Octavio Paz, recipiente del Premio Nobel de Literatura en 1990, fue uno de los principales exponentes latinoamericanos de la crítica cultural. Como diplomático, intelectual y escritor fue universalmente aclamado, tanto por su conciencia social como por su arte. Paz ganó fama internacional por su influyente y controvertida obra *El laberinto de la soledad* (1950): un sondeo[1] profundo y provocador de la identidad y el carácter del mexicano. En él, Paz analiza y condena rotundamente el machismo, al cual él culpa de muchos de los males nacionales. Paz medita sobre las razones históricas, psicológicas y filosóficas del firme arraigo del machismo, y estudia sus varias manifestaciones sociales.

En este fragmento de *El laberinto de la soledad,* Paz reflexiona sobre el significado cultural del machismo, relacionándolo con el lenguaje y, en particular, con los muchos sentidos de ciertas «palabras prohibidas».

[1]investigación

Guía de prelectura

¿Ha pensado Ud. alguna vez en la relación que existe entre el lenguaje tabú y el sexo? ¿entre esta relación y las reglas sociales que la rigen? ¿en la relación entre el lenguaje y el carácter nacional? Paz ha meditado detenidamente sobre estos temas, como se puede ver en el siguiente análisis de los múltiples significados y usos de ciertas «palabrotas»[2] mexicanas. Antes de leer, piense en estas preguntas en lo pertinente al idioma inglés y a la cultura estadounidense.

[2]palabras groseras u obscenas

Los hijos de la Malinche[a] (*fragmento*)

En nuestro lenguaje diario hay un grupo de palabras prohibidas, secretas, sin contenido claro, y a cuya mágica ambigüedad confiamos la expresión de las más brutales o sutiles de nuestras emociones y reacciones. Palabras malditas, que sólo pronunciamos en voz alta cuando no somos dueños de nosotros mismos. Confusamente reflejan nuestra intimidad: las explosiones de nuestra vitalidad las

---

[a]La Malinche fue intérprete, guía y amante del conquistador español Hernán Cortés.
Aunque nuevas investigaciones están reivindicando el papel histórico de la Malinche,
todavía hoy día su nombre se identifica en México con la traición al patrimonio nacional.

---

iluminan y las depresiones de nuestro ánimo las oscurecen. Lenguaje sagrado, como el de los niños, la poesía y las sectas. Cada letra y cada sílaba están animadas de una vida doble, al mismo tiempo luminosa y oscura, que nos revela y oculta. Palabras que no dicen nada y dicen todo. Los adolescentes, cuando quieren presumir de hombres, las pronuncian con voz ronca. Las repiten las señoras, ya para significar su libertad de espíritu, ya para mostrar la verdad de sus sentimientos. Pues estas palabras son definitivas, categóricas, a pesar de su ambigüedad y de la facilidad con que varía su significado. Son las malas palabras, único lenguaje vivo en un mundo de vocablos anémicos. La poesía al alcance de todos.

Cada país tiene la suya. En la nuestra, en sus breves y desgarradas,[3] agresivas, chispeantes[4] sílabas, parecidas a la momentánea luz que arroja el cuchillo cuando se le descarga contra un cuerpo opaco y duro, se condensan todos nuestros apetitos, nuestras iras,[5] nuestros entusiasmos y los anhelos que pelean en nuestro fondo, inexpresados. Esa palabra es nuestro santo y seña.[6] Por ella y en ella nos reconocemos entre extraños y a ella acudimos[7] cada vez que aflora[8] a nuestros labios la condición de nuestro ser. Conocerla, usarla, arrojándola al aire como un juguete vistoso o haciéndola vibrar como un arma afilada,[9] es una manera de afirmar nuestra mexicanidad.

Toda la angustiosa tensión que nos habita se expresa en una frase que nos viene a la boca cuando la cólera, la alegría o el entusiasmo nos llevan a exaltar nuestra condición de mexicanos: ¡Viva México, hijos de la Chingada! Verdadero grito de guerra, cargado de una electricidad particular, esta frase es un reto y una afirmación, un disparo,[10] dirigido contra un enemigo imaginario, y una explosión en el aire. Nuevamente, con cierta patética y plástica fatalidad, se presenta la imagen del cohete[11] que sube al cielo, se dispersa en chispas[12] y cae oscuramente. O la del aullido[13] en que terminan nuestras canciones, y que posee la misma ambigua resonancia: alegría rencorosa,[14] desgarrada afirmación que se abre el pecho y se consume a sí misma.

Con ese grito, que es de rigor gritar cada 15 de septiembre, aniversario de la Independencia, nos afirmamos y afirmamos a nuestra patria, frente, contra y a pesar de los demás. ¿Y quiénes son los demás? Los demás son los «hijos de la Chingada»: los extranjeros, los malos mexicanos, nuestros enemigos, nuestros rivales. En todo caso, los «otros». Esto es, todos aquellos que no son lo que nosotros somos. Y esos otros no se definen sino en cuanto hijos de una madre tan indeterminada y vaga como ellos mismos.

¿Quién es la Chingada? Ante todo, es la Madre. No una Madre de carne y hueso, sino una figura mítica. La Chingada es una de las representaciones mexicanas de la Maternidad, como la Llorona o la «sufrida madre mexicana» que festejamos el 10 de mayo. La Chingada es la madre que ha sufrido, metafórica o realmente, la acción corrosiva e infamante implícita en el verbo que le da nombre. Vale la pena detenerse en el significado de esta voz[15]…

En México los significados de la palabra son innumerables. Es una voz mágica. Basta un cambio de tono, una inflexión apenas, para que el sentido

[3]rasgadas, rotas
[4]*flashing*
[5]rabias, cóleras
[6]santo… *password*
[7]recurrimos
[8]sale
[9]*sharp*
[10]descarga de pistola
[11]*rocket*
[12]partículas pequeñas encendidas
[13]*howl*
[14]hostil
[15]palabra

varíe. Hay tantos matices como entonaciones: tantos significados como sentimientos. Se puede ser un chingón, un Gran Chingón (en los negocios, en la política, en el crimen, con las mujeres), un chingaquedito (silencioso, disimulado, urdiendo tramas[16] en la sombra, avanzando cauto para dar el mazazo[17]), un chingoncito. Pero la pluralidad de significaciones no impide que la idea de agresión —en todos sus grados, desde el simple de incomodar, picar, zaherir,[18] hasta el de violar, desgarrar y matar— se presente siempre como significado último. El verbo denota violencia, salir de sí mismo y penetrar por la fuerza en otro. Y también, herir, rasgar, violar —cuerpos, almas, objetos—, destruir. Cuando algo se rompe, decimos: «se chingó». Cuando alguien ejecuta un acto desmesurado y contra las reglas, comentamos: «hizo uná chingadera».

La idea de romper y de abrir reaparece en casi todas las expresiones. La voz está teñida de sexualidad, pero no es sinónimo del acto sexual; se puede chingar a una mujer sin poseerla. Y cuando se alude al acto sexual, la violación o el engaño le prestan un matiz particular. El que chinga jamás lo hace con el consentimiento de la chingada. En suma, chingar es hacer violencia sobre otro. Es un verbo masculino, activo, cruel: pica, hiere, desgarra, mancha. Y provoca una amarga, resentida satisfacción en el que lo ejecuta.

Lo chingado es lo pasivo, lo inerte y abierto, por oposición a lo que chinga, que es activo, agresivo y cerrado. El chingón es el macho, el que abre. La chingada, la hembra, la pasividad pura, inerme[19] ante el exterior. La relación entre ambos es violenta, determinada por el poder cínico del primero y la impotencia de la otra. La idea de violación rige oscuramente todos los significados. La dialéctica de «lo cerrado» y «lo abierto» se cumple así con precisión casi feroz.

El poder mágico de la palabra se intensifica por su carácter prohibido. Nadie la dice en público. Solamente un exceso de cólera, una emoción o el entusiasmo delirante, justifican su expresión franca. Es una voz que sólo se oye entre hombres, o en las grandes fiestas, Al gritarla, rompemos un velo de pudor,[20] de silencio o de hipocresía. Nos manifestamos tales como somos de verdad. Las malas palabras hierven en nuestro interior, como hierven nuestros sentimientos. Cuando salen, lo hacen brusca, brutalmente, en forma de alarido,[21] de reto, de ofensa. Son proyectiles o cuchillos. Desgarran…

La palabra chingar, con todas estas múltiples significaciones, define gran parte de nuestra vida y califica nuestras relaciones con el resto de nuestros amigos y compatriotas. Para el mexicano la vida es una posibilidad de chingar o de ser chingado. Es decir, de humillar, castigar y ofender. O a la inversa. Esta concepción de la vida social como combate engendra fatalmente la división de la sociedad en fuertes y débiles. Los fuertes —los chingones sin escrúpulos, duros e inexorables— se rodean de fidelidades ardientes e interesadas. El servilismo ante los poderosos —especialmente entre la casta de los «políticos», esto es, de los profesionales de los negocios públicos— es una de las deplorables consecuencias de esta situación. Otra, no menos degradante, es la adhesión a las personas y no a los principios. Con frecuencia nuestros políticos

[16]urdiendo… creando intrigas
[17]golpe
[18]mortificar
[19]indefensa
[20]modestia
[21]grito

confunden los negocios públicos con los privados. No importa. Su riqueza o su influencia en la administración les permite sostener una mesnada[22] que el pueblo llama, muy atinadamente,[23] de «lambiscones».[24]

El verbo chingar —maligno, ágil y juguetón como un animal de presa[25]— engendra muchas expresiones que hacen de nuestro mundo una selva: hay tigres en los negocios, águilas en las escuelas o en los presidios,[26] leones con los amigos. El soborno[27] se llama «morder». Los burócratas roen[28] sus huesos (los empleos públicos). Y en un mundo de chingones, de relaciones duras, presididas por la violencia y el recelo,[29] en el que nadie se abre ni se raja[30] y todos quieren chingar, las ideas y el trabajo cuentan poco. Lo único que vale es la hombría, el valor personal, capaz de imponerse…

En todas las civilizaciones la imagen del Dios Padre —apenas destrona a las divinidades femeninas— se presenta como una figura ambivalente. Por una parte, ya sea Jehová, Dios Creador, o Zeus, rey de la creación, regulador cósmico, el Padre encarna el poder genérico, origen de la vida; por la otra es el principio anterior, el Uno, de donde todo nace y adonde todo desemboca. Pero, además, es el dueño del rayo y del látigo, el tirano y el ogro devorador de la vida. Este apecto —Jehová colérico, Dios de ira, Saturno Zeus violador de mujeres— es el que aparece casi exclusivamente en las representaciones populares que se hace el mexicano del poder viril. El «macho» representa el polo masculino de la vida. La frase «yo soy tu padre» no tiene ningún sabor paternal, ni se dice para proteger, resguardar o conducir, sino para imponer una superioridad, esto es, para triunfar. Su significado real no es distinto al del verbo chingar y algunos de sus derivados. El «Macho» es el Gran Chingón.

Una palabra resume la agresividad, impasibilidad, invulnerabilidad, uso descarnado[31] de la violencia, y demás atributos del «macho»: poder. La fuerza, pero desligada de toda noción de orden: el poder arbitrario, la voluntad sin freno y sin cauce.[32]

---

[22]grupo de personas
[23]apropiadamente
[24]de lamer, *to lick*
[25]de… *predatory*
[26]prisiones
[27]*bribery*
[28]*gnaw*
[29]desconfianza
[30]se… se rinde, se da por vencido
[31]crudo
[32]dirección

Para verificar su comprensión

¿Cierto o falso? Indique si cada afirmación es cierta (C) o falsa (F). Si es falsa, corríjala según la lectura.

1. _____ La «Chingada» es una figura mítica.

2. _____ Hay un solo significado del término «chingar».

3. _____ La idea de agresión está siempre presente en la palabra.

4. _____ El que chinga siempre lo hace con el consentimiento de la chingada.

5. _____ El chingón es «lo abierto», mientras que la chingada es «lo cerrado».

6. _____ La palabra tiene poder mágico porque es tan pública.

7. _____ La palabra concibe la vida social como una empresa cooperativa.

8. _____ La vida política se maneja por la dialéctica entre chingar o ser chingado.

9. _____ Para el mexicano, la imagen del padre sugiere la imposición más que la protección.

10. _____ La palabra «poder» resume todos los atributos del macho.

Interpretación de la lectura

1. ¿Le parece contradictorio que tanto algunos de los mexicanos como los que no lo son puedan ser considerados «hijos de la Chingada»? ¿Por qué?

2. ¿Quién es la «Chingada»? ¿Connota necesariamente el sufrir? ¿Por qué?

3. En sus meditaciones sobre la «Chingada» y los muchos matices y significados de la palabra «chingar», Paz sostiene que el verbo denota, sobre todo, agresión y violencia. Si eso es cierto, ¿qué importancia tiene para la identidad nacional el hecho de que los mexicanos consideren a los «otros» «hijos de la Chingada»?

4. La tensión entre «lo cerrado» y «lo abierto» es uno de los temas principales de _El laberinto de la soledad._ ¿Cómo relaciona Paz esta tensión con el verbo «chingar»?

5. ¿Por qué dice Paz que la palabra «chingar» define gran parte de la vida del mexicano?

6. Según Paz, ¿cuál es la relación entre el machismo y el verbo «chingar»?

Tema escrito

Haga una investigación sobre el machismo en América Latina centrándose en sus efectos en la vida pública. ¿Se puede establecer una vinculación adicional entre el machismo y el militarismo? ¿Cómo?

ELENA MILÁN

Elena Milán, poeta y cuentista mexicana, estudió en los EE. UU. y en Europa, y trabajó como traductora e intérprete para el gobierno mexicano. Publicó en 1980 su colección poética *Circuito amores y anexas,* de la cual viene su conocido poema «Las buenas mujeres», cuya segunda y tercera partes se incluyen a continuación. A través de un estilo informal, irónico y compasivo, Milán capta en este poema la relación agridulce entre «las buenas mujeres» del pasado y sus hijas. Con enojo y comprensión, rechaza el hembrismo que truncó[1] el desarrollo pleno de la mujer de la generación de la madre y la abuela. Al mismo tiempo, Milán reconoce que las quiere por el martirio callado y abnegado[2] que ellas le han legado a la generación de mujeres de hoy.

[1]cortó, interrumpió
[2]con sacrificio

Las buenas mujeres (*fragmento*)

II.

Ellas son las madres, tías, abuelas, los regazos[3] para cien bebés, la plenitud de las caderas, los pilares del núcleo familiar, las detentadoras[4] de misterios, secretos y sabiduría;

las buenas mujeres, cenotes[5] de los sacrificios —recibidores de oro en ofrenda por preservar la especie—;

las cocineras, lavanderas, costureras, barrenderas[6] incansables. Limpieza no sólo rima con pureza, también debe parecerlo: Ay de aquélla que enamorada de Don Ameche[a] tenga el valor de escribirle pidiéndole un autógrafo.

Ellas, que tuvieron pretendientes a montones —¿conociste la lista? Y luego nos explicaron el favor que hicieron a papá casándose con él y cuántos años llevan pagándolo.

Ellas, que renunciaron al sexo antes y unos años después del matrimonio y tuvieron hijos en penitencia a sus pecados, por decisión sacerdotal.

Ellas, que nos acogieron con lástima en consideración a nuestro sexo y nos prepararon para ser duras piedras de sacrificios pero dúctiles plastilinas[7] entre los dedos de nuestros señores.

Ellas, a quienes soñamos como bestias tendidas a la puerta de la casa —dragones del San Jorge que ya salió del calendario— vigilando su honor e integridad; o las vemos con un falo en la mano carcajeándose de nuestro afán de hallarlo.

[3]*laps*
[4]usuarias, dueñas ilegítimas
[5]pozos
[6]personas que tienen el oficio de barrer
[7]dúctiles… materiales maleables

---

[a]Actor popular del cine en la década de los cuarenta; murió en 1995.

[8]desorientación
[9]*tray, platter*
[10]doncellas, vírgenes
[11]*scalpel*
[12]Saltillo… ciudades provinciales de México
[13]lazos de adorno
[14]piedra
[15]*watercolor*
[16]avión… juegos de niños
[17]Escuela Normal
[18]asiento para interrogar al acusado

Ellas, que nos conservaban niñas indefensas —nuestra edad señalaba con el índice la suya y nos demostraban que la inocencia y la ignorancia suelen mover a sentimientos dulces—; que se hablan de tú con Bernarda Alba[b] y poseen el poder del bien y del mal —¿cuántas condenas al ostracismo decretaron en tu pueblo?, ¿cuántos destierros?, ¿sobre cuántos cuerpos tatuaron la señal del Malo?

Ellas, que manejan desde lejos los cordones del control.

Y nosotras aún llevamos nuestro desconcierto[8] en bandeja[9] a la altura de los ojos, todavía vestales,[10] sin usar unas tijeras.

¿Dónde, dónde? que alguien guíe nuestras uñas, dirija nuestros dientes, nos enseñe dónde se adquiere, cómo, en qué forma se utiliza un bisturí.[11]

III.

Pero ellas vienen desde la bisabuela y la tatarabuela, —la vida es así, ¿cómo te atreves?, ¿de dónde sacas semejantes ideas exóticas? Escucha la voz de la experiencia.

Nacieron en Saltillo o en Morelia, en Oaxaca o en San Luis[12] —niñas de bloomers, de moños[13] atados a la espalda y cabellos hasta la cintura: mi madre se lo cortó a los veinte años y los abuelos dejaron de hablarle por un mes.

Las veo cruzando la calle, los libros bajo el brazo, temerosas de ser aplastadas por la estatura de cúpulas y campanarios,

las veo llevando un ritmo de palo en las columnas tableradas, espiando, adivinando detrás de cada ventanal defendido a hierro, el asiento de cantera[14] y la tejedora de crochet, la bordadora de la acuarela;[15]

las veo jugando al avión, la roña, la matatena,[16] repitiendo en susurros la lección del día:

No debes pensar
no debes leer
si te quieres casar;

las veo adolescentes, yendo a la Normal,[17] a la escuela de comercio, pensando en ayudar a la familia, sin imaginar algo llamado independencia —Es tan buena mi hija, me entrega todo lo que gana;

las veo débiles, acatando la preferencia de mamá por la bonita, o la manuable;

las veo aprendiendo a ser hipócritas, tentando al hombre, saliendo, entrando, ofreciendo, negando, hasta tener las bendiciones por escrito, que así debía ser y ellos lo pedían así;

las veo tras el confesionario: Padre, me acuso de haber pecado conmigo misma. Sola, sí. No, no he conocido varón. Y en el banquillo.[18] ¿A dónde vas? ¿Quién te acompaña? ¿A qué hora llegas? ¿Son gente respetable? ¿De qué familia vienen?

---

[b]Bernarda Alba es la madre dominante, emocionalmente alterada por las restricciones machistas de la sociedad provincial española en la obra de teatro *La casa de Bernarda Alba* de Federico García Lorca.

Las veo, después de un baile, lavando pisos, paredes; corredores: un baile cuesta
   caro: la tía Susana me dijo que ella pagaba sonriente y en sus ojos había risas.
Las veo y me pregunto si alguna vez tuvieron un orgasmo —y quisiera tener
   los brazos inmensos, saber cómo llegar a ellas, consolarlas.

Para verificar su comprensión

Describa en una frase las características principales de «ellas», las antepasadas.
Describa con uno o dos adjetivos a «nosotras», las hijas.

Interpretación de la lectura

1. ¿Por qué Milán llama a las madres «cenotes de los sacrificios»?

2. ¿Qué quiere decir Milán con «tuvieron hijos en penitencia a sus pecados, por decisión sacerdotal»?

3. ¿Cómo preparan las madres a sus hijas?

4. ¿Cómo critica Milán el control indirecto que ejerce la madre?

5. En la tercera parte, Milán pinta una imagen mental de la juventud de sus antepasadas. ¿Cómo es? ¿Cómo perpetúa la resignación?

6. ¿Cuál es la lección del día? ¿Tiene la misma función actualmente que tenía antes?

7. ¿Cómo ve Milán a las mujeres al final del poema?

8. ¿Qué crítica del hembrismo, e indirectamente del machismo, hace Milán aquí?

Temas escritos

1. Paz critica la agresividad antisocial del machismo mientras que Milán critica la pasividad femenina perpetuada por las normas tradicionales. Reflexionando sobre estas lecturas, ¿puede Ud. ofrecer observaciones en cuanto a las causas históricas y culturales del machismo? ¿Qué sugeriría Ud. para superarlo?

2. ¿Cree Ud. que la exaltación y perpetuación de la pasividad femenina representan la «internalización» de la visión del opresor de la que habla Freire (ver Capítulo seis)? Explique.

BÁRBARA DÉLANO (1961–1996)

Esta talentosa escritora comenzó a escribir en su adolescencia y publicó, antes de morir en un accidente de avión en 1996, varios cuentos en revistas y periódicos de Chile y México. Tres de sus poesías se incluyen en la antología *Poesía para el camino* (1977). Nacida en Santiago de Chile, Bárbara Délano pasó sus años de formación y universidad en el clima de violencia y terror que caracterizó al régimen del general Augusto Pinochet. En el poema que sigue a continuación, Délano trata el fenómeno aterrador de los «desaparecidos» que afligió en décadas recientes a Chile, Argentina, Uruguay y Brasil, que todavía no se ha extinguido del todo en Guatemala y El Salvador, y que sigue siendo un triste acontecimiento en Colombia. Los muchos miles de desaparecidos incluyen a estudiantes, profesores, comerciantes, políticos y amigos o familiares de personas sospechosas de tener actividades o actitudes «subversivas» y «comunistas». Es común que estas víctimas sufran la tortura y hasta la muerte en manos de sus captores y que, en muchos casos, las familias nunca sepan de su destino. Délano capta muy bien el miedo callado del pueblo en un ambiente en el cual reina la fuerza y no hay respeto alguno por los derechos civiles.

 Presuntamente

Imagínese una calle cualquiera
un hombre caminando en esa calle

Ahora fíjese en ese auto que viene detrás del hombre
Imagine ahora que el auto se detiene
dos sujetos se bajan
   adelantan unos pasos
sorprenden por atrás al hombre que caminaba por la calle
El hombre se da vuelta al sentir la presión de las manos
los sujetos lo conducen
El hombre grita la mitad de un apellido
que los transeúntes no se atreven a oír
El auto se pone en marcha y parte
La gente que se aglomera[1] a mirar
   se va a sus casas

[1]amontona, junta

o a comprar pan
o a buscar a sus hijos al colegio
miran el semáforo
   en fin
      se van.

Para verificar su comprensión

Coloque los siguientes eventos en el orden debido.

_____ El hombre trata de decir algo.

_____ Se acercan al hombre y lo agarran.

_____ Un coche aparece en la calle.

_____ El coche se va.

_____ Las personas en la calle vuelven a lo que estaban haciendo como si nada hubiera ocurrido.

_____ Nadie en la calle quiere oír lo que dice.

_____ Dos hombres salen del coche.

_____ Un hombre camina por la calle.

Interpretación de la lectura

1. ¿Por qué cree Ud. que es importante que imaginemos una calle «cualquiera»?

2. Describa el secuestro del hombre que caminaba por la calle. En su opinión, ¿qué nombre podría haber gritado el hombre? ¿Habría reconocido a sus asaltantes?

3. ¿Cómo reaccionan los otros transeúntes en la calle durante el secuestro? ¿y después del secuestro? ¿Por qué?

4. En su opinión, ¿cuáles son las críticas que hace Délano a la política durante la dictadura militar en Chile (1973–1990)?

Comparación

¿Cree Ud. que la situación descrita en el poema de Délano es la extensión lógica de la búsqueda desenfrenada del poder que critica Paz? ¿Por qué?

MARIO «PACHO» O'DONNELL

Este conocido argentino es médico especialista en psicoanálisis y psicoterapia grupal. Ha escrito estudios de teoría y técnica psicoanalíticas, como también varias obras de ficción y de teatro. Durante la dictadura de Argentina, se exilió en España, volviendo en 1983 para asumir el cargo de Secretario de Cultura de Buenos Aires en el gobierno democrático. Posteriormente se desempeñó como embajador en Panamá y Bolivia. Entre 1994 y 1998 fue Secretario de Cultura de la Nación y luego de la ciudad de Buenos Aires. Fue distinguido por el Rey Juan Carlos I de España con la «Orden de Isabel la Católica» (1985) y por el gobierno de Francia con las «Palmas Académicas» (1987) y la «Orden Nacional al Mérito» (1998). Actualmente es decano de la Facultad de Arte y Comunicación de la Universidad de Ciencias Empresariales y Sociales (UCES) y conduce un programa de televisión en el que se debaten los temas culturales más controvertidos. Es autor de *El águila guerrera: la historia argentina que no nos contaron,* publicado en 2001.

En nuestra lectura, proveniente de *El País* (28 de marzo de 2002), este crítico pugnaz aboga por una nueva solidaridad global, basada en valores de justicia y equidad, para reemplazar una economía global que a su juicio carece de valores humanos. En su artículo, O'Donnell sitúa la actual crisis económica dentro del marco de una identidad nacional históricamente europeizada y enajenada de lo autóctono y exacerbada en nuestra época por un neoliberalismo «sin alma».

 ## La globalización alternativa y el «éxito» argentino

Es insuficiente adjudicar a la corrupción y a la ineficiencia de la dirigencia argentina la monoexplicación de la debacle,[1] pues ésta exige un análisis más complejo que pueda ser aleccionador[2] no sólo para otros países latinoamericanos sino también para los países más vulnerables de las asociaciones de países dominantes (Portugal, Grecia, España).

En el siglo XIX, la guerra civil que definió la identidad nacional y su ubicación en el mundo fue vencida por quienes consideraban a lo ajeno, lo extranjero, como «civilizado» y expresaban, en cambio, un hondo desprecio por la «barbarie»; es decir, los sectores populares compuestos por indios, gauchos y mulatos; arrasaron también con las incipientes industrias provinciales, abjuraron[3] de las tradiciones hispánicas y cristianas, combatieron a los caudillos federales hasta imponer el predominio del puerto sobre las provincias. En su mayoría masones,[4] extranjerizantes, especuladores, convencidos de que su patria[5] era sólo viable si comercialmente se entregaba a Gran Bretaña y culturalmente a Francia.

[1]desastre
[2]que da lección
[3]renegaron públicamente
[4]miembros de sociedades secretas
[5]tierra natal

Parecieron tener razón cuando la idealizada «generación del 80» tuvo un inmenso éxito debido a que las tradicionales *commodities* argentinas, sus granos y sus carnes, fueron ansiosamente demandadas y generosamente pagadas por los países ricos. Un canciller argentino se envaneció[6] entonces, con escaso patriotismo, de representar a «una perla más en la corona británica». Distintos factores, sobre todo la crisis del 30, cambiaron las reglas de juego y se terminó la bonanza para los dueños de la pampa feraz.[7]

Pero lo que no cambió fue una clase dirigente con sus expectativas y sus costumbres «colgadas» de Europa y más tarde de los EE. UU., lo que se acentuó debido a las corrientes inmigratorias que llevaron a que, a principios del siglo XX, hubiese más extranjeros que vernáculos habitando suelo argentino. Hoy una Buenos Aires que todavía se enorgullece[8] de su supuesto parecido con París alberga intelectuales más atentos a los chismes[9] de los cenáculos[10] norteamericanos o europeos que a lo que late bajo sus zapatos.

Esa Argentina desnacionalizada fue campo orégano[11] para la expansión de la globalización neoliberal desde 1976, cuando la dictadura genocida de Videla y Massera se encaramó[12] al poder. A lo largo de estos 25 años de autoritarismo y democracia, munidos[13] de esa centrípeta[14] idealización de lo proveniente de países y consorcios dominantes, desprotegidos por un devaluado orgullo nacional y cebados por los beneficios personales, fueron sus políticos, sus economistas, sus empresarios y sus comunicadores sociales quienes ejecutaron disciplinadamente las instrucciones emanadas de los «propietarios» de la globalización, como aplicados feligreses de las «tablas de la ley» económicas y financieras pergeñadas[15] por los organismos financieros y políticos supranacionales (FMI, BM, G-7, etcétera).

Hay mucho para aprender en la crisis argentina, espejo de las convulsiones que, con sus especificidades, también sacude a Colombia, desgarrada por una guerrilla cuyas filas se alimentan por mujeres y hombres desencantados con lo que el capitalismo les ofrece, y a Venezuela, cuyo presidente es menos sancionado por su torpeza y su autocratismo que por sus nacionalistas violaciones al reglamento neoliberal.

Una de las lecciones es la constatación de lo que sucede cuando, como lo desarrolla Joaquín Estefanía en su último libro *Hijo, ¿qué es la globalización?*, se hacen sinónimos a «globalización» y «economía», es decir, cuando se hace de aquélla la planetización de lo económico-financiero y en cambio no sucede lo mismo con los derechos humanos, la justicia social, la conservación del ambiente, la seguridad jurídica.

Las contundencias[16] de las cifras mostraban que la incorporación argentina al capitalismo global era exitosa: crecimiento del PBI sostenido a lo largo de siete años que promediaba el 6,5% anual, récord mundial en inversiones extranjeras, tecnificación industrial que aproximaba a los países líderes, etcétera. Tal «éxito» mereció[17] en reiteradas oportunidades el reconocimiento público del FMI.

Pero otros guarismos[18] denunciaban el drama de no globalizar la justicia social: las argentinas y los argentinos pobres, es decir, aquellos que deben vivir con menos de 150 dólares mensuales aumentaron hasta alcanzar hoy al 43,8% de la población, licuando a la orgullosa y culta clase media. También los derechos humanos,

[6] se... sintió soberbia
[7] fértil
[8] se... llena de orgullo
[9] noticias verdaderas o falsas, *gossip*
[10] reuniones de literatos y artistas
[11] campo... lugar propicio
[12] se... escaló
[13] provistos
[14] que atrae
[15] ideadas
[16] *forcefulness*
[17] fue digno de
[18] cifras

en su sentido menos retórico, se vieron cruelmente conculcados:[19] suman ahora 6.000.000 de indigentes, es decir, seres humanos a los que se condena a sobrevivir con dos dólares diarios o menos.

Mucho se ha hablado y escrito sobre la corrupción de la dirigencia argentina, intolerable pecado extensible a la latinoamericana. Como si se tratase de una característica racial o genética, simplificación conceptual que sirve para no comprender que la corrupción es inherente al neoliberalismo planetizado, que su devastadora «instalación» en los países endeudados, al sur del río Bravo, es sólo posible con la complicidad de generadores de opinión, funcionarios, economistas y políticos corruptos. Repito: el despliegue[20] planetario del neoliberalismo sin alma, el que sustituye valores por intereses, tiene como premisa fundamental la corruptela.[21] Allí está Latinoamérica para corroborarlo.

¿Acaso era posible sin corrupción e insolidaridad un trasvasamiento[22] distributivo tan salvaje de humildes a ricos como el de Argentina? Los primeros en 1974 ganaban el 7,8% menos que los segundos, en cambio hoy esa diferencia se amplió a 14,6%. Esto la llevó a quedar entre los 15 países más inequitativos[23] en la distribución de su riqueza y en el ominoso[24] primer lugar entre las naciones con economías de nivel relativamente alto.

Si hubiese sido necesaria una prueba más de que en la dictadura global lo privilegiado son los intereses económicos y no los valores humanos, en la Argentina, discípula de excelencia, se violó el principio fundamental de la seguridad jurídica, el respeto a la propiedad privada: cuando se produjo la devaluación, los capitales golondrinas[25] que hasta entonces habían medrado[26] con el desequilibrio cambiario de un peso arbitrariamente fortalecido por la convertibilidad, tocaron a retirada para desplazar su especulación a mercados más redituables[27] y entonces el Estado no vaciló en incautarse de los ahorros de ciudadanas y ciudadanos depositados en bancos en riesgo de vaciarse de fondos. Su preocupación fue salvar instituciones financieras a costa de perjudicar a las personas, aunque el torpe sismo desencadenado alcanzó también a empresas, entre ellas a las españolas que habían apostado generosamente al crecimiento argentino. Se desata entonces una salvaje puja[28] distributiva, un campo de batalla de *lobbies* que presionan sobre un Estado debilitado catatónicamente que sólo reacciona en relación al costo político que pudiese irritar aún más a una población furiosa, en estado insurreccional, que aturde[29] con sus incansables cacerolas, que agrede a los políticos, que corta las autopistas, que embadurna[30] con sus excrementos a las instituciones bancarias.

Lo positivo del drama argentino es que muestra descarnadamente los peores efectos de la globalización ideologizada por el fundamentalismo neoliberal, la «globalización depredadora[31]» al decir de R. Falk. Como si se tratara de la demostración palpable de lo enunciado hace pocos días, en Porto Alegre, por I. Wallerstein, autor del monumental trabajo *El moderno sistema mundial:* la globalización sería el canto del cisne[32] del capitalismo, la feroz y terminal agudización de sus contradicciones que lo empujan en direcciones imposibles de continuar.

El grito desesperado que desde Argentina se expande hacia todo el orbe,[33] «¡que se vayan todos!», dirigido en apariencia a políticos y economistas, es en realidad

[19]quebrantados
[20]exhibición
[21]corrupción
[22]movimiento, paso
[23]desiguales
[24]abominable
[25]que van de lugar en lugar
[26]aumentado, mejorado
[27]que dan ganancia
[28]aumento de precio en subasta
[29]confunde
[30]ensucia
[31]que roba con violencia
[32]canto... última obra
[33]mundo

una decisión de acabar de raíz con un sistema que ha socavado su bienestar y su futuro. Poner coto[34] a ese «imperio» posmoderno distinto del tradicional «imperialismo», segun Hardt y Negri, pues no establece ningún centro de poder y no se sustenta en fronteras o barreras fijas. Un aparato descentrado y desterritorializador de dominio que va incorporando la totalidad del espacio global dentro de sus fronteras virtuales y en permanente expansión. Maneja identidades híbridas, jerarquías flexibles e intercambios plurales a través de redes adaptables de mando, escapando al control e influencia de los Estados-nación y respondiendo sólo a los intereses planetarios del capitalismo sin patrias, pero con dueños.

En la aún incontrolable difusión de consignas[35] y debates por Internet (¿por cuánto tiempo más?), en la terca[36] resistencia de identidades locales que se niegan a ser arrasadas por la universalización mercadista, en la airada[37] y definitiva decepción del pueblo argentino en las promesas neoliberales, es donde deberán buscarse los resquicios[38] para aprovechar la oportunidad de desarrollar una acción mancomunada[39] entre ONG y partidos políticos nuevos o saneados[40] nacionales con personalidades y organizaciones internacionales que propugnan[41] la globalización solidaria que privilegie lo social, lo judicial, lo ambiental, lo relacionado con los derechos humanos. A través de acciones concretas y posibles que sustituyan a la violencia de piedras y bombas *mólotov* que sólo sirven a los adversarios que descalifican a los «globalifóbicos» como alborotadores[42] *fashion* (es reveladora la cita que Estefanía toma de un artículo del talentoso pero reaccionario M. Vargas Llosa).

Podrá entonces la sufriente Argentina de hoy ser un campo de pruebas para quienes aspiran a una sociedad que pueda dar respuesta positiva a la sonora pregunta de A. Giddens: «¿Podemos vivir en un mundo en el que nada es sagrado?».

[34]poner... poner término
[35]eslogans
[36]obstinada
[37]con ira
[38]ocasiones
[39]unida, asociada
[40]libres de cargas
[41]defienden
[42]perturbadores

Para verificar su comprensión

A. Empareje los siguientes términos con su descripción más apropiada.

1. _____ civilizado
2. _____ la barbarie
3. _____ predominio del puerto sobre las provincias
4. _____ entrega comercial
5. _____ entrega cultural
6. _____ la bonanza de los años 1880–1930
7. _____ costumbres «colgadas» de Europa y más tarde de los EE. UU.

a. el poder de Buenos Aires sobre el resto del país
b. la clase dirigente dependía culturalmente del exterior.
c. a Gran Bretaña
d. los sectores populares
e. las carnes y los granos argentinos se vendían bien en el exterior
f. lo extranjero
g. a Francia

B. Complete los siguientes fragmentos de oraciones con sus terminaciones correspondientes.

1. _____ Una Argentina «desnacionalizada» y un «devaluado orgullo nacional»

2. _____ Los políticos, economistas y empresarios argentinos

3. _____ Argentina tuvo éxito en incorporarse a la economía global,

4. _____ La corrupción de los dirigentes políticos argentinos

5. _____ En el neoliberalismo, lo privilegiado

6. _____ Lo positivo del drama argentino

7. _____ En la terca resistencia de identidades locales

a. es un «intolerable pecado», pero «inherente al neoliberalismo».

b. son los intereses económicos y no los valores humanos.

c. se encuentra la oportunidad de trabajar por la globalización de los valores y derechos humanos.

d. es que ilustra los efectos de la «globalización depredadora».

e. ejecutaron las «tablas de la ley» económicas del FMI, BM, G-7.

f. ofrecen campo abierto para sembrar el neoliberalismo.

g. pero no globalizó la justicia social.

Interpretación de la lectura

1. Explique la relación que establece O'Donnell entre el concepto de identidad nacional argentina y la crisis económica actual.

2. ¿Piensa Ud. que la crítica feroz que hace O'Donnell del neoliberalismo es justificada? ¿Por qué?

3. ¿Cree Ud. que O'Donnell tiene razón cuando asevera que lo que la economía global privilegia son «los intereses económicos y no los valores humanos»? ¿Puede dar ejemplos que apoyen su punto de vista?

4. ¿En qué centra su esperanza O'Donnell? ¿Por qué? ¿Y Ud.?

5. A su parecer, ¿cuáles son las lecciones que todos podemos aprender de la crisis argentina?

¿Está Ud. de acuerdo?

1. O'Donnell mantiene que la corrupción es inherente al neoliberalismo. ¿Está Ud. de acuerdo o cree que hay otros factores que deban considerarse?

2. Según O'Donnell, la economía global constituye un nuevo tipo de imperialismo. ¿Lo ve Ud. así?

Comparaciones

Tanto O'Donnell como Lomnitz (en su estudio sobre cierto sector de profesores de enseñanza básica y media en Chile; ver Capítulo 6) señalan los efectos psicológicos negativos de las políticas neoliberales. ¿Qué tienen en común sus observaciones? ¿Qué piensa Ud. acerca de ellas? ¿Estaría de acuerdo Díaz-Albertini? ¿Por qué?

Tema de investigación

Haga un estudio de las políticas neoliberales en Argentina o Chile, haciendo resaltar su conexión con el tema de la identidad nacional.

IBSEN MARTÍNEZ

Este talentoso guionista venezolano es el creador de telenovelas que se han difundido ampliamente por América Latina. También es dramaturgo —su obra «Humboldt y Bonpland, Taxidermistas» ganó en 1985 el Premio Nacional de Teatro— y autor de la novela *Video de siete leguas* y de un libro de ensayos, *Equívocos bien fundados: tres ensayos del asunto petrolero*. Nuestra lectura, de estilo personal e informal, es la síntesis de uno de estos ensayos que presentó en una conferencia nacional sobre «los rostros de la identidad». Como veremos, un tema recurrente de Martínez es la trascendente importancia del petróleo en la historia, economía e identidad nacional venezolanas, algo que, según Martínez, sus compatriotas preferirían ignorar. Actualmente Martínez ocupa el puesto de editor asociado del diario *El Nacional,* donde escribe una columna de opinión ampliamente leída.

El petróleo está donde él te encuentre

Oil is where you find it
Proverbio texano

Abruptamente les propongo esta imagen: un hombre asiste a una proyección de cine. Ese hombre jamás ha salido de su país pero tiene rudimentos, adquiridos con gran esfuerzo autodidacta, del idioma en que discurren[1] los diálogos de la película.

Sucede que este hombre tiene motivos suficientes para pretender afinar[2] la pronunciación. Su trabajo le exige entenderse de ordinario con gente de otro idioma, y le ha dado por pensar que si se librara por completo a una experiencia de inmersión en los sonidos que le llegan desde la pantalla, si se abandonara a los que el oído absoluto y la mimesis puedan allegarle,[3] si entablara un trámite de doble adivinanza en el que los ojos conjeturan sobre los móviles de los personajes y el oído trata de espumar[4] de entre los que profieren sonidos que se avengan[5] con las palabras que ha aprendido en los manuales, acaso pueda llegar a apropiarse de giros y modismos,[6] hacerse comprender, quizás pasar por uno de ellos.

En consecuencia, se deja escurrir[7] de su asiento hasta lograr abolir los subtítulos, ocultándolos a su vista con el espaldar de la butaca de enfrente. Escucha y conjetura y musita[8] por lo bajo de las palabras que cree reconocer, remedando[9] el timbre[10] y el acento.

Podría seguir elaborando esto que ya comienza a parecerse a una fábula de lingüística comparada, pero creo que ya es tiempo de poder contarles que el hombre de quien hablo aquí es mi padre, que todo ocurre en 1939 y que la sala de proyecciones es un galpón de un campamento de la Socony Vaccum Oil Co. en la costa oriental del lago de Maracaibo.

¿La cartelera?[11] Cine negro de la llamada «Serie B», los rostros más visitados son los de James Cagney, George Raft, Edward G Robinson y John Garfield. Los títulos son *Pequeño César, El enemigo número 1, Ametralladora Kelly*. Humphrey Bogart es apenas un bisoñón[12] que se hace paso en filmes como *El bosque petrificado*.

Muchos años después, los sociólogos de la comunicación, los reduccionistas de todas las semiologías y demás observadores de pájaros nos dirían, con aplomo[13] característico, que Hollywood transmutaba el tema de la redención social, puesto a la mano por las vicisitudes de la Gran Depresión, en melodrama del submundo gangsteril.

Pero para aquel venezolano nacido en una oficina de café, desprovisto de mayores títulos para la vida que no fuera el de una contabilidad cuyas medidas eran las fanegas y las cargas y el quintal[14] y el peso macuquino,[15] aquellos

[1] hablan
[2] perfeccionar
[3] añadirle
[4] sacar lo que pueda
[5] se... concuerden
[6] giros... estructuras y expresiones del idioma
[7] deslizar, resbalar
[8] susurra
[9] imitando
[10] calidad del sonido
[11] anuncio de películas
[12] principiante
[13] gravedad
[14] fanegas... medidas de capacidad
[15] peso... moneda antigua

filmes eran la oportunidad de hacerse de la entraña de otro idioma, de otra civilización. Descifrar aquellas nasalidades y aquellos melismas[16] era la diferencia entre ser un *tool pusher,* un simple bracero para la faena[17] más ruda de desbrozar[18] a golpe de machete la ruta de los sismógrafos, o ser un asistente de nómina.

En casa nos preciamos[19] de tener oído musical, así que muy pronto el *tool pusher* con elementos de contabilidad estaba hablando ni más menos que como Tim Holt lo haría en *El tesoro de la Sierra Madre.*

Mi padre supo desplegar una destreza paródica[20] que muy pronto lo tuvo hablando con soltura[21] aborigen el inglés idiomático de un malandro[22] de Lower East Side neoyorkino, de un sindicalista corrupto de los mataderos de Chicago, de un fullero[23] *croupier* de Atlantic City, y todo sin haberse movido nunca en dirección norte más allá del Cabo de San Román, en Paraguaná.

El caso es que su inglés causaba impresión: los rudos perforadores, los jefes de cuadrilla[24] americanos mostraban respeto cuando él los increpaba[25] y se conducían con rara mansedumbre[26] ante aquel criollo. Venían del suroeste, de Oklahoma y Texas, hablaban un inglés gangoso[27] lleno de metáforas rurales.

Para ellos un gángster de Chicago, vestido con un traje de quinientos dólares, blandiendo[28] una ametralladora Thompson en una mano mientras rodea a una rubia platinada con la otra, ya era una rareza antropológica. ¿Qué decir de mi padre, descendiente de canarios[29] que había escapado a un destino cafetalero y que ahora estaba allí, en Pueblo Nuevo de Lagunillas, hablándoles recio,[30] con áspera desenvoltura[31] de matón,[32] mientras les indicaba que hicieran su cola y les hacía firmar el recibo de la paga semanal?

En el folklore familiar se atribuye al miedo que inspiraba su manera de hablar, la rapidez con que escaló posiciones en el organigrama de la compañía.

En 1956, una constelación de circunstancias domésticas e internacionales, dispusieron que Venezuela se viese surcada[33] por cuadrillas de exploración.

La interdicción que vedaba[34] el Ejecutivo a otorgar nuevas concesiones exploratorias había vencido, Gamal Abdel Nasser había nacionalizado el canal de Suez y atraído una invasión anglofrancesa, la OTAN veía su primera crisis, Grace Kelly se casaba en Mónaco con el príncipe Rainiero, Don Larsen lanzaba un juego perfecto en la Serie Mundial que los *Yankees* de Nueva York ganaron a los *Dodgers* de Brooklyn y la dictadura perezjimenista[35] se aprestaba[36] a convocar a un plebiscito que iba a perder y cuyos resultados desconocería.

Ese año es también memorable porque en casa nos enteramos por fin de que lo que papá hablaba no era inglés, sino una especie de idiolecto fraguado[37] por guionistas de Hollywood para dar la impresión verista[38] de que sus películas reflejaban la realidad.

Sucedió que un legendario geólogo fue contratado por la empresa para la que trabajaba papá. Venía a buscar petróleo en el oriente del país. El viejo fue a recogerlo en el muelle de Guanta, donde por entonces funcionaba un consulado estadounidense.

Era un tipo cordial que parecía estar siempre a gusto donde quiera que se hallase, y que se conducía sin ceremonias. Si lo apuraban[39] prefería decir de sí mismo que no era un geólogo sino un «buscador de arrugas», aludiendo al hecho conocido de que el petróleo suele hallarse atrapado entre sinclinales y anticlinales:[40] las arrugas del subsuelo.

Y allí estaba, sentado en el asiento del copiloto del jeep de la compañía, estacionado frente al consulado. Mi padre había requerido de él sus papeles para agilizar[41] no sé que trámite de ingreso y para ello se volvió hacia el geólogo rubicundo precedente de Tulsa y le dijo *you stay in the car, I'll do the talking;* algo así como «tú quédate en el carro: yo haré el trabajo», expresión socorrida de los asaltantes de bancos que lo instruyeron audiovisualmente en idioma inglés tres décadas atrás.

—Su acento es divertido. ¿Dónde lo adquirió?

Fue la cándida pregunta que hizo el geólogo cuando papá volvió de asaltar el banco y se puso al volante.

—Pensé que hablaba inglés americano —respondió.

—Hay algo más que gángster en América —comentó el geólogo— y me apresuro a contar que aquello fue el comienzo de una hermosa amistad. Pero esa es otra historia.

He comenzado a trillar[42] mi intervención en este foro sobre tradición y modernidad con esta bagatela,[43] digamos familiar, no sólo porque la juzgo elocuente para este tipo de desencuentro cultural que el petróleo ha supuesto y dispuesto para nuestra modernidad, sino por avenirme a[44] la noción de que todo ensayo genuino tiene vocación narrativa.

Tengo por cierto lo que afirman algunas preceptivas:[45] lo que informa un ensayo no es más que el relato del modo en que un tema ha dado con nosotros, del encuentro con una perplejidad, así sea inicialmente innominable.[46]

Y no siendo yo un experto en aquello que alguna vez dio en llamarse antropología filosófica, el episodio ha tenido para mí, cada vez que lo evoco, una sola eficacia: la de hacer un poco más inteligible la nuez[47] de esa perplejidad liminar[48] que anima estas notas. Séame lícito, pues, discurrir con ayuda de estas imágenes.

Entre gente así me tocó crecer a lo largo de los años cincuenta; en un mundo bilingüe donde se exploraba, se extraía, se refinaba, se transportaba petróleo sin atender a la entrada de aguas ni a las fases de la luna.

La refinería de parafina que la *Phillips Petroleum Co.* mantuvo en San Roque hasta la hora y punto de la nacionalización, era un paraje de aleaciones anodizadas,[49] de tubería galvanizada, de válvulas y escalerilla cuyos siseos[50] y vagidos[51] alentaban días y noches. Vista de lejos, era una minúscula

[39]insistían, averiguaban
[40]sinclinales… plegamientos de las capas del suelo
[41]dar rapidez
[42]exponer
[43]cosa de poco valor
[44]avenirme… concordar con
[45]normativas
[46]innombrable
[47]centro, corazón
[48]preliminar
[49]aleaciones… metales tratados
[50]soplidos
[51]gemidos

cafetera que quemaba gas excedentario que un gasoducto traía desde el confín[52] de una mesa que ya Humboldt había dictaminado que estaba asentada sobre esquistos bituminosos[53] y que a su vez estaban allí desde mucho antes de que arawacos y caribes dirimieran[54] su prehispánica y sangrienta querella[55] de sedentarios y trashumantes.[56] Esa refinería, esa bruñida[57] y ruidosa «intervención» del paisaje —diría un curador posmoderno— es lo único que puedo asociar con la noción de una infancia dichosa.

De nuevo el cinematógrafo y la confusión de las lenguas asoman en esto que en modo alguno es una gratuita efusión autobiográfica sino el gozne[58] mismo del punto de vista que, con desmaña[59] e incuria,[60] me he atrevido a sacar a pasear esta mañana: el asueto[61] sabatino, luego de un recorrido de centenares de kilómetros se resolvía en el cine de otro campamento más grande, donde el proyeccionista —aficionado a los filmes de guerra— ofrecía con pasmosa[62] recurrencia una película cuyo argumento era un duelo submarino en aguas del Atlántico: Bobby Mitchum era el capitán del destructor, Curt Jurgens el del submarino alemán. Y antes de terminar la proyección, de afuera nos llegaba una «revuelta»[63] de bandola[64] monaguense:[65] levantaba polvo un joropo[66] de operarios y choferes. ¿Una rodaja de nuestra modernidad petrolera?

Pero he aquí que, aventado[67] de vuelta a Caracas, quizás el más vertiginoso de nuestros campamentos petroleros, el programa de Castellano y Literatura con que se me exigía familiarizarme en el liceo, se desleía en el de Geografía Económica y ambos discurrían acerca de un intruso perverso llamado petróleo, de una fecha ¿aciaga?[68] en que los tanqueros nos dejaron en caja más dinero que las cargas de café, de un artículo publicitario en mil novecientos treinta y tantos por un humanista enciclopédico y cascarrabias,[69] último exponente de la *intelligentzia* de una sociedad agraria, ilustrada y cesarista, en el que se nos advertía de toda la desventura que ese intruso podía precipitar sobre nosotros. Se nos hacía leer desmañadas piezas de intención narrativa que pasaban por ser «novelas del petróleo» y en las que previsiblemente el remiso[70] campesino, desgajado[71] de su conuco,[72] ensayaba una vida nueva en un campamento petrolero cuyo estatuto, en esas novelas, era inescapablemente maniqueo e invariablemente hobbesiano.[73]

Hacia la mayoría de edad, el amasijo[74] de locuciones e ideas recibidas en torno al petróleo vino a sazonarse[75] con lo que en la Juventud Comunista tuvieron a bien decirme con intención de esclarecerme: esa riqueza era nuestra, sí. Pero también era una coartada[76] para nuestra sumisión. Uno podía concluir que tal vez lo mejor fuese no trastear[77] mucho con ella y dejarla reposar allá abajo, entre los plegamientos del cretáceo.[78]

Intento ahora introducir una torsión[79] en el edificio de locuciones e ideas recibidas que ojalá no suene a escarnio[80] de tanta inteligencia como hizo falta para que su fachada emocional no dejase ver su endeble[81] arquitectura moralista: nuestra modernidad nos pidió que aceptásemos que desde que éramos país minero no cabía pensar esa condición desde ninguna petición

[52]límite
[53]esquistos… tipos de roca
[54]concluyeran
[55]discordia
[56]que cambian de lugar
[57]reluciente
[58]articulación
[59]falta de habilidad
[60]poco cuidado
[61]vacación de un día
[62]asombrosa
[63]fiesta espontánea
[64]mandolina
[65]de Monagas, estado de Venezuela
[66]música y danza populares de Venezuela
[67]llevado
[68]infeliz, desgraciada
[69]irritable
[70]inactivo
[71]arrancado
[72]parcela de tierra de cultivo
[73]del filósofo inglés Thomas Hobbes (1588–1679)
[74]mezcla desordenada
[75]condimentarse
[76]pretexto
[77]revolver
[78]periodo de la era mesozoica
[79]desvío
[80]burla ofensiva
[81]débil

de principios, que no fuera la de que esa condición era innatural y esencialmente deshumanizadora, en el sentido que la modernidad dio a la palabra «humanismo».

Considérese la alta condensación de tópicos que la modernidad venezolana ha arbitrado en torno a un bitumen[82] inocente. La noción de Estado-nación dio casi al mismo tiempo con la de igualitarismo máximo y ambas se deslizaron hacia la postulación del Estado benefactor como norma de vida y a la evocación condolida[83] de tradiciones en desuso. Un haz[84] de vasos comunicantes entre la literatura de intención social y la programática revolucionaria de los primeros partidos de masas nos propuso la procura de una ectoplasmática[85] identidad nacional. La denuncia del imperialismo circula en tándem con un animismo de la soberanía que atribuye al crudo una nominalista cualidad engendradora de identidad a condición que permanezca intocado en el subsuelo.

Gente más docta[86] que yo ha abordado con original incisividad el modo en que nuestra modernidad ordenó un estatuto moral en torno al petróleo. Como empresa intelectual, es acaso una de las más retadoras[87] y urgentes, aunque más no sea por una sola razón que abordaré más adelante.

Por lo pronto, no creo ocioso[88] advertir que una paradoja resplandece[89] en este enojoso asunto del modo vergonzante en que una familia —la venezolana— se ha relacionado con su patrimonio.

La paradoja palpita en el hecho de que tal amasijo de locuciones, máximas e ideas recibidas anima tanto las representaciones de la llamada élite ilustrada como las más desprevenidas del hombre común. No hay abismo entre lo que Mayz Vallenilla, por poner un ejemplo sonoro, piensa que significa y debe hacerse con el petróleo y lo que piensa del asunto un taxista de ésos que pontifican en el tráfico sobre macroeconomía contabilidad social.

Lo que juzgo alarmante es que puestos en el andén[90] del nuevo siglo no tenemos el consuelo de que estas representaciones, insuficientes como son en su modernidad, sean al menos una cuestión apenas académica, materia de teóricos de la dependencia, de «dialécticos del subdesarrollo» o semiólogos de la transculturación.

Lo que juzgo grave en esta pervivencia[91] es que la capacidad de aplazar[92] estos asuntos y tenerlos y tratarlos como incierta materia académica, como sujeto de disquisiciones moralistas, se ha venido agostando.[93] Ya no es cuestión de saber si es discernible o no una novelística del petróleo en nuestro horizonte literario, falso problema donde los haya. El fin de siglo nos encuentra en trance de no poder apropiarnos con provecho de las más elementales premisas del negocio familiar.

Así la adquisición y tenencia de activos petroleros en el exterior desata entre nosotros un vendaval[94] moralizador, que con igualitarismo máximo —tópico inconmovible de la modernidad política latinoamericana— discurre

[82]sustancia de carbono e hidrógeno
[83]con pena
[84]conjunto
[85]formación orgánica
[86]que sabe mucho
[87]desafiantes
[88]inútil
[89]sobresale
[90]corredor
[91]existencia a pesar de todo
[92]diferir
[93]debilitando, consumiendo
[94]temporal de viento y lluvia

que esas refinerías en Louisiana no crean empleo en Temblador o en Pedernales y que sólo por ello deberíamos venderlas. No se nos dice si debemos salir a ofrecerlas con lentes ahumados, como avergonzados buhoneros[95] de droga o pornografía.

Los descaminadores tópicos que nuestra modernidad acopió[96] a propósito del petróleo, intervienen con inextinguible emocionalidad en la discusión de cuestiones cruciales que deberían concitar[97] más puntería.[98]

No; no es fácil hallar la escotilla[99] que deje entrar un poco de aire y nos deje pensar con más sosiego[100] este país petrolero que detesta ser petrolero, que a todas horas desafía las contingencias argumentando que es petróleo y que al parecer está condenado a no ser otra cosa que país petrolero que se desprecia a sí mismo por ser algo que ni siquiera pudo escoger, como se escoge entre una constitución federalista y otra unitaria. Uno no delibera que bajo sus pies se halle una formación como la de Morichal, en el estado Monagas.

Pero tampoco es un empirismo afirmar que dentro de justamente veinte años habremos cumplido un siglo de esencial condición petrolera. ¿Lo cumpliremos persuadidos, como prescribe el estatuto de nuestra modernidad, de que nuestra fantasmal identidad perdida y nunca más vuelta a encontrar estuvo en una Arcadia[101] de café y de caudillos y de paludismo[102] y de providencialismo?

Un dicho solía circular entre los prospectores de petróleo, que provenientes de Texas y Oklahoma recorrían en 1956 las sabanas del sur de Monagas, las tierras anegadizas[103] del costo Orinoco, rastreando hidrocarburos. Lo anima un cierto escepticismo, muy curtido[104] y profesional, por la doctrina y el método. Lo anima un cierto fatalismo del jugador que hay en todo minero. Lo anima un animismo ilustrado, diré. Celebra lo contingente y lo movedizo, lo inesperado, lo que no se deja cifrar[105] en una foto aérea ni en un perfil de sismógrafo.

El dicho reza *Oil is where you find it*: el petróleo está donde das con él. Lleva implícita la noción, para mí poética, de que darás con él *cuándo y dónde* él lo decida.

¿Dará alguna vez el petróleo con nosotros? ¿Nos encontrará alguna vez en paz con nuestro pasado agrio[106] y belicoso?[107] ¿En paz con la idea de que un subsuelo bituminoso no es una fatalidad con adherencias moralistas del tipo «sembrad petróleo, infelices y guardáos bien de esa riqueza no ganada»?

Para esos atolladeros[108] de la razón práctica no parece haber consuelo. Pero tampoco luce promisor el método de hundirnos en la butaca para ocultar con el respaldo del asiento delantero los subtítulos, aprendiendo a gesticular, a pretender que somos.

Muchas gracias por escuchar estas desazones[109] de un venezolano de la modernidad petrolera.

[95] vendedores ambulantes
[96] juntó, acumuló
[97] atraer
[98] buena dirección, *aim*
[99] ventana pequeña
[100] serenidad
[101] lugar de vida apacible
[102] enfermedad producida por mosquitos, *malaria*
[103] que se inundan fácilmente
[104] cínico
[105] registrar
[106] áspero
[107] agresivo, guerrero
[108] sitios que impiden la continuación
[109] inquietudes interiores

Para verificar su comprensión

Complete los siguientes fragmentos de oraciones con sus terminaciones correspondientes.

1. _____ El hombre en el cine
2. _____ La sala de proyecciones
3. _____ La cartelera
4. _____ Los filmes
5. _____ Su padre
6. _____ En 1956
7. _____ El liceo
8. _____ Nuestro moralismo y concepto de modernidad
9. _____ Tanto el intelectual como el taxista
10. _____ Activos petroleros en el exterior
11. _____ Este país petrolero
12. _____ El dicho americano
13. _____ Necesitamos estar en paz con la idea de que el subsuelo bituminoso

a. se aceleró la explotación petrolera en Venezuela.
b. dominaba el inglés idiomático del cine.
c. ofrecían la oportunidad de ser más que un simple bracero.
d. es un galpón de un campamento petrolero.
e. destaca películas de gángster.
f. es el padre de Martínez.
g. niegan tratar racionalmente el tema del petróleo.
h. lo introdujo a lecturas y actitudes negativas sobre el petróleo.
i. no es una fatalidad con adherencias moralistas.
j. se desprecia a sí mismo por ser petrolero.
k. celebra lo contingente, lo inmovedizo, lo inesperado.
l. desatan una denuncia moralizante en Venezuela.
m. no admiten «un bitumen inocente».

Interpretación de la lectura

1. Describa la imagen con la cual Martínez inicia su charla. ¿Qué propósito tiene?

2. ¿Cómo se enteró la familia de que lo que hablaba su papá no era el inglés verdadero sino un idioma creado por guionistas de Hollywood? ¿Qué tiene que ver este «desencuentro cultural» con el tema de la identidad?

3. La juventud de Martínez transcurrió entre refinerías, gasoductos y películas americanas, pero en sus lecturas en el liceo descubrió que el petróleo se consideraba un «intruso perverso» y los campamentos petroleros eran lugares invariablemente dañinos. ¿Qué conclusión se podría sacar de tantas ideas negativas sobre el petróleo?

4. ¿Por qué critica Martínez el hábito de sus compatriotas de pensar siempre que ser país minero y petrolero es fundamentalmente deshumanizador?

5. Para Martínez, ¿cuáles son los factores que convirgieron para producir el negativismo con que se considera el petróleo? ¿Cree Ud. que el análisis de Martínez es válido?

6. Explique la paradoja del modo vergonzante en que «la familia venezolana» se ha relacionado con su patrimonio nacional. ¿Por qué es paradójico?

7. Según Martínez, el moralismo y el afán de modernidad imposibilitan la discusión abierta de la cuestión del papel del petróleo en la vida nacional. Suponiendo que Martínez tuviera razón, ¿qué haría Ud. para iniciar un diálogo objetivo sobre el asunto?

8. Dice Martínez que Venezuela es un «país petrolero que detesta ser petrolero» y «que se desprecia a sí mismo por ser algo que ni siquiera pudo escoger». En su opinión, ¿por qué no quiere reconocer y aceptar Venezuela que es un país petrolero?

9. Al parecer de Martínez, el dicho realista de los prospectores de petróleo de Texas y Oklahoma, «*oil is where you find it*», tiene relevancia especial en la cuestión de la identidad venezolana. ¿En qué sentido es relevante?

10. ¿Qué critica y que propone Martínez al decir que los venezolanos no deben hundirse «en la butaca para ocultar con el respaldo del asiento delantero los subtítulos, aprendiendo a gesticular, a pretender que somos»?

Comparaciones

1. Compare la juventud de Ocampo (ver Capítulo 2) con la de Martínez. Aunque no provienen de la misma clase social, los dos comparten experiencias que les dan una visión del mundo diferente de lo común. Comente estas experiencias y visiones del mundo.

2. O'Donnell y Martínez hablan ambos de la autoimagen negativa de sus compatriotas. Examine y compare las razones de sus aseveraciones.

Tema de investigación

Haga una investigación sobre el papel del petróleo en el desarrollo de la auto-imagen y la identidad cultural venezolanas.

JORGE «MACHIROPE» GALLARDO

Machirope vive en la minúscula comunidad de Saladito en el árido Chaco boliviano, región situada en el punto más meridional del país. Indio guaraní inmerso en el folclor, las creencias religiosas y la historia de su pueblo, es uno de los dirigentes guaraníes más respetados de su provincia. Machirope ha trabajado sin cesar para mejorar la calidad de vida de los guaraníes —quienes se cuentan entre los grupos más pobres del continente— y para concientizarlos política y culturalmente. Machirope es un defensor articulado y vigoroso de los derechos humanos de su pueblo, su idioma y su institución definitoria: la asamblea (reunión tipo *town hall*). Es, sobre todo, un defensor constante de la educación: hace unos años fue parte de un pequeño grupo que desafió abiertamente al patrón —algo inaudito hasta 1989— para exigir la primera escuela guaraní de la zona. Machirope está

Jorge «Machirope» Gallardo, crítico cultural

convencido de que los guaraníes nunca podrán vivir con dignidad, ni lograrán independizarse completamente del patrón, a menos que obtengan un mayor grado de educación (a la cual, irónicamente, él no tuvo acceso). También sostiene que ésta es la primera prioridad para las comunidades indígenas de la región. La convicción, la persistencia y el amor a su cultura resaltan en esta entrevista con Machirope, un líder para quien la educación y la preservación de la identidad cultural son inseparables.

En el siguiente texto veremos que no es menester ser intelectual o profesor para ser un crítico cultural perceptivo. La perspectiva práctica de Machirope, misma que emana de su experiencia vivida, imprime fortaleza de espíritu y autenticidad a sus observaciones sobre la identidad guaraní.

La identidad guaraní: tradición y cambio

Soy de Ingre, en el departmento de Chuquisaca, en la Banda.[1] Vine aquí en 1965, cuando tenía más o menos 20 años, huyendo de los patrones de la Banda que eran conocidos como los más violentos de todos. Tuve que escapar porque en aquellos años no se podía eligir no trabajar para el patrón. No había «escritura»[2] para los guaraníes; eso era para los cristianos[3] solamente. Así es allí todavía hoy en día. Entonces, tuve que escapar bajo cubierta de noche. Si me agarraran aquí por ejemplo, tendría que llevar una piedra pesada todo el camino de regreso, eso era lo usual. Claro, con el chicote[4] también.

Vine aquí a Timboy y Ñaurenda, donde trabajé por un año antes de irme a Argentina, donde me quedé por cinco años. En esa época hablaba muy poco español y no sabía cómo pronunciar las palabras para nada. Todavía, Argentina me gustaba[a] y aprendí algo de castellano. Trabajaba unos seis meses en la viña y en la cosecha de uvas, y entonces iba a Mendoza y Buenos Aires.

Después, hice el servicio militar en Villa Montes, cerca de aquí. El servicio era por un año y ocho meses, casi dos años de castigo. En el ejército trabajábamos en las minas, yeso[5] y cal.[6] Ojalá que pudiera leer y escribir; estaba interesado, pero desafortunadamente, nunca pude tomar ninguna clase. Había esperado aprender en el ejército como ellos prometieron, pero no había oportunidad. Hasta hoy día no he conocido la puerta de una escuela.

[1] región en la cordillera
[2] ley
[3] blancos
[4] látigo
[5] *gypsum*
[6] *lime (calcium oxide)*

---

[a] Gallardo menciona en esta entrevista que su idioma materno es el guaraní. Como aprendió español de adulto y aunque tiene gran fluidez en este idioma, se notarán a veces algunas inconsistencias gramaticales. El guaraní es un idioma americano de la familia del tupí-guaraní, con características diferentes del español.

Cuando me dieron de baja,[7] regresé a mi pueblito aquí en el monte, adonde traje a mi mamá y toda la familia, y he vivido aquí desde entonces. Cuando primero llegué a Ñaurenda, era muy diferente de lo que es hoy. No había escuela, posta[8] o sede. Sólo había unas pocas casas, nada más. En ese tiempo estaba trabajando para el patrón, Antonio Vaca, aquí en el pueblito vecino de Timboy. Nunca me dio ni siquiera un trapo viejo,[9] pero otros eran peores. Era muy sospechoso de todos los forasteros[10] que estaban tratando de ayudar a los guaraníes a organizarse políticamente, incluso las Hermanas.[11] Les tildaba[12] de comunistas a todos los forasteros y trató de inspirar miedo en mí para no asociarme con ellos. «Mira hijo, no te conviene confiar en esos forasteros. Te van a decepcionar,[13] te están envenenando con sus ideas. Mira Jorge, ya has ido al cuartel,[14] seguramente has aprendido mucho, eres más como un *karai*.[15] No te metas con esto, ¿entiendes?»

No sabía lo que era un comunista, sólo sabía que el patrón quería controlarnos totalmente y que continuáramos siendo completamente indefensos. Prendía el radio para escuchar las noticias, pero él lo apagaba, diciendo: «No quieres escuchar eso. Ese Radio Tarija no sirve para mierda».

Pero no dejaba que me espantara;[16] si dejas que los patrones te intimiden, estás jodido.[17] Seguí asistiendo a reuniones en nuestra comunidad y en las vecinas, porque estábamos comenzando a organizarnos para resistir. Fuimos a varias reuniones en Tarija[18] con el MCM,[19] que nos ayudó en todo. En ese tiempo estaba haciendo campaña para un proyecto de agua potable[20] y a Vaca no le gustaba. Primero me ofreció sillas y una mesa si dejara la organización. También me dijo que cambiara mi nombre, que Machirope no sirve, ¡hasta quería controlar mi nombre! Vaca estaba fanáticamente opuesto a la organización, por la cual quiero decir la capitanía,[21] que nosotros mismos desarrollamos y que nos conectaba con otras comunidades pequeñas en una red de comunicación. Me amenazaba constantemente y me menospreciaba[22] diciendo: «Eres demasiado pobre, nunca podrás vivir por cuenta propia».

Pero yo salía de noche e iba a las reuniones en Saladito, donde comenzó la organización y donde vivía nuestro primer capitán, Saravia. Siempre, el día después de una de nuestras reuniones, llegaba una «comisión», un grupo en el pago del patrón, preguntando lo que discutimos, amenazándonos con golpes y con la policía. Pero continuamos. Primero, nos organizamos entre nosotros; después nos aliamos con los MCM y con las hermanas, más tarde con la APG.[23]

Recientemente, todo ha cambiado harto[24] aquí y han dejado de perseguirnos abiertamente. Pero antes, no querían darnos ni un palo,[25] cosa grave era. El cambio es porque las comunidades están organizadas y conectadas entre sí y ya tenemos nuestra propia voz. Pero, era muy difícil aprender cómo organizarnos y trabajar para la escuela. Los patrones siempre nos decían que no necesitábamos escuela, que sólo necesitábamos saber cómo firmar nuestro nombre.

Así que la oposición de los patrones dificultó nuestros esfuerzos de organizarnos. Vivíamos casi como esclavos, endeudados y con miedo. Nuestro

[7] me... dejé de pertenecer al ejército
[8] puesto médico
[9] ni siquiera... absolutamente nada
[10] extraños, que no son del lugar
[11] las Hermanas de la Presentación, misioneras católicas de los EE. UU.
[12] señalaba denigrando
[13] desilusionar
[14] puesto del ejército
[15] palabra guaraní para blanco, o no guaraní
[16] asustara
[17] fastidiado
[18] ciudad capital del departamento del mismo nombre
[19] Movimiento de Campesinos en Marcha, un sindicato
[20] que se puede beber
[21] un área que tiene estructuras administrativas propias
[22] tenía a menos, despreciaba
[23] Asamblea del Pueblo Guaraní
[24] mucho
[25] ni... nada

camino hacia la libertad comenzó con la escuela. Es lo que nos dio el ímpetu para organizarnos políticamente y aliarnos con otros grupos. El ánimo para la escuela y los materiales vinieron del Dr. Guillermo Arancibia, que trabajaba con CODETAR.[26] Él y la matriarca guaraní de Ñaurenda, Nicasia, trabajaban harto para convencer al pueblo, porque los compañeros no querían escuela al comienzo. Pero yo siempre quería que nuestro pueblo supiera manejar cuaderno y lápiz, y así podría defenderse y recuperar nuestra cultura e historias, y la historia de nuestros *mburuvichas*.[27] Creo que esto ha sido mi misión en la vida, que nací para ayudar a comenzar la escuela para Ñaurenda.

Deseaba convencerles a los compañeros de que, aunque tal vez la educación cambiara nuestra cultura en algo, no cambiaría nuestro idioma, que era lo que les preocupaba más. Eso es lo que decía a nuestros hermanos, pero no tenía autoridad en aquel tiempo ya que era recién llegado. Pero Nicasia y Dr. Arancibia eran muy respetados y tuvieron reuniones con todos, explicándoles que con la educación no iban a perder su cultura. La gente era muy sospechosa al principio.

Yo siempre les decía a nuestros hermanos lo importante que es recordar todos los que vinieron antes de nosotros, que no podemos olvidar nuestra historia. Tenemos que saber de nuestros antecesores, es parte de nuestra identidad. Seguíamos hablando y hablando y, con el liderazgo del Dr. Arancibia y Nicasia, por fin la comunidad se puso de acuerdo de establecer un primer grado. Los patrones estaban furiosos y no querían la escuela para nada. Decían que una vez que tuviéramos escuela no querríamos sembrar o cosechar para ellos. Yo les contestaba que lo esencial es que nuestros hijos se concienticen, que aprendan a identificar el mal. No les gustaba oír eso, pero no me importaba.

Esto fue un paso muy grande porque antes en Ñaurenda y las comunidades vecinas no había absolutamente nada de conciencia política entre los hermanos. Por eso tratamos siempre de construir sobre ese éxito, porque antes, nadie, absolutamente nadie, pensaba que pudiéramos hacer algo para cambiar nuestra situación. Parece una cosa pequeña comenzar con sólo un grado, pero era importante que el pueblo se acostumbrara a la idea que nosotros mismos podíamos cambiar nuestra vida. Con la cuestión de la escuela, tomamos los primeros pasos hacia organizarnos para resistir al patrón, y continuamos en esta línea durante los años 80. Claro, era muy difícil porque los patrones eran poderosos y nos amenazaban constantemente, y una vez que se dieron cuenta de lo que estábamos haciendo, tuvimos que reunirnos y viajar de noche. Íbamos a pie a visitar los pueblitos de la región tratando de organizarlos e introducir la idea de la asamblea. A veces me desanimaba,[28] porque estábamos tan dispersos y los viajes largos eran, pero como capitán grande tenía la responsabilidad de estar en comunicación con las tres zonas aquí en la provincia de O'Connor, promoviendo la necesidad de organizarnos y educarnos.

[26]Corporación de Desarrollo de Tarija
[27]jefes
[28]desalentaba

Siempre he querido aprender a leer y escribir, pero no sucedió. Después de que mi padre salió para Argentina a trabajar en los 50, yo sólo valía para ir al campo. Para el patrón, yo no era diferente en nada de los animales que tenía. Cuando era joven, era absolutamente ridículo imaginar a un guaraní en la sala de clase. Pero no me conformaba. Por eso pienso que nací para esta iniciativa, porque siempre quería educarme. No puedo escribir mi nombre, pero puedo hablar castellano y tengo buena memoria.

He sido rebelde desde mi juventud. En gran parte es por la influencia de mi madre. Cuando era muy joven me contaba historias de nuestra lucha y sus héroes. Siempre prestaba atención cuidadosa porque estaba interesado en nuestra historia, y ella me la estaba pasando a mí. Me dijo de cuando mataron a mi bisabuelo[29] porque los patrones no querían que hubiera ningún dirigente indígena. De donde nació mi dedicación al aprender era de mi mamá, me enseñaba muchas historias de su memoria, también no conocía la puerta de la escuela, pero tenía gran memoria.

En el servicio militar quería tomar clases, pero me quema la suerte de mi persona.[30] Ofrezco mil gracias a mi mamá que me dio mi educación y que me enseñó cómo portarme[31] para llevarme bien con mis hermanos guaraníes, cómo defender lo que es correcto, organizar y apreciar cómo vivían nuestros antepasados. Aprendí todo esto a su rodilla, escuchando sus historias.

Por ejemplo, en el tiempo de nuestros abuelos se casaban tarde, como a los 25 o 28 años, no como los changos[32] ahora, a los 14 o 15, y eran por eso más respetuosos el uno del otro. Tenían una dieta mejor y eran más fuertes. No comían fideos, arroz, ni azúcar, solamente chichacauí.[33] El alcohol no se conocía. Se emborrachaba todo solamente por la chicha.[34] [b]

La coca no había, ni el cigarro. Los ancianos se cuidaban mucho.[35] Al cantar el gallo se levantaban a hacer sus tareas, a moler maíz, traer agua, a segar.[36] No tenían para qué ir a trabajar para el patrón, era antes del tiempo de los patrones. Ellos tenían todo: chiva,[37] chancho,[38] vacas; no cantidad pero tenían suficiente para mantenerse. Cuando necesitaba ropa se iba a Argentina a ganar su tiempo;[39] terminaba su trabajo, dos, tres meses y se vuelve.

También todo era comunal. Trabajaban en grupos, eso era muy tradicional. Cultivaban maíz en sus individuales, pero trabajaban juntos en el grande,[c] y en todos los proyectos comunales. Por ejemplo, juntos decidían cuándo iba a comenzar una fiesta y cuándo podías comenzar y dejar de tomar chicha. La gente cantaba canciones guaraníes en la fiesta, bailaban el atiku,[40] tocaban el bombo[41] y el terere.[42] Todo era muy sociable. Tenían can-

[29]padre del abuelo
[30]me quema... no tengo suerte
[31]comportarme
[32]chicos
[33]maíz fermentado
[34]chichacauí
[35]se... eran fuertes
[36]cortar la hierba
[37]goat
[38]cerdo
[39]ganar... trabajar por temporada
[40]baile típico que se baila en un círculo
[41]tambor
[42]flauta

[b]Aquí Gallardo está haciendo una distinción entre el chichacauí de los guaraníes y el whiskey o el ron del karai, que se venden en botellas y contienen aún más alcohol que el chichacauí.
[c]Los guaraníes típicamente cultivaban parcelas individuales y comunitarias.

tos para enamorar: contrapunto,[43] por ejemplo, es picar[44] a la otra persona. Se peleaba con cuchillos, a veces manejando poncho como en Argentina, pero si después de un tiempo breve no se habían lastimado, se iban juntos a compartir un trago en amistad.

Los curanderos eran muy poderosos. Algunos aprendían de sus padres cómo sanar, hacer mal, hacer llover. Pero hay algunos que aprenden por una experiencia. Digamos que pasa la noche en el monte, tiene visiones y se asusta. Entonces, el *tapuh,* en castellano se dice la coquena, o sea, el dueño del monte, es como un espíritu que no se puede ver, la coquena aparece a aquella persona que va a aprender. Entonces, lo hace soñar o enfermar. A veces es porque el dueño del palo[45] está enojado, a veces no, y lo hace aprender cosas por su bien. Esta persona por esta experiencia aprende a ser curandero.

En las fiestas en los días de antaño, primero tenían que tener una olla común[46] que la mujer de la casa hizo con maíz bien mascadito.[47] Cada hombre de la edad para tomar chicha tenía que ir al monte a cazar chancho del monte,[48] urina,[49] pavo. Hacían asado y lo ponían al fuego para hacer sopa para los visitantes cuando venían a la fiesta. El que no tenía pelo[50] tenía que ir a palomear[51] para el caldo. Así lo hacíamos aquí en el Chaco, tenían harto de comer en aquel entonces. Todavía cazamos, pero es solamente para la familia de uno, no es para convidar,[52] y todavía tenemos la olla común y la chicha. Guardo mi chichacauí en casa por si llegue una visita o si decido tener una fiesta.

Hay otras cosas que hacen que uno sea guaraní. Si soy guaraní verdadero tengo que reconocer a mis padres, eso es, honrarlos, y el pasado que representan. Lo hago por la manera en que como, me visto, celebro fiestas; con el *arete,*[53] por ejemplo. También los honro por mantener nuestra manera de hablar. Si voy a Tarija, hablo guaraní con un sonido diferente allí, más como el sonido del castellano. Pero en mi pueblo, hablo guaraní de manera tradicional. De las dos maneras, cuando hago estas cosas, siento que soy guaraní. Para mí, el nombre guaraní sugiere todas estas cosas. La identidad no es algo que puedes ver y decir, ah, sí, eso es lo que significa ser guaraní. Son como los *tumpas:*[54] no los puedes ver, pero sabes que están allí. Es interesante que nos identificamos con el nombre guaraní porque es el nombre que los españoles nos dieron. Éramos del grupo tupí-guaraní originalmente en Brasil y Paraguay y, aquí, localmente en el Chaco, éramos llamados *mbúa,* o *ava,* no guaraní.

Lo que queremos hacer es mantener nuestra cultura y no hacernos lo mismo como el entrerriano, el *karai* del pueblo de Entre Ríos, por ejemplo. Podemos llevar zapatos, pero nuestras caras todavía parecerán guaraní. Puedo hablar con un abogado, o mi amiga educada, pero si me encuentro con mi paisano, tengo que hablarle en guaraní. Así valoro mi persona, mi cultura, mis costumbres, mi manera local de hablar, mis padres y mi herencia de sangre. Valgo dos hombres porque puedo hablar guaraní y castellano: soy dos perso-

[43]dos cantores que compiten
[44]provocar, avivar
[45]dueño... el espíritu del monte
[46]olla... comida que se comparte y que se ofrece a toda visita en señal de hospitalidad
[47]masticado por la mujer antes de servir la olla común
[48]chancho... cerdo salvaje
[49]ciervo
[50]El... Los jóvenes
[51]cazar palomas
[52]compartir
[53]baile típico guaraní
[54]dioses

nas. No me puedo dividir, pero así siento. Es bueno ser dos personas, sólo que no puedo dejar de honrar a mis padres guaraníes.

Hay partes de nuestra cultura que estamos perdiendo, costumbres viejas. Por ejemplo, una chica va a la ciudad y regresa con un cassette. Va a una fiesta y toma chichacauí, ve a los otros con relojes y decoraciones bonitas, y sus ojos comienzan a brillar. Quiere ponerse zapatos, pintar las uñas, ponerse maquillaje, y ya no quiere ir a la escuela o bailar el arete. Yo digo: «¡Vamos todos a bailar el arete!» Y se dicen entre ellos: «Vamos allí» y salen a la orilla del patio a escuchar la música moderna en la grabadora.

Está bien usar zapatos y maquillaje, pero uno tiene que quedarse guaraní. Las muchachas que se maquillan y escuchan la música nueva también son guaraníes, pero no se dan cuenta, éste es el problema. Yo les digo, la pintura es prestada, siempre será prestada, pero tu cultura nativa no lo es. Pero algunas de ellas ya no quieren hablar guaraní. Regresan después de dos o tres meses en la ciudad todas castellanizadas y pronto se olvidan de nuestra lengua. ¡Pucha, qué cosa! Para los que se van a Argentina es muchas veces la misma cosa; regresan como gauchos. Pero si llevas ojotas[55] o zapatos no es la cosa importante; es si continúas reconociendo y valorando tu cultura y lengua guaraníes.

Sí, muchas cosas están cambiando ahora. Por ejemplo, en la cultura vieja, se enterraban a los muertos en cántaros.[56] Ahora hacemos cajones de madera y necesitamos carpintero. En el pasado no, simplemente cavábamos una hondura[57] de dos o tres metros y enterrábamos al muertito bien envueltito. Bien sentadito lo colocábamos y lo tapábamos en el cajón de barro. Llevaba gallina, *muiti*[58] y chichacauí consigo. Los mayores hacían *yerure,* que quiere decir oraciones en las que ruegan que vaya bien en su viaje a ver el *tumpa,* el gran dios, y que no se asusten los demás miembros de la familia. Ahora, con nuestras casas nuevas en Ñaurenda y nuestros pisos de cemento, no podemos enterrar a los muertos debajo de la casa, tenemos que llevarlos al cementerio. Dicen que es más civilizado, ¿no? Pero te digo que en el pasado había mucho respeto para los muertos.

Antes todos creían en los *ipajés;*[59] muchos todavía creen. Cómo decir lo que es un ipajé. Es como hay una hierba que cura y otra que mata, así también existen los que hacen el bien y los que dañan con sus maleficios. Creo en los ipajés porque hay cosas que pasan que no se pueden explicar de otra forma. Por ejemplo, una asustadura[60] no puede ser sanada con medicina porque el espíritu malo se queda dentro de la persona, y el espíritu de la persona se queda donde ocurrió el evento o el accidente. Por ejemplo, si un chango se cae aquí y es asustado, su espíritu se queda aquí mismo. Cuando es un caso de asustadura, nunca será curado con una receta o doctores o cirugía. Tuve que explicar eso a un médico una vez cuando no entendía por qué su medicina no sanaba. Algunos nos dicen que podemos asustarnos muchas veces porque no somos bautizados. No sé, tal vez, pero todavía creemos en los ipajés porque hay cosas extrañas que pasan.

---

[55] tipo de sandalia que se usa en algunas zonas de Sudamérica
[56] vasijas grandes de barro
[57] excavación
[58] plato hecho de maíz
[59] shamanes
[60] enfermedad producida por un susto grande

[61]Hermana Maura McCarthy, de la orden PBVM

Creo que vamos a preservar nuestra cultura, aun si cambian algunas cosas. Siempre tenemos que estar conscientes de lo que está pasando, entender por qué, y pensar en las consecuencias. Las cosas más importantes son mantener el idioma y la tradición del trabajo. Necesitamos salir del pueblo, ver el mundo y aprender muchas cosas, pero hay que volver hablando el mismo idioma. Estamos tratando intensamente de hacer las dos cosas. Sentimos que estamos valorando nuestros bisabuelos en nuestra organización, nuestra aula y nuestras propias personas. Si trato de ser *karai*, si tomo alcohol en vez de chichacauí, estoy haciendo la burla de mi persona. Pero si yo reconozco lo que representa el chichacauí, de qué se hace, de la importancia del maíz en nuestra cultura, eso es valorar la cultura. Tenemos que entenderlo bien para que no seamos cristianos a la fuerza. Mucha gente se equivoca conmigo, cuando voy a Cochabamba, por ejemplo, con esta cabeza con los pocos cabellos que tengo, me dicen: «Ud. no es guaraní; es *karai*». Les contesto con una bromita: «Así parecemos todos los guaraníes inteligentes». Sé bien cómo hablar castellano, pero soy guaraní. Soy Machirope, *machi* es mono y *rope,* pestaña, o sea, me llamo Pestaña de Mono.

Si la organización se mantiene, vamos a poder mantener la cultura, porque la base de la organización es la asamblea, estas reuniones comunitarias en que discutimos y votamos sobre todas las cuestiones del día. Creo que los otros capitanes piensan así también, todos queremos mantener la cultura para nuestros hijos. Por eso digo que la educación tiene que ser en bilingüe, no solamente en español. Pero la educación bilingüe fue otra lucha. Ahora nuestra escuela tiene primaria y secundaria porque hemos persistido en poner la educación como nuestra prioridad, y hemos podido dar instrucción bilingüe en los primeros tres grados. Pero esto era la misma historia como cuando pusimos el primer grado. Los patrones decían a los compañeros que era tonto aprender guaraní. «En guaraní no hay negocios; sólo en castellano hay negocios». Pero insistimos, con la hermana Maura[61] a nuestro lado todo el tiempo, hasta que viniera Ángela, nuestra profesora bilingüe en 1994. Los patrones absolutamente odiaban la instrucción guaraní. Les decía repetidamente que era bilingüe, no sólo en guaraní, pero lo único que oyeron era guaraní. El saber manejar nuestro idioma es algo fundamental para nosotros. Ahora, por ejemplo, mi hijo puede escribir en castellano y guaraní, los dos, y así va a llegar a conocer y recordar nuestra historia, que es nuestra memoria, y pasarla a sus hijos después. Escribiendo en guaraní se puede investigar y decir a otros cómo era la cultura antes, cómo vivían, qué tipo de vivienda, qué tipo de alimentación, el arete, la fiesta, el trabajo, cómo se mantenían unidos como cultura. Sé que cambiará nuestra cultura, pero sin educación, nunca recuperaremos nuestro pasado.

Vuelvo a lo que dije al principio. Aunque no sé escribir mi nombre, creo que la educación ha sido mi misión en la vida, porque es la puerta al pasado y al futuro para el pueblo guaraní.

Para verificar su comprensión

Empareje los siguientes términos con su descripción más apropiada.

1. _____ escritura
2. _____ cristiano
3. _____ *karai*
4. _____ toma de conciencia
5. _____ capitanía
6. _____ el susto / la asustadura
7. _____ ojotas
8. _____ *tumpas*
9. _____ *ipajés*
10. _____ curanderos
11. _____ *mburivichas*

a. palabra guaraní para las personas no indígenas
b. zapatos tipo sandalias
c. los que sanan a los enfermos
d. dioses guaraníes
e. blanco o mestizo
f. ley
g. despertar político
h. dirigentes guaraníes locales
i. el espanto
j. shamanes
k. región administrativa indígena

Interpretación de la lectura

1. ¿Por qué se escapó Machirope de la Banda? ¿Cómo le afectó a Machirope el que no hubiera «escritura» para los guaraníes?

2. ¿Por qué ha sido tan rebelde Machirope?

3. ¿Por qué se tildaba de «comunistas» a los que querían ayudar a los guaraníes a organizarse? ¿Le hace pensar en otra lectura?

4. ¿Por qué tuvieron que luchar los guaraníes para tener escuela, posta médica y educación bilingüe?

5. ¿Cómo se relacionan la fundación de la escuela y la toma de conciencia de la comunidad de Ñaurenda?

6. ¿Cómo explica Machirope el fenómeno del susto / la asustadura? ¿Qué opina Ud. de su explicación?

7. Describa algunos cambios que han ocurrido en la cultura guaraní desde los tiempos del primer Machirope. ¿Cuáles son los aspectos culturales que se han retenido?

8. ¿En qué consiste la identidad guaraní para Machirope? ¿Concuerda Ud. con él?

9. Para el pueblo guaraní, la educación es, al mismo tiempo, una puerta al futuro y al pasado. ¿Cómo explica Ud. esta contradicción aparente?

Comparaciones

1. Dice Machirope que «era importante que la gente se acostumbrara a la idea de que nosotros mismos podríamos cambiar nuestra vida». ¿Le hace pensar en otras lecturas de este libro? ¿Cuáles?

2. Describa la educación de Machirope. Incluya sus observaciones sobre sus antepasados. ¿Puede Ud. establecer algunas comparaciones con Juan Pérez Jolote?

3. Compare la creencia en el poder de los curanderos, *ipajés* y *tumpas* con lo expuesto en el trozo que leímos de *Balún Canán* y con el sincretismo que observamos en *Así habló el tío*.

AURORA LEVINS MORALES (1954–)

Levins Morales es una escritora feminista judía puertorriqueña estadounidense. Sus libros más recientes incluyen *Remedios: Stories of Earth and Iron from the History of Puertorriqueñas* (1998) y *Medicine Stories: History, Culture, and the Politics of Integity* (1998). El siguiente poema, traducido del inglés, proviene de *Getting Home Alive,* libro que la autora escribió con su madre, Rosario Morales, y que trata los temas que le son característicos: la mujer, la identidad y la enérgica y orgullosa afirmación de ambos. Levins Morales ha enseñado en la Universidad de California, Berkeley; la Universidad de Minnesota y Pacifica Graduate Institute.

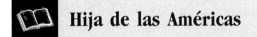 ## Hija de las Américas

Soy hija de las Américas
mestiza clara del Caribe,
hija de muchas diásporas, nacida en este continente en una encrucijada.

Soy judía puertorriqueña estadounidense,
producto de los ghettos de Nueva York que nunca he conocido.
Inmigrante e hija y nieta de inmigrantes.
Hablo inglés con pasión. Es el instrumento de mi conciencia,
un cuchillo centelleante de cristal, mi herramienta, mi arte.

Soy caribeña, crecida en la isla, el español está en mi carne,
ondea[1] de mi lengua, se aloja[2] en mis caderas:
el lenguaje del ajo y del mango,
el canto en mi poesía; los gestos voladores de mis manos.
Soy de Latinoamérica, enraizada en la historia de mi continente:
hablo desde ese cuerpo.

No soy africana. África está en mí, pero no puedo volver.
No soy taína. Taíno está en mí, pero no hay regreso.
No soy europea. Europa vive en mí, pero no tengo morada allí.

Soy nueva. La historia me hizo. Mi primer idioma fue «espanglés».
Nací en la encrucijada y estoy entera.

[1] hace ondas
[2] se... se hospeda

Para verificar su comprensión

En las primeras tres estrofas, la voz poética nos dice «lo que es»; en la cuarta, «lo que no es»; y en la última reafirma «lo que es». Mencione los sustantivos claves en el proceso de definir y valorar la identidad de esta hija de las Américas.

Interpretación de la lectura

1. ¿Cómo caracterizaría Ud. el tono del poema? ¿Cómo crea Levins Morales este tono?

2. Para Ud., ¿cómo expresa esta poema el tema de la identidad a nivel personal, cultural, nacional y continental?

Comparaciones

1. Compare la actitud de Levins Morales con la de Machirope en cuanto a su antecedencia étnica, lingüística y cultural. ¿Encuentra Ud. algunas semejanzas?

2. Compare el abrazo pluralista que ilustra el poema de Levins Morales con los poemas de Guillén y Burgos (ver Capítulo 3). ¿Ejemplifican la metáfora de la identidad como crisol o mosaico? Explique.

Actividades en la red

1. Busque los nombres de los latinoamericanos que han ganado el Premio Nobel de Literatura y prepare un breve informe sobre alguno de ellos.

2. Consulte las cifras más recientes sobre la condición económica y política de la mujer en dos países de América Latina y explíqueselas a sus compañeros de clase.

3. Escriba un breve informe sobre la «guerra sucia» en Argentina (1976–1982), enfocándose en el fenómeno de los «desaparecidos».

4. Comparta con sus compañeros de clase imágenes de la flora y la fauna que representen diferentes aspectos de la biodiversidad en América Latina.

5. Lea un artículo sobre la deforestación en México, América Central o Brasil y prepare un resumen para la clase.

6. Con otro compañero, infórmese sobre la labor de World Wildlife Federation (WWF), Environmental Defense o Rainforest Alliance en una área de América Latina, y presente sus observaciones a la clase.

7. En la red, lea el informe más reciente de Amnistía Internacional o de Human Rights Watch sobre Guatemala, El Salvador o Colombia.

8. Lea en Internet un artículo sobre el ajuste estructural en América Latina, sus beneficios y costos sociales, y presente su evaluación a sus compañeros de clase.

Resumen

En este capítulo sobre la crítica cultural hemos visto que…

- ciertos temas cruciales —a saber: el machismo, el militarismo, el medio ambiente, el desarrollo económico, la identidad cultural y la globalizacion— nos recuerdan ciertos aspectos duraderos de la trayectoria cultural de América Latina a través de diferentes épocas.
- por siglos la crítica cultural ha sido una parte integral de la tradición intelectual latinoamericana.
- el intelectual siempre ha funcionado como una voz crítica y a la vez visionaria.

- en las últimas décadas, la crítica cultural se ha extendido cada vez más a la voz del pueblo, o sea, a la experiencia popular, que también ofrece una crítica aguda de los temas del capítulo.
- por difíciles que sean los problemas políticos, económicos, ambientales y sociales, vemos que persiste la convicción generalizada de que éstos pueden solucionarse o, por lo menos, aminorarse. La actitud positiva, a veces hasta utópica, que informa la crítica cultural es una de las características primordiales de la identidad cultural latinoamericana entre la tradición y el cambio.

Lecturas recomendadas

Acosta-Belén, Edna. *The Puerto Rican Woman.* New York: Praeger, 1979.

Banco Interamericano de Desarrollo. *Elementos para la modernización del estado.* Washington, D.C.: 1994.

Barr, Lois Baer. *Isaac Unbound: Patriarchal Traditions in the Latin American Jewish Novel.* Tempe: Arizona State University Center for Latin American Studies, 1995.

Belli, Gioconda. *Truenos y arco iris.* Managua: Editorial Nueva Nicaragua, 1982.

Castellanos, Rosario. *El eterno femenino.* México: Fondo de Cultura Económica, 1975.

———. *Mujer que sabe latín.* México: Sepsetentas, 1973.

Castells, Manuel. *The Power of Identity.* Oxford: Blackwell Publishers, 1997.

Constructing Culture and Power in Latin America. Ann Arbor: Univ. of Michigan Press, 1993.

Cultura y política en América Latina. México: Siglo XXI, 1991.

Cutcliffe, Stephen H. et al., eds. *New World, New Technologies, New Issues.* Bethlehem, Penn.: Lehigh Univ. Press, 1992.

Daly, Herman E., and John Cobb. *For the Common Good.* Boston: Beacon Press, 1989.

Daly, Herman E., y Kenneth Townsend, eds. *Valuing the Earth: Economics, Ecology, Ethics.* Cambridge, Mass.: MIT Press, 1993.

Disney Discourse: Producing the Magic Kingdom. New York: Routledge, 1994.

Elú de Leñero, María del Carmen. *La mujer en América Latina.* Vol. 3. México: Sepsetentas, 1975.

Escobar, Arturo. *Encountering Development: The Making and Unmaking of the Third World.* Princeton, N.J.: Princeton University Press, 1995.

Escobar, Arturo, y Sonia Alvarez, eds. *The Making of Social Movements in Latin America: Identity, Strategy, and Democracy.* Boulder, Colo.: Westview Press, 1992.

Ethics of Environment and Development: Global Challenge, International Response. Tucson: Univ. of Arizona Press, 1990.

Ferman, Claudia. *Política y posmodernidad: hacia una lectura de la anti-modernidad en Latinoamérica.* Buenos Aires: Almagesto, 1994.

Forero, Juan. «Still Poor, Latin Americans Protest Push for Open Markets», *The New York Times,* 19 July 2002.

Franco, Jean. *The Modern Culture of Latin America: Society and the Artist.* Middlesex: Penguin, 1970.

———. *The Decline and Fall of the Lettered City.* Cambridge: Harvard Univ. Press, 2002.

———. «The Long March of Feminism». *NACLA, Report on the Americas* 31, no. 4 Jan–Feb. 1998: 10–15.

García Canclini, Néstor. *Culturas híbridas: estrategias para entrar y salir de la modernidad.* Buenos Aires: Sudmericana, 1992.

———. *Consumidores y ciudadanos: conflictos multiculturales de la globalización.* México: Grijalbo, 1995.

González, Patricia Elena, and Eliana Ortega, eds. *La sartén por el mango.* Río Piedras, P.R.: Ediciones Huracán, 1984.

Hahner, June. *Women in Latin American History.* Los Angeles: UCLA Latin American Center Publications, University of California, 1980.

Halperín Donghi, Tulio. *Historia contemporánea de América Latina.* Madrid: Alianza Editorial, 1969.

Henríquez Ureña, Pedro. *Seis ensayos en busca de nuestra expresión.* Buenos Aires: Biblioteca Argentina de Buenas Ediciones Literarias, 1952.

Jarquín, Edmundo. «Estado, gobernabilidad y sociedad civil», *Reforma social y pobreza,* Washington, D.C.: Inter-American Development Bank and United Nations, 1993.

Jones, Patrice M. «Brazil Tries to Cut Off Illicit Logging». *Chicago Tribune,* 21 June 2002.

Krugman, Paul. «Crying with Argentina». *The New York Times,* 1 January 2002.

Lavrin, Asunción. *Latin American Women.* Westport, Conn.: Greenwood Press, 1978.

Leiner, Marvin. *Sexual Politics in Cuba: Machismo, Homosexuality, and AIDS.* Boulder, Colo.: Westview Press, 1994.

Lipset, Seymour Martin, and Aldo Solari, eds. *Élites y desarrollo en América Latina.* Buenos Aires: Paidós, 1967.

Marras, Sergio. *América Latina: Marca registrada.* Santiago: Editorial Andrés Bello, 1992.

Marsal, Juan. *El intelectual latinoamericano.* Buenos Aires: Editorial del Instituto, 1970.

Martínez Estrada, Ezequiel. *Radiografía de la pampa.* Buenos Aires: Losada, 1933.

Masiello, Francine. *The Art of Transition: Latin American Culture and Neoliberal Crisis.* Durham, N.C.: Duke Univ. Press, 2001.

Neruda, Pablo. *Canción de gesta.* Barcelona: Editorial Seix Barral, 1977.

Nussbaum, Martha, and Jonathan Glover. *Women, Culture, and Development: A Study of Human Capabilities.* Oxford: Oxford University Press, 1995.

Ocampo, Victoria. *La mujer y su expresión.* Buenos Aires: Sur, 1936.

Paz, Octavio. *The Other Mexico: Critique of the Pyramid.* Trans. Lysander Kemp. New York: Grove Press, 1972.

Pescatello, Ann. *Female and Male in Latin America*. Pittsburgh, Pa.: Univ. of Pittsburgh Press, 1973.

Przeworski, Adam. «The Neoliberal Fallacy», *Journal of Democracy* 3, 3:56.

Randall, Margaret. *When I Look into the Mirror and See You: Women, Terror, and Resistance*. New Brunswick, N.J., and London: Rutgers University Press, 2003.

Rohter, Larry, «Argentina Drifts, Leaderless, as Economic Collapse Looms». *The New York Times*, 1 January 2002.

Rothstein, Frances Abrahamer, and Michael L. Blim, eds. *Anthropology and the Global Factory: Studies of the New Industrialization in the Late Twentieth Century*. New York: Bergin & Harvey, 1992.

Rowbotham, Sheila, and Swasti Mitter, eds. *Dignity and Daily Bread: New Forms of Economic Organising Among Poor Women in the Third World and the First*. London and New York: Routledge, 1994.

Salguero Carrillo, Elizabeth. *Mujeres rurales en Bolivia: juntas por la dignidad de nuestras vidas*. La Paz: CIDEM, 1999.

Sánchez, Manuel, and Rossana Corona, eds. *Privatization in Latin America*. Washington, D.C.: Inter-American Development Bank, 1993.

Schumacher, E. F. «The Age of Plenty: A Christian View», and «Buddhist Economics». In *Economics, Ecology, Ethics, Essays Toward a Steady-State Economy*. Ed. Herman E. Daly, San Francisco: W. H. Freeman & Co., 1980.

Stabb, Martin. *In Quest of Identity: Patterns in the Spanish American Essay of Ideas (1890–1960)*. London: North Carolina Univ. Press, 1968.

Tulchin, Joseph S., y Andrew I. Tudman, eds. *Economic Development and Environmental Protection in Latin America*. Boulder, Colo.: L. Rienner, 1991.

Urrutia, Elena, compiladora. *Imagen y realidad de la mujer*. México: Sepsetentas, 1975.

Weaver, Frederick Stirton. *Inside the Volcano: The History and Political Economy of Central America*. Boulder, Colo.: Westview Press, 1994.

Williams, Raymond L. *The Postmodern Novel in Latin America: Politics, Culture, and the Crisis of Truth*. New York: St. Martin's Press, 1995.

Yo también soy América: historia y mujeres de América Hispana. San Juan: Centro de Investigaciones Sociales, Univ. de Puerto Rico, 1980.

Zea, Leopoldo. *Conciencia y posibilidad del mexicano*. México: Porrúa, 1974.

Clave

Capítulo uno:
Introducción

Para verificar su comprensión
(páginas 21–22)

A. Precolombina: gente clave: Moctezuma
cultura: irrigación, politeísmo,
calendario
economía: cultivo del maíz
política: élite guerrera, estado
teocrático
Colonial: gente clave: Las Casas, Sor Juana
cultura: declinación de las culturas
indígenas, mestizaje
economía: mercantilismo, esclavos
africanos, minas de plata
política: criollos vs. peninsulares
Independencia: gente clave: Hidalgo, Bolívar, San
Martín
cultura: mimetismo, inmigración
europea

economía: exportación de materias
primas
política: caudillos, guerras de
independencia
Actual: gente clave: Vargas, Castro, Perón
cultura: valores fluctuantes
economía: economía dependiente
explosión demográfica
política: revolución mexicana,
dictadura militar, revolución
nicaragüense

B. 1. c   2. b   3. g   4. a   5. e   6. d
7. f

Capítulo dos:
Las clases sociales

Vallejo

Para verificar su comprensión (página 35)

1. a, d, f, g, i, j
2. b, c, e, h, k, l

Ramos

Guía de prelectura (página 37)

B. 1. c   2. a   3. b   4. e   5. d

Para verificar su comprensión (página 41)

1. F   2. C   3. C   4. C   5. F
6. C

Ocampo **Guía de prelectura** (página 43)

1. b   2. c

Para verificar su comprensión (página 48)

1. F   2. C   3. F   4. F   5. C
6. C   7. F   8. C

Lazo (I) **Para verificar su comprensión** (página 56)

1. b   2. a   3. a   4. c   5. b   6. b

Lazo (II) **Para verificar su comprensión** (página 68)

1. C   2. F   3. C   4. F   5. F
6. C   7. C   8. F

Díaz-Albertini **Para verificar su comprensión** (página 80)

1. c   2. a   3. b   4. e   5. f   6. h
7. d   8. g

Capítulo tres: La etnicidad

De Jesús **Para verificar su comprensión** (página 104)

1. C   2. C   3. F   4. C   5. C
6. F   7. C   8. F   9. F   10. C

Pozas

Guía de prelectura (página 106)

1. c   2. a   3. b

Para verificar su comprensión (página 110)

A. 1. a   2. b   3. c   4. b   5. a   6. b
  7. c   8. a   9. c   10. a
B. 1. C   2. C   3. F   4. F   5. C
  6. F   7. F   8. C

**Kleymeyer,
Moreno**

Para verificar su comprensión (página 123)

1. F   2. F   3. C   4. F   5. C
6. C

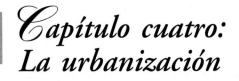

Capítulo cuatro:
La urbanización

**Slau,
Yurjevic**

Para verificar su comprensión (página 146)

1. combatir el hambre   2. la rápida
urbanización de grupos marginados   3. La falta
de políticas claras   4. La huerta familiar
intensiva   5. aumentado notablemente
6. propios

De Lomnitz   **Guía de prelectura** (página 149)

1. d   2. c   3. a   4. b

Para verificar su comprensión (página 153)

1. C   2. F   3. F   4. C   5. C
6. C   7. F   8. C   9. F   10. F

Arizpe   **Para verificar su comprensión** (página 159)

1. c   2. a   3. c   4. b   5. a   6. a
7. b   8. c

Capítulo cinco:
La familia

Mistral   **Para verificar su comprensión** (página 176)

1. a   2. c   3. b   4. c   5. a

Benedetti   **Guía de prelectura** (página 183)

1

Para verificar su comprensión (página 185)

2

Castellanos   **Para verificar su comprensión** (página 187)

1. F   2. C   3. C   4. F   5. F

Capítulo seis:
La educación

Rendón (I)   **Para verificar su comprensión** (página 210)

1. a   2. b   3. b   4. a   5. c   6. b
7. b   8. c

Rendón (II)   **Para verificar su comprensión** (página 218)

1. C   2. F   3. C   4. F   5. C
6. F

Freire   **Guía de prelectura** (página 226)

1, 3, 6, 7

Para verificar su comprensión (página 232)

1. d   2. a   3. f   4. c   5. h   6. e
7. g   8. b

Casali (I)   **Para verificar su comprensión** (página 240)

1. F   2. C   3. F   4. C   5. C
6. F   7. C   8. F

Tünnermann (I)	**Guía de prelectura** (página 249)
	1. b 2. e 3. c

Tünnermann (III)	**Para verificar su comprensión** (página 258)
	B. 1. b 2. b 3. a 4. a 5. b 6. b 7. a

De Lomnitz	**Para verificar su comprensión** (página 264)
	1. c 2. e 3. h 4. g 5. b 6. a 7. d 8. f

Capítulo siete: La religión

Torres	**Para verificar su comprensión** (página 279)
	1. C 2. C 3. F 4. C 5. F 6. F 7. C 8. C 9. C 10. F

Câmara	**Para verificar su comprensión** (página 287)
	1. c 2. a 3. a 4. c 5. b 6. b 7. a 8. c

Araya (I)	**Para verificar su comprensión** (página 294)
	1. C 2. F 3. F 4. F 5. C 6. C

Araya (II)   **Para verificar su comprensión** (página 301)

        1. F   2. C   3. C   4. F   5. C
        6. C

Price-Mars   **Guía de prelectura** (página 303)

        1

        Para verificar su comprensión (página 306)

        1. a   2. c   3. a   4. b   5. b   6. c
        7. a   8. b

Capítulo ocho:
La crítica cultural

Aridjis   **Para verificar su comprensión** (página 321)

        1. b   2. d   3. a   4. c

Lutzenberger   **Para verificar su comprensión** (página 325)

        1. C   2. F   3. C   4. C   5. F
        6. F   7. C   8. F   9. C   10. C

Gámez   **Para verificar su comprensión** (página 334)

        1. F   2. F   3. C   4. C   5. C

Silva   **Para verificar su comprensión** (página 343)

    1. d   2. c   3. a   4. f   5. h   6. j
    7. i   8. k   9. l   10. b   11. e
    12. g

Paz   **Para verificar su comprensión** (página 351)

    1. C   2. F   3. C   4. F   5. F
    6. F   7. F   8. C   9. C   10. C

Délano   **Para verificar su comprensión** (página 357)

    5, 4, 2, 7, 8, 6, 3, 1

O'Donnell   **Para verificar su comprensión**
(páginas 361–362)

    A. 1. f   2. d   3. a   4. c   5. g   6. e
       7. b
    B. 1. f   2. e   3. g   4. a   5. b   6. d
       7. c

Martínez   **Para verificar su comprensión** (página 370)

    1. f   2. d   3. e   4. c   5. b   6. a
    7. h   8. m   9. g   10. l   11. j
    12. k   13. i

Gallardo   **Para verificar su comprensión** (página 379)

    1. f   2. e   3. a   4. g   5. k   6. i
    7. b   8. d   9. j   10. c   11. h

Índice

Créditos

Chapter 2 «Un hombre pasa con un pan al hombro,» from *Poemas humanos* and *España aparta de mí este cáliz,* by César Vallejo, Las Américas, New York.

«Cuentas,» from *Vidas Sêcas,* by Graciliano Ramos, translated by José Luis de Liaño, Espasa-Calpe, Madrid, 1974.

«Palabras francesas,» from *Testimonios 1,* by Victoria Ocampo, in *Victoria Ocampo,* by Fryda Schultz de Mantovani, Ministerio de Educación y Justicia, Buenos Aires, 1963.

«Las clases sociales y la revolución nicaragüense,» interviews with Miriam Lazo Laguna, by Denis Daly Heyck, Milwaukee, Wisconsin and Evanston, Illinois, January 16 and 17, 1986: Managua, Nicaragua, June 1993 and June 1994; revised September 1995.

«Epílogo,» interview with Miriam Lazo Laguna, by Denis Daly Heyck, Managua and Masaya, Nicaragua, September 2001; revised September 2002.

«Hacia la cultura del logro,» from *Nueva cultura de trabajo en los jóvenes de la clase media limeña,* by Javier Díaz-Albertini, Universidad de Lima, Fondo de Desarrollo Editorial, 2000.

Chapter 3 «Ay, ay, ay de la grifa negra,» from *Obra poética,* by Julia de Burgos, Instituto de Cultura Puertorriqueña, San Juan, 1961.

«Balada de los dos abuelos,» from *Obra poética,* 1920–1972, Vol. 1, by Nicolás Guillén, Instituto Cubano del Libro, La Habana, 1974.

La favela, by Carolina María de Jesús, Casa de las Américas, La Habana, 1965.

Juan Pérez Jolote, by Ricardo Pozas A., Fondo de Cultura Económica, México, Sixth Edition, 1968.

Balún Canán, by Rosario Castellanos, Fondo de Cultura Económica, México, Second Edition, 1961.

«La feria educativa, una fuente de ideas y orgullo cultural,» by Charles David Kleymeyer and Carlos Moreno, from *La expresión cultural y el desarrollo de base,* edited by Charles David Kleymeyer, Fundación Interamericana, Arlingron, Virginia, and Ediciones ABYA-YALA, Quito, Ecuador, 1993.

Chapter 4 «Poema de amor en la ciudad de México,» from *Eyes to See Otherwise/Ojos, de otro mirar,* Selected Poems, by Homero Aridjis, eds. Betty Ferber and George McWhirter. New

Directions Books, 2001. «La agricultura urbana, una alternativa productiva para combatir la pobreza en sectores marginales,» by Gustavo Slau G. and Andrés Yurevic M., from *Agroecología y Desarrollo*. No. 5/6, December 1993, CLADES, Santiago, Chile.

«Asociaciones formales e informales,» from *Cómo sobreviven los marginados,* by Larissa Adler de Lomnitz, Siglo XXI, México, 1978.

«El migrante indígena en la Ciudad de México,» from *Indígenas en la Ciudad de México, el caso de las «Marías,»* by Lourdes Arizpe S., SEP Setentas, México, 1975.

Chapter 5 «Recuerdo de la madre ausente,» from *Lecturas para mujeres,* by Gabriela Mistral, Editorial Porrúa, México, 1974.

Si me permiten hablar, by Domitila Barrios de Chungara, with Moema Viezzer, Siglo XXI, México, Seventh Edition, 1982.

«Quinceañera» by Judith Ortiz Cofer is reprinted with permission from the publisher of *Bailando en silencio: Escenas de una niñez puertorriqueña* (Houston: Arte Público Press—University of Houston, 1997).

«La guerra y la paz,» from *Cuentos completos,* by Mario Benedetti, Editorial Universitaria, Santiago de Chile, 1970.

«Valium 10,» from *Poesía no eres tú: obra poética 1948–1971,* by Rosario Castellanos, Fondo de Cultura, México, 1972.

Chapter 6 «Nuevo Mundo: un experimento educativo modelo,» interviews with Sonya Rendón, Co-director of the Centro Educativo Nuevo Mundo, Guayaquil, Ecuador, by Denis Heyck, Chicago, April 1985; Chicago, June 1992; Guayaquil, Ecuador, August 1993; revised, September 1995.

Sonya Rendón, «Epílogo,» interview by Denis Daly Heyck, March, 2002, Chicago, Illinois; revised August, 2002.

Pedagogía del oprimido, by Paulo Freire, Biblioteca Nueva, Barcelona, 1970.

«La Pontifícia Universidade de São Paulo: educación y compromiso social,» interview with Dr. Alípio Casali, Administrative Vice-Rector of the Pontifícia Universidade Católica de São Paulo, Brasil, by Denis Daly Heyck, translated by the interviewer, Chicago, 1985.

«Epílogo,» by Dr. Alípio Casali, Coordinator of the Program of Graduate Studies in Education of the Pontifícia Universidade Católica de São Paulo, Brasil, translated by Denis Daly Heyck, August 1995.

Alípio Casali, «Epílogo II,» March, 2003, translated from the Portuguese by Denis Daly Heyck and M. Victoria González Pagani.

«La nueva política educativa,» from *Hacia una nueva educación en Nicaragua,* by Dr. Carlos Tünnermann Bernheim, Talleres del Instituto Técnico «La Salle», León, Nicaragua, 1980.

«A siete años de la educación en la revolución,» interview with Dr. Carlos Tünnermann Bernheim, by Denis Daly Heyck, Chicago, July 1986: «Epílogo,» August 1995.

Larissa Adler de Lomnitz, Ana Melnick, «Conclusión,» from *Neoliberalismo y clase media: el caso de los profesores de Chile,* Ediciones de la Dirección de Bibliotecas Archivos y Museos, DIBAM, Centro de Investigaciones Diego Barros Araña, Santiago, Chile, 1998.

Chapter 7 «¿Comunismo en la Iglesia?» and «Mensaje a los cristianos,» from *Camilo Torres, Biografía, Plataforma, Mensajes,* edited by Juan Alvarez García, Ediciones Carpel-Antorcha, Medellin, 1966.

Interview with Dom Helder Câmara, from *Iglesia y desarrollo,* edited by Juan José Rossi, Ediciones Búsqueda, Buenos Aires, 1968.

«El protestantismo en América Latina,» interviews with Dr. Victorio Araya Guillén, Methodist theologian of Costa Rica, by Denis Daly Heyck, Chicago, March 1985; San José, Costa Rica, June 1993; revised September 1995.

Así habló el tío, by Jean Price-Mars, translated by Virgilio Piñera, Casa de las Américas, La Habana, 1968.

Gabriela Delgado, «El día de los muertos,» May, 2002; essay published with permission of author.

Chapter 8   Homero Aridjis, «IX, Sobre Ángeles,» from *Eyes to See Otherwise/Ojos, de otro mirar, Selected Poems,* eds. Betty Ferber and George McWhirter, New Directions Books, 2001.

«Entrevista con José Lutzenberger,» by Herman E. Daly, translated by Denis Daly Heyck, from *Not Man Apart* (publication of Friends of the Earth), Volume 12, No. 3, March 1981.

«La diversidad biológica de Costa Rica,» interview with Dr. Rodrigo Gámez, by Denis Daly Heyck, San José, Costa Rica, June 1993; revised September 1995.

Marina Silva, «El desarrollo económico y la justicia social en el Amazonas,» interview by Denis Daly Heyck, Rio Branco, Brazil, August, 1996. Translated from the Portuguese by Denis Daly Heyck and M. Victoria González Pagani.

«Línea de fuego» and «Yo fui una vez una muchacha risueña,» from *Línea de fuego,* by Gioconda Belli, Casa de las Américas, La Habana, 1978.

«Los hijos de la Malinche,» from *El laberinto de la soledad,* by Octavio Paz, Fondo de Cultura Económica, México, 1963.

«Las buenas mujeres,» Parts 2 and 3, from *Circuito amores y anexas,* by Elena Milán, Editorial Latitudes, México, 1979.

«Presuntamente,» by Bárbara Délano, from *Contemporary Women Authors of Latin America, New Translations,* edited by Doris Meyer and Marguerite Fernández Olmos, Brooklyn College Humanities Institute Series, 1983.

Mario «Pacho» O'Donnell, «La globalización alternativa y el 'éxito' argentino,» from *El País Internacional,* March 28, 2002.

Ibsen Martínez, «El petróleo está donde él te encuentre,» from *Los rostros de la identidad,* Compiladores, Carmen Elena Alemán, Fernando Fernández, Equinoccio, Ediciones de la Universidad Simón Bolívar, Fundación Bigott, Caracas, 2001.

Jorge Gallardo (Machirope), «La identidad guaraní: tradición y cambio,» interview by Denis Daly Heyck, Timboy, Bolivia, May, 1997, August, 1998.

Aurora Levins Morales, «Hija de las Américas,» from Aurora Levins Morales and Rosario Morales, Getting Home Alive, Ithaca, N.Y.: Firebrand Books, 1986. Translated from the English by Denis Daly Heyck and M. Victoria González Pagani.

Photos:

Page 1: Craig Lovell/Eagle Visions; p. 6: Camrique/Robertstock.com; p. 7: © PhotoDisc; p. 10: Franz-Marc Frei/CORBIS; p. 27: © Gary Payne/Liaison/Getty Images; p. 29: Keith Dannemiller/Alamy; p. 49: Courtesy of Denis Heyck; p. 62: Courtesy of Denis Heyck; p. 63: Courtesy of Denis Heyck; p. 85: Courtesy of Denis Heyck; p. 88: ArtDirectors.com; p. 90: Owen Franken/CORBIS; p. 95: Ulrike Welsch; p. 99: J. R. Ripper/Brazil Photos; p. 108: Courtesy of Denis Heyck;

Sobre las autoras

Denis Lynn Daly Heyck is Professor of Spanish at Loyola University Chicago, where she teaches Latin American Culture and Literature, and where she received the Edwin T. and Vivijeanne F. Sujack Award for Teaching Excellence in 2004. Professor Heyck has published a book of oral histories, *Life Stories of the Nicaraguan Revolution* (Routledge, 1990), an anthology on Latino cultures in the United States, *Barrios and Borderlands* (Routledge, 1994), and a book of interviews dealing with the impact of globalization and development on local cultures in Latin America, *Surviving Globalization* (Broadview Press, 2002). She is co-author of the *Destinos* professional supplements *Spanish for Educators* and *Spanish for Social Services* (McGraw-Hill, 1993). Professor Heyck is currently working on a book on nonformal education in Latin America. Her book reviews appear in *Hispania* and *Choice*. She received her Ph.D. from the University of London.

María Victoria González Pagani is a faculty member at the University of California, Santa Cruz. She is co-author of *Al corriente* (McGraw-Hill) and of *Spanish Without Walls,* a distance-learning on-line course with Robert Blake which is offered at UC Davis. She is also the author of several course Web sites for Spanish courses at all levels as well as the main author of *Donde quiera, cuando quiera* an AP Spanish language on-line course offered by the University of California College Prep Initiative. She has done extensive work in content-based instruction and web technology, and is presently working on a dynamic grammar of Spanish for the Web.